四十人看四十年

40 on 40

中美外交风云对话

复旦大学美国研究中心
Center for American Studies, Fudan University

上海市美国问题研究所
Shanghai Institute of American Studies

新世界出版社
NEW WORLD PRESS

图书在版编目（CIP）数据

40 人看 40 年：中美外交风云对话 / 复旦大学美国研究中心，上海市美国问题研究所主编．-- 北京：新世界出版社，2019.10
ISBN 978-7-5104-6918-3

Ⅰ．① 4… Ⅱ．①复… ②上… Ⅲ．①中美关系－文集 Ⅳ．① D822.371.2-53

中国版本图书馆 CIP 数据核字 (2019) 第 227770 号

四十人看四十年
中美外交风云对话

主　　编：复旦大学美国研究中心
上海市美国问题研究所
责任编辑：李莎莎
装帧设计：魏芳芳
责任印制：王宝根　苏爱玲
出版发行：新世界出版社
社　　址：北京市西城区百万庄大街 24 号（100037）
发 行 部：（010）6899 5968　（010）6899 8705（传真）
总 编 室：（010）6899 5424　（010）6832 6679（传真）
网　　址：http://www.nwp.cn
http://www.nwp.com.cn
版 权 部：+8610 6899 6306
版权电邮：nwpcd@sina.com
印　　刷：北京东方宝隆印刷有限公司
经　　销：新华书店
开　　本：787mm × 1092mm　1/16
字　　数：487 千字　印张：27
版　　次：2019 年 10 月第 1 版　2019 年 10 月第 1 次印刷
书　　号：ISBN 978-7-5104-6918-3
定　　价：78.00 元

序

2019年是中美建交40周年。40年国际形势沧桑巨变，40年中国旧貌变新颜，40年中美关系经历风雨坎坷，40年中美关系取得历史性发展。当前，特朗普政府正在对美国对华政策进行重大调整，视中国为主要的战略竞争对手。随着美国政府中的老一辈官员逐渐离职，华府决策层对华认知出现“断层”，年轻一代因为缺少历史记忆而在涉华议题上普遍存在理解误区。面对中国崛起，“新冷战”“零和博弈”“大国竞争”的论调泛滥于美国政界、学界和舆论界，中美关系面临严峻挑战。

在这种情况下，回顾中美关系正常化和40年发展的历史，维护两国友好合作的根基，避免中美被裹挟进所谓的“修昔底德陷阱”，具有极其重要的现实意义。为此，复旦大学美国研究中心和上海市美国问题研究所合作策划了“40人看40年”项目，回眸中美建交40年来的重要里程碑和危机事件，总结两国相处的成功经验与警悟教训，思考当下的挑战与机遇，并为中美关系的未来发展建言献策。

40年前，中美冲破障碍、跨越分歧、携手合作，不仅改变了世界格局，也改变了无数中国人和美国人的命运轨迹和志向抱负。我们将视线聚焦到一批中美关系风云变幻的亲历者、观察家以及中美友好合作的推动方、受益人。通过聆听他们的亲身经历和个体故事，读者将和我们一起步入历史与思辨之旅。

40年来世界局势风起云涌，国际政治环境变了、中美实力对比变了，但我们仍然能够找到中美关系演变中始终保持“不变”的“基本面”：首先，中美关系的战略重要性没有变——两国关系的好坏不仅牵动地区形势，还直接影响许多全球问题的解决；其次，中美同时从合作中受益的事实没有变——中国改革开放能成功一定程度上得益于美国的支持和配合，而美国能够成为唯一的超级大国也得益于与中国的战略合作，美国的经济繁荣也离不开中国商品与市场的贡献；再者，中美关系与时俱进的必要性没有变——中美各自在变，国际形势在变，这就需要我们不断适应变化的国际和国内形势，更新我们的思维，以符合时代潮流的方式把两国关系推向前进，而不是倒退到过去。

作为世界上最大的发展中国家和发达国家，作为世界上第二和第一大经济体，中美关系体量之大、内涵之丰富意味着我们需要大智慧、大胸襟、大格局。我们已经积累的成功经验为我们提供了许多有益的启发：在中美两国重塑互动模式的过程中，我们应当不断寻找共同利益，增强相互依赖；扩大合作面，探索新的合作形式，发展多个"稳定剂"和"压舱石"；辩证看待差异、理性处理分歧、建设性地开展竞争，让良性竞争推动中美共同进步。

历史已经并将继续证明中美两国彼此需要对方，不可能真正"脱钩"。"脱钩"是逆时代潮流而动，是损人而未必利己的行为。我们必须具备长远的战略眼光，采用面向未来的态度处理矛盾摩擦；我们必须学会倾听公众心声，致力于为两国人民共谋福利；我们也必须有大国的担当精神，共同为世界和平与稳定贡献力量。

在我们进行采访和编撰工作的过程中，中美关系出现了40年来罕见的下滑趋势，但与受访专家进行的深度对话使得我们坚定了对中美关系美好未来的信念。我们希望奉献给大家的这些文字能够唤醒珍贵的历史记忆，鼓舞我们传承前人的政治智慧，增强我们为下一个40年的中美关系开新篇的信心！

是为序。

吴心伯

复旦大学国际问题研究院院长、

美国研究中心主任

上海市美国问题研究所所长

2018年11月22日

目　　录

Zhao Qizheng
赵启正

采访对象：赵启正，1940年出生。曾担任上海市委常委、副市长，浦东新区首任党工委书记和管委会主任，作为浦东开发开放的领航人，参与并见证了上海对美交往一线工作。担任国务院新闻办主任和全国政协外事委员会主任后，他积极倡导并重新定义了“公共外交”的理念，提出“向世界说明中国”。倾情奉献于中外交流沟通事业的赵启正，在推动中美了解、合作方面身体力行，获得了广泛赞誉。

采 访 组：杨一帆　叶　君　周永平　李克洋

采访日期：2018年4月10日

采访地点：上海公共外交协会

赵启正：
一个真实的中国，美国无须畏惧

由赵启正和美国著名宗教领袖路易·帕罗（Luis Palau）合著的《江边对话——一位无神论者和一位基督教徒的友好交流》曾在海内外引起空前轰动。这本书根据两人在北京、上海黄浦江边三次对话内容汇编而成。赵启正和帕罗从《圣经》《论语》聊到科学与宗教、社会进步与宗教的关系，他们虽然信仰不同，国籍不同，背景不同，却能进行毫无隔阂的对话。这场智者之间的交流与反思堪称中外交往的成功典范。赵启正曾在序言中表示："我不指望读者能赞同本书的多少观点，但我希望读者能赞同我们两人对话的态度。"

这种不畏惧、不避讳，坦诚交流、彼此尊重的态度也完全可以运用到国与国的交往中。在外交外事系统积累了丰富经验的赵启正深切地感受到：中美之间仍然存在较大的认识误区和误解，但完全可以通过双方加强对话沟通、冷静处理分歧来化解。一个真实的中国，不是美国的威胁，美国不必畏惧，不应歪曲，因为一个发展的中国将使美国同样获益。

初尝中美科技合作的"甜头"

采访组：您原来是学核物理的，最开始如何接触到美国？对美国的认知又是怎样的？

赵启正：中美建交之初，我是一名高级工程师。当时美国是国际上核物理研究最发达的国家，所以我对美国的了解最初就是通过阅读他们的科技文献开始的，了解到美国是个科技强国。中美建交后，我得到了和美国科学技术界交流的机会。我在上海广播器材厂工作期间，研发出了彩色摄像机里面的一个关键器件，即偏转聚焦系统。这个器件此前一直依赖进口，而且只有少数国家能生产并卖给我们。虽然我攻克了研发课题，但却遇到了一个困难：因为性能指标很高，国内还没有一家能够进行品质鉴定的机构。幸而当时中美之间已经可以互相访问，所以在 1981 年，我得以访问了美国无线电公司（RCA）和安培公司（Ampex）。美方对我的产品做了鉴定，证明其已经达到了国际先进水平，甚至还有某些突破——这就是国际交流带来的好处！由原来的文献交流变成科技工作者之间面对面的交流，最后还实现了双方互利共赢：他们的设备弥补了我们的不足，而我们的产品不但能够解决本国自用，还能够出口，因为质量好、价钱便宜，也使美国得到一些好处。所以，我最早是从技术人员的角度，体会到了中美建交对两国科学技术的发展是大有好处的。

采访组：您第一次去美国的时候，看到的美国和想象中的有什么异同？

赵启正：在中美建交之前，即使是电影、电视上也很少看到美国。我第一次到美国时，看到那里的高速公路、高架桥、超市，还有自助餐厅……当时在中国都没有的，我们那时到食堂吃饭还要用粮票呢。我感觉到那时两国的差距是很大的。但是对我们也是一种“刺激”，美国能做好，我们也能做好。现在再去美国，我发现他们的高速公路没有我们的那么平整通畅，他们的立交桥没有我们的那么宽大，造型也没我们复杂。中国和美国在基础设施方面的差距已经大幅缩小，甚至我们在高铁等方面还有所超越，但这并不意味着中国的高科技已经全面赶超美国，总体上我们和他们还有差距。

采访组：美国对中国在科技领域的开放、合作态度是否也经历过一些波折？

赵启正：实际上，在中美建交后的最初几年，在科技领域美国对中国采取了遏制的政策。例如，在核电方面，中美很长一段时间是没有合作的。改革开放之后，中国与法国、英国、加拿大等国都展开了核电站设计建造等合作，但就是没有美国。美国国会禁止西屋公司等几家大的核电公司与中国合作，但这实际上有损中美两国的利益。

美国国内曾经出现一股反核电倾向，有些地区的居民不赞成在其住所附近建造核电站，因此有些核电公司的设计虽然已经进行了一半，但是不能落实；已经制造了一些设备，但也不能使用。后来，美国发现中国和世界各国都合作，唯独美国无法参与其中，很吃亏，终于转而愿意合作，而且拿出最好的却不能在美国实践的设计方案与中国合作。这就是双赢的合作：中国可以接触到美国的设计，获得了技术上的捷径，并在中国工程师的参与和试验下进行改造；美国则获得了经济效益上的收获，这种合作在美国工业界得到广泛认可。所以，中美就“最惠国待遇”进行磋商时，美国国内凡是和中国有过合作的大公司都举双手赞成。因为中国在享受了“最惠国待遇”后，对美国也大有好处。

“浦东赵”感受美国的复杂性

采访组：20 世纪 90 年代您曾经担任上海市委常委、副市长，浦东新区首任党工委书记、管委会主任等职务，被人们亲切地称为“浦东赵”。在浦东开发建设的过程中，有哪些和美国人打交道的有意思的故事？

赵启正：这一时期我和美国有大量的接触，并从中体会到美国的复杂性。美国并非上下全然一致，政府、企业和国民对中国的态度也是不一致的。在浦东开发初期，大量的美国人，特别是美国政界领袖、跨国企业总裁来到浦东，我在接触中发现美国人对浦东开发的看法很不一致。

1994 年，美国前总统老布什到访浦东，我向他展示浦东规划的模型，拿着激光笔告诉他哪里要建摩天大楼，哪里要建公园。那时的激光笔是个大块头，还没普及。老布什指着它对我说，这个高科技的东西他见过，鲍威尔将军向他汇报海湾战争局势时，也是拿着激光笔指来指去。我说：“有重要区别。鲍威尔将军的激光笔指到哪里，哪里就被轰炸了，而我的笔点到哪里，哪里的高楼就建起来了。”老布什点头道：“高科技可以用于战争，也可以用于和平。”他非常看好浦东发展的前景，临别前还说：“如果我再年轻几岁，我也要来浦东投资。”

采访组：基辛格也来过浦东很多次，您和他有接触吗？

赵启正：基辛格卸任国务卿之后，曾担任过几个跨国公司的中国问题顾问，对中国的改革开放、发展形势和投资环境仍十分关心。他只要来中国，往往要抽空到访上海，我和他经常见面交流。在浦东新区初建期，西方舆论对

在浦东开发建设之初，赵启正曾多次接待老布什、基辛格等美方宾客

于浦东乃至中国的发展褒贬不一，但基辛格多次对我说："西方报纸说你们的浦东开发只是一句口号，你们中国只是做个姿态，只是一种政治宣传。但我看了浦东的规划，觉得你们是实际行动，不是空话。"若干年后，基辛格再见我时总要得意地说："你看，我当时说对了吧，中国的改革开放不是一句口号！"

不过，也不是所有大人物的理解都正确。诺贝尔经济学奖获得者弗里德曼是著名的货币学家，他 90 年代也到上海来过，说浦东就是"波将金村"，意指中国弄虚作假。弗里德曼很有学问，但是他看得懂货币，却看不懂中国，看不懂浦东，看不懂中国改革开放的政策，更难以理解中国特色社会主义。我很想请他回来看一看，可惜他去世了。不过他的传记助手曾说，如果老先生还在世，他会改变当初的判断。

我在上海期间还接触了大量的美国企业家，比如通用汽车、福特汽车公司的高管，他们都非常看好上海的商业市场，事实证明进驻上海也确实给他们带来了商业利益。从某种程度上说，美国的企业家比政治家、国会议员更懂中国。

我始终认为美国是个复杂的国家，对中国的态度是多样的。某一种言论并不能代表美国全部的看法。现在中美之间存在矛盾分歧，但我们要看到美国国内并非铁板一块，我们有机会也需要向美国说明中国，说明中国的改革开放政策，说明新时代中国特色社会主义思想等等。

发挥公共外交作用，向世界说明中国

采访组：您长期以来被誉为我国"第一新闻官"，您觉得怎样才能向美国更好地说明中国呢？

赵启正：我们和美国的交往是多渠道的。除了国家层面的政府外交外，还有城市外交、民间外交，或者说更广泛意义上的公共外交，即政府和公众（包括社会组织、企业、媒体和个人等等）从各自角度向外国公众（包括公职人员）表达本国国情，说明本国政策，回答关于本国的问题，同时了解对方的国际交流活动。我觉得中美之间的公共外交已经开始进行了并且有足够深度，还要继续做下去。

采访组：上海在这方面是否起到了比较好的带头作用？

赵启正：上海是全国第一个成立公共外交协会的城市。上海的开放包容和舒适便捷吸引了大批外国人前来生活工作。每一个和外国人接触的上海居民都有责任展现良好的中国形象。有一次，基辛格告诉我他某天中午躲过了警卫，自己上南京路逛去了。他说看到马路上的人都面带微笑，像佛的微笑，印象太好了。微笑象征着友谊，即使不会英文，也可以发挥公共外交的作用。

采访组：在塑造良好的国家形象方面，我们还能做什么？

赵启正：任何一个国家的形象，都由几个因素构成。首先，是一个国家的实际国情。大清帝国虽经历了康乾盛世，但终因封建统治阶级的夜郎自大而闭关锁国，走向衰亡。而现在的中国，作为一个社会主义国家，发展蒸蒸日上，我们对自己的形象应充满信心。

第二，是传播媒介。其中，专业媒体的作用非常重要。中国媒体要加强克服文化障碍的本领，增强对外国的了解和对外国观众心态的理解。不仅人要走出去，作品也要走出去。对于外国媒体，我们要帮助他们了解真实的中国，多和他们接触，解疑释惑。我在国务院新闻办任职时，每年的新闻发布会我都有意多给外国媒体发言提问的机会。越是敏感的问题，我越不回避，越得答清楚。因为有些问题涉及他们的利益，所以他们也非常愿意听。对于存在较大误解的问题，我也特别愿意创造机会解释清楚，不会因为被某家媒体骂过就视之为敌。

第三，就是受众。这与教育程度、判断能力、立场角度、年龄阅历紧密相关。不能外媒说中国好就好，说中国坏就坏，我们要有自己的判断。

如果受众永远跟着媒体不假思索的话，国家的真实形象就很难得到完整的体现。

所以，政府外交要坚持不懈地维护国家利益，公共外交则要不断地表达一个真实的中国，那我们中国的形象就更接近真实了。

采访组：2005年，您的著作《中国人眼中的美国和美国人》出版，您提出中美之间相互了解还很不平衡。十多年过去了，您认为这种“不平衡”还存在吗？

赵启正：中美之间彼此了解仍旧不对称。我们对他们了解更多，而他们对我们了解要少。这并不奇怪，任何一个先进的国家都更容易被人了解、被学习、被重视。而现在愿意了解中国的人也越来越多了，因为中国重要了，中国的产品走遍世界了，中国的政策变化不仅影响中国也影响外国了。也因为中国的发展涉及很多外国人的利益，如果他们利用好了中国的发展机会，就能获得巨大的利益；如果他们不重视中国的发展，就失去了搭乘中国便车的机会。目前是一个让外国人了解中国的好时机，在这种情况下，我们也不应错过机会好好地表达中国。

我们和美国公众交流交往的规模和数字太大了，我相信美国对中国的了解也在与日俱增。我希望我们的出国旅客都能展现文明友好的形象，我们的企业家都能展现诚实精干的素养，大家一起努力加强交往。加强沟通是必要的，减少误会是可能的。

中美共驾同行，商量着开才能稳步前进

采访组：西方媒体一度热炒“锐实力”一词。您怎么看？

赵启正：随着中国的发展，美国对中国越来越警惕，“中国威胁论”也不断翻出新花样。我们要清楚地表达中国对美国不是威胁，要拿出更多的事实，讲出更多的道理，表达清楚。我们表达多了，美方吸收10%也好，20%也好，逐渐能产生影响；不能不表达，不能就认了。

此外，世界不只是一个美国，还有亚洲、拉丁美洲、非洲等等，对这些国家和地区我们都要做工作。我们的工作做好了，美国人也会思考：为什么只有我们跟中国对立呢？为什么非洲和拉丁美洲不和中国对立呢？因

此，要孤立“反华派”，就要多培养我们的朋友，这是一项长远的战略考虑，不能急于求成。

采访组：回顾历史，您怎样看待中美关系的未来发展？

赵启正：中美关系发展到今天是不容易的。像这样两个大国必然有利益冲突，需要通过对话、通过彼此让步，来达到一个共同接受的结果。这个过程是必然的，不必大惊小怪。

我在北京担任国务院新闻办主任的时候，有美国记者问中美关系怎么走，我说：中美关系假如是一辆车的话，我希望美国人不要忘记，驾驶员不止你一个人。这辆车有两套驾驶系统，两个方向盘，两个车闸和两个油门，两人要向前走必须商量着开车。不商量着开，这车就停了，原地打转了。

美国在对华战略上长期采用“遏制 + 接触”政策。实际上，任何两个国家之间都有利益的共同点，也都会有利益的冲突点；都有斗争的一面，也都有让步的一面。中美关系冲突的时候，务必要冷静分析、弄清情况。美国国内意见并不一定一致，也会变化，我们用中国人的智慧完全能够应对。

采访组：您认为中美会陷入“修昔底德陷阱”吗？

赵启正：我们要承认中美在意识形态上的差异，减少差异给我们带来的利益损害。我们要改善我们的舆论环境。但必须指出，我们和美国不同：中国的对外交往不会为了本国利益而损人利己。“中国梦”不是自私自利的梦。中国发展好了，对美国也有好处。并不是说一个新兴国家强大了，守成国家就要吃亏，不要掉进这样的陷阱里去。这不是必然规律。处理好了，可以回避这个问题。中美之间出现了问题，要脚踏实地解决具体问题；出现矛盾，要认真调研，提出解决方案，这需要政府的领导、智库的贡献、企业家的实践等多方共同努力。

更早以前，亨廷顿（Samuel Huntington）提出了“文明冲突论”，我并不完全同意。不能否认存在文明的冲突，但我不认为文明的冲突会如此激烈以至于完全影响国际秩序，成为一个不可克服的障碍。我们中国的文化相信“和为贵”，相信我们能克服文明的冲突，达到文明的和谐交融。

Long Yongtu
龙永图

采访对象：龙永图，1943年出生。现任中国与全球化智库咨询委员会主席。他曾任国家外经贸部副部长，中国复关及入世谈判的首席谈判代表，博鳌亚洲论坛秘书长，复旦大学国际关系与公共事务学院院长、国际问题研究院院长等职位。1995年1月至2001年9月期间，他作为首席谈判代表，在第一线领导并最终成功结束了长达15年的中国入世谈判，被誉为“推开世贸之门的中国官员”。龙永图还主编了《全球化·世贸组织·中国》和《与龙永图论道》等多部著作。

采 访 组：龙　菲　魏帮荣　周永平
采访日期：2018年6月29日
采访地点：北京郡王府后花园

龙永图：
中国加入世贸组织，美国没有吃亏

一提到“中国入世”，很多人首先会想到龙永图。确实，作为中方首席谈判代表，他为中国融入世界经济体系立下了汗马功劳；而他也在一次次唇枪舌剑中，积累了丰富的对美谈判经验。在龙永图看来，美国在中国入世问题上发挥了重要作用，但应当指出的是，美国支持中国入世也是出于其自身利益考量；中美之所以能冲破重重阻力达成一致，是因为找到了共同利益；而此后两国经贸关系的飞速发展使得双方同时获益，是双赢的结果。

当前中美关系虽然似乎笼罩在“贸易战”的阴影下，但龙永图认为，经贸关系曾在两国关系中发挥了重要的“助推器”和“压舱石”的作用，至今仍然没有发生根本性的变化。在当前经济全球化深入的背景下，两国之间的经贸关系已经成为全球价值链网络体系中紧密相扣的一部分，共同利益错综复杂地交织在一起，因此，中美关系整体上是稳固的，不是哪一任政府、哪一个人就可以破坏掉的。作为中美关系重要的见证者和参与者，龙永图坚信两国有着良好民意和历史基础，中美两国可以成为很好的合作伙伴。

中美关系正常化带来人生重大转折

采访组：中美建交40年来，您是中美关系非常重要的一个参与者和见证者，您能谈一谈中美关系的发展与您个人职业经历的关系吗？

龙永图：中美关系是当今世界最重要的双边关系，也是中国最重要的双边关系。尼克松访华以后，中国对外开放的大门就打开了。尼克松来之前，中国恢复了在联合国的合法席位。1972 年，就有消息说中国很快要派一批人到联合国去工作，但当时懂英文的人非常缺，所以要派一批人到英国去留学。后来，我在 1973 年 3 月就到英国伦敦政经学院去学习了。当时我们那批还有杨洁篪、王光亚等人。

可以说尼克松访华改变了很多中国人的生活，特别是那些从事对外交往工作的人。对我来讲，我能够有机会到英国留学，是我人生当中很重大的一个转折。20 世纪 70 年代初，国内还在"文化大革命"，我们能够静下心来在英国学几年英文，学几年经济，确实是很难得的机会。我们从英国学习回来以后不久，就开始从事与联合国合作有关的工作，1978 年，就派到中国驻联合国的代表团去工作了。

采访组：您还记得第一次去美国的情形吗？您对美国的最初印象是什么？

龙永图：我初次到美国，是作为一名外交官派到中国常驻联合国代表团工作的。当时觉得美国是一个非常富裕的国家。特别是在国内经历了"文革"后，我国经济处于崩溃的边缘，在这样的背景下来到美国，有种大开眼界的感觉，对美国经济的进步和繁荣，有很深刻的印象。

后来我在工作中开始接触一些美国人。由于当时中美还没有正式建交，所以我们接触最多的还是在联合国工作的美国人，而不是美国代表团的外交官。我分管联合国开发计划署的工作。联合国开发计划署的工作是向发展中国家提供援助。但在改革开放之前中国的政策是绝对不接受援助。时任联合国开发署署长莫尔斯（Bradford Morse）是美国人，他特别希望中国加入到联合国开发计划署的工作当中去，他认为中国作为最大的一个发展中国家，不接受援助对整个发展援助计划来说是一个很大的缺陷。所以他多次找到我们，希望我们能接受联合国的援助。

1978 年 11 月，国内召开了十一届三中全会，开始对经济上的很多政策进行调整，包括决定要接受联合国的援助。不久，外经贸部派魏玉明副部长带团到纽约来与联合国洽谈此事。莫尔斯听说后很高兴，说一定要见见这个副部长。会见时，魏部长表达了中国政府愿意开始接受联合国开发署的援助。我当时是翻译，记得很清楚，莫尔斯听到后眼睛睁得很大，他说，龙先生，你能不能再讲一遍，部长是不是讲中国已经决定接受联合国的援助了？我说是的。他说请你再说一遍。我说是的。他听了以后非常高兴，哈哈大笑，说："我就像一个男人追求一个女人，终于把你们追到手了。"说明他作为一个美国人，是很开放的，对中国是很友好的，很希望他主管的这份工作中国能够参与。他是我在联合国遇到的第一个比较高层的美国官员。以后我也与很多在联合国工作的美国人打过交道，一般来说他们对中国还是比较友好的，都希望中国成为整个世界大家庭的一员，这给我留下很深的印象。

叩开中国入世之门

采访组：中国加入世贸组织经历了15年漫长谈判之路，尤其是您带领的与美国代表团进行的谈判非常艰巨。您能否分享一些谈判的艰难时刻？

龙永图：我们与美国代表团的谈判本身很艰难；与此同时，协调国内各个部门的意见也遇到不少挑战。此外，由于我们当时在处理国际关系上，都是遵循"依靠第三世界、团结第二世界，孤立和打击美国"的方针行事的，因此整个入世谈判策略就是把发展中国家都团结起来，先和他们一个个地签订协议，然后再和欧盟、日本、澳大利亚、加拿大等签协定，最后孤立美国。但是，我们当时没有意识到美国在整个世界贸易组织当中的主导地位。实际上，和美国不谈成，欧盟也不想和我们达成协议，其他的国家也都在观望。在走了很长一段时间弯路后我们才意识到，如果美国的问题不解决，所有其他的谈判就很难有进展。于是我们决定改变整个谈判策略，抓主要矛盾，先解决美国的问题。1997年到1999年之间，我们集中力量和美国谈判，最后达成了协议。和美国签了协议之后，其他国家排着队来和我们签协议。

因此，一个不能忽视的基本格局是美国在全球体系中占据主导地位，特别是在经济领域。在解决全球经贸问题以及其他重大国际政治问题时，还是要抓美国这个主要矛盾。这是我们在入世这场重大贸易谈判中走了很长一段弯路之后，得到的一条非常重要的经验。

采访组：具体到与美国代表团谈判时，还遇到些什么挑战？

龙永图：我们和美国谈判最大的困难就是美国不承认中国是发展中国家。美国要求中国按照世界贸易组织一般成员的标准，接受应该承担的义务。我们当时强调我们是发展中国家，所以只能够承担作为一个发展中国家的义务。但美国代表团说中国已经有了原子弹，北京和上海都那么繁华，中国已经是个非常发达的国家了，不支持中国在国际义务中享受发展中国家待遇。

另一方面，他们在心底里有时候又瞧不起中国，也使得谈判变得非常困难。比如，在谈判美国的猪肉、牛肉出口到中国来，到底采取什么样的检疫标准的问题时，我们坚持应该采取中国的检疫标准，美方则认为应该接受美国的检疫标准，他们认为只要达到了美国的检疫标准，就是安全的。作为一个主权国家，我们不可能接受这一条。

有一次，我和一个美国谈判代表在我办公室谈，争论很厉害时，他脱口而出，你也不要再坚持了，你们市场上卖的那些肉，卖到我们美国去，狗都不吃的。我听后非常生气，拍了桌子，说你不要侮辱我们，请马上离开我的办公室。后来他向我道歉，说狗在美国也是家庭的成员，没有侮辱你们的意思。显然，这里有文化差异的因素。但也说明，他们对中国的现实情况和文化都不了解，所以当时的谈判的确面临很多困难。

采访组：最后促成与美国达成协议的最重要的因素是什么？

龙永图：我觉得和美国最后达成协议，最重要的一条就是，我们找到了一些利益共同点。当时美国给我们提出了厚厚一沓的要求，归根结底就是两条：第一，必须遵守国际规则；第二，必须开放市场。后来在这两方面，我们和美国形成了一些重要共识。因为这也符合我们改革开放的利益和大方向。如果有些事情我们一时做不到，我们可以和美国谈，谈出一个时间表，比如美国有些要求我们 5 年后做到，8 年后做到。

所以和美国人谈判最终达成协议，我觉得还是因为找到了两国利益的交汇点，在此基础上形成共识，从而最后达成了一个双赢的结果。这对我们过去的谈判和今后的谈判，都有重要的启示。

采访组：您被誉为“中国最擅长与西方打交道的官员”，在您与西方人，尤其是与美国人打交道的时候，您觉得有没有哪些经验可以总结？

龙永图与当年的“老对手”——美国首席谈判代表巴尔舍夫斯基（Charlene Barshefsky）共同祝福中美两国友谊长存

龙永图：我和美国几任谈判代表打过交道，现在见到他们，大家还很客气，而且有些人还成了朋友。为什么呢？回想起来，我觉得和外国人打交道的时候，要注意两点，一个是厚道，另一个是专业。

厚道就是一定不要先入为主，首先就把对方推到对立面去，谈判时应该平衡地、客观地、综合地考虑对方提出来的每一条建议。其次，还要设身处地，换位思考。在谈判的最后阶段，我经常一个人关在房间里想，如果我是美国代表，我为什么要提出这条建议，这条建议对美国有什么好处，接受了对中国会有什么好处。这样，谈判就可以找到一些共同点。第三，厚道就是不要骗人。通过耍小聪明或小动作骗取人家的承诺的事情我从来不做。所以到今天，打过交道的谈判代表们见到我的时候，还说，龙先生，你有时候非常强硬，甚至还要拍桌子，但是我们从来都很相信你，因为你从来没骗过我们；你说不行的，到了朱镕基总理那儿也不行，你说行的，你后来就永远没有变。因此，与外国人打交道，一定要厚道，不要撒谎，要真诚坦率，这是建立互信的关键。特别是两个大国之间，建立互信就要从这样一点一滴做起。

第二条就是要专业。美国人谈判都很专业，准备工作做得非常周全。我应该也算比较专业的了。我是 1992 年 1 月 1 日开始参加谈判的。1991 年，我就接到让我准备参加谈判的通知，然后就到中央党校学习。在中央党校学习的这半年，我一方面学习马列理论，另一方面更多的是把关贸总协定从成立起到现在的所有英文文件和材料，从头到尾看了几遍。正是因为我吃透了关贸总协定的这些条文，后来我和美国人谈判的时候，他们一听我讲，就知道我大概是懂的。这也是不骗他们的一个很重要的基础。如果你对整个谈判业务把握的专业程度，和他们是在同样水平的，那双方就容易形成共识。谈了一段时间后，他们也就不再糊弄、不再忽悠我了。

所以这些年来，我和外国人打交道的经验就是这两条。做到厚道就是一定要有一种争取双赢的决心，以一种相互信任的态度与对方谈；第二，要以一种专业的语言和专业的思维方式来谈论问题，双方才容易形成共识。

中国入世，美国没吃亏

采访组：中国加入世界贸易组织，不论对自身发展，还是对世界经济都是一个很大的贡献。但是美国总统特朗普却屡次说美国当初同意中国加入世贸组织，美国吃亏了。您怎么看待这种心态？

龙永图：这主要是特朗普不了解中国加入世贸组织所经历的那个过程。应该说，我们当时和美国谈判代表达成的这个协议基本上是平衡的，美国谈判代表当年并没有做出很过分的让步。只不过是我们当时做出的一些承诺正好推动了我们国内一些重大的改革进程。比如，一个重大的承诺就是根据世贸组织的贸易自由化原则，放开中国的外贸经营权。当时中国除了一两百家国营贸易公司以外，其他的都不能够经营进出口。我们接受了关于贸易自由化的原则后，中国所有的大中小型企业，国有的、民营的，还有科研机构都可以经营进出口，这样一下子就把中国长期压制住的那种从事进出口的冲动释放出来了。特别是 2001 年左右，经历了一段时间的改革开放，中国的制造业已经有了相当的基础，很多中小企业都开始从事进出口贸易，中国的出口开始出现大幅度的井喷，以 20%、30% 的速度增长。由于美国市场最大最开放，因此成了我们出口最大的市场。正是在这样一个时期里，中美贸易顺差大幅度地增加。当然美国的中低收入群体得到了很多好处，享受到了中国物美价廉的产品，所以我说中国加入世贸组织是全球最大的一个扶贫工程。

特朗普并不知道这个背景，他以为是美国的贸易代表做了重大让步，中国的出口才会以 20%、30% 的增长速度涌进美国市场。实际上，当时我们也没有预见到，中国的出口会以那么高的速度发展。中国入世之所以带来中国出口的大幅增长，造成了目前比较庞大的贸易顺差，主要是因为中国加入世贸组织，解放了中国的外贸生产力，就像安徽的联产承包责任制把农民的积极性一下调动了起来，中国入世把中国搞外贸的积极性一下子调动了起来。这就叫作“以开放促改革”。特朗普的经济团队应该去了解这样一个历史。可能具有某些讽刺意味，美国逼着我们开放得越快，我们改革的进程会越快，发展得越快，也可能会更快地赶上美国。

采访组：*当前中美贸易摩擦日益升级，您觉得会不会成为阻碍中美关系发展的一个冲突点？*

龙永图：回顾过去 40 年来，中美经贸关系可以使得中美关系平稳，而且在遇到困难时往往成为解决困难的突破口，成为一个“压舱石”。比如，1992 年年初，中美恢复关于 WTO 的谈判，打破了 1989 年政治风波后的两国关系僵局；1999 年年底，中美恢复谈判并最终达成入世协议，也使中美关系重回正轨。我们说它是“压舱石”的作用，就是因为中美经贸关系对于中美两国都太重要了。大家在这里有太多的共同利益交织在一起。因此，哪怕现在遇到一些暂时的困难，我对中美关系也一直感到比较乐观。

经济全球化发展到现在，已经形成了一个“你中有我，我中有你”的全球产业链网络体系，这是这几十年的市场运作和全球化发展的结果，不是哪一个政府或哪一个人能够打破的。也许能够损害一段，也许会在某一个产业链上出现困难，但是整个网络体系是破坏不了的。同样，中美经贸关系已经有了这样一个错综复杂、相互依存的产业链联系在一起，不可能是美国一届政府在一个短时间里面能够破坏的；也许可能受到一点伤害，但我觉得整体上是稳固的。

中国最近几年发展很快，中国的崛起已经成为一个既成事实了。所以现在对美国来说不是如何阻挡这个崛起，而是要怎样适应这个崛起。这就考验美国政府和美国民众如何来认识中国的崛起。对于一个不可阻挡的强大的市场力量和历史规律在推动的一个潮流，只能适应它，适者才可能使双方都得到好处，硬碰硬只会相互伤害，解决不了任何问题。

坚信中美两个大国可以搞好关系

采访组：回顾中美建交40年来的酸甜苦辣，您觉得对如今处理中美关系最大的启迪和经验是什么？

龙永图：我觉得有一条非常重要，就是坚信中美这两个大国是可以搞好关系的。中美有搞好关系的民意基础和历史基础。大多数中国人，还是对美国人有好感的，因为中美之间没有历史恩怨，也没有领土纠纷，美国还曾帮中国做了很多好事，比如飞虎队、创办协和医院和清华大学等。中美两国人民会感到一种情感上的联系。因此，只要不刻意地用意识形态和冷战思维来处理，我认为中美可以搞好关系。

过去40年来，也证明了中美经贸关系虽然有些波折，但大体上还是稳定的，并且还一起做了一件大事，共同完成了中国加入世贸组织。中国加入世界贸易组织，当然主要由于我们自己的决策和努力；但是平心而论，美国在中国加入世贸组织方面做了很大的努力，起了重要的作用。这点我觉得应该公平地做这样一个结论。

采访组：如今美国将中国视为事实上的"战略竞争者"，美国政策界也有重新定位对华战略之势，您认为这将给中美关系带来什么实质性的影响？

龙永图：目前美国把中国定位为"战略竞争对手"，是否是美国上下各方面都形成的一个共识，我觉得还要再观察一下。中国还是希望与美国建立真诚的战略伙伴关系，这才是我们的出发点。但是，如果美国确定了要把中国当作"战略竞争对手"来打压，中国也不怕打压，越打压，越有可能真的成为对手。

美国把中国视为"战略竞争对手"是错误的，是完全误判了中国的情况。首先，中国和美国在人均收入、金融领域、核心技术的掌握等各个方面都还有很大的差距；第二，中国还有很多贫困人口，国内主要注意力还在解决贫困、环保、经济结构调整等积压多年的问题，面临极大的挑战。因此，中国根本没有精力、没有能力，也无意去挑战美国的霸权。同时，中国加入世贸组织以后，取得了很大的发展，是当代国际秩序的受益者，不希望也不会去颠覆它。

因此，我希望美国不要把中国当成真正的对手，这是最重要的一条战略判断。如果美国懂战略的人能有这样的战略思维，对双方都有好处。如果美国采取另外一种做法，要阻挡中国的发展和崛起，我认为不可能，况且这样做的结果，对美国没有任何好处。

采访组：中国正在努力实现伟大复兴梦，美国也在努力实现“让美国再次伟大”，在这样的背景下，您觉得如何处理好中美之间的竞合关系？

龙永图：从总体上来讲，中国和美国合作的领域是非常广阔的，竞争的领域是可以控制的。所以在这个问题上，最重要的是要有战略的思维，认真地分析两国关系定位、两国的历史文化、两国经济结构上的互补性等，来得出一个比较正确的判断。

经历了那么多年和美国打交道，尤其是和美国人在入世谈判中打交道，我觉得中国和美国是能够成为很好的合作伙伴的。中美在加入世贸组织涉及六千多个税号，涉及几十个部门上百个服务贸易部门的复杂的谈判当中，都能够取得一致，因此，我觉得目前一些经贸上的问题，只要双方有诚意，还是可以解决的。我最近也多次在公开场合讲，不要因为一次中美贸易摩擦而改变我们对于美国的整个战略，还是要在不冲突、不对抗、相互尊重、互利共赢的基础上，建立一个真正的新型大国外交关系。

这一点，我是衷心地希望中美两国人民能够真正地进行更多的沟通和交流，希望中美两国的政治家更多地从战略的全局来考虑。我相信，中国好，美国也好；美国好，中国也好；中美两国关系搞得好，全世界都好。这是我一个坚定的信念，这也是我多年从事国际关系工作的一个结论。

Tao Wenzhao
陶文钊

采访对象：陶文钊，1943 年出生。现为中国社科院荣誉学部委员、美国研究所研究员。曾在中国科学院哲学社会科学部（中国社会科学院前身）近代史研究所工作。1994 年调入中国社科院美国研究所任副所长。陶文钊长期从事中美关系的历史和现实问题研究，所著三卷本《中美关系史》被公认为中美关系研究领域最为重要的著作之一。

采 访 组：张 骐 魏帮荣 周永平

采访日期：2018 年 3 月 28 日

采访地点：中国社科院美国研究所

陶文钊：
中美关系正常化是改革开放战略的重要环节

采访陶文钊老师的时候，正值2018年北京初春的第一场沙尘。从中国社科院美国所的楼上向外望去，昏黄的天空下，鼓楼西大街上青灰的墙、干瘦的树更显萧瑟。陶老师笑言："这是贸易战下中美关系的写照。"然而屋内的访谈却是另外一种氛围，一个半小时的采访，陶老师神采奕奕，侃侃而谈。谈笑风生中，他对中美交往史实信手拈来，对两国外交政策演变解析独到，对国际格局变动思考深邃。对于未来的中美关系而言，也许需要更多像陶文钊老师这样的智者和长者，帮助后来人拨开眼前纷乱的沙尘，看到两国关系新的春光。

历史书写者，时代亲历人

采访组：1972年，中国科学院哲学社会科学部的"五七干校"撤销，近代史所恢复工作，您回到北京，而1972年也是中美关系开始"破冰"的年份，您是否还记得最初获悉尼克松访华这一消息时的感受以及当时您对中美关系的认知？

陶文钊：尼克松访华的时候，我还在河南信阳的"五七干校"。当时没有电视，报纸也不是每天都能看到，我对此了解不多，但这个消息还是引起了大家的关注。在干校的一次班级讨论上，近代史所的老副所长黎澍的发言让我印象深刻，他说："邀请尼克松访华，是给我们思想上的形而上学一个很大的打击。"以前，我们觉得美国就是帝国主义，美国和中国是敌对关系，但是如今，最大敌国的首脑居然到北京来访问，毛主席还接见了他，确实给中美关系带来了新的意义。

对我个人而言，一个重要的影响是，尼克松访华以后，1972年的5月，就在我从干校回到北京的时候，北京外国语学院和北京人民广播电台联合发起了全国第一个英语广播讲座节目。我在大学里学的是俄语，对于作为第二外语的英语已经很生疏了，听到这个消息，觉得是一个好机会。当时，我还没想到以后要从事中美关系研究，只是觉得作为一名翻译工作者，最好能够多懂一门外语。我跟着这个广播讲座一直学了三年，从初级班到中级班，边学边做练习，给我的英语打下了坚实的基础。学完中级班以后，我阅读一般的英文历史文献和著作就没什么问题了。

采访组：您曾经说过，1982 年公派赴美进修是一生的转折点，这是一次什么样的经历？

陶文钊：这次赴美进修是国家教委的项目。现在卡特总统的回忆录也披露出来，在中美建交以前，邓小平和卡特就已经决定中国要向美国派出留学生。我是第三批赴美留学生。1981 年的春天，我接到通知说国家教委有赴美进修的名额，6 月将有全国性的选拔考试。我抓紧时间准备，后来以 63 分的成绩通过了考试。当时，国家教委的标准是 50 分是培训线，60 分是派出线，即 50 分需要在国内的外语院校参加培训，60 分就可以直接派出了。我虽然达到了派出线，但是为了夯实自己的英语基础，还是选择了前往西安外国语学院参加培训。

我赴美的时候带了一个研究课题，即 20 世纪 30 年代到 40 年代的中美关系史。我当时在社科院近代史研究所工作，近代史所中外关系史研究室正在编写一部《帝国主义侵华史》。这部书当时已经写到第二卷，即写到晚清和辛亥革命时期。由于接下去还准备写第三卷、第四卷，在后面的部分里，中美关系的分量就很重了。20 世纪 30 年代抗日战争时期到 40 年代解放战争时期，美国介入中国的内政越来越深。对于这一段历史，恰好美国的档案都已经开放了。所以，我是带着这样一个研究课题赴美的。

采访组：从史料中阅读美国，到现实中接触美国，您的最初感受如何？当时的美国知识精英和普通民众如何看待中国？

陶文钊：由于中国与美国隔绝了那么长时间，我们对美国的了解很少，到了那儿以后一切都觉得新鲜。首先是觉得美国确实很富裕，我第一次到国会图书馆的时候就觉得非常震撼。但是我还有另外一个感觉，就是美国人对中国的了解，比我们对美国的了解要少。但他们都希望知道更多的情况，尤其对中国的改革开放很感兴趣。总体来说，美国人对中国是比较友善的。

采访组：从最初的俄语专业毕业，研究中苏关系，到后来自学英语，研究中美关系，您研究领域的变化，从某种程度而言，也反映了中国外交在不同时期关注重点的转移。您如何看待个人和时代、个人与国家之间的关系？您这一代美国问题研究者的使命是什么？

陶文钊：“文革”以后的40多年，我有三个转变。第一个转变是从学俄语到学英语、用英语。我大学时期学的是俄语，做中美关系的研究以后，俄语基本上就不用了。我现在到了晚年，还是想把俄语重新捡起来，这也是我现在研究美俄关系的一个原因，阅读一些俄文材料时，拿着俄语和英语对照。

第二个转变是从翻译到研究。我在社科院近代史所工作的时候，做了一些俄语的翻译。做了一段时间翻译以后，我觉得这样下去可能没有自己的专业所长，当时刚好近代史所的中外关系史研究室编写《帝国主义侵华史》，这个项目需要年轻人。我就提出参与这个项目，由此进入了历史研究的领域。

第三个转变是从历史研究到现状研究。1994年，我调入社科院美国所，就逐渐从历史研究转到现状研究。如果我还继续在近代史所工作，大概不会有后面两卷的《中美关系史》了。这方面的转变，我觉得不是很困难。因为研究工作总是有一个共同的方法，尤其是在近代史所，我受到的最大的教育就是需要掌握丰富的资料，尤其是第一手的资料。在搜集整理资料的过程中一定要扎实严谨。

社科院近代史所的老所长刘大年同志曾经说过一句话：“一代人有一代人的使命。”20世纪50年代，他撰写了《美国侵华史》，他们那一代人的主要使命是在全民族中消除亲美、恐美、从美的意识。50年代、60年代甚至70年代初，美国研究在中国很难说是一个独立的学科。而我们这一代人的使命，就是使美国研究成为一门独立的学科。当然，美国研究服务于我们国家的外交和现代化建设，服务于中美关系，这是毫无问题的。但我们首先是以事实作为基础，使它成为一个独立的学科。我们是在努力地做，当然会存在很多的不足。

采访组：对于年轻一代的美国问题研究者，您有什么样的希望？

陶文钊：年轻学者的条件比我们更好，他们都经过系统的国际政治训练，到国外访学、与国外同行进行学术交流的条件也很优越。我希望年轻的学者在我们的基础上有进一步的发展。一方面，是要开拓研究的范围。另一方面，要挖掘研究的深度。

中美关系还有很多的领域可做研究。例如，我特别主张做个案研究。可以研究美孚石油公司在中国、可口可乐公司在中国、波音飞机在中国这样的案例，然后再做一些中国企业在美国的案例，通过对企业的研究，反映中美两国在商务上的互相交流。我们也可以做姚明在美国的个案研究，姚明在美国的影响力很大，小布什和奥巴马都很赞赏姚明，通过这样的案例可以反映出，中美关系不仅仅是两国政府之间的关系，还是两国社会、两国人民之间的关系。

三卷中美史，百年风云录

采访组：是什么原因推动您撰写了三卷本150万字的《中美关系史》？

陶文钊：如果我还继续留在近代史所工作，也许只能完成第一卷。1994年，我调到美国所。社科院的国际学部主要从事现代问题研究，不从事历史研究，当时我们所没有人研究美国史，研究中美关系史的人也不太多。刘大年同志鼓励我继续写下去。当时，建国以后的很多档案都已经开放了，美国也正式公开出版了《美国外交文件集》，许多在国家档案馆、总统图书馆的档案也都可以查阅。第二卷写到尼克松访华，但是不能以尼克松访华作为这本书的结尾，因为他只是“破冰”，所以必须得再往下写。后来，我决定写到中国加入世贸组织，写到克林顿政府通过对华“永久性正常贸易关系”（PNTR），这也正好是20世纪结束了。以一个积极的结果收尾，可以使人对未来充满希望。

采访组：在研究中美关系史时，您查阅了大量的档案。哪些档案让您印象深刻，有没有哪些内容改变了您的原有认知？

陶文钊：我在华盛顿的时候，主要的精力是放在国家档案馆。美国查

1983 年 12 月，陶文钊（右一）采访司徒雷登大使秘书傅泾波（中）后合影留念

1984 年 8 月，陶文钊在罗斯福总统图书馆做研究时留影

档案很方便，只要有一个带有照片的身份证明，很快就能办好手续。那里的档案非常丰富，让我受益匪浅。

一个印象深刻的例子是档案改变了我对“美蒋”的认识。20世纪五六十年代的时候，我们总是讲“美蒋”，把美国和蒋介石放在一起，意思是两者铁板一块，实际上并非如此。看完档案以后我发现，1947年1月马歇尔调停失败返回美国，当时他对中国的形势很悲观，对蒋介石政权、国民党基本上已经失望了，但是他又不能站在共产党一边。在当时的战略大背景之下，他还是要想方设法来给共产党制造麻烦，所以当时美国的政策是对国民党提供有限支持。1948年出台的《美国援华法案》给国民党提供4亿美元的援助，包括1.25亿美元的军援。但是美国没有介入中国的内战，美国驻华的军事顾问团很快就撤回去了。

后来，1948年年底宋美龄去美国，1949年李宗仁的代表去美国，反复要求美国增加援助。我看到档案，当时杜鲁门对李宗仁的特使和顾维钧大使说：“我来自密苏里。”密苏里是美国中部的一个州，杜鲁门是来自密苏里的独立城，这句话在美国是个双关语，意思就是“我是一个讲实在的人”。杜鲁门说“我希望看到中国战士准备和愿意去打仗”，这表明他对国民党已经完全没有信心。到三大战役进行的时候，杜鲁门、马歇尔都已经很明白了，国民党是打不赢的。他们对蒋介石政权内部的腐败也非常痛恨，说这些人都是骗子，援助都落到自己腰包里去了。蒋介石败退到台湾以后，美国还考虑过各种方案，包括抛弃蒋介石来支持台湾的地方势力，或者是支持国民党里的异蒋势力。一直到1954年签订《美台共同防御条约》，实际上美国与蒋介石之间还是存在很大的分歧。在五六十年代的时候，我们没有这样的认识，但是现在这已经是史学界的共识了。所以，档案研究很重要。

采访组：人物访谈是对档案材料的有益补充，为了撰写《中美关系史》，您曾经采访多位美方政要和专家学者，能否和我们分享一两个让您印象深刻或者给您的研究带来巨大帮助的访谈经历？

陶文钊：人物访谈是美国学术界的传统，他们研究历史时都尽可能这样去做。我对美国政要的采访主要是在2002年的夏天，当时我在威尔逊国际学者中心做访问学者。我采访了很多人，级别最高的是美国的贸易谈判代表巴尔舍夫斯基，是部长级。

给我印象最深刻的是采访布鲁金斯学会的卜睿哲，他担任过美国在台协会主席，我和他谈了三个上午。我们从开罗会议谈起，一年接着一年、一件事接着一件事地谈，内容涉及美国对台政策、中美关系。和他谈完以后，我对美国每个阶段的对台政策就非常清楚了。特朗普当选后不久就接了蔡英文的电话，并声称“一个中国”也在谈判之列。很多美国学者都站出来发表不同意见，卜睿哲写了一封致特朗普的公开信，指出“一个中国”政策不是中国强加给美国的，是美国自愿提出的。确实，基辛格 1971 年 7 月第一次访问中国时，主动向周恩来总理做了不赞成“两个中国”或“一中一台”、不支持不鼓励“台湾独立”的表示。1972 年 2 月尼克松访华的时候又提出五点承诺，其中也包括“一个中国”。对卜睿哲的采访对我后来研究台湾问题、美台关系非常有帮助。

另外一个例子是韦德宁。在小布什执政的八年里，他一直在国家安全委员会里任职，前四年是负责中国事务的主任，后四年是负责亚洲事务的高级主任。我对他的采访次数很多，尤其是 2006 年、2007 年的时候，台湾问题比较紧张。我每一次去美国都要见他。他也很乐意见中国学者。我的《中美关系史》第四卷中写到小布什政府的事，有很多是对韦德宁的采访。而写奥巴马政府则用了很多对麦艾文（Evan Medeiros）的采访。所以，我觉得采访也很重要。

老骥犹奋蹄，壮心仍未已

采访组：您现在正在撰写《中美关系史》的第四卷，能否介绍一下这方面的进展？

陶文钊：第四卷是写小布什和奥巴马时期 16 年的中美关系。目前我觉得有很多的不足，因为很多事情只能依据报刊材料，没有别的信息可以去发掘，有些问题目前还解释不了。例如，2005 年六方会谈的“9·19 共同声明”出台，这正是六方会谈要达成成果、形势最好的时候，美国财政部却发起了对澳门汇业银行的制裁，冻结了朝鲜在澳门汇业银行的 2500 万美元账户。我不知道美国为什么要这么做。我的猜测是布什政府内部可能有两派，一派赞成六方会谈，包括当时的国务卿赖斯（Condoleezza Rice）、助理国务卿克里斯托弗·希尔（Christopher Robert Hill），另外一派就是现在特朗普政府的国家安全事务助理博尔顿（John Bolton），以及副总统切尼（Richard Bruce Cheney）。是不是因为强硬派故意捣乱，还是因为别的原因，我在书里也做了说明，这事现在解释不了，需要以后有更多的档案材料被发掘出来。

写当代史不可能超越自身的局限，我写《中美关系史》第四卷，是把这段时期中美关系的主要事实记载下来，把演变的主要脉络描述出来，把我们自己的感受记录下来，为后人研究中美关系提供参考、借鉴。这些事情都是我们亲眼看见的，有的是我们部分参与其中，有自己的亲身感受。我们也和美国学者以及一些决策者交流，这些东西对于后来的研究者会有所帮助。

采访组：《中美关系史》第四卷是从2001年到2016年，这应该算是21世纪的中美关系。有一种说法认为，这一段时期可以用"接触+遏制"来概括美国的对华政策，您是否同意这样的说法？

陶文钊：我一直不赞成在冷战结束以后还用"遏制"这个词，因为"遏制"这个词是冷战的产物。我认为用"接触+牵制/平衡"来概括比较合适。我们官方的文件、领导人的讲话里，从来没有用"遏制"这个词。如果美国是在遏制中国，中美之间的贸易怎么可能发展到5000多亿美元？当然，美国对华政策确实有"牵制和平衡"的一面，或者用美国人的话说就是"两面下注"（hedge）。美国对中美关系最好的定位，是2005年9月21日佐利克（Robert Zoellick）的讲话，他提到了"负责任的利益攸关方"。戴秉国同志在自己的回忆录中也对这个讲话评价很高，他认为这个讲话表明，美国不再把中国看作是国际体系的"异端"。这对于后来进一步探讨新型大国关系是一个贡献。

采访组：如何解读40年来中国的对美政策？

陶文钊：中国的对美政策在将近40年的时间里是相当一贯的。中国的对美政策都是最高领导人亲自抓。从邓小平到江泽民、胡锦涛，再到习近平，他们都是亲自抓中美关系。20世纪90年代，我们经常说中美关系是中国外交的重中之重。现在，我们虽然不常说这句话了，但实际上中美关系仍然是重中之重。1978年到1979年，一方面是中美的建交谈判，最后邓小平亲自出马，另外一方面是中央工作会议以及后来的十一届三中全会，两条线并行，这不是时间上的巧合。在邓小平的设计中，对美关系正常化，就是改革开放大战略的一个重要环节。

从政治上看，对美关系正常化以后，我们就可能营造出一个比较稳定的国际环境。很多欧洲国家虽然和中国的关系已经正常化，但是他们都在看美国的眼色行事，中国与他们的关系不能充分地发展起来。我们和美国的关系渐渐发展了以后，我们和欧洲的关系也发展了起来。这也是后来领导人所说的中美关系的拉动作用。当时中苏关系还没有恢复，对美关系正常化也促进了中苏关系正常化。从经济上看，中国的改革开放，从市场、技术到资金，都离不开美国。小平同志的这个设计，40 年的事实证明是完全正确的。

我们要维护中美关系的稳定，扩大中美的共同利益，发展中美之间的合作，最根本的目的就是为了我们的现代化建设，为了中华民族的伟大复兴。在这一点上，我们的历任领导人相当一致。美国每换一个总统，对华政策都会有所调整，而我们的对美政策非常一致，不需要美国人去琢磨。这是我们发展中美关系的一个正能量。

采访组：如何看待特朗普上台后的对华政策调整？

陶文钊：最近的中美关系确实让人担心，这一次美国对华政策的调整，可能是中美建交以来最深刻的一次调整。特朗普政府的《国家安全战略报告》《国家防务战略报告》以及《核态势评估报告》颠覆了冷战结束后美国历届政府，包括共和党和民主党政府的关于国际形势和中国的两个共识。第一，报告称，美国处在一个“异常危险的”“竞争的”世界当中，威胁来自三个不同的层面：中国、俄罗斯这样的大国；朝鲜、伊朗这样的“流氓国家”；恐怖主义。国防部的《国家防务战略报告》（摘要）明确认定了地缘战略的回归：“国家之间的竞争，而非恐怖主义，已经成为美国国家安全的首要关切”，而与美国竞争的第一个国家就是中国。这一判断颠覆了过去 20 多年国际社会、也是历届美国政府的共识：冷战结束后传统的安全威胁下降，非传统的威胁上升，国际社会应联手应对非传统威胁，诸如恐怖主义、金融危机、气候变化、传染性疾病、跨国犯罪等等，这是大国关系的新的基础。第二，冷战结束以来，历届美国政府的《国家安全战略报告》或《国家防务战略报告》但凡讲到中国，都会讲两面：首先用大篇幅说美国欢迎一个和平、稳定、安全、开放、繁荣的中国的崛起（不同总统会选用这些形容词中的三个），会肯定中国对地区安全起到的“建设性作用”，肯定中国经济发展的成就，中国对地区和全球脱贫、经济增长做出的贡献，中美两国在多个领域的合作；然后会讲到两国之间的分歧，会从美国的角度出发对中国进行一些批评和指责，提到人权问题、军费增长和“军力发展的不透明”，中国与伊朗、苏丹的关系等等。总之，既讲中国崛起的机遇，也提到中国带来的挑战。不论民主党还是共和党政府任内情况大致如此。但新版的《国家安全战略报告》中只有一句话勉强地提到“美国继续寻求与中国合作”，报告通篇 30 多处提到中国都是对中国崛起的指责和对中美竞争的渲染，这种竞争是全面的，在经济（这是美方特别关注、报告中讲得最多的）、地缘政治、军事、文化教育等各个方面无所不在。报告于是明确地把中国定位为“竞争者”“修正主义国家”，这也是以往类似报告所未见的。

实际上，美国人的这一认识在 2010 年前后就开始形成了。2008 年和 2010 年，我们相继举办奥运会和世博会，是在世界舞台上的精彩亮相。2010 年也是中国入世以后的第十年，这十年是中国经济真正起飞的十年，中国的 GDP 超过日本位居世界第二。奥巴马当时提出的“亚太再平衡”，就是为了牵制和平衡中国。“亚太再平衡”战略在提出的时候声势很大，最后是“雷声大雨点小”，实际上是因为受到了很多牵制。最主要的两个牵制是叙利亚战争和克里米亚事件。

美国人对中国的看法，总是抱着一种“传教士式的热情”。20 世纪 80 年代，我刚到美国的时候，美国人对中国的改革开放很欢迎，他们普遍认为中国改革开放以后就会引进西方的民主。1992 年初邓小平南行，提出社会主义市场经济，美国人又产生了希望。他们觉得，中国如果搞市场经济、融入国际经济体系，那么最后一定会导致政治上的自由化。但是经过 40 年的发展，美国的将中国西方化或者说让中国引进西方民主的期望没有实现，他们现在觉得很失望。

美国人对我们的一些提法也有误读和曲解，包括“中华民族的伟大复兴”。有的美国学者就直截了当地问我，你们提出的复兴是什么意思？是不是要让中国在世界上重新拥有像唐朝和汉朝时那样的地位？还有我们提出的“新安全观”“一带一路”“中国走向世界舞台的中央”等等，美国人对这些都有误解，以为中国要把美国从亚洲赶出去，然后在全世界挑战美国的地位。

采访组：在中美建交40周年到来之际，作为一个历史学家，您觉得对双方而言，最重要的历史经验是什么？您对两国领导人的建议是什么？

陶文钊：过去40年的中美关系服务了中国的现代化，我们中国几代领导人的对美政策，从大政方针的角度来看，都是正确的。即使是遇到了“炸馆”“撞机”这样的危机，中美关系最终还是克服了困难，得到了发展。经过这40年，中美之间积累了丰富的危机管控经验。

我们需要对美国人说，中美关系是互利双赢的。如果中美关系不是互利双赢，就不能理解两国间的贸易怎么会发展得这么大。贸易不完全是国家之间的事情，贸易还是两国社会、商家之间的事。所以，不能把商业行为政治化，这也是中美关系的一个重要的经验教训。

中美关系有个特点，就是只要稳定了，就会有发展！只要中美关系稳定了，就能够对中美两国、地区和整个世界带来好处。最令人担心的是出现颠簸，但是今后我们要有这个心理准备，中美关系会有更多的颠覆、摩擦和分歧。

希望中美双方能够继续将两国关系维护在合作共赢的主干道上，继续使中美关系服务于中国的现代化建设。如果我们能够再维持到2050年，中国真正成了社会主义的现代化强国，两国之间没有发生所谓的“战略摊牌”，或者说是没有真正掉入“修昔底德陷阱”，那么中美关系就实现了“新型大国关系”。在这个过程当中，中美两国会有很多的“适应”（accommodation），以及互相的妥协，国际秩序也会慢慢进行调整，这就是基辛格所说的“共同演进”（co-evolution）。

Zhou Wenzhong
周文重

采访对象： 周文重，1945 年出生。他于 2005–2010 年出任中国驻美大使，此前一直在外交一线从事对美工作，曾经先后担任中国驻美大使馆随员、三秘、外交部翻译室处长、中国驻旧金山副总领事、外交部美大司副司长、中国驻洛杉矶总领事（大使衔）、中国驻美大使馆公使、外交部副部长等职。2010–2018 年，周文重担任博鳌亚洲论坛秘书长。他还是中美人民友好协会副会长。著有《斗而不破：中美博弈与世界再平衡》等书。

采 访 组： 叶　君　周永平　李克洋

采访日期： 2018 年 7 月 5 日

采访地点： 国务院发展研究中心世界发展研究所

周文重：

求同存异、磨合前行是中美唯一明智的选择

作为中美建交后第八任中国驻美大使，周文重亲历了两国关系发展的风风雨雨。实际上，“美国”始终是他职业履历中的关键词。周文重的外交生涯起步于 20 世纪 70 年代，他是中美建交后我国派往美国的第一批外交官，此后也长期在一线负责对美外交工作。即使在离开外交系统之后，迈入古稀之年的他还是心系中美，乐此不疲地奔波于两国之间，发挥着一个职业外交官的余热。

40 多年来，周文重曾经驻美工作 16 年，和卡特以来的历届美国政府打过交道。他不仅见证了中美关系史上的诸多辉煌瞬间，也直接参与了许多危机事件的处理。在谈到中美在一些核心利益问题上的冲突时，这位儒雅温和的老先生也不免义愤填膺，说话掷地有声、铿锵有力，仿佛又回到了外交一线。

深知 40 年来中美关系发展之不易，面对当前两国关系的纷扰和不确定性，周文重也相当清醒和坚定。他认为中美关系的基本面没有变，两国只有秉持求同存异的态度，继续磨合前行，扩大共同利益，才是明智之举。

亲历建交一线风云

采访组：1972 年尼克松访华时，您刚进入外交系统不久；1978 年 12 月中美宣布建交时，您已被派往华盛顿参与对美一线工作。对于中美建交您有什么独特的记忆吗？

周文重：尼克松访华的消息，我也只是从报纸上才得知的。和大部分人一样，一开始也觉得意外——“美帝国主义的头子”竟然来中国访问了，但是我觉得也可以理解——在当时的国际环境下，美国需要打中国牌来对付苏联的威胁，而我们在经历“文革”后也面临逐步走向世界的问题，所以当时的领导人抓住了一个历史契机。打开中美关系实际上是我们在中美苏大三角关系中争取主动的关键一步。

小平同志抓中美关系正常化就是看准了中国要对世界开放。如果中美关系不正常化，改革开放就很难真正成功，这是我们必须要走的一步。中美建交带动了一大批国家和我们陆续建交，推动了中美经贸关系和人文交流的蓬勃发展，这都是两国关系正常化的积极效应。

采访组：您应该是中美建交后我国派往驻美使领馆的第一批外交官。还记得第一次到美国时对美国社会有什么样的印象吗？

周文重：我 1978 年末被派往华盛顿做大使的翻译，接手是在 1979 年 1 月份。到了美国后，我发现当时美国社会从上到下都有一股“中国热”。尽管冷战还没有结束，但是美国从实际利益角度考量，为了对抗苏联，还是选择了改善对华关系；美国也看重中国市场，希望和中国发展经贸关系；普通民众和企业界对中国的好感都在逐渐恢复。

我记得我们当时举办了出土文物展，引起了轰动；我们向美方赠送了大熊猫。这些友好的姿态在美国是得人心的。虽然我们双方隔绝了很长时间，曾经长期处于敌对状态，但是友好的感情在人民内心中是存在的。

采访组：1982 年中美签署了关于台湾军售问题的《八一七公报》，您当时在中国驻美大使馆工作，是否参与了相关谈判或文本草拟的工作？

周文重：相关的核心谈判都是在北京完成的。当然我们在前方使馆也需要配合国内，根据指示和各方接触，推动问题朝我们希望的方向发展。从这个角度来说，我参与了一些外围的工作。

中美建交后不久，1979 年 4 月，卡特就签署了《与台湾关系法》，实际上就是把台湾作为一个政治实体来对待，要继续向台湾出售武器。这是中美建交没有解决的一个遗留问题。

卡特为了和中国建交，表示可以停止一年对台出售武器，但一年到期后怎么办这个问题悬而未决。1982 年的时候，老布什作为副总统到访中国，邓小平接见他时就说，售台武器问题是中美关系的一个阴影，是一个潜伏的危机，必须要解决。你想，一个建交国向你的国家的一部分出售武器，这个部分还存在一个敌对的政权，美方这么做完全不符合国际法。老布什回国以后拿了一个草案，就是《八一七公报》的草案，里面最主要的一条，就是美方表示不寻求长期向台湾出售武器的政策，逐步减少直到最后解决。

我们从中美关系长远发展的考虑出发，在美国尊重中国领土主权完整的前提下，接受了这个方案。但是美国应该说没有按这个公报内容来做，言而无信。这么多年过去了，售台武器问题还是没有解决，一直到今天还时不时地给中美关系带来很大的干扰。

从危机中走来

采访组：2001 年 4 月，发生了“南海撞机事件”，您当时在外交部担任主管美国事务的部长助理，是否参与了这一事件的处理过程?

周文重：过去这些年来美国军机军舰对我领空和海域的抵近侦察架次一直在增加。2001 年那次，美国一架 EP-3 军用侦察机飞到我海南岛东南海域上空活动，我空军战斗机立即进行跟踪监视，并按程序保持一定距离进行驱赶。但美国侦察机违反飞行规则，突然大角度转向，撞上我方军机，致使飞机失控坠海，飞行员王伟牺牲，而受损的美机在未经许可的情况下，进入我国领空，迫降在海南陵水军用机场。

这当然是一个很大的问题。在善后处理问题上，当时领导人给我们的指示是：你道歉，我放人。美机侵犯我领空，致使我机损毁、飞行员牺牲，当然应该道歉，但双方在道歉这个问题上就来回斗争了很久。

当时是小布什政府时期，国务卿鲍威尔对中国的看法相对来讲还比较积极。在他的主持下，美方形成了道歉措辞。但是“道歉”用哪个英文单词，双方产生了分歧。我们认为严格意义上来讲比较正式的“道歉”应该用“apologize”这个词，但美方不接受，他们有他们的一套歪理，他们坚持用“sorry”这个词。最后经过反复交涉和斗争，我们接受了他们用“very sorry”。“sorry”一词虽然没有那么正式，但从文字角度来讲有歉意的含义在里面。另外，美方一开始只表达了对牺牲的飞行员及其家人的道歉，我们认为不够，在我们的要求下，美方最后在措辞中加上了对王伟的战友和中国人民的道歉。

美方道歉后，我们就放人了。但人走后，飞机怎么归还的问题，双方也有分歧。美方表示飞机修一修可以飞回去，但我们不能接受。美军机侵犯我领空、造成我飞行员伤亡，我们认为只能将飞机拆开来运回去。在我们的坚持下，美方只好妥协，叫来飞机制造商，把飞机大卸八块，然后雇外国运输机运回了美国。

采访组：这一事件虽然最后平息了，但给中美关系带来了恶劣影响。您怎么评价这一事件导致的后果？

周文重：我认为这一事件的处理结果虽然并不是最理想的，但在当时的情况下，或许是我们能够达成的最好的解决方案。应该说，在尊重我们领土主权的问题上，美方是欠我们账的。从历史上看，中国对于南海诸岛及其附近水域拥有主权，这是不容置疑的。即使有争议，也应该由沿岸国家根据国际法协商解决，美国作为域外国家无权干涉，但美方就是不罢休。我认为，美方应该严格按照中美三个联合公报的内容来做，尊重中国的主权和领土完整，尊重“一个中国”的原则，这是美方作为公报签署国应该遵循的最基本的义务。美方应该说话算数，不能出尔反尔、随心所欲。否则的话，今后我们在这些问题上的摩擦、冲突、碰撞难以避免。

采访组：2005-2010 年，您出任中国驻美大使。其间有没有特别印象深刻的事情？

周文重：2005 年我出任大使后不久，就开始筹备胡锦涛主席原定于当年 9 月出访美国的具体事宜。但就在 8 月份,美国遭遇了卡特里娜飓风袭击，南部多地人员和财产损失惨重。有一天，我突然接到美国白宫国家安全事务助理的电话，被告知由于小布什总统正忙于救灾工作，要中方推迟胡主席访美计划。打完电话，他就准备对外宣布这个决定。我认为胡主席访美是双方政府共同商定的，要推迟可以理解，但我建议小布什总统跟胡主席打个电话，通报一下灾情和救灾情况，双方一起商定适当推迟访问，并一同对外宣布，这样才比较稳妥。美方接受了。

接到电话时，我正巧在赶往使馆运动会开幕式的路上。主持完开幕式后，我马上召集使馆各相关部门负责人开会，给国内也提了一个建议，国内很快也接受了。后来，小布什总统和胡主席通了电话，共同商定胡主席原定于9月上旬对美国的访问推迟进行。胡主席还表达了对美国政府和人民的慰问。我们还向美国提供了救灾物资进行援助。

我们作为外交人员，平时工作中和美国白宫、国务院等政府职能部门的来往比较多，虽然大家从各自立场出发要按各自领导的要求执行任务，但双方保持沟通畅通，建立信任很重要，否则很多工作很难完成。

采访组：2008年北京奥运会前，在美国的火炬传递活动中是否也出现了一些小插曲？

周文重：美国是一个多元社会，既存在主张对华友好的人士、力量、组织，也存在反华势力。在奥运会火炬传递问题上，某些反华势力就想借机捣乱。我们为了保证火炬传递顺利举行，提前做了应对突发事件的应急预案。为了避免正面冲突，我们选择临时改换备用路线，缩短传递距离，出其不意，确保火炬传递顺利。虽然有些反华势力企图干扰破坏，但实际上从总体上来看，美国民众对中国主办奥运会还是持积极支持的态度。

2008年4月7日，搭载北京奥运会圣火的专机抵达美国旧金山，周文重（左一）接过即将进行火炬传递的火种灯

亚洲需要中美合作

采访组：您在 2010 年到 2018 年期间担任博鳌亚洲论坛秘书长。您认为中方通过博鳌亚洲论坛这个平台传递了什么声音？

周文重：博鳌亚洲论坛是一个完全自收自支的民间组织，每年举办年会，一般为期 3~4 天，其间举办大小分会、活动 60 多个，主要讨论和研究与亚洲发展有关的相关议题。除了举办年会，我们每年还办若干专题会。2018 年 4 月选举产生了新一届理事会，联合国前秘书长潘基文成为新任理事长，周小川成为新的中方首席代表和副理事长。新理事包括菲律宾前总统阿罗约、意大利前总理普罗迪、美国前商务部长古铁雷斯等。

作为东道国，中国政府和领导人非常支持博鳌亚洲论坛。在我担任秘书长的八年里，我接待过多位中方领导人。胡主席来过一次，习主席作为国家副主席时来过一次，作为主席时来过三次，李克强总理来过两次，可见中央领导对论坛的重视。2018 年的博鳌论坛年会开幕式，习主席再次光临，并发表了非常重要的主旨演讲，强调各国要顺应时代潮流，坚持开放共赢，勇于变革创新，向着构建人类命运共同体的目标不断迈进。2018 年是中国改革开放 40 周年，习主席在讲话中强调中国将坚持改革开放不动摇，继续推出扩大开放新的重大举措，同亚洲和世界各国一道，共创亚洲和世界的美好未来。

可以说，中方高度重视博鳌论坛这个地区和国际平台，发出中国声音、阐明中方立场、展现中国姿态、促进各国沟通、协调各方看法。与此同时，地区和世界各国越来越重视博鳌亚洲论坛，每年到会的领导人和世界 500 强企业负责人都很多，开幕式常常一票难求。

采访组：这些年来，美国的亚太政策也一直在调整。您如何看中美在亚洲的合作与博弈？

周文重：奥巴马政府提出了"重返亚太""亚太再平衡"；特朗普上台后，曾经表示要和我们共同致力于亚太的和平、稳定和发展。实际上美国从来没有离开亚太，对我们的防范从未停过。我认为在亚太问题上，如果没有中美合作，或者合作不顺，很多问题解决不了，或者解决不好。这一点美国人实际上心里也很清楚。朝核问题就是一个明显的例子。美国的对华政策一直存在两面性，对此我们要保持头脑清醒，以两手来应对。

共同利益驱动中美磨合

采访组：您在美国度过了外交生涯的16个春秋，和卡特以来的历届美国政府都打过交道。您怎么看美国各届政府对华态度的转变？

周文重：实际上，从卡特以来的历届美国政府对华政策两面性一直存在。卡特主张中美建交，但同时签署了《与台湾关系法》。里根同我们发表了《八一七公报》,但没减少向台湾出售武器。克林顿上台时,苏联已经解体,他一度认为不需要中国牌了，一直把西方的民主价值观作为他的外交支柱之一。他的意识形态色彩比较强,在其任内搞过最惠国待遇和人权问题挂钩、会见所谓的持不同政见者、设立新自由亚洲电台等种种动作。到了他的第二任期，他有所改变，同意无条件给予中国最惠国待遇；1997年江泽民主席访美、1998年克林顿总统访华都非常成功。

小布什早在竞选期间就提出把中国当成战略竞争对手，但“9·11”事件之后，美国反恐需要中国，所以在他的两个任期内，两国关系发展总体还比较顺利。奥巴马认为小布什过分强调军事上反恐，给美国战略上带来较大压力，所以他上任后主张从伊拉克、阿富汗撤军，提出重返亚太、推行“巧实力”。特朗普时代，美国国力总体不如以前，对中国的崛起有一种恐惧感，企图千方百计钳制中国发展的步伐。

采访组：除了政府官方之外，美国民众、商界对华态度有何变化？

周文重：总体上来看，这么多年来，美国普通百姓、企业界对中美关系的态度还是比较积极的，否则很难解释中美关系为什么会发展得那么快。我们在很广泛的领域取得了惊人的成绩，我们的贸易、投资存量、人员往来数量、留学生总人数……这些数字本身就很能说明问题。很难设想在一个不欢迎中国的环境里，中美关系怎么能取得如此巨大的成功。

采访组：从历史来看，中美关系发展有什么主要基本特征？

周文重：中美关系历经40年的风风雨雨、起起伏伏，虽然一路走来不

2009 年 11 月 18 日，周文重陪同美国总统奥巴马游览长城

2009 年 12 月 2 日，周文重夫妇出席美中贸易全国委员会活动，受赠历史照片

免磕磕碰碰，总体上还是比较成功的，能发展到今天十分不容易。虽然起伏不定，动荡不断，但双方确实互相需要，你中有我，我中有你，共同利益还是很多，这是中美关系的一个基本特征。中美作为世界上最大的两个经济体，保持良好的关系不容易，但关系不好，对双方都不利。我们的共同利益远远大于矛盾分歧，协调合作也远远大于竞争摩擦。

中美关系的基本面没有变，我们在更宽广的领域和更高层次上实现了利益交融和互相依存，双方谁也离不开谁，对话和合作始终是中美关系的主流。尊重和照顾彼此的核心利益是中美关系发展的重要前提。对于两国存在的分歧和摩擦，双方应该本着互谅互让、求同存异的精神，通过平等对话加以解决，在“和而不同、斗而不破”中寻求对立统一。

采访组：不可否认，中美关系的发展还面临很多挑战。您对两国关系的未来是否依然抱有信心？

周文重：中美之间确实还存在很多分歧，而且很多都是根本性分歧，因为我们的政治制度不同，社会制度不同。特朗普上台后，美国对华政策呈现出诸多不确定性，这是从来没有过的。但不可否认，特朗普的当选在一定程度上反映了美国群众和选民的情绪以及美国国内政治生态的变化。但我对中美关系的未来还是乐观的，因为这是双方共同利益所在，也是世界各国对中美的期待，我相信美国人对这点也很清楚。

同时，我们要看到美国国内主张对华友好、主张发展中美关系的也还是大有人在，这个力量不可小觑。比如，中美贸易战问题，实际上美国的很多行业协会、商会都反对加征关税。贸易战没有赢家，双方都会受到损失和伤害。

中美关系已经日益超越双边范畴，美国需要中国一起参与处理很多地区性和国际性问题。他们应该用理性的态度对待中美关系，扩大双方的共同利益、趋利避害、管控分歧、继续磨合、调动积极因素、保持总体关系稳定，这是唯一明智的选择。

He Weiwen

何伟文

采访对象：何伟文，1945 年出生。现为中国人民大学重阳金融研究院高级研究员，中国与全球化智库特邀高级研究员，中国国际贸易学会中美欧研究中心共同主任，中国 WTO 研究会常务理事，中国国际问题研究基金会研究员。他曾于 1997 年到 2003 年间先后担任中国驻旧金山、纽约总领馆经济商务参赞。驻美期间，曾参与推动相关领区同国内数十个省市、地方合作，同时帮助许多国内品牌拓展美国市场，并对美国政商学界演讲及接受媒体采访 140 多次。此后，他一直致力于中美经贸关系的促进和研究，在中美两国商界、智库和媒体中有一定影响。

采 访 组：陈佳骏　魏帮荣　周永平

采访日期：2018 年 3 月 23 日

采访地点：上海市社联大楼

何伟文：

中美经贸关系规律任何政治人物都无法颠覆

中美关系正常化一定意义上改变了何伟文的人生轨迹。20 世纪 70 年代初，尼克松访华之后，很多西方国家开始纷纷与中国建交，我国对外交人员的需求也随之增长。经国务院批准，外贸部（后外经贸部，现商务部）从全国调了一批 1966–1968 届毕业的外语专业学生到北京，这使得当时身处内蒙古基层的何伟文有幸搭上国家改革的“快车”进入外贸部国际贸易研究所工作。

何伟文与美国结缘，是他在外经贸部下设的国际经济信息中心工作期间。1986 年,他与中央电视台合作带领一个小组赴美国加州考察。当地先进的农业和工业生产线，以及超前的新能源产业使他惊叹，当地百姓对中国人民的热忱也使他感慨，这进一步坚定了他挖掘中美经贸合作潜力的决心。后来，他被派到中国驻旧金山和驻纽约总领事馆担任商务参赞，前后长达六年之久。这段驻美的经历使他能够更全面、更深入地了解美国国内的经济和社会状况，更好地帮助中国企业寻找在美营商的契机。

何伟文的职业生涯起步于科研，如今年过七旬的他又回到了科研领域，成为智库专家：中国人民大学重阳金融研究院高级研究员、中国与全球化智库高级研究员、中国国际贸易学会中美欧研究中心共同主任、中国 WTO 研究会常务理事、外交部中国国际问题研究基金会研究员……无论身份怎么变，中美经贸关系始终是他关注和研究的重点。长期在中美经贸交流一线工作的经历让他坚信：中美经贸关系不会因一时一事而发生颠覆；相反，只要“扎根人民”，两国经贸关系将有无限可能！

回看建交，中美经贸关系的先行者

采访组：您对中美建交的记忆是怎样的？20世纪70年代初您进入外贸部国际贸易研究所，是否从事对美研究？

何伟文：我记得1971年听到尼克松即将访华这个消息的时候，感到非常振奋，也非常震撼。1972年，尼克松的破冰之旅非常成功。当时我虽然远在边疆，远在基层，但心系此事，因为这是中华人民共和国历史上的一件大事。

我在外贸部国际贸易研究所主要从事商情分析与研究。1979–1980年，我被借调到联合国秘书处，在马尼拉举行的第五届联合国贸发会担任临时雇员。80年代初，我回到国内配合外经贸部筹备成立国际经济信息中心。这一时期，我有机会赴美国学习考察。在贸研所期间，我参加了联合国组织的游学，其间访问了美国商务部、纽约世贸中心等。在国际经济信息中心工作时，我与中央电视台合作带领一个小组到加州拍摄当地农业和工业生产线。当时我们就访问了目前全球最大的风力发电场阿尔特蒙山隘风能中心，有7000多座风力机，我感到非常震撼。我们还访问了加州州府萨克拉门托附近的一家光伏电站。这个对我们的启发非常大。

采访组：您从什么时候开始专门从事对美经贸工作？

何伟文：1992年我在《国际商报》任职，先后担任国际部主任和副总编，其间有两大内容是重中之重，第一是中国恢复关贸总协定（GATT）席位，后来是加入世贸组织。第二就是对美经贸，因为中国对外经贸关系的重点还是对美经贸关系。我的主要工作一是大量报道中美经贸新闻；二是跟踪研究。1996年，我被派到中国驻旧金山总领馆。在此之前我已经就对美经贸问题写了大量文章，提了许多建议。1993年克林顿上台初期，中美关系十分紧张。当时由时任国家计委副主任甘子玉带队赴美采购，我是代表团成员之一。我们在西雅图购买波音飞机（价值20亿美元），波音公司董事长给予我们非常热情的接待；在底特律购买三大汽车公司的“子弹头型”多用途轿车，反响也十分热烈。我们还见了国会议员，他们对中国购买当地产品十分高兴。可以这么说，当时对美采购团有力地稳定了中美经贸关系。

驻美六年，搭建中美商贸桥梁

采访组：到美国工作后，您对美国官员、议员的印象如何？他们最关心哪些问题？

何伟文：1997 年到了旧金山领馆以后，更多是同当地州、县、市的官员和议员打交道。给我的感觉是，西部以及中西部各州的官员、国会议员非常热情友好，非常愿意同中国合作。他们关心的问题看似是小事，其实是大事。举一个例子：1997 年 10 月江泽民主席访美，他的最后一站是加州，加州州长皮特·威尔森（Pete Wilson）请江主席午宴，午宴时州长对江主席说："主席先生，我们加州的柑橘很好，但是无法出口到中国，中国认为我们的柑橘有虫害，但这并不是事实，希望主席先生给予关心并早日解决。"可见，即使是在高级别的外交场合，美方关心的还是一些"小事"。

采访组：柑橘虽小，却牵动百姓民生。后来这事是怎样解决的？

何伟文：一开始国内并未指示解决柑橘问题，但我认为这是非常大的一个问题，因为农业问题在美国是一个大问题，我立即对此展开调查。我对它的疫区、缓冲区如何防治果蝇，以及相关国际标准和第三国标准进行了整体摸排，写了一份详细的报告。当时的初步判断不是果蝇的问题，我建议国内和美方共同派专家组考察并提出建议报告。后来国内并未派专家组，而是直接批准中国可以进口加州柑橘。

还有一个例子，1997 年我陪总领事去华盛顿州拜访时任州长骆家辉。总领事说了许多热情的话，但骆家辉没有套近乎，而是直接说："总领事先生，我们华盛顿州的小麦很好，但是无法出口到中国，中国认为我们的小麦有黑穗病问题。华盛顿州的麦田与加拿大相连，根据中国的说法，黑穗病是有传染的，但是中国并没有说加拿大的小麦有黑穗病且一直进口，所以希望总领事给予关切。"我一看这又是大问题，报回国内，后来经过国内研究讨论对此妥善解决了。1999 年 11 月 15 日，中美达成 WTO 协议，如果之前的柑橘果蝇、小麦黑穗病问题没有解决，双方恐怕是不可能达成协

1997 年 3 月，何伟文（右三）接待到访阿拉斯加的中国政府经贸代表团，
在此期间启动了从阿拉斯加进口天然气的前期研究

1998 年 11 月，何伟文（左二）访问波特兰泰森工业公司

2001 年 8 月 22 日，何伟文（左）与广交会主任胡楚生在世贸中心顶楼合影。20 天后，“9·11”事件发生，世贸中心从此消失

2003 年，何伟文（右三）在红豆集团北美分公司成立大会上讲话

议的。所以农业问题非常重要。

采访组：您在驻纽约总领馆工作的时间更长，相较而言美国东部和西部的官员对华态度上有何异同？

何伟文：虽然东西部在产业优势上不同，但当我走遍东部十个州后，发现他们与西部的共同点开始凸显出来——都希望中国赴当地投资并创造就业。

1997年我参加了西部俄勒冈州州府波特兰市市长举办的晚宴，市长对锦州石化在当地办凌波尼龙编织袋厂十分感激。他在交谈时非常热情地和我说："何参赞，我们非常感谢凌波公司给我们创造了11个人的就业。"对他们而言，1个人就业也是一件大事。到了东部也一样，我们在康涅狄格州时，州政府的经济部说："我们非常希望中国企业投资，康涅狄格州有地价便宜的地方，而且有补贴，如果你们能解决10个人就业，那就再好不过了。"可见，解决就业是美国东、西部官员的共同目标。

2001年12月初，也就是"9·11"事件发生三个月后，我当时在纽约总领馆，纽约州经济厅投资处处长打电话给我，说："何先生，我现在临时调到下曼哈顿办公室，我们愿意给所有希望来此地经营的企业优惠待遇，甚至种子基金，希望你能告诉中国企业。"后来我们建立了一个中心，专门帮助中国企业在当地创业，前后帮助了50多家企业。所以说，即便是如此发达的纽约州对创造就业都非常重视。

采访组：您在美国工作六年期间，对于中美经贸关系最大的感受是什么？

何伟文：我们光谈中美友好还不够，要脚踏实地解决问题才行。尽管中美关系起伏不断，但如果深入下去走到州、县，走到企业中去，就会发现有无限的机会。美国广大的民众和企业是很欢迎中国的。我们要研究美国的基层、企业真正的需求在什么地方，如果在互补的基础上合作，那么中美经贸的利益是牢固的。

采访组：据您的观察，经贸关系对美国国会议员的对华态度有什么影响？

何伟文：国会议员认为对华关系不重要，他们关注的是其“票仓”。我举两个例子，一个是纽约州参议员舒默（Charles Schumer），在他身上“悖论”现象很典型：他一方面扬言要警惕中国对美投资；另一方面，如果中国投资纽约州他却十分欢迎。还有一个例子，我在旧金山总领馆工作时曾参加了一个招待会，当时对华态度非常不友好的众议员汤姆·坎贝尔（Tom Campbell）也在。我见到他后对他说：“1999 年金融危机后，硅谷对全球出口下降了 13%，但对亚洲出口增加了 50%，主要是因为对中国的出口。”他马上就说：“我要让我的女儿学中文。”每个议员工作的内容不一样，其观察和对待中国的角度也不一样。但是我想指出的是，即使议员对中美关系有干扰，他们也决定不了中美关系，中美关系的根基还是在企业和民间。

采访组：*回顾 40 年来的中美经贸往来，美国是否也从中获益良多？具体表现在哪些方面？*

何伟文：毫无疑问。根据牛津经济研究院和美中贸易全国委员会 2017 年发布的报告，2015 年中美双边贸易和双向投资总共为美国创造 260 万个就业岗位，提升美国经济增长率 1.2 个百分点；中美贸易平均每年为每个美国家庭节省 850 美元开支。另外，数据显示：2017 年通用汽车在中国的销量超过 400 万辆，连续六年超过美国本土销量；同样是在 2017 年，美国在华企业在中国本土的销售额超过 6000 亿美元。这些数据都说明中国给美国提供了巨大的市场和丰厚的经济回报。

展望未来，两国应着眼互利共赢

采访组：*在中国提出“中国制造 2025”的背景下，未来中美经贸关系的前景如何？*

何伟文：美国是世界上高科技最发达的国家，中国是增长最快、前景最好的国家。中美科技合作近年来也取得了很大的成绩。但主要有两个问题：一个是战略层面的问题。中国相继提出“中国制造 2025”和“中华民族伟大复兴”等，要求自身的产业结构向中高端迈进，这确实会给美国带来很大的机会，同时也使他们产生巨大的忧虑，特别是经过美国智库、政客以及持冷战思维的人炒作，中国变成了对美国的威胁。美国对华战略经历过去两三年的大辩论，最后形成了某种共识，即把中国当成“战略竞争对手”，这对我们今后的高科技合作是不利的。

另一个是政策层面的问题。美方（包括跨国公司）的忧虑是，“中国制造 2025”以及我们的产业升级是不是会把外资排斥在外，并取代他们，这点是他们深为担忧的。事实上，我们的政策非常清楚，一是中国法律没有对外国投资者强制性技术转让的要求；二是“中国制造 2025”相关的优惠政策同样适用于在华外资。我们要用真正的实例来展示外资完全可以参与我们的项目，共谋发展。

我坚信，尽管中美关系有起伏，但中美经贸关系扎根于经济规律，在民众之中，这种规律是任何政治人物都无法颠覆的。

采访组：知识产权问题是否会影响未来的中美经贸关系？

何伟文：知识产权问题始终存在，而且不仅仅存在于中美之间。只要有科技贸易和投资，就会存在知识产权问题。总体而言，知识产权问题是一个普遍现象，但问题的关键是用什么政策来处理它。20 世纪 90 年代美国曾三次对中国发起“特别 301 调查”和一次“普通 301 调查”，但每次中美双方都达成了知识产权协议。现在中美双方虽然还存在知识产权问题，但是从 90 年代开始，中美在知识产权问题上一直进行着卓有成效的合作，而且建立了成熟的工作机制，双方完全可以在这个机制内进行妥善的合作。

中国美国商会每年都会发布一份《中国商务环境调查报告》。他们公布了最近三年美国在华会员企业最关注的十大问题，知识产权问题并未进入前五名。所以，美国在华企业虽然一定程度上关心知识产权问题，但也承认中国在这方面取得的进步，并且承认知识产权问题是可控、可对话、可解决的。

采访组：您对未来中国对美投资有何建议？

何伟文：中国对美国的投资要面向草根、面向基层，强调绿地投资，为当地提供就业。例如，对美国钢铁行业投资，对其进行升级改造。中国可直接投资其“铁锈带”，帮助其实现产业转型。

一般情况下，无论美国国内的政治气氛有多么不好，对美绿地投资创造就业以改善双边关系的基础是不会变的。但是我们对美国的投资额并不大，2016 年约为 400 亿美元，而且大多数为并购，但这恰恰会走到事情的反面。绿地投资，通过参股的方式收购才是好的方式。当前，我们对美投资的存量约为 1000 亿美元，相较而言，英国在美投资存量为 5000 多亿，日本是 3000 多亿。如果中国对美投资存量能够达到 5000 亿美元，那么中美关系就会发生根本性改变。

采访组：美国有哪些领域值得中国企业投资？

何伟文：制造业、仓储、物流、基础设施等等，这些都能为美国创造就业。特别是基础设施投资，中美双方有很大的合作潜力。基础设施合作的方式可以是：第一，成立在美注册的联合基金进行投资；第二，一定要与在当地投资建厂结合起来。比如波士顿的地铁项目，一部分车厢在当地生产。

采访组：您曾多次受邀赴美国高校、地方议会、行业协会发表演讲，在您看来，如何对美国讲好中美经贸关系的“故事”？

何伟文：1997 年，我曾在华盛顿州地方议会演讲，介绍中国市场。我当时和他们说，中国人均发电量是 800 度，美国则是 1 万多度，如果中国要达到美国的水平还需要增加多少投资、增加多少设备、增加多少进口，他们听了十分高兴。所以，讲好“中国故事”一定要有事实、有数据。

总体上讲，中国讲的故事还是太少，方法上还有待提升。我们有些地方可以向美国学习。比如，波音公司在美国 50 个州都有供应商，如果我们在媒体上多宣传中国买波音飞机可在当地解决多少就业的故事，效果就会很好。

采访组：如何在国内讲好中国对美投资的故事？

何伟文：这是需要我们思考的一个问题。例如福耀公司在美建厂的案例，国内部分媒体的宣传调子是“老曹要跑”，这完全是宣传反了。我认为福耀在美建厂是一个正常的全球布局，他在海外布局生产点与供应点。我们应该说，福耀在美建厂对福耀而言是全球产业链的延伸，对美国而言也创造了当地的就业，同时还增添福耀本身的影响力，因而是双赢的。我们在美国投资成功的案例非常多，要把这些故事讲好，才会有利于我们企业的发展。

Wang Jisi
王缉思

采访对象： 王缉思，1948 年出生。现为北京大学国际战略研究院院长，北京大学国际关系学院教授，兼任中华美国学会荣誉会长等。作为著名美国问题学者，王缉思广泛接触美国的对华决策人士，被媒体称为“钻进白宫心脏的中国行者”。主要代表作品包括《高处不胜寒：冷战后美国的全球战略与世界地位》（主编）、《美国对华政策中的“战略大三角”》（论文）、《“遏制”还是“交往”？——评冷战后美国对华政策》（论文）等。

采 访 组： 张 骐 魏帮荣 周永平

采访日期： 2018 年 4 月 18 日

采访地点： 北京大学国际战略研究院

王缉思：
中美关系稳定是两国百姓的共同愿望

2018 年 4 月的燕园已是一派春光，未名湖上碧波荡漾，博雅塔下莺飞草长，而王缉思的一生，和这座中国顶尖学府紧密相连。北大附小、附中读书成长，恢复高考后重返北大求学并留校任教，十余年中国社科院任职经历后又回归北大讲坛，年近七旬的王缉思身上有着深深的北大烙印。

他善于从中美双方的角度思考对方有何关切，对不同观点兼容并蓄；也敢于对原有的认知大胆怀疑，对事实真相孜孜以求。尽管中美之间依然存在较大的战略互疑，但这位熟谙大国博弈之道的北大学者对中美关系的未来仍有信心。他相信只要两国政府理性思考、减少对抗的可能性，倾听并尊重百姓心声，中美能够挺过终将过去的“暴风雨”，继续向前发展。

治学四十载：长路漫漫

采访组：您是怎样走上美国研究的道路的？

王缉思：我进入北大国际政治系前是河南三门峡水电厂的工人，英语初步自学过一些，但是没有去过美国，也没有去过其他任何国家，对美国的认识仅相当于一个高中生的水平。总体上我对外部世界的认知是有限的。我在北大上了一年的本科后，就读硕士研究生了。我的硕士生导师认为我的基础太差，不适合研究美国、苏联这样的大国，就建议我研究第三世界，在中东、东南亚和南亚中选一个作为研究方向。我选了东南亚，因为东南亚离我们近一点。

1982 年，一个偶然的机会，北大派我去英国牛津大学做为期一年的访问学者。当年牛津大学没有研究东南亚政治和国际关系的学者。经过半年

王缉思与萨缪尔·亨廷顿的合影

的学习，牛津的导师认可了我的学术水平，就让我根据美国国务院解密的外交档案，研究20世纪40年代后期的中美关系，具体而言，就是为什么美国要干预中国内战，是不是担心中国共产党上台后会倒向苏联？因为那时美国刚刚公布了一批相关的档案材料。我以这个问题写了一篇论文，导师很满意。回国以后，我把这篇论文改成了中文，作为我的硕士毕业论文，原来的东南亚研究方向就放弃了。后来，我留在北大国际政治系当老师，因为我去过英国，就被分到了研究西方国家的教研室。我就这样走上了美国研究的道路。

采访组：*从最初的北大任教到进入中国社科院美国研究所，再到返回北大，您经历了从高校到研究机构再回到高校的一个循环，这些经历对您研究美国问题、中美关系有何影响？*

王缉思：20世纪80年代中期，我去加州大学伯克利分校做访问学者，主要的研究方向是美国的东亚政策，回国以后就在北大开设了美国东亚政策的课程。后来因为一个偶然的机会，我从北大调到了中国社科院美国研究所，于是就专门从事美国研究了。因为美国是世界大国，影响力辐射全球，我以前看过的有关东南亚的书，对我了解美国对相关国家的政策也有一定的作用。

在社科院美国所，因为我专门研究美国问题，而且中美关系又是热门议题，所以我有机会参加和美国人的一些交流活动，还根据外交部以及其他一些部门的要求，参加一些政策咨询会议。这种机会在大学里是无法得到的，因为社科院是一个政府智库，不是一个教学机构。

后来，我从社科院调回北大，从一个科研单位调到一个教学单位，又是一次转变。我觉得这个转变也不容易。回到高校以后，不仅要从事科研工作，还要从事教学管理和学术管理工作，我就不可能只关注美国了。有一个好处就是扩大了视野，因为给学生上课时必须讲一些基础知识，非洲、拉丁美洲、俄罗斯等等都会涉及，这就使我的眼界开阔了。

采访组：您长期担任中华美国学会的会长、荣誉会长，您如何看待40年来中国的美国问题研究、美国的中国问题研究？

王缉思：以前，不是我一个人对美国的了解有限，而是我们整个国家对美国都不大了解。从我开始研究美国问题到现在，是中国大发展的时期，也是中美关系大发展的时期，中美对彼此的认识都有了很大的提高。

但这里面也存在一定的问题。我虽然去过美国很多次，但主要还是去华盛顿、纽约这样的大城市，见的人也大多是美国的中国问题专家。而美国的中国问题专家到中国来也是见我这样的人，交流一些中美关系的问题。这就会导致我们对对方整个社会的了解非常肤浅。

我们现在的研究中存在很多功能性的领域，比如说贸易政策、投资环境、气候变化、生态环境、医疗卫生等等，每一个研究领域都离不开美国。但是如果只从一个领域去看，就容易失去对一个整体美国的理解。美国对中国的研究也是如此。美国有人研究中国的海军发展、网络安全、环境污染、产业政策、医疗卫生改革等等。过去美国老一辈的中国问题专家，他们看到更多的是宏观问题，因为他们没有机会去接触微观问题。而现在，如果只研究宏观问题，在美国连博士学位都很难拿到。现在我们知道了彼此的很多细节，却缺少了对宏观问题的研究，这就可能产生“只见树木、不见森林”的问题。

对一个国家的认识要谨慎，要知道自己的认识是有限的，千万不要相信一些人所说的“告诉你一个真正的美国是什么样”，因为没有人知道真正的美国是什么样，我相信特朗普也不知道。对对方国家、自己国家以及整个世界的认识是无穷无尽的。这40年来，我们对美国、美国对中国的了解深入了很多，但这并不等于我们能够准确判断出美国未来的走向，美国当然也不能准确判断出中国走向何方。

纵横两大国：上下求索

采访组：您在从事美国问题研究的过程中，也广泛接触美国的对华决策人士，有媒体称您为"钻进白宫心脏的中国行者"。您对服务于美国对华决策的"中国通"们有着怎样的认识？

王缉思：我需要强调的是，在美国对于国内外事务的整体考量中，中国只是很小的一部分。不管是特朗普政府还是此前的奥巴马政府，主要的工作重点还是放在国内，外交只是政府工作中的一部分。中国在美国政策议程中的地位，并不如一些中国人所想象的那么高。最近十几年，中国的地位上升得很快，但对华政策仍然不能说是美国外交政策的主要部分。美国负责对华政策的相关人士，在美国的地位也比我们想象的要低。在美国国务院、国防部或者国安会的机构设置中，对华决策官员从属于东亚或者亚太方向。所以，他们更多的是了解中国与日本、韩国等国家的关系，对于中国与印度、非洲或者拉丁美洲的关系，也并不太了解。中国的影响力正在上升，但是美国的决策机制还没有发生变化，这就使得他们在思维上会存在漏洞，这是美国方面一个比较大的问题。

采访组：如何看待中美间的"二轨"外交？如何看待学术研究者和外交实践者之间的关系？

王缉思：现在，学者与外交官之间有很好的沟通，但是两者的角色定位不一样，所以他们关注的事情是不一样的。学者更关心的是事实是什么样、为什么是这样，如果还能据此推导出未来的发展趋势，就是一个很不错的学者了。外交官也关心事实和原因，但是他们更关心的是怎么办。作为一个学者，不能轻易否定任何事情发生的可能性，但是外交官的工作就是促进好事发生，避免坏事发生。比如，作为一个学者，你可以根据客观情况判断说中美关系正在恶化，正在走向对抗。作为外交官，你应该说中美对抗会损害两国利益，所以要增加互信合作，避免对抗。

有时，我也会被政府部门问到"怎么办"的问题。这时，我的身份定位就不仅是学者了，而是一个谋士。此时，不仅需要运用自己的学术知识，更重要的是知道国家需要什么、如何实现。在很多问题上，国家已经有既定的

王缉思率团拜访美中关系全国委员会

政策，或者说是国家的大战略、中国国情决定了我们应有的立场。我们不能因为要搞好中美关系，就牺牲中国核心利益或者整体的立场。比如说我们在意识形态、政治制度方面的立场，不可能因为要搞好中美关系就寻求改变。外交官非常清楚这方面的情况，学者和外交官有更多的沟通，就能知道外交官想要的是什么、他们会如何去获得。学者对于外交官也有启发作用，可以拓宽他们的思维，告诉他们一些事实背后的广阔背景和看待问题的不同视角。学者和外交官之间的互补很重要。

采访组：近期美国出台了《国家安全战略报告》等一系列文件，将中国直接定义为“战略竞争对手”，这样一种认知转变背后反映出的是什么？

王缉思：坦率地说，目前是自1972年尼克松访华以来，美国对中国看法最负面、敌意最大的一个阶段。从美国方面来看，一部分人从现实主义的视角看中国，他们看到的是中美两国实力对比发生了变化，以及中国在战略方面对美国的挑战。他们认为，一个实力越来越强的中国将不可避免地侵占美国已有的地盘。这些人对中国的警惕在增加，他们不大关注中国国内发生了什么变化。另外一部分人是所谓的自由派，这些人看到的是中国国内的一些变化，但失去了对中国的信心。过去，他们认为美国与中国的接触，可能会给中国带来一些——在他们看来是——积极的变化，包括市场经济更加发达、国有企业让位于私企民企、政治上越来越自由化、吸收美国的思想文化等等。但这些都没有实现，他们有一种幻灭感。现在，这两部分人合流了。我所认识的大多数美国人士，都感觉到这一新的对华负面共识已经出现或者达成。他们对美国对华态度的这种状况也不一定满意，但很少有人出来公开表示质疑。

另一方面，我们在重视美国语言表述的同时，更重要的是看美国实际做了什么。最近，美国和法国、英国一起轰炸叙利亚，如果按照《国家安全战略报告》的界定，中国是美国的最大“战略竞争对手”，那么美国就应该从叙利亚、阿富汗这些地方撤回来，集中力量对付中国。美国为什么没有这么做？这就说明美国没有一个明确的全球战略和根据这个战略制定的对华政策，即使有也未必能实行。在具体事情上，美国并不一定能够完全按照自己的设想去做。中美关系中除了贸易问题以外，没有特别紧迫的问题需要马上就解决。对美国而言，伊核问题、中东乱局、阿富汗问题、俄罗斯问题、朝核问题等都没有解决，怎么能够把主要的精力从这些紧迫的问题上转移，去解决那些并不十分紧迫的中美关系问题呢？中美贸易问题不是短期内形成的，也不是短期内就能解决的，特朗普想毕其功于一役，我们不能被他套住、吓住。

文章经国业：为中国策

采访组：2012 年，您和李侃如（Kenneth Lieberthal）合作撰写了《中美战略互疑：解析与应对》，直书中美决策层如何认知对方，您当时出于什么样的考虑撰写了这样一份报告？

王缉思：2010 年下半年的时候，我和李侃如同时发现，中美关系在往一个不稳定的方向发展。当时出现了南海问题、钓鱼岛问题，两国间的经贸摩擦也越来越多，很多问题同时出现。我们觉得这些问题的背后是两个国家之间的战略互疑，也就是说中国对美国的认知，以及美国对中国的认知，都不一定准确。

李侃如提出来说合写一份报告，我也很赞同，于是我们开始合作撰写。在撰写的过程中，李侃如去美国的政府部门采访了一些决策者或者参与决策的人，去听他们的想法。而我则是凭着自己的感受以及对中美关系的理解来写。我写的部分，容纳了中国如何看待美国的各种观点，其中有的观点表露出对美国非常反感，觉得我们对美国的政策太软弱了，有的观点则认为我们对美国太强硬了，美国不像我们想象的那么坏，应该进一步缓和或者改善中美关系。这基本上反映了中国认知美国的一些主要观点。李侃如写的部分，基本上也反映了美国政治主流对中国的看法。

我得到的批评也是来自两个方面。有人说，中美战略互疑没有那么严重，中国和美国的沟通很多，没有互相之间的不理解。也有人说，报告对美国的批评还不够，这根本就不是一个战略互疑的问题，而是美国本质上就是我们的敌人。收到这两方面的意见是正常的，如果只收到一方面的意见，那就说明我的报告可能并不十分客观。李侃如得到的美方反馈也与此类似。而美方反馈给我的信息是，原来中国人对美国还有这么多负面的看法，美方在和很多中国人接触的时候只听到了好的一面。

采访组：如何看待中美之间的战略互疑？

王缉思：中美关系的问题是不是出在战略互疑上？我在写这份报告的时候就已经产生了怀疑。我们把对彼此的认知很直白地说出来，也许并不是一件坏事。难道战略互疑就会因此而减少？我们在报告的最后提到，如果做不到削减战略互疑，那就只能想办法缓解危机，不让中美产生全面的对抗。也就是说，这种战略互疑是无法避免的，甚至可以说是很难减少、无法减少的。随着中国国力的增强，中美在意识形态、政治制度方面的分歧不但继续存在，甚至越来越大，中美战略互疑很有可能是增加而不是减少。

我们一般人都会认为接触越多，相互之间的怀疑会随之减少。但事实上，在政治问题上，很多时候接触多未必就会减少怀疑，反而可能因为接触增多，怀疑也随之增加。比如，美剧《纸牌屋》里的副总统和总统之间就有互疑，总统觉得副总统要篡权，副总统虽然嘴上不承认，但实际上就是想篡权。如果总统和副总统之间都有互疑，国家之间怎么能够避免？因为利益、价值观、意识形态不一致等等，很难消除对方的怀疑。所以，问题不在于减少战略互疑，而在于减少对抗的可能性。这是我写这篇报告以来，思想上发生的一个变化。

采访组：您撰写的《西进，中国地缘战略的再平衡》一文也引起外界的广泛关注，而当时的一个背景是奥巴马政府提出的“亚太再平衡”。如何看待美国的亚太战略对中国的影响？

王缉思：我在那篇文章里写道，“西进”不能称为一个战略，只能是一种思维方式和观察视角，是对中国地缘政治定位的重新思索。“东方国家”是欧洲人给我们的界定，我们原本是一个“中间国家”，“西边”是欧洲，“近东”是日本，“中东”是夏威夷，“远东”是美国。我的意思是，我们既要往东看，也要往西看。古代的丝绸之路也表明，往西走曾经是我们的主要通道。

我认为“亚太再平衡”是“虚多实少”，美国虽然提出了这个战略，但是实际上投放到亚太的军事、经济和政治力量都是有限的。我和我的研究团队对奥巴马政府时期总统本人以及其他美国高官的外访活动进行过量化分析，结果表明，奥巴马时期美国全球战略的主要关注点和外交重点仍停留在中东和欧洲，亚太排在其后。所以，实际上美国的战略重点并没有完全转移到亚太。

美国原来的战略重点是什么？这是一个可以探讨的大问题。冷战刚刚开始的时候，我们认为美国的战略重点在欧洲，结果发生了朝鲜战争。后来，我们认为美国的战略重点仍在欧洲，但是越南战争又打起来了。也就是说，我们认为的美国战略重点，与美国实际上可能会做的事，不一定有直接的关系。美国实际做的事，很多时候并不是美国主动想要做，而是世界上发生了一些事，迫使美国必须去做。比如，美国最初并没有想用主要力量去反恐，但是“9·11”改变了美国的政策方向。从国际关系与世界史的角度来看，很多事情的发生并不是由一个国家的意志决定的。

采访组：您将自己的作品集取名为《国际政治的理性思考》，应该如何“理性”地看待中美关系？

王缉思：我说的“理性”是指用比较理性的思维方式去看待，不能太感性和情绪化。作为学者，首先要知道事实是什么，知道美国是个什么样的国家，中国是个什么样的国家，然后知道为什么是这个样子。至于怎么办，那就不是我的任务了。

作为一个普通的学者，我的愿望就是希望中美关系能够保持稳定，我觉得这也是中美两国老百姓的愿望。我不希望中美之间打仗，打仗会带来很大的牺牲。中美之间出现问题，可以坐下来讨论，有摩擦就想办法化解。

摩擦不可能完全避免，但是中美之间不应该发生战争。理性可以让我们避免人类遭受大规模的战争灾难。

采访组：您如何看待中美关系未来的发展趋势？

王缉思：当前很多美国人都对中美关系的未来表示悲观，但是我不悲观。首先，美国如何将其对中国的反感、敌意转化成实际的政策？美国人目前并没有清晰的思考。美国接下来可能会有一些实际行动，比如说关闭几个孔子学院、限制中国人赴美签证、派级别高一点的官员访问台湾等等，这些事情都有可能发生，中美之间的摩擦也会增加，但都会在一定的限度之内。中美之间不会发生全面的战争和对抗，不会回到冷战前期那种相互隔绝的状态。美国一些对中国有敌意的人所能够造成的麻烦是有限的。在这种情况下，我们应该尽量去避免产生更大范围的敌意或者对抗。

我之所以相对乐观，还因为我一直记得和美国人交往中的一个例子。1992 年，我去美国访问，和美国一些人士探讨中美关系。我当时觉得两国关系很不好，因为美国威胁要取消中国的最惠国待遇，还批评中国的人权状况等。我遇到了年长的美国"中国通"鲍大可（Doak Barnett），他比我乐观得多。我问他为什么在这个时候还对中美关系、对中国那么乐观？他说："我 30 年代生活在山西，那个时候的中国是什么样？今天的中国又是什么样？我没有理由乐观吗？"我深深地记住了他的话。现在，我也会跟年轻人讲我年轻时候的中国和中美关系，再看看今天的中国和中美关系，我们当然有理由乐观了。

一个欧洲人问我，现在中美关系面临的是暴风雨还是气候变化？气候变化是长期的、不可逆转的，但是暴风雨是有可能过去的。我认为是暴风雨，而不是气候变化。因为中国在变，美国也在变，我不相信中美关系还会回到过去的军事对抗状态。我们继续向正确的方向前进，美国又有什么可怕的呢？美国最终将会承认中国强大的现实，承认中国的改革开放具有进步意义。所以，中美关系的未来，一部分取决于美国，更大一部分取决于我们自己。我对中美关系的未来有信心，是因为我相信尽管前面道路上会有激流险滩，中国还会继续走在正确的道路上！

Yang Yi
杨　毅

采访对象： 杨毅，1949 年出生。他是中国人民解放军海军少将，中国人民解放军国防大学战略研究所前所长、教授。历任海军航空兵地勤机械师、援外军事专家、护卫舰副舰长、海军司令部办公室外事处长、海军司令部办公室副主任等职务。1995 年至 2000 年，他曾在中国驻美国大使馆担任海军武官。在国防大学任职期间，他曾多次率团与美方进行安全战略对话。

采 访 组： 杨一帆　龙　菲　魏帮荣　周永平
采访日期： 2018 年 1 月 18 日
采访地点： 上海宝隆宾馆

杨　毅：
莫让军事交流成为中美关系的“抵押品”

在外交领域，军人与外交官有着截然不同的话语体系与行事风格。但当一个人必须身兼两职时，如何完美驾驭两种身份、在与世界最强的军事力量交往时增信释疑，可谓高超的艺术。杨毅，就是这样一位特殊的军人外交官。

“我喜欢同美国人打交道。”杨毅说，“我们既能以真诚坦荡直面冲突，也能以执着勇气收获尊重。”作为外交官，杨毅见证了中美军事关系从蜜月期跌至谷底，又在脆弱中缓慢恢复。20 世纪 90 年代，他曾在华盛顿亲历了“台海危机”与“炸馆事件”之后的外交风云。他认为，中美军事关系应该是两国关系的“助推器”，而非“抵押品”；目前两国关系已进入相对较成熟和稳定的阶段，两军交流渠道的通畅对于两国关系的整体平稳发展意义重大。

在华盛顿亲历台海危机

采访组：中美关系在过去 40 年可谓波澜起伏，军事关系尤其如此。您作为一位军人外交官，初次接触美国是在什么时候？第一次和美国军人打交道时，他们的形象和表现，与您想象当中有什么不一样？

杨　毅：我从 1980 年至 1994 年年底，在中国人民解放军海军司令部工作，先后任外事参谋、外事处长、司令办公室主管外事工作的副主任，一直在海军对外交往部门。其中，跟美国打交道是重头戏。1995 年到 2000 年，我到中国驻美国大使馆任海军武官，工作在军事外交第一线，同美国军政各界打交道。可以说，我经历了中美关系，尤其是中美军事关系的酸甜苦辣。

说到美国军人，他们给我的印象非常深刻。在我们那一代人的原先的认知中，美国军人都是以青面獠牙的“美国鬼子”形象出现的。但是1979年中美建交后，我开始有机会与美国军人直接接触，我发现相比英法等西欧国家的军人，美国军人更具有明显的军人特质。他们非常强势、自信，具有非常突出的军事专业素养，他们性格爽快，很少拐弯抹角，不同意的可以争吵，但争吵完后也不影响彼此之间的尊重。

我印象深刻的是台海危机期间，有一次我应邀到美国国防大学演讲。互动中有一个美国上校问：“中国大陆准备对台湾使用军事力量，你们是否考虑到美国军事介入这个因素？你们是否进行过风险评估？”其言外之意是，美国一旦介入台海，中国的军事力量有实力与美国对抗吗？我回答说：“如果就‘中国是否要跟美国打仗’的议题由全民投票决定，我不会投赞同票。因为美国军事上很强大，我们与美国打仗会损失很大。”听到这里，他很高兴。“但是，”我接着说，“台湾是中国的核心利益。如果在台湾问题上，你们把我们逼入墙角，让中国没有别的选择，那我会第一个上前线跟美国拼命！”话音落下后全场鼓掌。中午吃工作餐时我问他：“我刚刚说跟你打仗，跟你拼命，你还鼓掌，你们美国人是不是疯了？”他说：“作为军人，我们佩服你敢于为民族、为国家牺牲的血性；作为外交官，我们佩服你的智慧。”

采访组：您到美国任武官不久，就发生了1995-1996年的台海危机。作为亲历者，您与美方进行了哪些沟通？

杨　毅：1995年2月我到美国后不久，有一天在美国五角大楼谈完工作后，正好碰见时任国防部长办公室中台港蒙事务科科长的艾江山（Karl Eikenberry）。当时他忧心忡忡地跟我说有一个不幸的消息：克林顿总统已经同意给李登辉颁发签证，允许他“以私人身份”访美。当时美国国务院还没正式向中国大使馆通报这件事，所以我是使馆比较早了解到这个信息的人员。我当场表示坚决反对，并表明：此前商定的中央军委副主席、国防部长迟浩田访美之行肯定会受到影响。

后来，李登辉访美一事成为历时近两年的台海危机的开端。1995年和1996年，中国人民解放军进行了大规模军事演习，包括导弹试射、登陆演习等。其中1996年的一次导弹试射演习的预定弹着点在基隆和高雄以东附近海域，弹道飞越台湾本岛，给美国造成很大震动。当时，时任国务院外事办公室主任刘华秋正在美国访问，美国人急切地想从他那里得知中国的意图。美国担心我们假借演习真攻击。于是美国国防部长佩里、国务卿奥尔布赖特和国家安全事务助理安东尼·雷克把刘华秋请到华盛顿郊区交谈。佩里是学者型的国防部长，性格比较温和，但他当时也非常强硬地说“请不要忘记，美国拥有世界上装备最好和训练有素的海军”，并称美国已做出决定，要派两艘航空母舰通过台湾海峡，向中国示威。

面对美国这种干预中国主权的霸权主义行为，中国国内的反应也很激烈。时任海军榆林基地司令员高元法少将对媒体称：“如果谁胆敢进入台湾海峡，我们就把他们打个稀巴烂！”当时局势很紧张，美国人也摸不着门道。美国的海军部长助理赖特将军把我“召到”五角大楼，他对我说：“中国海军在台湾海峡进行大规模演习，是鲁莽的、危险的、不负责任的，希望你们立即停止演习。”我立即回击说，台湾是中国的神圣领土，中国人民解放军在自己的家门口进行军事演习天经地义。是谁给美国权力到中国家门口耀武扬威？他说美国航母的行动计划不会完全照报纸所说的那样（穿越台湾海峡）。但他又回到实质性问题，问：“中国大陆是不是真的要打台湾？”我说，台湾人民是我们的同胞，我们怎么会打他们？我们震慑的是“台独”分子。从某种意义上来讲，这次沟通使双方都摸到对方的底线。首先，我们没有攻击台湾的意图。其次，美国航母如果真要通过台湾海峡，对我们进行挑衅，那中国也不客气。

用军人听得懂的语言阐释外交政策

采访组：在中美交往中，军人特殊的语言能够发挥怎样的作用？鲜明的军人气质，又会对中美之间的交流产生怎样的影响？

杨　毅：2003年我率领国防大学战略研究所代表团第一次去美国进行战略对话，对方代表来自美国白宫、国务院和国防大学。当时，陈水扁已经背离了当选台湾地区领导人时的承诺，表现出更强烈的“台独”倾向，鼓吹“一边一国”“公投”“制宪”，要“急独”。所以在对话中，美国问中国会怎么做。我跟美方讲，中国人民解放军维护国家主权的意志和决心非常非常大，美国不要低估，也不要有侥幸心理。然后我问：“美国对‘台独’势力有多大的影响力？”美国国务院官员柯庆生（Thomas J. Christensen）

时任美国国防部长佩里和杨毅合影

杨毅在上海市美国问题研究所组织的座谈会上发言

用外交辞令回答，说美国坚持“一个中国”政策，会坚持中美三个联合公报，也会参考《与台湾关系法》。

我回应道：“你不要跟我讲政治或外交上的官方套话。我曾经是外交官，但今天我是军人，我用军人的方式向你提问，希望你给我直接的回答。你们究竟有多大的把握，管住‘台独’，不让他冒险脱轨，40%？50%？还是60%？我只要一个数字。”他回答说“我们非常、非常、非常有信心（We are very, very, very confident）”，一连用了三个 very。这样我心里就比较明白了，因为三个 very 意味着起码五成以上的把握，这也让我们了解到美国对台湾局势的影响力达到什么程度。

2007 年，我再次到美国进行战略对话，见到了小布什总统的国家安全委员会东亚事务高级主任韦德宁。当时，陈水扁要搞“入联公投”，所以这次的对话也是双方互相摸底。我说：中美在反对“台独”，稳定台海局势方面应该有共同利益，美国如何对台湾施加影响？如何表明反对“台独”的立场？韦德宁说：“如果台湾通过了‘入联公投’，美国会发表一个谴责声明。你觉得中国怎么看？”

我说，美国发表谴责声明，表明你们反对这种“台独”行径；但关键是，这个谴责声明能起什么效果？如果能表明美国不承认这种公投结果，或者还能产生其他的效应，那中美皆大欢喜。韦德宁坦率地说，美国没有让声明起到作用的把握。我说，如果起不到一点作用，那不行。韦德宁就问，那中国将做什么反应？我说当天晚上我们的导弹会飞向台北。他点头说“明白了”。这种话，一般的外交官不会这么讲，但所谓的军事外交，就得用军人的语言来阐述外交政策。当然，这也分场合，公开场合，特别有媒体在场的情况下，注意不要让他们得到断章取义的机会，但与参与决策的人闭门交谈时可以非常直接坦率。

所以，军事外交是国家总体外交中一种非常重要的途径。和美国打交道，得用对方听得懂的语言。基于我的切身经历，我认为中美两国军人之间应该进行坦诚的沟通，这样也更能赢得对方的尊重。随着中国力量增长越来越快，美国焦虑感越来越强，中美之间就更需要这样直接坦诚的沟通。

维持军事对话渠道畅通是共同需求

采访组：回顾历史，您如何评价中美两军关系在两国关系中的作用和影响？

杨　毅：中美军事关系在中美两国整体关系中扮演了非常重要的角色。在冷战时期，安全需求是中美建交的主要动力。所以，两国建交后，军事装备和人员培训是中美合作的一个重要领域。随着苏联解体与冷战结束，中国在美国全球战略中的重要性下降了，美国中断了与中国的安全合作，转而对中国进行军事上的压制。20世纪90年代，中国不但没有垮下去，反而加速发展起来，整体国力也进一步增强，美国对中国的防范与警惕又重新提升，逐渐加大了对中国的压力。

所以，出现了这么一种状况：每当中美之间政治或外交上出现一些不愉快的事情时，中美的军事交往就立即中断；而两国关系一改善，都是先改善经贸等其他关系，军事关系改善得最慢。中美军事关系从两国建交的“发动机”，到后来成了两国关系波动的“抵押品”和“牺牲品”。两国关系一旦紧张，两军关系就会“最先中断”；两国关系一好起来，两军关系却总是“最后恢复”。

随着中美关系不断成熟，近十来年双方在保持两国关系上有了一种新共识，即双方都有需求来维持中美军事对话渠道的畅通。尽管两国之间发生一些磕磕碰碰，如在南海的博弈，但中美一直还保持军事交往，美国也邀请我国参加“环太平洋”联合军事演习，而且两国的军人互访、军舰互访并未中断。这体现中美关系已经到了一个新层面：两国之间虽然有矛盾、有争议，但是两国交往进入了一个相对比较成熟和稳定的阶段。这是一个值得肯定的积极现象。

采访组：中美关系逐渐走向成熟的同时，美国的焦虑感也越来越强。中美两军关系如何延续良好态势？

杨　毅：当前中美两国关系的影响已经远远超越了双边范畴，已扩展至地区，甚至全球范围。美国是当今世界上唯一的超级大国，其军事力量举世无双。美国要维持军事霸权，不允许任何一个潜在的挑战者具有挑战他的能力和意图。而中国的军事力量发展很快，在奉行和平发展的同时，也必须要有相应的军事力量作支撑，因为富国强军是相统一的。

这种情况下，双方对彼此的意图就存在误判的可能。因此，双方首先需要加强相互沟通，特别是战略层面的沟通。其次，双方应该在具有共同安全关切的领域积极展开合作，比如维护地区和平稳定、维护海上通道畅通等。

这里可以分享一个有趣的事。2008 年，时任美国太平洋司令部司令基廷海军上将访华期间邀请我进行私下的会谈，以便进行更深入的交流。基廷问，听说中国要发展航空母舰，你们准备发展多少艘？我对他说，“1 艘以上，12 艘以下”（12 即美军当时现役航母的数量）。他表示：美国可以帮助中国发展航空母舰。我对他说：“那非常感谢，但是你要清楚，中国发展航空母舰不是要与美国作对。你很清楚美国航母很先进，而且舰队经验丰富，你们其实不怕中国航母，何况中国也发展不了美国那么多的航母。我们其实可以换个思路，不要对抗，要合作。我们可以共同保障海上通道的安全畅通，比如美国巡逻一段，中国巡逻一段，共同分担责任。”我们谈得挺不错，但他回到美国国会作证，被媒体一炒作就变成了“中国一个海军将军建议中国与美国瓜分太平洋”，引起轩然大波。

再次，要妥善处理好安全热点问题，防止“第三方因素”破坏两军关系。中美军事交往，往往总是涉及超越双方军事关系、会对中美总体关系产生影响的第三方要素，如台湾问题、朝鲜问题、南海问题、日本问题，可能引发中美军事上的对抗或合作。如“台独”势力冒险触犯了我国《反分裂国家法》规定的红线，我们就必须采取措施。而美国一旦介入，就必然跟我们发生冲突。所以，中美之间如何妥善处理第三方要素，对于两国关系的总体平稳非常重要。

中美之间还要对各种外部因素利用各种渠道来宣扬“中国威胁论”保持警惕。我跟美国打交道时反复讲，中国不会主动挑战美国的领导地位，中国也不想取代美国，中国没有称王称霸、穷兵黩武的基因。但是，美国对中国有一种“只许州官放火，不许百姓点灯”的心态。说到底，“中国威胁论”是“威胁中国论”，就是给中国戴上一个紧箍咒，不让中国发展必需的军事力量。

未来中美应管控分歧，良性互动

采访组：在美国对华决策中，美国军方能够起到多大的作用？马蒂斯领导的国防部已经将中国列为头等的安全威胁，我们该如何看待这种定位？

杨　毅：美国对华政策受很多因素影响。在不同的时期，美国军方在对华政策方面扮演不同的角色，作用不可低估。美国军方在20世纪70年代积极推动两国建交，现在对中国则非常警惕。但也应注意到，美国军方尽管把“中国军事威胁”的论调喊得响，其重要目的之一却是给自己争取预算。真正到了可能跟中国发生军事冲突时，他们反而更谨慎。军人真切地知道战争的残酷性，因此往往比一些文人政客更冷静。所以，我们要看到美国军方的两面性。

美国和中国军事方面的交往，包括与其盟国的互动，首先取决于两国的力量对比。如果一方特别弱，另一方特别强，那弱者根本没有发言权，只能被动受欺负。如果两个国家旗鼓相当，就必须考虑到如何处理好相互关系，不能碰撞或对抗。中国正处于一个由大向强的发展阶段，在这个将强未强的阶段，美国对中国不仅有猜疑，而且有时还可能欺负中国。这是两国关系中相对困难的时期。就这个阶段而言，中国要冷静，一方面继续坚持和平发展，同时也坚定不移地向外表明中国的核心利益，绝不吞下损害中华民族根本利益的苦果。双方都要让彼此清楚，哪条是不能逾越的红线。

采访组：中国怎样扛过这段相对困难的时期，来保证中美关系的稳定，实现我们国家的和平崛起？

杨　毅：中美关系，包括两国的安全关系，到了一个新的关头。中国发展很快，美国对中国的担忧增强，甚至有些恐惧。在这种情况下，我们除了继续全面提升综合国力，搞好跟美国的沟通，还要敢于与狼共舞，积极参与多边或双边的国际合作。

实际上，我们在走向国际舞台时越来越自信了。以“环太平洋”联合军事演习为例，别的国家参演一般去一艘军舰，我们第一次去了四艘，第二次去了五艘，都是比较先进的军舰，展示我们的自信与开放。结果，美国反而不自信了，只让我们参加护航、打击海盗等科目，不让我们参加防空反潜反导等核心科目，担心泄露作战秘密。

我常在一些国际研讨会上告诉美国人，中国海军参演是好事，大家一起过过招，省得你们还专门找人扮演假想敌，装得不像，成本还高。所以，我们越自信，越开放，就越容易形成一个新的平衡，中美也就更能坦荡地交往。

此外，中国还应向国际社会提供一定的公共安全产品，如亚丁湾护航就是非常好的做法。我们不但保护中国的航运，还保护联合国和其他国家的商船，为世界和平、打击海盗、保证航道的通行做了贡献。

我对于中美关系的未来发展持谨慎乐观的态度。中美在地区和全球既有广泛的共同利益也有分歧，但这个分歧可以管控。总的来讲，两国关系取决于两国最高领导人的意志，同时也取决于双方各种力量，包括两国军事力量的互动。我们应确保这是一种良性互动，而非恶性的。

Yang Jiemian
杨洁勉

采访对象：杨洁勉，1951 年出生。现为上海国际问题研究院学术委员会主任，研究员、博士生导师，上海市人民政府参事。他同时兼任外交部外交政策咨询委员会委员、中国国际关系学会副会长、中华美国学会副会长等职。主要专著包括《后冷战时期的中美关系：分析与探索》《后冷战时期的中美关系：对外政策比较研究》《后冷战时期的中美关系：危机管理的理论和实践》等。

采 访 组：杨一帆　赵舒婷　叶　君　李克洋　海　瑞

采访日期：2018 年 6 月 19 日

采访地点：上海国际问题研究院

杨洁勉：
望远镜下的中美关系前景乐观

关心政治是杨洁勉走上中美关系研究之路的原动力。少年时代寻书不易，他就四处搜罗，从新闻报纸、电影院的新闻纪录片里了解时事动态。广泛的阅读激起了他对美国的兴趣。而后，从电视上看到基辛格传奇般的秘密访问与尼克松的破冰之旅，进一步加深了他对美国研究的热情。

花甲之年的杨洁勉，足迹遍布全球60多国，其中到访美国60余次，他在长期的观察与思考中不断更新着对美国的认识。当前，中美关系又一次处在十字路口。杨洁勉强调：两国关系的发展成果来之不易，合作共赢依然是我们争取的方向与目标。“用显微镜看中美关系，到处是问题；用望远镜看中美关系，前景值得我们审慎乐观。”

紧握的双手：中美建交的最初定格与历史回响

采访组：1979年中美正式建交，那一年您正好考入上海国际问题研究所。您对中美建交有怎样的记忆？

杨洁勉：看到建交的新闻时很激动，很兴奋。中美两国在1978年12月16日宣布于1979年元旦正式建立大使级外交关系，中国方面由华国锋总理举行新闻发布会宣布这一消息，美国则由卡特总统宣布。当时印象最为深刻的是，被我们长期视为“斗争对象”的美国，答应同台湾地区断交、废除同台湾的《共同防御条约》、撤出驻台美军。

一个多月后，时任国务院副总理邓小平在春节前后访问美国。当时已

2009 年 1 月，杨洁勉陪同卡特总统夫妇参观中美建交 30 周年图片展

经有了黑白电视机，每天晚上我都会看新闻，既看到邓小平访问白宫，也看到他在得克萨斯戴上牛仔帽的画面。时间上非常巧合的是，七年前，尼克松总统也是在春节期间访华，实现两国关系“破冰”。

有关破冰之旅的纪录片，我已不记得看了多少次。其中有一个细节印象最为深刻：尼克松为显尊重，握手时把另一只手也握了上去；毛泽东也待之以礼，把自己的另一只手也握了上去。这是巨人之间的握手，是中美两国的握手。

过了很多年以后，尼克松的女儿来上海访问，我说及此事时，她也非常感动，也用两只手握着我的手。

采访组：此后，中美领导人互访在两国关系发展中起到十分关键的作用。哪些高层访问给您留下了最深刻的印象？

杨洁勉：中美之间的高层交往十分频繁，让我印象最深刻的有四次重要的会晤。

第一，毛泽东与尼克松的会晤，也就是中美关系的破冰之旅。两人实际会见时间仅约一小时。毛主席年事已高，在会见时，医疗队在幕后做好了随时抢救的准备。不过，两人谈话的格局可谓恢宏壮阔。毛泽东告诉尼克松，不谈具体问题，只谈哲学问题。所以，两人就谈了世界格局、中美关系的发展趋势这样的大问题。在当时双方隔绝了 20 余年的情况下，这是极其重要的会晤。

第二，邓小平和卡特总统的会晤，他们在比较艰苦的条件下完成了中美建交工作。1978 年 12 月 16 日中美宣布建交，而就在 12 月中下旬，中共中央召开十一届三中全会，做出了改革开放的决定。1979 年元旦，全国人大常委会发表《告台湾同胞书》，强调以和平方式实现祖国统一。可见，当时中国最重大的国内发展问题、两岸关系问题与国际关系问题，都与美国有着紧密关系，两国建交可谓正当其时。

第三，1993 年中美两国元首在西雅图会晤。受 1989 年政治风波的影响，当时两国领导人长时间没有见面。江泽民主席赴美国西雅图参加亚太经合组织峰会，实际上打破了西方世界对中国的封锁与制裁。

第四，就是 2013 年 6 月习近平主席与奥巴马总统在安纳伯格庄园的会晤。在那次会晤中，双方领导人不打领带，坦率交谈，习主席展示出成熟、从容、自信的一面。外交礼仪上节省下来的时间，使双方得以进行更深入的交谈。以此为鉴，中美之后还举行了海湖庄园会谈；中国还将这一模式延伸到中印领导人在武汉的非正式会晤、中朝领导人在大连的非正式会晤。

时代之变：磨合与调整期亟须理论创新

采访组：2008 年，您与美国理论家基欧汉对谈时提出，国际体系有可能在 2020–2030 年实现两极体系到多极体系的和平转型。在特朗普政府屡将中国列为“战略竞争对手”的今天，您如何看待国际体系的转型前景？

杨洁勉：十年前我与基欧汉的对话，基本观点与基本判断还是经受住了时间的检验。国际格局力量的均衡化、多极化，现在看来在未来十年是基本可以实现的。

但是，特朗普把中国视为主要的战略竞争对手，有着主客观方面的原因。一方面，中国改革开放 40 年，也是中美建交 40 年，中国不断发展，美国变得不自信了；另一方面，由于特朗普个人独特的政治风格，他把一些中美双方之前不愿意拿到台面上展示的问题抛了出来。

不过，这也是好事。我在年少时读过毛主席的两篇著作《别了，司徒雷登》和《丢掉幻想，准备斗争》。我们现在也要丢掉幻想，要认识到中美是在新的历史条件下重新进行磨合，而且这个磨合的过程是痛苦的。

同时，我们也不希望中国的崛起就意味着美国的破落。在当今时代，合作共赢依然是我们争取的方向与目标。

采访组：在中美关系演变的当下，您认为哪些预期是不切实际的呢？

杨洁勉：主要有三种不切实际的预期：第一，认为总体上中美关系可以一帆风顺。这种观点认为，特朗普只不过是一个偶然现象，等到其下台，这段风潮就可以过去。实际上，美国现在对中国做出的新战略评估在美国国内是有共识基础的。我们现在要认清，中美力量对比的变化使美国转变了原先的对华战略，美国想要阻止中国替代美国的领导权。虽然我们没有这个想法，但美国人很在意这一点。

第二，因为当前形势的变化，对美就一味讲求斗争。但是，外交是妥协的艺术，要以妥协寻找共同点。我们不能无限制地扩大已取得的胜利，把对方逼到墙角。古人之所以讲“围城必缺”，就是给对手也要留出路。

第三，中美一定会有一战。2013年，习近平主席与奥巴马总统在安纳伯格庄园会晤时，倡导构建中美新型大国关系，其中第一条就是不冲突，不对抗。我们还要看到，美国人讲的竞争（competition），与中国人对竞争的理解是有差异的。美国人认为，竞争是美国国家历史的主旋律；而中国受到中华文化传统的影响，崇尚“和而不同”的和合理念，对竞争的理解与美国不同。

所以，我们一定要坚持马克思主义的历史唯物主义和辩证唯物主义，避免把问题绝对化。中国在任何时候都应不断进行理念创新，也应为外交留有余地。如此，中国的大国外交才能不断进步。

采访组：美国对于“新型大国关系”中“相互尊重”一条持保留意见，在当前中美竞争加剧的情况下，如何界定相互尊重，促进两国合作？

杨洁勉：对于中国提出的“新型大国关系”，美国对其中的“不冲突，不对抗”基本是接受的；对“相互尊重”与“合作共赢”，起初也勉强接受。但大约三个月后，美国在“相互尊重”与“合作共赢”上有所退步。美国的逻辑是，“相互尊重”意味着美国要尊重中国的政治制度，包括共产党的领导、中国特色社会主义道路，以及中国在南海岛礁等问题上的主权。这些是美国不愿意接受的。此外，美国认为，中美主要是竞争，并非合作，只能说“健康的竞争”。

但是，世界上的事情不是美国一家说了算，中美关系是双方的互动，互有妥协、竞争与合作的产物。党的十九大提出了构建新型国际关系，其范围更广，主要有三条：相互尊重，公平正义，合作共赢。这说明中国一直在为两国关系健康稳定的发展做出努力，而美国仍是部分同意，部分反对。两国的这一斗争，也会继续下去。

采访组：中美两国有着截然不同的历史观，这对两国审视对外关系有着怎样的影响？

杨洁勉：美国历史太短，不到 300 年。但凭借特殊的历史条件与地理条件，美国在相当长的时期内一直是向前发展的。在过去的 100 年，美国先后取得了两次世界大战和“冷战”的胜利，成为世界霸主。可以说，美国在近 300 年的历史中没有遭受过大的挫折，这也助长了美国的“天命史观”。

中国恰恰大不相同。在几千年的文明长河中，中国的命运跌宕起伏，并深刻理解了“多难兴邦”的含义。但是，美国人对此是难以理解的，其极端化的表现就是事事都要“美国优先”，要“美国再次伟大”。

当然，中国也有中国的问题，因为历史太悠久，包袱相应就大了。不过，中华文明沉淀下来的智慧，对我们看待今天的世界，展望今后的世界，是有用的。我相信，美国会从历史当中收获教益，历史会让美国变得成熟起来。

美国有一整套的国际关系理论，其中占主导地位的是以权力为基础的现实主义理论。特朗普政府就自诩为“有原则的现实主义”。所以，美国必须要有对手，甚至是敌人。

中国理解国际关系的出发点是“和合”，与美国区别很大。我们的理论现在要走向世界，要让美国对我们的理论有更深刻的理解，避免美国总是以自己的理论揣摩中国的想法。美国总认为“合作共赢”与“公平正义”只是讲讲而已，但美国也会改变的，如 2008 年全球金融危机时，美国其实也部分接受了中国的主张。

基于此，我认为中美之间不能只讨论市场、经济、好莱坞等议题，还要有更多哲学思维的碰撞、理论的互动与战略的磨合。过去的40年不过是个开头，今后的40年乃至更长时间，中美还要继续磨合前行。

讲好中国故事：民间力量助力大国外交

采访组：在政治关系面临困难的情况下，我们如何通过民间外交扩大中美关系中的积极面？

杨洁勉：中美关系要有扎实广泛的基础，就要靠民间外交。中美民间相互往来的范围与频度，是当前世界其他双边关系很难企及的。

目前看来民间交往有三个成就：首先，当政府外交遇到困难时，民间外交的作用就非常突出，如1989年政治风波之后，地方外交就为打破外交僵局起到了很好的作用。其次，在政治上分歧较大时，两国经济界人士的交往就显得更为重要，比如特朗普会见马云；特朗普想要挑起贸易纷争，美国经济界人士也会站出来反对。最后，双方留学生、学者的交流，乃至普通大众的跨国旅游，也已经到了非常密切的程度。

现在，双方的民间交往要往更高的层次去提升，更加深入的方向去深化。所以，民间外交也要机制化。中美间已经有了省州长交往、大学校长论坛等机制，但还远远不够。

另一方面，民间外交也不能局限于地方政府或学术机构，例如姚明、郎朗等文体界人士有时能发挥政府官员难以起到的作用。我认为，民间外交在中美关系中的作用会越来越大。

采访组：您能否结合您的切身经历，谈一谈如何在民间交往中向美国朋友讲好中国故事？

杨洁勉：第一，必须有故事讲，而且是讲真实的、做得好的故事，并且在故事中说明对方值得我们学习的优点。比如，十几年前，就很难对外讲中国高铁的故事。但讲的同时，也要看到我们的不足。美国的铁路虽然比我们落后，噪声大，晃动也厉害，但美国的车厢里很少有人大声喧哗或讲话。

第二，要寻找共同点，看到对方的需求与兴趣，讲美国普通人民关心的故事。比如，美国人关心中国家庭的生活方式、教育状况与社区建设。讲这些故事，美国人就喜欢听。如果去讲中国的书法，那除了个别感兴趣的人之外，恐怕很少有人会懂，就像我们多数人很难鉴赏阿拉伯文的书法一样。

第三，要用美国人听得懂的语言来讲。比如，在向美国朋友介绍党的十九大精神时，难免提到十九大对我国社会主要矛盾的判断做出了调整，已经转化为“人民日益增长的美好生活需要和不平衡不充分的发展之间的矛盾”。我们从小学习马克思主义，了解什么是主要矛盾、矛盾的主要方面，但对美国人而言这很难理解。这时就必须用对方听得懂的方式才行。

再举一个例子，当美国人问中国为什么进步那么快的时候，我跟美国人讲，中国古语说：“三人行，必有我师焉：择其善者而从之，其不善者而改之。”而有些国家，风气就比较傲慢，总显现出“三人行，我必为师”的态度——这怎么能取长补短呢？

所以，一定要用别人听得懂的方式，而且是用对方的母语来讲中国故事。周恩来总理对这一问题就非常重视。朝鲜战争期间，周总理曾半夜召见印度驻华大使，告诉他如果美军跨过“三八线”，中国是要管的。周总理特意同翻译商量怎么翻译“管”这个词，因为他要把中国的意图、信心完整地传达出去。如果完全依赖翻译，拿了份口径一读就了事，交流效果就大打折扣了。

启迪与传承：中美关系发展的重要经验

采访组：中美关系取得今天的成果得益于领导人抓住关键历史节点。回顾中美关系的往昔，我们抓住了哪些具体“节点”？您认为我们能从中获得哪些启迪？

杨洁勉：有一种说法，叫“中美关系波澜起伏，逢九有变”。1949 年，中美错失了建交的契机；1969 年，尼克松在宣誓就职仅仅 12 天之后就要求政府官员试探同中国官方接触的可能性；1979 年，中美终于克服在美国对台军售问题上的分歧，正式建交；1989 年，邓小平在会见老布什总统特使时表示“中美关系终归要好起来才行”；1999 年前后，中国领导人在

2010 年 4 月，杨洁勉与小布什总统合影

2013 年，杨洁勉在基辛格 90 岁生日宴会上。左为唐闻生

“炸馆事件”和“撞机事件”上采取了“有理、有利、有节”的对美方针；2009 年，中国从世界舞台边缘走近中心位置。

应该说，中美有各种各样的共同点和分歧点，两国关系在曲折中前行，在竞争中合作，在妥协中寻找共同点。回溯历史，可以发现每隔大约十年的时间，中美之间会解决一些矛盾，同时也会出现新的矛盾。

不过，这种现象也坚定了我对中美关系的信心。可以说，用显微镜看中美关系，到处是问题；用望远镜看中美关系，前景值得我们审慎乐观。最重要的，还是要以长远、发展的眼光审视两国关系。

采访组：您与世界知名政要、战略家和一流学者，例如基辛格、布热津斯基（Zbigniew Brzezinski）都有过直接交往，您认为年轻一代从他们身上最值得传承的是什么？

杨洁勉：首先，我特别珍惜同老一辈，特别是 90 岁以上的老者的交往。因为他们那一辈人经历过战争，这是与我们最大的区别。所以，他们都十分热爱和平。

其次，他们虽然年事已高，但都非常努力地学习，如基辛格、汪道涵。他们为了各自的国家，勤奋地努力工作；再加上数十年来的阅历，使得他们对世界的看法更加透彻。我曾经为他们做过翻译，他们的耳提面命，使我学到很多东西。

再次，他们也是与时俱进的。以基辛格为例，当他敏锐觉察到情况发生变化时，就推动尼克松为中美关系“破冰”；布热津斯基则把握机遇，推动中美正式建交。再如中国的郑必坚同志，与他们可谓旗鼓相当。

历史发展到了我们这一代，也要承前启后。现在，布热津斯基已去，基辛格也年事近百，所以我们要抓住最后的机会，多向前辈们学习。

Cui Tiankai
崔天凯

采访对象：崔天凯，1952 年出生。他是中国第十任驻美大使。历任外交部国际司处长、参赞，新闻司副司长、发言人，中国常驻联合国代表团公使衔参赞，外交部政策研究室主任，外交部亚洲司司长，外交部部长助理，中国驻日本大使，外交部副部长等职。他曾于 20 世纪 80 年代在美国约翰·霍普金斯大学攻读研究生，先后在美国生活工作了 11 年。

采 访 组：吴 挺 周永平

采访日期：2018 年 9 月 18 日

采访地点：中国驻美大使馆

崔天凯：

中国智慧能给中美未来指出一条新路

1971 年基辛格秘密访华的时候，崔天凯正在黑龙江爱辉县插队，那时的他完全没有想到自己以后有机会能前往美国，更没有想到会成为驻美大使。“从我个人的角度来说，其实我是国家发展的受益者。”他感慨地说。

几乎在同一时期，中国开启了改革开放，并同美国建交，此后中国发生的历史性变化也改变了崔天凯的人生轨迹和职业道路，他从一个略显青涩的青年干部成长为成熟老练的职业外交官。作为驻美大使，他积极奔走在外交一线，走进美国政府机构、智库高校和地方民间，介绍中国国情，阐释中国立场，促进中美友好，被外媒誉为“沟通中美的外交能人”。

尽管中美关系起伏不断，也面临不少挑战，但崔天凯表示他对两国关系的未来“满怀信心”。他相信中国智慧能给中美关系指出一条新路，形成不冲突不对抗、相互尊重、合作共赢的相处之道，助力构建人类命运共同体。

期待涌现更多“中美通”

采访组：您从 1981 年第一次踏上美国的土地，作为联合国职员、留学生、外交官，先后在美国生活了 11 年。您曾表示在美国学到的东西让您获益匪浅。能否以留学经历为例具体谈谈？

崔天凯：我曾于 1986–1987 年在美国约翰·霍普金斯大学留学。其实只有一年时间，但其间读了很多书。正是从美国的课堂上和书本里，我得以从另一个角度解读美国。我觉得那一时期最大的收获就是视野变得更开阔了，对美国的认知也变得更全面了。

我一直在思考，美国建国才 200 多年，但作为世界强国的历史已有 100 多年，美国是如何走上这样一条发展道路的？我在美国留学期间，广泛阅读了美国的发展史和外交史，从最初开辟新大陆到美国建国，一直到其近现代史，我都读过了，对这个国家的形成和发展脉络就有了更深刻的认识。

采访组：您曾说，以前认识的美国是“开放、自信、乐观”的，对现在的美国感到“困惑”。您认为这些年来美国社会政治生态主要发生了哪些变化？

崔天凯：实际上，感到“困惑”的首先是美国人自己。作为外交官，我只是观察美国，从不介入美国内政。但我也能明显感受到，这些年美国在经济、社会等各方面都发生了很大变化。这些变化一方面是受全球化的影响，但客观地说，很大程度上也是由于美国自己的内外政策调整而导致的。在这个过程中，一部分群体得到的利益比较多，也有一部分群体得到的利益比较少，甚至还有一些群体利益受到了损害。美国的社会经济矛盾也反映到了政治上。这些年，美国的政治体制问题、两党争斗也愈演愈烈。美国社会上很多人对此很有意见，也产生了很多困惑。实际上，最早做出反思的是美国人自己：美国是否还能维持唯一的超级大国地位？美国该向何处去？

当然，作为世界上最强大的国家，美国的内政外交政策总是会有外溢效应，总会影响到世界上其他国家，包括中国。所以其他所有国家都在认真观察美国发生的变化，都在试图判断美国的变化会对各自国家产生什么影响。我和很多国家的驻美大使都交流过意见，大家看法一致，我们更看重的不是我们能对美国产生什么影响，而是美国的内政外交变化会对我们产生什么影响。

采访组：您在美国留学期间，曾上过鲍大可教授的课，他是美国有名的中国问题专家。您觉得像这样的“中国通”能为中美两国增进理解发挥什么作用？

崔天凯：鲍大可比较特殊。他曾告诉我，他出生在上海当年的法租界里，出生那年恰好是中国共产党诞生的那一年，这很有意思。像他这样从小在中国长大，历史上与中国颇有渊源的“中国通”还有一些，但这样的人毕竟不多，将来可能会越来越少。

但如今在美国学习中文、会讲中文的年轻一代人的数量大大超过了历史上任何时期。我曾走访美国的一些地方，发现有的地方开设中文"浸入"式教育，学校提供全中文授课的课程，有的小学生已经能用毛笔写汉字，这样的"群众基础"在以前是没有的。所以我相信要不了一二十年，美国将会涌现一大批"中国通"——从小学习中文，去过中国，很了解中国。美国一些有名的民意测验机构做过不少调查，有数据显示美国年轻人对中国的好感度是最高的。我很期待年轻一代的"中国通"能够更快地成长起来。

同时，我也希望中国能涌现更多的"美国通"和"中美通"。在对外交往的实践中，我们经常要回答关于中国的各种问题。如果我们能跟美国人讲清楚中国的历史文化、发展道路、政策方针，说明中国没有意图挑战美国或寻求称霸，说明中国希望与美国合作等等，就能在很大程度上把外交问题阐释清楚了。

采访组：您曾在哈佛大学的一次演讲中提到，相较于贸易赤字，美国对华"理解赤字"更难平衡。对于如何减少"理解赤字"，您有什么具体建议吗？

崔天凯："理解赤字"这个概念是哈佛大学费正清中心的宋怡明（Michael Szonyi）教授在《中国问题》一书的前言中提到的。我很赞同这个提法。中美两国之间存在诸多不同，现实生活中还有很多问题要解决，而解决问题的基础就是互相理解。我们之间存在全面、完整、历史性的理解，还是误解、误判，将决定两国关系的走向。所以，我们还是要在改善"理解赤字"的问题上多下功夫。要解决"理解赤字"，当然需要两国政府之间的沟通交流，但更重要、更具长远意义的是人民之间的交流。

解决贸易摩擦需要建设性的态度

采访组：22 年前，中美知识产权谈判未果，美国单方面宣布采取对华贸易报复措施。当年，您曾作为外交部新闻发言人对此做出回应。您认为现在的中美贸易摩擦问题和当年有什么不同？

崔天凯：基辛格、尼克松当年访华，中美双边贸易额几乎微不足道，发展到现在每年达到五六千亿美元，这是一个很大的变化。即使是和中美建交之后的前一二十年相比，我们的经贸关系也很不一样。因为当时的中国还没有现在这样的发展水平，还没有成为世界第二大经济体，还没有加入世贸组织，中美之间在经济、科技上的差距还很大。现在这种差距也还很大，我们必须要认识到这一点。

由于中国这几十年的快速发展，应该说中美之间的差距相比当年有所缩小，当然这取决于你从什么角度看。有人认为这种差距缩小得很快，中国的GDP总量可能用不了多久就会超过美国，这可能是事实。但从另一方面看，我们经济发展的质量，人均GDP，对资源的消耗，付出的环境代价，我们的创新能力、科技水平等各方面，跟美国比还是有很大的差距。

无论如何，现在的中美经贸关系跟一二十年前是很不一样的。所以当年发生过的事情，现在不见得会再次发生，也不应该再次发生。美国惯用单边主义、保护主义等所谓的制裁性、惩罚性手段，比如增加关税，这在当年就不对，现在就更不对了。

采访组：经贸关系一直被认为是中美关系的“压舱石”，但现在随着贸易摩擦持续发酵，这块“压舱石”的作用是否被削弱了？

崔天凯：中美关系范围之大、内涵之广意味着我们需要的不只是一根支柱或一块“压舱石”。只有把各方面的关系都保持在合作的轨道上，中美关系才能够稳定。如果把希望寄托在经贸关系这一个领域，我觉得已经跟不上现实了。

从经贸关系本身来讲，中美双边贸易额如此巨大，不可能没有一点摩擦，摩擦肯定是会有的，关键在于怎么通过平等协商来解决这个问题。如果双方采取建设性态度和面向未来的态度，就可以把这个争端解决好，中美双边贸易、投资就还会继续增长，还会继续起到“压舱石”的作用。反之，如果采取一种破坏性态度，采取保护主义、单边主义的做法，那不仅会损害两国之间的经贸关系，而且这块“压舱石”很有可能引发负面效应，这是我们需要警惕的。

美国需要调整世界观和心态格局

采访组：近年来美国各界展开了新一轮对华战略大讨论，越来越多的鹰派人物进入美国政府，把中国视为“战略竞争者”，您认为美方对中国战略意图是否有误判？

崔天凯：美国国内对外交政策始终有各种不同意见。美国政府、国会、媒体、智库、军队、工商界等，各有各的看法，历来如此。从历史上看，美国出台的政策总体上是平衡的——如果这几年往哪一边偏一点，过几年会自己平衡回来——所以很多人认为美国的纠错机制和能力还是不错的。

从最近几年来看，美国确实出现了一些极端的观点，并且在很大程度上反映到了对华政策上，这就涉及战略误判的问题。现在美国有一些人嗓门比较大，认为中国是美国的“战略竞争者”，是美国最大的对手，所以要对中国采取遏制政策；甚至还有个别人在鼓吹要进行“新冷战”。虽然他们有表达自己看法的自由，但我认为这些观点不符合世界发展的潮流。

现在世界各国之间的联系越来越紧密了，同时也面临很多全球性挑战，包括恐怖主义、气候变化、传染疾病、自然灾害等。很多问题是没有国界之分的，所以就更加需要各国协调合作来共同应对，这才是世界发展的现实和潮流。

有些极端的观点，我认为也不符合美国自己的利益。美国要在世界上始终保持“一家独大”“一枝独秀”的地位，这是不可能的。美国也没有能力单凭一己之力解决世界上所有的挑战，而是需要和各国一起合作。美国若想把经济发展得好、发展得长远，就需要全球市场。这些都决定了美国如果着眼于长远的国家利益，就应该更多地寻求与其他国家的协调合作。

采访组：随着美国政府陆续出台《国家安全战略报告》等一系列文件，很多人分析中美未来将进入“全面战略竞争”。您认为美国对华战略背后的逻辑是什么？

崔天凯：从根本上说，这涉及美国的“世界观”问题，即美国怎么看待现在的世界？怎么看待自己在世界上的地位、作用、影响和利益？怎么看待其他国家的地位、作用、影响和利益？如果美国始终以“一超独霸”自居，不能与他国平等相待的话，即便不存在“全面战略竞争者”，美国也会主动去寻找目标。从某种意义上说，美国总是担心被超越，就是担心其他国家会“以其人之道还治其人之身”——用美国今天对他国的态度反过

2017 年 10 月 30 日，崔天凯大使就美国总统特朗普访华接受中外媒体集体采访

来对待美国自己。出于这样的担心害怕，美国就会采取一些措施和政策，打压可能超过它的国家。

坦率地讲，我希望美国的政治家、学者，包括社会大众，都能认识到：并不是所有国家都想在世界上“称霸”，并不是所有国家都认为世界只应该听一个或几个国家的。譬如中国，我们就主张世界应该由大家共同管理，各国之间无论大小、强弱、贫富，应该平等相待。习近平主席提出要构建人类命运共同体，就反映了我们对世界发展、国际治理和各国相处模式的理念。

我认为美国要从根本上重新审视这些问题——换句话说，就是要“改造世界观”。如果这些问题把握不好，就免不了整天担心。今天中国发展好了，就觉得中国是“全面战略竞争者”，要打压、遏制中国。明天印度发展好了，就用这一套对付印度，没完没了。美国把国力消耗在这上面，我觉得很不值得。

采访组：您从 2013 年开始担任驻美大使，这期间中国跃升为世界第二大经济体。您认为这对美国对华心态产生了什么影响？

崔天凯：说来是一个巧合，十年前我担任驻日本大使，当时正好赶上中国的经济总量要超过日本，日本当时也恐慌了一阵子。但现在回过头来看，事实证明中国的发展对日本来说是机遇。中日关系经过这么多年的波折，现在也在慢慢改善，将来还是要走向合作。这是一个心理上的调适过程，现在轮到美国了。我问过美国朋友，我说你们怎么那么担心害怕（中国）啊？如果世界上最强大的国家还成天担心害怕，甚至把外交政策建立在担心害怕的基础上，那别的国家还有什么路可以走？

中国要发展，中国人民要追求美好生活，这是天经地义的，是谁也不能剥夺的权利。我们的发展说到底是为了让中国人民过上更美好的生活，不是要挑战别的国家，更不是要取代别的国家。我们希望大家共同发展。这么多年来，不管是政府的五年规划，还是每次党代会提出来的宏伟蓝图，我们从来没有把发展目标定位为“今天要超过这个国家”或“明天要超过那个国家”，而是在自己的基础上怎么发展得更好。从这个意义上讲，中国的发展依然是在超越自己，而不是挑战别人。我希望美国能够认识到这一点。作为世界上最强大的国家，心态可以更宽广一些，格局可以更大一些。

中美可以避免“修昔底德陷阱”

采访组： *您和“修昔底德陷阱”的提出者艾利森（Graham Allison）教授有过多次交流。您认为中美会陷入“修昔底德陷阱”吗？*

崔天凯： 我和艾利森教授长谈过好几次，其实很多人误解了艾利森教授的本意，他的主要观点是希望中美能够避免陷入战争。我认为中美之间应该避免、也能够避免“修昔底德陷阱”。

一方面，不能简单地把历史套用到21世纪的今天。历史上陷入“修昔底德陷阱”的主要是一些欧洲国家，甚至城邦国家，奉行争霸的游戏规则和竞争逻辑。但今非昔比，现在联合国有近200个成员国，以联合国为核心的国际机制几十年来发挥了积极有效的作用。同时，中美之间的问题也不同于历史上那些国家之间的争斗，中国没有意图与美国争霸。习近平主席提出来要构建人类命运共同体，就是表明大家命运与共，要共同应对挑战，推进共同利益。

另一方面，我们有我们的文化自信。历史上有过16次所谓“新兴崛起大国”对“守成大国”构成挑战和威胁的案例，其中12次最后走向了战争，只有4次以和平方式告终。但是请问，这16个历史案例涉及的国家，有几个是用中医来看病的？中医讲求阴阳平衡，综合调理，而非头痛医头、脚痛医脚。又有几个国家是拿筷子吃饭的？筷子讲求的是手指的协调平衡，比如用筷子夹黄豆，也需要技巧。还有几个是书写汉字的？我们的汉字是方块字，每一个字都有平衡结构，书写的时候如果没把握好结构，字就立不起来。同时，每一个汉字能单独表意，和其他字组成词又能表达不同的意思。这些就体现了中国传统文化讲求的和谐、宽容、平衡的哲理。

反观历史上的16个“修昔底德陷阱”案例，没有一个国家有我们这样一套文化。所以中国文化和中国智慧应该能够给当今世界、给中美关系指出一条新路，即我们靠互利合作，靠构建人类命运共同体，靠建立相互尊重、平等互利的新型国际关系来解决大国之间的问题。从这个角度看，我相信我们能够避免“修昔底德陷阱”。

采访组：中美关系40年来经历了风风雨雨。总结起来，您认为中美关系的发展历程有什么特点？

崔天凯：中美关系这40年的发展跟两个国家自己的发展变化以及整个世界的发展变化都是密切相关的。当然，中美关系也对世界变化起到了一定的推动和影响。

从历史上看，中国和美国是两个很不一样的国家，从历史文化传统、政治制度到经济发展水平都有很大的差别。我们要承认这些差别。同时，中美两国又都是世界上的重要国家：是联合国安理会常任理事国，世界第二、第一大经济体，世界最大的发展中国家和最大的发达国家。所以这两个国家的关系必然有复杂性和多面性。

归纳起来说，建交40年来，中美虽然一直存在差别，但同时一直在寻找不断增长的共同利益，寻找合作点。从这个角度来看，当下的中美关系也还是在这个大的框架内发展。两国之间有很多差别，甚至有很多分歧，有时候还有比较激烈的矛盾，但两个国家都生活在同一个星球上，谁也离不开谁，谁也不能改变谁，所以我们必须寻找共同利益，寻找合作点，使中美关系能始终处在一个稳定的、持续发展的轨道上。

采访组：回望中美建交40年并展望未来，最需要注意或者说妥善处理的问题是什么？

崔天凯：中美建交40年，到现在为止还有一些没有完全解决的问题，比方说台湾问题。台湾问题实际上是中国当年内战遗留下来的问题，但由于美国的强力介入，中国到现在还没有实现统一。中美之间三个联合公报的核心问题就是台湾问题，就是一个中国原则，美国官方政策叫作“一个中国政策”。美方在台湾问题上开了口子，在与中国建交的时候，通过了一个所谓《与台湾关系法》，我们从当时就反对。实际上，美国是留了一手，给自己留下了干涉中国内政、阻碍中国统一的口子。

台湾问题始终是涉及中美关系全局和基础的最重要最敏感的问题。从这几十年的双边关系发展看，这个问题处理好了，中美关系总体上就能稳定。尽管也有其他种种问题，包括贸易等等，但是不会动摇根本。这个问题如果处理不好，那确实是地动山摇的问题。但这个问题现在还没有彻底解决。

采访组：您认为处理好中美分歧的关键何在？

崔天凯：可能不管到什么时候，两个大国也不可能变得完全一样，中国改变不了美国，美国也改变不了中国。中国发展得怎么样，美国发展得怎么样，从根本上说是两个国家自己的事情。我一直认为像中美这样的大国，只要能把自己的国家治理好，别的国家就动摇不了我们；如果治理得不好，大概也没有别的国家能帮得了我们，因为这两个国家都太大，分量太重了。中美必须认识到这个基本现实，我们处理相互关系只能立足于这个现实。

同时要看到，我们还面临着诸多全球性问题，政治、经济、安全、金融、贸易、社会问题等等，没有哪个国家能单独解决这些问题，那么就需要合作。

所以，对中美两国而言，比较合理、成熟的做法是：双方在一个相互尊重、相互了解的基础上，寻求合作共赢，而不是互相争斗，不是搞零和博弈，不是我赢你输，更不是走向冲突对抗。同时，我们也承认，我们之间会有矛盾，会有分歧，但要本着建设性的态度处理问题，因为我们的共同利益大于分歧，相互需求大于冲突。

采访组：您对中美关系最大的期待是什么？

崔天凯：我希望中美能够通过不断的沟通交流，甚至一定程度上的博弈，发展成一种比较成熟的、持续向前发展的、总体上相对稳定的关系。在这样的框架里，我们可以处理各种分歧矛盾，也可以进一步发展各方面的合作。我想这也就是我们这些在外交一线工作人员的奋斗目标吧。

Yao Yunzhu

姚云竹

采访对象： 姚云竹，1954 年出生。她是中国人民解放军退役陆军少将，博士，现为中国军事科学学会高级顾问和香山论坛高级顾问，曾任军事科学院中美防务关系研究中心主任。2003 年当选为第十届全国人大代表。2007 年当选中国共产党第十七届全国代表大会代表。被评为全国三八红旗手，第六届中国十大杰出女性，多次立功受奖。主要从事亚太地区安全事务研究，重点关注朝鲜半岛、中美军事关系、核战略与核政策、国际裁军与军控等领域的研究，曾出版多部著作和译著，发表数百篇论文和译文。

采 访 组： 赵舒婷 叶 君 龙 菲

采访日期： 2018 年 9 月 19 日

采访形式： 书面采访

姚云竹：

两个伟大的国家不应相互为敌

1971 年 7 月中旬的一天，正在军事院校上课的姚云竹和她的同学接到通知，立即集合听一条重要的新闻播报，也就是 7 月 9–11 日美国国家安全事务助理基辛格博士秘密访华的消息。她十分错愕——要知道她可是做好了和美军在战场上交锋的准备的！原来，为上朝鲜战争前线做过准备的父亲，专门教了她一句英语——Hands up! No harm!（缴枪不杀）——以便她在战场上与美军交锋时使用。

中美建交，使得一直被视为“敌人”的美国转而成为中国的合作伙伴。姚云竹这一代中国军人学的英语，也从战场用语扩展到了表达友好的祝酒词。从 1997 年第一次访美开始，姚云竹有机会深层次接触了美国社会的方方面面。她发现无论是学者、富商，还是学生、白领，美国人都关注中国的发展，对中国人基本上持友好态度。这坚定了她作为一名军人学者，深入研究中美关系，致力于促进两国军队了解的信心。

军事关系被认为是中美关系的晴雨表，因为它最能反映双方深层次的矛盾和难以化解的战略互疑。在与美方军界的频繁交流之中，姚云竹深切感受到美方看待中国崛起的矛盾心态，也深知风雨起伏之中，两国军事互信来之不易，事关重大。当前，中美两国关系有加速恶化的风险。姚云竹认为两个伟大的国家不应相互为敌，两国仍应谨慎管控风险，让双方关系早日回到稳定发展的轨道上。

从“缴枪不杀”到“举杯同庆”

采访组：您 1970 年 16 岁入伍，中美两国正式建交时已从军 9 年。您是否还记得当时是在怎样的场景下获悉中美建交的消息？

姚云竹：1970 年我入伍后，先在河南洛阳的解放军外国语学院总参某部的训练大队接受新兵训练，然后进行英语培训。我还清楚地记得 1971 年 7 月的一天，天气晴好，阳光灿烂。上午，我们正在上课，突然接到通知，要求全体人员立刻集合，到学院中央道路两侧的草地上等待收听重要新闻。我发现，不仅我们训练队数百人，全学院数千名干部战士都已经在草地上整整齐齐地坐好。10 点整，路旁大喇叭里传来中央广播电台的整点新闻播报：美国尼克松总统的国家安全事务助理基辛格博士访华，表达了尼克松总统希望访华的意愿，周恩来总理代表中国政府邀请他于次年 5 月前访问中国。这条“重要新闻”播出的时间不到一分钟，但是它所带来的震撼，我至今还能真切地感受到。

采访组：尼克松要访华的消息，在当时确实让整个世界都为之震撼。中美关系走向正常化给您的生活、学习带来了什么具体的影响？

姚云竹：我来自军人家庭，抗美援朝战争时，父亲突击学习英语为上前线做准备。听说我参军后接受英语培训，父亲专门把他用了近 20 年的汉英辞典送给了我，嘱我好好学习。他说：“我教你一句英语：‘Hands up! No harm!（缴枪不杀）’。在战场上碰到美国‘鬼子’，就喊这个。”我们那时学习英语，是为了和美国打仗用的。突然听到美国总统要到中国来，思想一下子转不过弯来，美国可是一直想帮着蒋介石反攻大陆的反动派，怎么又要改善关系了？在其后数周，尼克松访华都是我们热烈讨论的问题，最终大家一致认为，与美国相比，苏联是更紧迫的威胁，美国还是可以进行合作的。

还记得尼克松第一次访华后，我们学习英语朗读时用的一段磁带录音，是周总理在欢迎尼克松总统宴会上的祝酒词的英语翻译。担任翻译的是唐闻生老师，她英语优美、音色温婉，只要一放她的录音，所有的人都会屏息聆听并小声跟读，心中自然浮现出人民大会堂宴会厅周总理致辞时的翩翩风度和唐老师翻译时的优雅气质。我在一次英语晚会中演出的节目，就是背诵祝酒词。每当我模仿唐老师的语音语调说出祝酒词的最后一个词“cheers”时，就会情不自禁地想到父亲教过我的“Hands up! No harm!”。这是多么大的反差!

从那以后，中美关系迅速改善。1979 年中美建交后，军事合作发展到新阶段,而中国也同时迈开了改革开放的步伐,开始了民族复兴的伟大旅程。中美关系的改善，是中国改革开放的重要助力。

采访组：1998 年，您成为中国第一位军事学女博士，可以说见证了中国军事学科发展壮大的过程。1997 年 7 月您曾经陪同军事科学院副院长李际均中将访美，您还记得此次访问的经历吗?

姚云竹：那时我还在读博士，那是我第一次去美国。李际均将军在访问中反复强调中美合作的重要性，在美国陆军战争学院面对 200 多名军官学员发表演讲时，他说：“合作比敌对好，协商比冲突好，互惠比制裁好，尊重比歧视好,信任比猜疑好。对于我们军人来说,用酒杯瞄准比用枪炮瞄准好！”那年，这位 16 岁参加朝鲜战争的老军人已经到了服役的最高年限，演讲结束时，他有些激动地说：“我的军事生涯以与美军打仗为起点，以访问美国为终点。”我认为，他的经历是中美两国从交战对手到合作伙伴的真实写照。

采访组：此后您也曾多次与美国政界和军界重要人士，如基辛格、鲍威尔等交锋与交流。能否分享一些值得回味的故事?

姚云竹：1999 年，我还参加了中国教育国际交流协会和美国艾森豪威尔交流基金会联合组织的“中国学者交流项目”，在美国进行了两个月的学习走访活动。其间，我有机会与基辛格博士进行座谈，不仅谈了核战略，还谈了中国人民解放军对美国的态度和看法。我还对前参谋长联席会议主席鲍威尔上将进行了采访，谈到了科索沃战争，谈到了美国轰炸中国驻南联盟大使馆的事件。但是，这次访美对于我来说最重要的，是有很多机会广泛接触美国社会的方方面面。从主管中美关系的政府官员到一辈子埋头研究中国的学者，从腰缠万贯的富商到步履匆匆的白领，从校园里对中国充满好奇的大学生到街上主动带路的老百姓，我看到的是一个渴望了解中国、视中国为机会、愿意与中国交往、对中国友好的美国。这个美国让我增强了对中美关系的信心，也坚定了我为增进两国了解付出更多努力的决心。

1999 年，姚云竹访美时与美国前国务卿基辛格会面

1999 年，姚云竹访美时与美国前参谋长联席会议主席、国务卿鲍威尔合影

在波浪起伏中建立军事互信

采访组：您认为过去40年来中美军事关系的发展脉络大致可以分为几个阶段？分别呈现什么特点？主要成就有哪些？

姚云竹：中美军事关系大致可以分为四个发展阶段。第一个阶段是20世纪70年代，中美出于地缘战略的考虑，为应对共同敌人恢复了两国交往，军事合作自然是早期交往的重要内容。但由于中美之间存在着台湾问题，没有正式建交，军事合作也处于摸索试探阶段。

1979年正式建交之后，中美军事关系快速发展，进入了一段蜜月期。80年代中美两国防长实现了互访，开始了务实的军事合作。军事交往主要包括三个方面：高层互访、专业对口交流和军事技术合作。1981至1989年，中国派出包括军委副主席、国防部长、海空军司令等9个代表团访问美国，美国派出包括国防部长、副部长、助理国防部长、参联会主席、太总司令、军种参谋长等15个代表团访华。高层互访为军事关系的发展确定了积极的基调。两军之间也有了频繁的对口交流，包括军事院校交流、训练观摩、条令理论研讨、军舰互访、军事设施参观等活动，这对培养两国军人各层级的互信起到了重要作用。但是，军事合作的最大亮点还是在军事技术领域：美国国会放宽了对中国出口军品的限制，给予了中国所谓非北约盟国的待遇，中美就军品采购、军事技术合作、技术转让等达成了一系列协议。

然而，两国军事合作在1989年后戛然而止，此后再也无法达到80年代的水平。随着苏联解体和华沙条约组织解散，中美军事合作的基石不复存在。美国停止了所有对华军事交流，不再执行军售与技术合作协议，对华实施军事技术封锁和武器禁运。1999年美国国会通过《2000年国防授权法》，严格限制中美军事交流。台湾“独立”倾向加剧也激化了中美的军事博弈。美国为牵制中国不断对台军售并强化地区军事存在，中国为应对“台独”积极进行军事斗争准备。中美围绕台湾的军事互动，使中美军事关系具备了更多的零和性质。此外，中美之间连续发生安全与军事危机，如90年代数次台海危机，1999年美国轰炸中国驻南联盟大使馆，2001年中国战斗机与美国侦察机在南海撞机，美国多次对台湾军售，都导致两军交流的中止和合作项目的取消。从20世纪90年代到21世纪的第一个10年，近

20 年的时间内，两军关系走走停停，始终处于低水平徘徊阶段。

进入 21 世纪第二个 10 年后，中美军事关系逐渐步入稳定发展的轨道，并一度成为两国关系中的亮点。这主要表现在：尽管中美在台湾、东海、南海和其他问题上有严重分歧，但双方始终保持了高频度的交往，维护了军事关系的持续性和稳定性。两国防务部门和军队之间的对话机制日益增加并逐渐机制化，先后建立了国防部、联合参谋部、战略规划部门和军种之间的对话平台。对口交流涵盖了军事教育、学术研究、军事医学、档案合作、海上搜救、抢险救灾、反海盗、危机管控等内容，并在继续扩大范围，每年交流项目多达数十项。

过去几年，双方认识到避免冲突和对抗符合共同利益，并为此构建了危机预防和管理机制，包括签署了相互通报重大军事活动和建立海空行为准则的谅解备忘录，并以增加附件的形式，不断扩大危机预防和管理机制的范围。此外，中美军队开始在“东盟防长扩大会”、亚丁湾护航等联合国授权的国际行动中进行合作，显示了中美超越双边关系，在亚太地区和全球进行军事合作的潜力。

采访组：*90 年代中美军事关系几起几落，也经历了许多危机时刻，您认为中美两国军方在妥善处理和管控危机方面有哪些经验教训？*

姚云竹：我觉得首先是要在任何情况下都保持沟通渠道的畅通，这对于在危机时迅速澄清情况、防止误读误判至关重要。中美两军之间现有国防部热线的使用已经机制化，这非常有利于管控危机。其次，建立各层级的对话机制，便于就广泛的问题交换意见和协调交流合作事宜。特别是在当前，中美关系处于下滑时期，互信降低，误解加深，增加对话平台，对于增信释疑非常重要。再次，发展军事关系还必须循序渐进，务实可行。要想办法降低两国安全利益的零和性，扩大合作领域和范围。如果在双边框架中进行军事合作有难度，可以先考虑就全球安全事务在多边框架下进行合作。最后，中美两军的交流合作有必要走深走实。军人之间合作，不能仅坐在一起谈天论地，更重要的是一起训练，一起摸爬滚打，一起承担维护地区与国际安全的责任，在并肩执行任务的过程中增进理解和互信，培养合作的习惯。

直面矛盾焦点，有理有力有节

采访组：根据您的经验，中美双方在军事领域交流时最大的难点和障碍有什么？

姚云竹：中美两军关系的发展始终是曲折艰难的，在军事领域的合作很难做到顺畅，这是由于两国之间存在战略利益和安全利益的冲突。而这种利益冲突，比较集中地反映在安全和军事领域，如台湾问题，《日美安保条约》适用于钓鱼岛的问题，在东亚部署针对中国的导弹防御系统和其他前沿军事能力，对中国持续进行高强度海空军事侦察，无端指责中国的南海维权行动并频繁进行挑衅性“自由航行行动”，通过强化美国在亚太地区的同盟体制形成排斥中国的安全架构等。奥巴马政府时期，其对华政策的官方表述是：“美国欢迎一个繁荣、和平与稳定的中国的崛起。”而我与美国学者和军人交流时，也总是问：“‘繁荣、和平与稳定的中国’是不是包括一支现代化的军队，接受中国的崛起是不是也同时接受中国军队的崛起？”我的美国同行往往会考虑片刻，然后小心翼翼地回答“It depends（那要看情况而定）”，如果中美成为真正的朋友和伙伴，美国不担心中国有强大的军事力量；如果美国不能确定中国未来是朋友还是敌人，中国军事力量的发展就不利于美国的利益。现在的特朗普政府已经明确中美是战略竞争对手，对中国军力的发展，当然更加忧心忡忡。

美国在如何界定中国的问题上，一直左右摇摆，举棋不定。美国国内总有一股势力坚持要把中国定义为敌人。这股势力现在似乎在逐渐增强并影响着美国的对华政策。即便在这样的情况下，我对中美关系的前景还是保持谨慎的乐观。中国改革开放取得的成果众所周知，对世界和平与发展做出的贡献有目共睹。以中国为敌的政策，不符合美国的利益：与一个有14亿人口、经济蓬勃发展、国际影响力日益增强、与自己有广泛共同利益的大国为敌，绝不是明智正确的政策。

采访组：许多人对您2014年在香格里拉对话会上与美国前防长哈格尔的“唇枪舌剑”记忆深刻。您能否介绍一下当时的场景？

2013 年，姚云竹在香格里拉对话会上提问

姚云竹在香格里拉对话会上与其他代表交流

姚云竹：其实，把那次交锋说成是“唇枪舌剑”有点夸张。每年香格里拉对话会全体会议的第一个发言人都是美国防长，而且还是专场，只有美国防长一个人发言，然后是接受提问。这已经成为香格里拉对话会的惯例。2014 年 4 月，美国国防部长哈格尔（Chuck Hagel）刚刚访问过中国，并在与习主席的会见中表示要积极建立“新型两军关系”。中国代表团原来想利用香格里拉这个重要国际会议场合，与美国代表团进行积极互动，推动两国两军关系的巩固和发展。但是没有想到的是，哈格尔防长发言时指名道姓指责中国不遵守国际规则，擅自设立东海防空识别区，在领土争端中单方面使用高压和胁迫手段改变现状等，把中国说成了亚洲地区潜在的安全威胁。面对这样的攻击，中国代表团只能做出反击，而且在只有美国防长发言的大会环节，反击也只有用提问的方式进行。这是我当时提问的基本背景情况。

采访组：奥巴马政府曾提出“亚太再平衡”战略，特朗普政府则提出“印太”概念，并把中国视为战略竞争对手，美国显然意欲加大在亚太地区的军事部署。您如何看待美国对华政策在军事上的转变？

姚云竹：奥巴马政府的“亚太再平衡战略”和特朗普政府的“印太战略”有一个共同目标，就是制衡中国的崛起，避免美国丧失亚太的主导地位。其背后的战略思维仍然是零和的，而不是双赢的。现阶段的特朗普政府更进一步明确将中国定义为全方位的战略竞争对手，不仅要在经济上进行打压，在地缘战略上加以防范，在意识形态上进行抵制，更要在军事安全上进行遏制。中美关系正在加速向坏的方向发展。中国希望保持中美关系的稳定发展，我相信大多数美国人也不愿意看到两国关系向坏的方向发展，包括美国的军人，也不希望中美关系坏下去，特别是不希望中美成为战场上的敌人。

“不应该用战争破坏和平，更不应该破坏孩子们的和平”

采访组：有一种观点认为军事关系是中美关系的晴雨表，您如何看待中美军事关系在中美关系大盘子中的作用？

姚云竹：对于中美关系中不同的方面，我们的官方表达和学术讨论中有各种各样的比喻。比如经贸关系是中美关系的压舱石和推进器；人文交流是两国关系的地基；稳定的政治关系是发展所有关系的前提；军事关系是中美关系的风向标、晴雨表等，这些比喻是非常形象的。中美军事关系的内容并不是很多，但是由于涉及双方的核心利益，象征意义很强，是具有指标性的关系。过去很长一段时间，中美军力差距巨大，美国不担心中国军队，军事关系也不是两国关系的重点。随着解放军现代化的发展，美国开始感受到来自中国的压力。加之中美在亚太热点问题上存在分歧，引发军事危机的可能性也在上升。中美军事关系在两国总体关系中的权重不断增加，一旦处理不好，有可能导致中美整体关系的迅速恶化。因此，中美双方都越来越重视经营和管理好军事关系。

军事关系在很大程度上反映中美更深层次的矛盾，双方在安全和军事领域有深刻的战略互疑，因此关系好起来不容易；但是再坏下去也是有限度的，因为中美都不愿意走到兵戎相见的那一步。作为两个核大国，任何规模的军事冲突都有不断升级并导致核冲突的风险。关系坏到一定程度，双方就有必要也有愿望就预防危机、增加沟通渠道、管控冲突升级和进行军事互信活动进行合作，军事关系将在某种程度上得以稳定，并将稳定的效应扩大到中美互动的其他领域。

从另一方面看，中美作为全球大国，会有越来越多的共同安全利益，特别是在非传统安全领域。比如，中美两军之间一直进行军事医学合作，在防止大规模杀伤性武器扩散、维护海上交通安全、国际维和与全球反恐领域，都有越来越多的合作机会。这也预示着中美之间有进行更广泛军事合作的潜在前景。

采访组：中美军事关系发展的推力还有哪些？

姚云竹：在中国，搞好中美关系包括中美军事关系，有着坚实的民意基础。2004 年 6 月，美国陆军战争学院院长大卫·亨顿（David H. Huntoon）少将率团访华，我是中方的全程陪同。在北京访问时，他们提出利用周末参观军事博物馆的抗美援朝馆。展品中有一张抗美援朝战争时的宣传画：挂满枝头的桃花在蓝天的映衬下盛开，一个小男孩和一个小女孩怀抱和平鸽，胖嘟嘟的脸蛋儿上挂着灿烂的笑容，下方是“我们热爱和平”几个大字。亨顿将军在宣传画前停留了很长时间，离开时对我说，不应该用战争破坏和平，更不应该破坏孩子们的和平。

我陪同美军代表团还去了昆明，参观了“飞虎队”纪念馆和“飞虎队”总部旧址。中国人民对美国在抗日战争时期曾经给予的帮助一直心怀感激，而由于“飞虎队”与中国人民并肩作战的历史，昆明民众对美国军人的好感也是显而易见的。我们多次遇到昆明百姓主动上前询问是不是美国军人，得到回答后便要求合影留念，同时感谢美国抗战时的帮助，这使美方人员既吃惊又感动。中美两军搜寻“二战”期间牺牲在驼峰航线上的美国飞行员遗骸的合作，已经进行了很多年，并取得了不错的成果。我们希望为中国人民贡献了生命的美国人最终都回到自己的家园。

但是，随着特朗普政府将中国定义为战略竞争对手，美国防部宣布取消邀请中国海军参加 2018 年“环太平洋”演习，美国会通过法案要求提升美台关系，增加在南海的军事挑衅行动，与盟国协调针对中国的军事演习活动，更加严格地限制两军交流活动。未来一段时间，中美军事关系的发展将面临严峻挑战。在这种情况下，保持和强化两军危机预防和管控，将会是特别重要的。

采访组：*在当前中美关系日趋紧张的背景下，您对两国未来的信心缘何而来？*

姚云竹：国之交在于民相亲，民相亲在于心相通。40 多年前，周恩来总理在欢迎尼克松总统访华的宴会上说：“The American people are a great people. The Chinese people are a great people. The peoples of both sides have long been friends.（美国人民是伟大的人民。中国人民是伟大的人民。我们两国人民一向是友好的。)”这句话深深印在我的脑海中，永远不会忘记。改革开放以来，中美民间交流是中国对外民间交流最多也是最活跃的。尽管特朗普总统采取的一些政策不利于民间交流，但我坚信，两国“民相亲”的纽带会越来越结实，会推动两国关系向好的方向发展。同时，两个伟大的国家不能相互为敌，以对方为敌的政策是不明智和不负责任的。习主席曾经说，我们有一千条理由把中美关系搞好，没有一条理由把中美关系搞坏。中美合作，这个世界更美好；中美对抗，对两国、对世界都是灾难。我真心希望两国能妥善顺利解决当前的问题，让中美关系重新回到稳定发展的轨道上。

Huang Renwei

黄仁伟

采访对象：黄仁伟，1954 年出生。曾任上海社会科学院副院长、历史研究所所长，现为复旦大学一带一路及全球治理研究院常务副院长、上海社科院高端智库学术委员会主席。他长期研究中美关系，包括经贸关系、台湾问题等。著有《美国西部土地制度的演进》《独立自主的和平外交政策》《中国崛起的时间与空间》等。

采 访 组：陈佳骏　魏帮荣　周永平

采访日期：2018 年 5 月 4 日

采访地点：上海市社联大楼

黄仁伟：
中美关系从未间断是两国根本利益的需要

中美关系的正常化对当时还在黑龙江逊克县插队的黄仁伟来说，有些不可思议。但正是这件不可思议的大事，后来引领着他不断拓展研究领域。他学的是美国历史，进入科研岗位后，做的却是现实的美国研究，这也不断更新着他对美国的认识。

作为来自于上海的专家，黄仁伟能够从历史的维度挖掘上海悠久的美国"烙印"；作为国内著名的"美国通"，他与多位美国资深的"中国通"结下了深厚的友谊。在他看来，认识和研究美国的捷径就是不断向"对手"学习——对他来说是如此，对国家来说，也是如此。

在研究美国以及和美国人打交道的过程中，黄仁伟还有一个深刻的体会：中美无论是敌是友，双边关系从未间断，保持接触和联系是受两国根本利益驱动的。有了这样的认识，他对中美未来形势的判断能够更加从容，对两国关系发展的前景也始终抱有信心。

从黑土地走向美国研究之路

采访组：1972 年尼克松访华，您当时在黑龙江逊克县插队，听到这个新闻后是什么反应？

黄仁伟：1972 年对我来说是一个很奇特的年份，"文化大革命"还在进行中，而我在中苏边境的北大荒插队。当时中苏正处于一种"准战争状态"，这个状态也是中美两国改善关系的历史性条件。那年冬天，我在一个深山里看守一个县里的战备军火库，一个人很孤独，我就听收音机。收音

20 世纪 70 年代，黄仁伟（中）曾在黑龙江逊克县插队

机里能听到的电台不多，当时我从苏联的电台里听到说，尼克松要来北京了。我以为这是苏联“敌台”造谣，根本不相信，但后来我从深山里出来回到自己的连队后，果然在报纸上看到毛主席和尼克松总统握手，这才恍然大悟，那时候已经是三四月份了。

采访组：您是如何走向研究美国之路的？中美关系的发展对您的研究事业有何具体影响？

黄仁伟：我 1977 年参加高考，后来一直读到硕士、博士，学的都是美国史，可以说这个阶段我比较全面地了解了美国。学成后我来到上海社科院工作，当时 80 年代末 90 年代初，中美之间最重大的问题是“最惠国待遇”问题，上海社科院就让我改行专门研究这个问题。这对我而言是一种巨大的转变，因为两个领域是完全不同的，但是经过 3 年的研究，我的研究领域基本上从历史的美国转到了现实的中美关系。因而可以说，是中美关系改变了我的专业方向，也是因为“最惠国待遇”问题，使我比较深地“卷入”到中美关系前沿的争端问题上来。

到了 90 年代中期，台海形势恶化，台海问题变成中美关系中最敏感、最复杂的问题。这时候我遇到了人生中重要的导师——汪道涵先生。他当时是海协会会长、中央对台领导小组成员，又曾是上海市市长。在台海问题上，当时大陆讲“一国两制”，台湾方面讲“一国两县”“一国两区”“一国两府”“一国两实体”等，就是没讲“一国两制”。当时我们对除了“一国两制”讲法以外的东西全部否定。我就这个问题，在1993年写了一篇题为《一国之下××都可以谈》的长报告，汪老看到这篇报告后很感兴趣，就把我请到康平路去谈。他认为我应该把这个问题继续研究下去，加之我又是研究美国的，所以汪老让我把中美关系和台湾问题结合起来研究。之后的几年里，我基本上都是在汪老的指导下研究中美关系和台湾问题。

采访组：近40年来，从研究生、学者到智库专家，从研究史料、旅美访学到交美国朋友，您对美国的认知是如何变化的？

黄仁伟：读书时认识的美国和现实中同美国打交道是很不一样的。而且从与美国打交道逐渐上升到本质上认识美国，又是一个不断地深化和提高的过程。

要讲具体的认识，我认为有四点：第一，美国有其独特性。美国之所以为美国，其历史条件、制度因素、自然禀赋以及人才优势，这些都是别的国家难以同时具备的。所以，不是说各国效仿美国也可以成功，因为这是学不来的，美国成功的条件是独一无二的。第二，中美关系从未间断。我们同美国不管是成为敌人的时候还是成为朋友的时候，双方之间的关系实际上是不间断的。即使是在朝鲜战争、越南战争时期，中美还是在联系、在接触，因为中美的接触是两国根本利益的需要。接触可以上升为合作，合作可以再上升为长期的共同利益。共同利益不是凭空而来的，一定是通过接触与合作形成的。第三，我们需要长期向美国学习。在很长的一段时间里，不可否认我们要比美国的发展程度低，很多方面还有欠缺，所以向美国学习是一个长期的任务。前面我说学美国是学不来的，现在我又说必须学美国，这是两个概念。所谓学美国学不来是指照搬美国不会成功，必须学美国是指要把美国研究透，只有把美国的方方面面都掌握了，我们才能找到正确的相处之道。第四，在与美国互动时，我们既要自信也要保持清醒。中国和美国的实力对比，不是简单的GDP对比，而是对比科技的创新能力、制度的成熟程度、在国际事务中的号召力和影响力，以及社会的多元性等。

立足上海看中美

采访组：作为中国改革开放的排头兵，上海这40年来在推动中美经济关系发展中做出了哪些贡献？

黄仁伟：上海能够站在中美关系发展的前沿有三个历史条件。第一，上海与美国有深厚的经济与人文纽带。仔细想一想经济上的纽带，中华人民共和国成立前的上海曾经有许多美国企业，例如友邦保险。友邦保险最早不是建立在美国，而是建立在上海，1949年后企业搬回了美国，改革开放后的90年代初，它又回到了上海。它重回上海后是最早享有国民待遇的外资企业之一。人文纽带包括在上海的犹太人，其中有很多人后来去了美国，他们对上海至今都怀有特殊的感情。我们往往在研究现实时就忘掉了历史，但是如果没有这些历史痕迹，上海就不可能在中美关系中扮演重要作用。第二，《上海公报》在上海签署。《上海公报》是使中美关系重新走向正常化的历史性文件。《上海公报》的签署就使上海在中国外交史上，特别是中美关系史上的作用变得不可替代。有了《上海公报》后，就可以把上海定位为中美关系发展的起点和基石。第三，浦东开发开放提供机遇。浦东开发以后，一个重要的标志是大量的美国金融机构进入了上海，这是上海能够成为中国国家级金融中心的重要条件。美国是全世界最大的金融国家，美国的金融机构不进上海，上海就不可能成为国家级金融中心，今后也不可能成为世界级金融中心。

采访组：特朗普强调"经济安全就是国家安全"，且在新版《国家安全战略报告》中将中国定位为"战略竞争者"。中美之间博弈的烈度是否已达到历史的新高？

黄仁伟：中美关系走到今天，必然会形成这样一种战略竞争。如果客观地看待这个问题，并不觉得这有多么可怕，关键是双方需要有一个适应的过程。我们要允许美国对中国有一些想法、有一些不适应；反过来，美国也要允许中国对美国有一些想法、有一些不适应。

对于美国现在对中国的新定位，我认为有三个问题值得思考。第一，这个战略，或者说这个定位是不是美国所有对华政策参与者的共识？实际上，美国国内还有很大一部分长期研究中国问题的“中国通”还没有发声。为什么？因为美国国内现在形成了一股潮流，即讲中国好话在美国就站不住脚，但这股潮流不会久，因为它不符合事实。第二，如果是共识，那么这个战略在经济、军事、文化软实力上要耗费多大的成本，才能搞倒中国这样一个世界经济第二位的大国？对于衰弱中的俄罗斯，美国都已无力应付，更何况中国的经济体量是俄罗斯的 8 到 10 倍。因此，即使美国有战略，也没有足够的实力来支撑这个战略的实现。第三，再退一步，如果这个战略能够基本实现，那么结果是什么？是美国也一塌糊涂，美国的利益、国际地位和领导权都会受到致命的损失，而世界也会彻底混乱。所以，这个战略的最后结果是所有人都会输。那么，既然上述三条都做不到，我们就不如同美国讲，我们还是要合作。

“中国崛起”与中美关系

采访组：您在 15 年前就出版了专著《中国崛起的时间与空间》，后又参与中国和平发展的理论建构。如今美国又将中国视为事实上的崛起大国，您认为今后中国的和平发展应在哪些方面发力，对冲来自美国的压力？

黄仁伟：我 2000 年左右开始研究“中国崛起”，2002 年写了这本小册子。到现在为止，这本小册子中的所有观点都没有过时，所有观点也都被证实了。当时我有几个基本观点：

第一，中国不能重蹈德国、日本、苏联崛起的覆辙。事实证明，他们的道路都是失败的，其最大共同点就是他们都在崛起过程中挑战头号霸权，而且是用军事力量进行无限扩张，与整个国际体系相撞，这条路中国不可以走。

第二，中国和美国有巨大的共同利益。相对而言，现在中美两国的共同利益要比 2000 年的时候还要多得多。中美的共同利益大于中美利益的分歧，而且共同利益越来越大，这是一个基本趋势，只要有这个基本趋势在，“修昔底德陷阱”就不可能成为现实。过去历史上敌对的大国都没有这么大的共同利益，他们的利益是分割、隔断的，人和人也不来往，文化

2013 年 1 月，黄仁伟（左）在上海市美国问题研究所组织的“海洋沙龙第五次务虚会”上发言

也不交流，只是在军事上相撞。中美之间不存在这样的关系。

第三，中美需要“合作加危机管理”。中国在崛起的过程中，中美关系会有一段冲突上升的时期，而这个时期就特别需要双方用智慧、用技术、用制度来巧妙地处理和控制冲突的程度，这就需要“合作加危机管理”。我所说的“危机管理”是广义而言的，包括南海、台海、朝鲜半岛等地缘政治问题，也包括经济，尤其是金融、汇率等议题，还有一些意识形态的冲突、反恐、流行病等都需要危机管理。因而，就双边来说是危机管理，但就全球层面来说就是全球治理。

上述三点概括起来讲就是“不走老路”“共同利益”和“合作加危机管理”。理解这三点就基本上能够把握中美关系的走向。

采访组：如何理解“一带一路”在中国和平发展中的“时间性”与“空间性”？这一倡议对中美关系的未来将带来什么样的影响？

黄仁伟：“一带一路”的空间范围远远超出中国本土，甚至于超出欧亚大陆。如果我们观察“一带一路”的走向，可以说它正在改变着世界市场的格局。在当前世界经济的版图中，欧亚大陆中间是“塌陷”的，如果这块区域不发展起来，它就没有真正地进入世界市场。而“一带一路”正好串联起欧亚大陆两端，能够把欧亚大陆的中间地带拔高，甚至使这片区域成为世界经济新的高地，这样一来，就会形成世界市场新版图。

当然,美国对“一带一路”有看法。担心“一带一路”会使其盟国体系、势力范围和控制小国的方式都被改变。但是,如果“一带一路”是符合世界经济规律的,而美国又放弃与“一带一路”的结合,那么美国就会脱离世界市场。这样的话,美国的领导地位何在,而且美元作为世界货币的地位也会动摇。现在的全球化是发达国家与发展中国家共同发展的全球化,“一带一路”顺应了这个潮流。如果美国选择放弃这个潮流,那么对美国而言就会继续走下坡路。

“中国通”和“美国通”

采访组：您和几代美国的“中国通”都打过交道,与他们“亦敌亦友”,您如何评价这些美国的“中国通”?

黄仁伟：我自 1994 年跟随汪老一起做中美关系到现在快 25 年了,和许多美国的“中国通”建立了很好的私人关系,但这并不意味着我们之间就没有唇枪舌剑甚至是“口诛笔伐”。双方为国家利益不肯让步和双方作为私人朋友推心置腹,这两种状态经常是同时出现的。邓小平曾就做美国工作说过这么一句话,“朋友要交,心里要有数”,意思是不要交了一位美国朋友后就变成什么都听他的了。如果你讲的话与这个美国朋友一样,那么你在这位美国朋友眼中也没有什么价值。

这些美国朋友们虽然有他们的价值观,有美国的战略利益,但是他们在中美关系的很多关键时刻,却是想办法要把中美之间的冲突降到最低点,尽可能地维持和发展中美之间的合作。我举几个例子：

首先是傅高义(Ezra F. Vogel)。1996 至 1997 年的台海危机之际,他曾率领一支“梦之队”来到中国,队伍里包括十几位共和、民主两党顶尖的“中国通”。他们当时定的调子就是“与中国共存”(living with China)。回国后傅高义就写了《与中国共存》一书,后来这本书也成为美国对华“接触”政策的蓝本。

其次是兰普顿(David M. Lampton)。他从 20 世纪 90 年代初担任美中关系全国委员会主席到现在,一直在帮助中美双方加深理解。2015 年,他在佐治亚州亚特兰大市召开的“中国学论坛”美国分论坛上做主旨演讲。也是在那场演讲中他提出了“中美关系进入转折点”,事后也印证了他的这个观点。他当时非常担心、非常忧虑，在整场演讲以及演讲完和我见面时，都是一种沉重的心情。

再者是包道格（Douglas Paal）。包道格是老布什时期国家安全委员会的东亚事务主任，后来还担任美国在台协会台北办事处处长。他在台北期间正好是陈水扁的任期，陈水扁全力以赴想要推动“台独”。包道格当时明确地压制陈水扁，不允许他搞“台独”，他甚至在公开场合批评陈水扁。正因为此，美国的“亲台派”对包道格非常怨恨，台湾民进党的一些“台独死硬派”也记恨包道格。2016 年“南海仲裁案”成为热点的时期，包道格在华盛顿的卡内基和平研究所为我们同美国战略界对话搭平台，他也承担着很大的风险。

还有李侃如。1998 年上半年，李侃如到上海来参加我和王缉思共同主持的第一次中美关系专家高层研讨会。这次会议最终把不支持“台湾独立”、不支持“一中一台”或“两个中国”、不支持台湾加入任何必须由主权国家才能参加的国际组织的“三不”原则写进共识文件。这年 6 月底，克林顿访华，李侃如当时刚刚进入白宫担任东亚事务主任，陪同克林顿一起来中国。据说克林顿在北京飞往上海的途中问李侃如，我到上海讲什么？李侃如说就讲这“三不”。结果，克林顿在上海图书馆的演讲中，将这“三不”原则原原本本地讲了一遍。

还有一位好友已经去世了，就是奥克森伯格（Michel Oksenberg）。他是 1979 年中美建交时白宫国家安全委员会中国事务主任，是当年中美建交的具体策划和执笔人之一。奥克森伯格对中国非常了解，他甚至在已经身患癌症的情况下去了三次西藏。那时候达赖的问题已经很严重了，他就和汪老讲西藏问题，分析我们存在哪些问题，可能会和达赖方面发生什么问题，建议我们怎么做，等等。

采访组：您对中国新一代的“美国通”有哪些建议？

黄仁伟：现在的新一代相比我们当年有诸多优势。一是他们已经对美国不陌生了，有丰富的渠道获得关于美国的信息；二是他们从最初阶段就可以接受美国的训练，能够比较快地了解美国的思维方式；三是他们进入国内的决策圈或者是战略高层的讨论圈的通道都比我们当年多得多，比如参与一些课题的研究等等。

对培养新一代的“美国通”，我有四点建议：

第一，青年研究人员要有正确的价值观和利益判断。部分研究美国问题的青年研究人员分不清什么是国家利益，或者说分不清美国做的事情哪些是由其国家利益决定的。如果美国把它说成是普世价值，会有人相信，难道美国做的事情只是为了普世价值吗？这是一个大问题。

第二，现在研究美国需要的不是“写意画”，而是“工笔画”，也就是说研究要做到细、专、深和具体。如今大家都在做笼而统之的大研究、大战略，做具体研究的人很少。但反观美国研究中国的研究人员，他们对中国是一个县一个县，一个企业一个企业地研究。所以，我们的青年研究者要做“美国通”，一定也要有一个非常专门的领域，做“精准”的美国研究。

第三，新一代“美国通”不仅要懂美国，也要懂中国。现在美国人到中国来，他不和你讨论美国怎么样，而是讨论中国怎么样。如果“美国通”不会讲本国的事，那么当美国人拿他们自己的事向你出牌时，你就没有牌可打。所以，“美国通”首先要是“中国通”。

最后，新一代“美国通”要到实务部门去走一走。美国的“中国通”都是在美国的在华企业、使领馆等一线磨炼过，而后再在智库或大学的中国中心、国务院中国处等机构工作，可以说是有一整套成长培养方案。研究美国问题的中国青年学者，有机会也要走进美国在中国的企业，或者从事涉外工作，深入到基层与美国人打交道，这样才能更全面地认识美国。

He Yafei

何亚非

采访对象：何亚非，1955 年出生。现为北京大学燕京学堂特聘教授、中国人民大学全球治理研究中心主任。曾任中国常驻联合国代表团参赞，外交部军控司副司长，驻美国使馆公使衔参赞、公使，外交部美大司司长，外交部部长助理，外交部副部长，中国常驻联合国日内瓦办事处和瑞士其他国际组织代表、大使，国务院侨务办公室副主任等职。著有《选择：中国与全球治理》等书。

采 访 组：陈佳骏　魏帮荣　周永平

采访日期：2018 年 6 月 28 日

采访地点：国务院侨务办公室大楼

何亚非：

中美需要大国胸襟来推动关系向前发展

何亚非的外交履历十分丰富，他曾在联合国机构任职，又从事过对美外交，这使他对美国有比较客观全面的认识，对中美关系发展也有深入的体会。

发生在世纪之交的两起中美危机——“炸馆事件”与“撞机事件”——恰好都被当时在中国驻美大使馆工作的何亚非“赶上”。他还有其他许多日常的多边、双边外交工作经历。这些年在外事工作中他体会到：以从战略高度着眼未来，既坚持原则、又寻求解决问题的精神来审视和处理中美关系和其他双边关系、多边问题至关重要，这使中美度过了一些困难重重的事件乃至危机，推动两国关系经历风雨仍能保持向前发展；而面对未来，中美作为世界两大经济体都需要秉持“大国胸襟”，互相学习，互相尊重，不冲突、不对抗，只有这样才能跨越分歧，实现合作共赢。

回看中美关系 40 年

采访组：1972 年尼克松访华、中美关系正常化及之后的中美建交对您的个人生活轨迹和事业发展有何影响？

何亚非：我在外交部工作时，从作为军控司副司长参与中美之间的谈判，到去中国驻美国使馆工作，后来回到部里工作，有不少时间从各层面处理中美关系问题。处理多边问题时其实也涉及中美关系，比如在中国常驻联合国代表团工作期间，我主要处理联合国政治事务，特别是安理会相关事务，但与美方打交道是工作的重要方面，毕竟美国是个大国。从驻美使馆回到外交部以后，于2002年开始担任美大司司长，接触和处理中美关系问题就更多了。

从外交角度看，无所谓个人事业。外交无小事，始终在党中央的坚强英明领导下展开工作，是国家大事。中美关系一直是中国外交的重点之一。对我来说，做好对美外交既是工作所要求，更是作为共产党员对党的事业应尽的责任，所以我一直兢兢业业，如履薄冰，从未有懈怠。对美工作需要深入研究两国关系，更需要对美国国内政治、经济、文化、社会等各种问题有深入的了解。习近平主席要求积极开展大国外交，其中中美关系十分重要，因为中美两个大国在世界上如何相处、中美关系能否处理好，不仅关系着两国人民的根本利益，也关系到整个世界的未来，特别是亚太的未来。

采访组：中美关系40年来风起云涌，经历过友好“蜜月期”，也出现了许多摩擦和危机，您如何评价40年来的中美关系？

何亚非：中美关系40年发展过程中有许多曲折和风浪，甚至经历过一些危机，正所谓合作与斗争如影随形，是“硬币”的正反两面。在过去40年里，两国的合作始终占主流，斗争后继续合作，合作中会有摩擦，并不是非此即彼的“零和”关系。所以，40年两国关系的总体趋势是合作，是向前发展的。随着两国关系的发展，中美交往逐年增多，举例来说，现在就有几十万中国留学生在美国学习，当然现在特朗普政府开始限制一些学习的领域，这不利于两国的长远合作。经贸合作是两国关系发展最明显的领域，两国贸易额从建交时不到200亿美元，如今超过每年6000亿美元；双向投资也不断增长。美国500强公司在中国大都有投资，随着中国进一步开放，两国经贸合作的前景看好。世界第一大和第二大经济体关系已经形成“你中有我、我中有你”非常紧密的利益共同体。现在，美国方面不顾中美的共同利益，采取单边主义贸易保护主义措施，对中美经贸关系会造成严重伤害，美国应该三思而后行。中国的态度很明确，我们希望中美经贸关系继续发展，但中国不惹事，也不怕事，水来土掩，兵来将挡。

中美关系的复杂性还在于两国在多方面截然不同。中美之间的历史不同、文化传统不同、信仰不同、意识形态不同。中美40年来能够有长时间的合作，并在合作与斗争交替中保持了合作态势，是因为双方战略上有契

2009 年 5 月，时任外交部副部长何亚非率团在华盛顿与奥巴马总统亚洲事务高级顾问贝德率领的美方代表进行会晤

合点，有共同利益。当年尼克松访华是因为双方都有应对苏联的考量，因此交往大门重新打开。后来，双方的利益格局拓展了，合作的基础和空间就更大了。

采访组：除了建交之初共同对抗苏联外，在不同的历史时期，还有哪些因素驱动着中美两国走向合作？

何亚非：冷战结束后，地缘政治的需要减少了。两国开始寻找新的战略支撑点。随着改革开放的深入，中国融入全球化和现有国际体系的步伐明显加快，中国凭借艰苦奋斗和全球化大潮成为全球价值链、供应链的重要一部分。有人说，中国是世界工厂。不管如何评价中国在全球价值链的地位，世界上很多商品确实都在中国生产，而且是第一大生产国，但中国经济依然处于全球价值链的中低端。中美贸易逆差长期存在的问题比较复杂，主要是双方经济结构和市场规律所决定的。中美两国在经济上有巨大的合作需求，有利于推动世界大市场的形成；中国和美国处在全球价值链、生产链不同的位置，互补性较强。这就是两国合作新的支撑点，也就是过去经常说的，经贸是中美关系的“压舱石”。

当然，这 40 年两国一些摩擦、战略认知不同也不时有所显现。小布什总统时期，美国已经开始酝酿把中国列为美国主要竞争对手。后来，国际形势的变化出乎美国意料。“9·11”事件迫使美国调整其战略优先顺序。原来，美国把大国威胁列在第一位。由于恐怖主义袭击美国本土，美国自然就把反恐调整为美国面临的首要战略威胁。当时小布什总统在演讲中说，现在全球主要大国都站在同一条战线上，反对国际恐怖主义。可见，当时美国对大国关系的描述和认知与现在不太一样。

这种情况延续了将近10年，美国因“全球反恐战”而发动了阿富汗战争、伊拉克战争，当然伊战美国还有别的战略意图。两场战争还没有完全结束，由于美国长期放松金融监管，放松对资本的管制——这当然也是美元资本输出的强烈需求——导致华尔街点燃了世界金融危机导火索。这是一场非常严峻的、史无前例的金融危机，而且产生于美国本身，对它打击很大。换言之，21世纪头十年，中美有加强合作的共同需要——反恐、大国合作、应对金融危机等。我当时是中国G20事务协调员，在20国集团这个平台上，中美两国为了应对金融危机、防止危机蔓延——首先是为了防止美国金融体系的崩溃，继而防止可能导致的全球金融体系的崩溃——进行了密切的合作，为G20的整体合作奠定了基础。

采访组：近年来，美国战略界对华态度发生了较大转变，这是从什么时候开始的？

何亚非：美国对华政策始终是两面或者是两手的，即合作与制约交替。只是2010年前后美国对华政策制约的一手开始突出起来，出现了不少杂音，如“转向亚洲”“亚太再平衡”、TPP等等，美国再次反思对华政策。特朗普政府执政已近两年，美国这一轮对华政策的辩论和反思，对中国似乎有了“新的认识”，或者说对中国有了一个新的战略评估。

美国过去一直希望通过经济全球化把中国融入美国主导的国际体系、经济体系、金融体系，以推动中国政治制度沿着美国希望的轨道转变，使中国成为“又一个美国”。这可以说是美国对华政策的主流思想。中美建交后八届美国总统大致上都是按照这个战略来设计对华政策的。

现在美国的战略评估认为，美国这个想法有误，对华政策不成功。中国通过改革开放，在美主导的国际体系内经过短短40年迅速发展起来，适应了国际规则，克服了很多困难，走完了西方国家两三百年才走完的工业化和经济发展之路。然而，不管是融入全球化，还是参与全球治理，中国始终坚持走自己的发展道路，同时确保中国的政治制度、中国特色社会主义制度不变，既保持国内社会和谐、政治稳定，又促进了经济的快速发展。美国想，怎么会这样呢？这不是美方所希望的结果啊？特朗普上台后，

2017 年年底、2018 年年初相继出台的美国《国家安全战略报告》《国防战略报告》、新的《国防授权法》等战略文件，以及特朗普和其决策核心圈的纳瓦罗（Peter Navarro）等高官，把中国连同俄罗斯等一起定义为将对美全球经济利益、安全秩序、治理体系、霸权地位形成挑战的“主要战略竞争对手”。当然，这只是美国战略目标的表述，迄今还没有形成完整的政策。

理性看待美国对华态度转变

采访组：结合您长期从事对美工作的切身经历，您如何看待美国现在对华态度的变化？

何亚非：1998 年到 2002 年，我在中国驻美使馆工作，这一段时间正是美国战略重点调整期，即从大国威胁调整到“全球反恐”。其实，美国当时已经倾向于把中国确定为“战略竞争对手”，只是反恐成为首要战略目标后，美国战略重点做出了调整。

从美国遭到 2001 年“9・11”恐怖袭击到 2008 年金融危机爆发，美国的核心利益——即美元体系、金融体系受到重大挫伤，中国作为全球大国的作用显现出来。比如“9・11”事件后，中国领导人很快发去慰问电，表示中国人民和美国人民在反恐问题上是站在一起的。中国在坚持原则的基础上，从长远中美关系出发，为了国际社会的共同利益，在反恐和维护世界金融体系等问题上与美国进行了合作。

这些年来，特别是 2010 年以后，美国的战略重点转向亚洲，提出“亚太再平衡”，这是对美国总体战略的再次调整。亚太地区尤其是东亚，是世界经济增长最快、最有动力的地区。美国认为，要保持其在世界政治、经济中的主导地位，在金融体系、全球化、全球治理中保持领导地位，必须更加重视这个地区。面对中国发展壮大，看到中国力量日益增强，美国深感担忧和焦虑，加上意识形态等传统的偏见，从中得出了一些负面的结论，导致现在两国关系出现下滑的情况。然而，这些都不是一成不变的。习近平主席强调，我们需要保持战略定力，冷静观察。在当前风云变幻之际，这尤为重要。我们要做最坏打算，往最好处努力。

采访组：中美经贸关系的繁荣发展长期以来在维护两国总体关系

的稳定方面起着重要的作用。但如今两国经贸摩擦越发成为两国关系发展的干扰因素。这是为什么？

何亚非：20 世纪 90 年代，在中国还未加入 WTO 时，美国国会每年需要通过决议，给予中国“最惠国待遇”（MFN），否则中国的商品就很难进入美国，因为关税会很高。当时，无论是支持中国加入 WTO，还是每年游说国会给予中国“最惠国待遇”，美国商界都发挥了较大作用。有一个词叫“敲门行动”，意思是美国商界、企业家去敲国会议员办公室的门，找议员谈话和游说。中国改革开放不断深入，外资特别是美国资本在中国获利良多，而且他们看到中国的发展潜力巨大。两国经贸关系发展的“双赢、多赢”格局给两国总体关系向前发展提供了动力。

现在，美国政界、商界的看法有一些改变。中国已经走出了一条适合中国自己的发展道路，即同时发挥政府调控作用和市场在配置资源中的决定性作用。中国的发展模式在提高市场作用的同时保持政治经济体系的稳定、社会的稳定，这是适合中国的发展道路，是中国通过改革开放不断摸索出来的，既是中国的发展方向，也为许多发展中国家提供了一条可供选择的发展模式。

但是美国政商界现在似乎得出了不一样的结论，认为美国对华政策不成功，或者抱怨中国变了，于是对中国发展的支持力度有所下降。美国现在做的是要“修改游戏规则”，以增加中国发展的难度和成本。TPP 其实就是这么一个例证，虽然特朗普上台后就退出了 TPP。前一届美国政府曾公开表示，美推进 TPP 就是不想让中国参与新国际经济规则的制定。

这怎么行得通呢？也不符合美国自身的利益。随着中国的发展壮大，自然而然地要在世界上有自己的利益，在国际体系里有自己的地位，发出中国的声音。这其实是对现行国际体系的有效补充和改进，只有好处没有坏处，有助于推动建立更加公平、公正、合理的国际秩序。但是，在美国眼里，中国却是在挑战美国主导的国际体系，挑战美国在高科技、军事等方面的主导地位和美元体系。

采访组：美国商界的对华态度是否也因此变得消极了？

何亚非：从美国商界来说，我认为他们仍然是支持中国改革开放，支持中美两国发展互利共赢合作关系的，因为美国在中国的资本，通过投资和贸易等渠道希望继续在中国广袤的市场获利。

在改革开放初期，中国给予外国企业一些特殊的政策。现在，中国国情已经改变，中国经济逐步地走入正轨，法制和法治明显改善、逐步完善。这也是多年来美国企业对中国的期待，即希望得到同样的国民待遇。现在对美国企业来说，中国企业强大了，与中国企业在同一起跑线上竞争，他们的感受与过去可能不太一样。

中国企业自身发展壮大使其竞争力提高。中国的高铁、制造业（特别是装备制造）与美国形成了一定的竞争。原来这种竞争比较少、不明显，因为中国大多是中低端产业，美国主要是中高端产业。现在中国开始向全球产业链中高端迈进。这种情况下，美国企业会感到压力，但这并不是说美国企业在中国就不获利了，只是竞争会多一些，这很正常。中国继续扩大开放的决心和努力没有改变，也不会改变。习近平主席最近代表中国宣布了一系列新的开放措施，包括金融的开放，其开放领域和力度扩大了很多。美国企业应该有充足的信心在中国继续发展，与中国和中国企业共同成长，继续实现双赢。

现在不能下结论说美国企业不支持中国发展了，因为这其中有很多复杂的因素，除了以上所述，他们还会受到美国强硬派的影响等。从业务、企业经营、供应链配套来说，中国还是他们的投资首选。中国的投资环境稳定，相关配套、零配件供应、物流配送都很强，中国还是最好的投资目的地。我们要全面地看待这个问题。

亲历中美危机管理

采访组：1999年发生了美国轰炸我国驻南联盟大使馆的“炸馆事件”。您当时在驻美大使馆担任公使衔参赞，是否参与了相关的危机处理工作？

何亚非：当时斗争激烈。针对“炸馆事件”，美国坚称是错用旧地图导致的，这个说法根本不可能成立。中方不能接受美国这种说法。美国飞机从本土密苏里空军基地起飞，飞到欧洲后对中国使馆精准轰炸。要不是当时大使已经离开，可能也会遇难。这场轰炸不可能以“使用错误地图导致误炸”来解释，但美国不肯承认，所以当时陷入了僵局。

记得事发后，有一次大使应对方要求会见奥尔布赖特国务卿。她与参谋长联席会议副主席两人来使馆，不希望有记者在场。美方表示轰炸有错，但是不肯承认这是美方有意所为，说只是误炸。当晚美方来谈这件事情的时候，被问及是否愿意见中方记者，美方没有正面回答，只是表示希望会后从使馆后门走。中方回答说使馆没有后门，只有正门。后来奥尔布赖特被中方记者提问时神情尴尬，因为美方所作所为确实违反了国际法。

最后，经过中方反复严正交涉和艰难谈判，美方虽然不肯承认这是其主动所为，但还是在国家层面认了错，并同意向中国做出赔偿。这涉及很重要的国际法原则，美国最终认错并进行赔偿，是一个主权国家对另外一个国家造成伤害后必须要做的，表明正式承认错误并将担负违反国际法的法律责任。

中国这个问题处理得很好，首先是坚决维护中国的主权和安全利益：第一要求美国认错；第二美国必须赔偿。做到这两条证明美方的所作所为是对中国和中国人民的犯罪，犯了法就得认错、赔偿。中美之间这样的较量有过一些，但是在处理了这些事情以后，并没有影响中美关系总体的向前发展。由此可见，大国之间遇到问题或者是危机，特别是中美这样的大国，要有大国胸怀和冷静处理的能力。处理大国关系时可能会出现各种各样的坎坷、波折，既要毫不动摇地捍卫主权、维护国家和人民的利益，也要顾全大局、向前看。

采访组：2001 年“南海撞机”事件发生时，您在华盛顿担任驻美大使馆公使，参与了中美外交一线交锋。我们是怎样度过了这场危机？

何亚非：同美国交涉的时候，中方一直说，为什么美国侦察机每年要增加那么多在中国沿海的抵近侦察飞行？可能没进入中国领海，但这是把中国作为敌人来对待，是冷战思维和行为，目的显然是要侦察、截获中国的情况。这就好比天天在别人家门口执刀徘徊，虽然没有进人家家门，但本身就构成威胁。美国辩解说，美军是在公海行动，是合法的。中方对美方讲，假如中方也派很多的飞机天天在加利福尼亚沿海地区侦查，美国会有何感想、会做何反应？恐怕就没这么简单了。

两国常会发生一些摩擦，如果处理得不好，确实有可能发生冲突。“炸馆事件”“撞机事件”这两次就是这样，如果坚持以牙还牙，你干什么我就干什么，可能局面难以逆料。中国人是讲原则，也讲道理的，只要对方在国际法范畴内承认错误，依法赔偿，这说明已经承认犯了错，承担了法律责任，两国关系就可能在新的基础上继续往前。如果美方一而再、再而三，那么两国合作的基础就会被破坏，中方必将做出强烈反应。就美军飞机抵近侦察而言，中国必须保持警惕，采取相应措施。对中方的这些立场，美国经过这些年的摩擦和斗争，已经很清楚了。

采访组：您对于处理中美关系中的敏感问题有哪些心得体会？

何亚非：作为一名外交官，体会很多，大的方面暂不讲。有一点是，中美两国的思维逻辑和处事方式不同，这个不同来自于双方文化传统的不同，文明基因的不同。美国奉行非此即彼、非黑即白的两元对立思维逻辑。中国文化讲“和而不同”，即希望在有不同观点或者不同看法的情况下，找出共同点，求同存异。

我2002年从驻美使馆离任时，曾接受当地采访，问在美国4年最大的感受是什么。我说，撇开两国战略层面的问题不谈，中美文化和思维方式的不同也许造成了不少误判与误解。文化的不同往往导致两国官员、民众看待问题、处理问题的方法不同。双方在文化文明方面应该采取相互学习、相互宽容的做法，而不是想着“文明冲突”，要理解两国文化和思维方式不同可能产生的困难，要努力克服这些看来不是困难的困难。这样才可能产生相互宽容、和平相处的大国关系。

采访组：能否举例说明文化差异如何影响两国处理问题的方式？

何亚非：确实双方有时沟通起来有困难，譬如中美之间对人权问题有不同的看法。美国把政治公民权利放在第一位，而中国讲人的基本权利首先是生存权、发展权。这符合中国和广大发展中国家的实际情况。为什么中国政府几十年来这么重视消除贫困？这就是中国重视人权的表现。国际社会对中国取得的减贫成就是有目共睹的，也是普遍称赞的。联合国千年发展目标中减贫任务70%~80%是中国完成的。每个社会有不同的历史经历，对个人的权利、集体的权利、社会的和谐有不同的做法。美国有时会要求中国“放人”，理由往往与所谓人权有关。要知道，这些人都是违反中国法

2016 年 10 月，何亚非（中）出席在芝加哥大学举办的第二届中美论坛

2017 年 5 月 18 日，何亚非在北京召开的中美智库中美经贸发展研讨会上发言

律、经过正常中国司法程序的。美国可以不赞成中国的法律，但是没有权力干涉中国司法。中国也不赞成美国的一些法律，但中国从来没有因此干预美国的司法，美国当然也不能这么做。然而，美国认为其司法制度可以“统管”，有所谓“长臂管辖”一说，并经常借此干预别国内政和司法。

采访组：您对未来的中美关系有怎样的期许？

何亚非：中美两个大国之间打交道，就是要努力建立习近平主席提出的以“不冲突、不对抗、相互尊重、合作共赢”为原则的新型大国关系。“不冲突、不对抗”讲的就是双方需要和平相处，不能相互为敌，掉入“修昔底德陷阱”。对此双方应该树立共识，即双方不应该对抗，对抗对两国都没有好处。接下来是“相互尊重”。“相互尊重”第一讲的是尊重各自的核心利益；第二是尊重对方的文化、对方的发展模式、对方的政治社会制度等；同时，还要尊重对方的文明。正如习近平主席明确指出的，世界上文明没有优劣之分、高低之分。伊斯兰文明也好、西方文明也好、中华文明也好、印度文明也好，都有自己的强项，要相互融合、相互学习。

Ni Feng
倪　峰

采访对象：倪峰，1963 年出生。他是中国社科院美国研究所党委书记、研究员、博士生导师，中华美国学会秘书长，享受国务院特殊津贴，长期从事美国对外政策和东亚安全事务研究，是中美关系研究、决策咨询领域最为权威的专家之一。出版著作包括《国会与冷战后的美国安全政策》《美国在东亚的作用》《反恐背景下的美国全球战略》等。

采 访 组：张　骐　魏帮荣　周永平

采访日期：2018 年 9 月 7 日

采访地点：上海市社联大楼

倪　峰：
中美合作存量和增量优势仍然显著

回顾中美关系40年，两国有过交往停滞的“寒冬”，有过打破坚冰的“暖春”，有过密切合作的“盛夏”，也有过危机四伏的“凉秋”。时值9月，上海已是一阵秋雨一阵凉的时节，中美关系似乎再次步入“多事之秋”，令两国有识之士忧心忡忡。在这样一个秋日的午后，我们迎来中国社科院资深美国问题专家倪峰老师，解读中美关系40年风云变幻。

一份《参考消息》点燃对国际局势的好奇之心，一本《光荣与梦想》打开对美国社会的认知之门，从西北大院工人子弟到京城学府天之骄子，再入国家智库成为顶尖学者，倪峰亲历中国社会巨大变迁、中美关系跌宕起伏。一个多小时的访谈，倪峰从个人经历中揭示大历史，从智库视角观察大外交，从现实纷争中思考大战略，为中美关系的未来发展提供了大智慧。

美国初印象：从银幕上的总统到社会实录书刊

采访组：1979年中美建交，您当时还处于青少年时期，对此是否还有什么印象？对外部世界的变化有什么样的感受？

倪　峰：中美建交的时候，我才16岁不到，对外部世界还处在比较懵懂的状态。如果说对中美关系的最初印象，可能是在我上小学的时候。我是军工厂的子弟，工厂每周六晚会放一些电影，在电影播放之前会放新闻简报，就是把国内发生的重大事情做一个简报，比如说毛主席会见了谁、做出了什么指示等等。我记得毛主席会见尼克松的新闻简报在一段时期内被不断播放，尼克松可能是我在影像中见到的第一个美国人。总体而言，我在青少年时期，对中美关系并没有多少了解，也没有想到后来会从事研究中美关系的工作。

1978年年底，中国开始改革开放，在时间上和中美建交是重合的。中国的改革开放给了我一个非常强烈的“刺激”。我在上小学和初中的时候，中国还处在“文革”阶段，我们名义上是在上学，实际上是在学工、学农、学军，在课堂的时间很少。“文革”的时候，我们对外部的世界几乎没有了解。1978年以后，中国的社会状态发生了巨大的改变。大家突然感觉到，周围的人对知识有非常强烈的渴望。新华书店开始卖各种解禁的书，我每次和父亲去书店就像是过节一样，会买大量的书回来，这么多知识突然出现在面前，感觉有很多东西需要学习。这种氛围和小学、初中的时候是很不一样的。

采访组：当初为什么报考北大国际政治专业？何时开始对美国有了较为系统的认识？

倪　峰：报考国际政治专业是因为我的个人爱好。小时候，我们家邻居是一个中层干部，中层干部在“文革”的时候可以订阅《参考消息》，上面刊登的都是国际问题，我看过两次后觉得特别有意思，于是这份报纸成了我每个星期的期盼。邻居老先生把《参考消息》拿回来之后，我就坐在他们家门口看。由此，我对国际问题产生了兴趣。后来高考成绩还不错，于是就报了北大国际政治系的国际政治专业。

大学的时候，从认识美国的角度来看，对我影响非常大的是在图书馆看到的一本书——美国记者威廉·曼彻斯特的著作《光荣与梦想》。这是一本非常厚的书，作者将从大危机时代到20世纪六七十年代美国社会的各种变化描述得非常生动有趣，在我面前呈现出一个完全不同的世界，例如甲壳虫在美国的风靡、反战运动等等，很多现象在我原先看来是不可想象的，让我感受到美国社会和中国有很大的不同。这本书让我对美国有了比较系统的认识。

研究路起航：从未名湖畔学府到张自忠路智库

采访组：大学毕业后，您是如何走上了美国研究的道路？

倪　峰：北大毕业后，我被分配到了中国社科院工作，一开始是在西亚非洲研究所的非洲经济室。有一次，我去中国社科院的总部办事，碰到了我在北大读书时的班主任王缉思老师。王老师告诉我，他已经调到了社科院的美国研究所。后来，在他的建议和帮助下，我调到了美国所，从此开始研究美国问题。在我的研究生涯中，没有人对我的影响能够超过王缉思老师。从我进入美国所开始，就是王老师带领着我研究美国问题，后来我又跟着他读了博士。王缉思老师是我近 20 年的导师，我的几乎所有研究都是在他的指导下做出来的。

采访组：如何看待您个人的职业发展、研究历程和中美两国关系发展之间的关系？

倪　峰：我刚调到美国所的时候，先是在办公室做一些杂事。当时有一件事让我印象非常深刻。1989 年以后，中美之间官方的交往基本上已经停滞，两军的联系也中断了。但是作为世界上非常重要的两个国家，中美的军队不能没有联系。我们社科院美国所就承接了一项工作，在中国人民解放军和美国军队之间建立第二轨道的联系。来美国所不久我就做了些接待工作，当时我带着十几个身着军装的美国军官出现在社科院大楼的时候，感觉周围的人还是很诧异的。

从这个事例中就可以看到美国所在中美关系中扮演的角色。一方面，美国所是研究美国的一个重要学术机构，另一方面，美国所也是中美交流的一个重要渠道，尤其是在中美关系遇到问题和困难的时候，我们发挥了非常重要的“第二轨道”的作用。美国所很多研究人员都从不同方面参与了中美关系发展中的许多重要事件，这对我们的研究也是一笔非常宝贵的财富。

采访组：社科院美国所作为中国最顶尖的涉美研究智库，为中美关系的发展提供了许多智力支持，这方面的例子是否可以和我们分享？

倪　峰：我想举两个有关台湾问题的例子。一个是李登辉访美，1994 年年底到 1995 年年初，台湾方面在运作李登辉访美，但是美国方面给中方的承诺是这件事不可能发生，而且是美国时任国务卿克里斯托弗亲口做出的承诺。在李登辉访美这件事情上，台湾方面没有通过美国的行政部门去做工作，而是通过国会进行了运作。我们美国所对此做出了预警。李登辉的访美事件，促使我们的对美研究产生了一个重要转型，即一方面要研究美国的行政部门，另一方面，也要加强国会研究。我们设立了很多研究项目，专门去美国，采访美国的国内政治问题专家，我也参与了其中的很多项目。

还有一件事情是在2003年。当时台海形势非常严峻，陈水扁要搞“公投”，试图在法理“台独”上迈出重大一步，已经严重挑战了大陆方面的容忍程度。当时，王缉思老师提出了一个非常有意思的想法，即一方面我们要为军事方案做切切实实的准备，另一方面也要把这种意图非常清晰地告诉美国人，让美国人意识到陈水扁这样做的严重性。后来，由王缉思老师带领一些学者前往美国，访问了哈佛、大西洋理事会等机构，和美国学者做情景模拟，模拟如果台海发生了军事冲突，中美两国如何互动，互动的结果是什么？为了保证结果的可靠，我们安排了多次模拟。当模拟到第二次的时候，我们发现两次的结果是一致的，都是局势失控，爆发核战。这个结果非常清晰地摆在了美国人的面前，他们要么选择核战，要么选择管住陈水扁，答案显而易见。

当时也刚好遇到第二次朝核危机，美国需要中国在朝核问题上提供帮助。2003年年底，温家宝总理访问美国，和小布什总统召开了一个联合记者招待会。在会上，小布什总统有一句非常重要的话，标志着美国对台政策发生了非常重大的变化。他说，台湾地区的领导人试图改变台海地区的现状，这是我们反对的。这句话很简单，但是非常关键，它意味着美国的对台政策自1995年李登辉访问以来，发生了一个重大的变化，即从偏向于支持台湾岛内的“台独”势力，转变成抑制“台独”势力的过快增长，防止把美国拉下水。在这样一个过程中，可以说美国所也发挥了一些作用。

采访组：在您的研究生涯中，有丰富的和美国官员、学者交往的经历，这其中有没有令您印象比较深刻的美方人士？中美两国学界对中美关系的认知有什么样的差异？

倪　峰：给我印象比较深的一个美国学者是傅立民（Charles Freeman）。在和美国人打交道的时候，我有一个感觉，就是岁数稍微偏大一点的专家对于中国的感情是相当友善的。这些人可能是因为经历过中美关系的蜜月期，面对过共同的敌人，也可能是因为他们都经历过冷战，在看问题的时候更具有战略眼光，全面考虑问题后再做出一个相对慎重的判断。尤其是在和傅立民打交道的过程中，我觉得他特别有战略思维，对问题的把握也非常精准。美国年轻一代的中美关系研究者，对中国的友善感情淡了许多，有一些人还抱有负面情绪。此外，年轻的一代都关注非常具体的问题，缺少战略思维，脑海中没有一幅“大图景”。

在中美两国，学界都不是一个整体，有各种各样的观点。随着中美关系涉及的范围越来越广泛，受此影响的人也越来越多，声音也就愈发多元。但是现在出现了一个趋势，中国的声音越来越多元，而美国的声音却越来越向一个方向汇聚，集中到对华负面的观点上，这是学界需要关注的一个问题。

中美 40 年：从战略合作到全面竞争

采访组：*如果要梳理中美关系 40 年的发展脉络，可以划分成几个阶段？有哪些重要的时间节点或分水岭？*

倪　峰：严格划分的话，第一阶段应该是从 1972 年到 1989 年，这是中美关系的战略合作阶段。这一阶段可以分为两个时期。第一个时期是从 1972 年到 1979 年。尼克松访华使中美关系实现了突破，但是因为在台湾问题上中美没法达成共识，中方提出的“断交、撤军、废约”尼克松没法答应，两国的建交就搁置了。打个比方，生意谈成了，但是没有签合同，很多事情就没法往下推进了，因为没有一个法律基础来保证双方的利益。举个小例子，当时我父母在军工厂工作，生产雷达，我们向美国提出要求说能否帮助我们改进武器装备，但是因为没有建交，美国的利益无法保证，美国就把这件事委托给法国人做，于是工厂里就邀请了一批法国专家来帮助改进。1972 年到 1979 年的战略合作，是一种战略态势上的合作，很多具体的问题没有办法落实。

1979 年到 1989 年，是战略合作阶段的第二个时期，中美开始从战略态势的合作向战术层面的合作延伸。1984 年，中美签订军事技术合作协议，美国将中国定义为“友好的非盟国”，并按照这个标准开始向中国出售一些先进的军事装备，包括炮瞄雷达、黑鹰直升机等等，并帮助我们改善舰船的动力系统、飞机的火控系统等。中方也向美国提供了歼 6 飞机，以帮助美国人更好地了解苏联米格战机的性能。这段时期的中美关系很简单，就是为了对付苏联。这也是中美军事交流最为密切的一个时期。

第二阶段是 1989 年到 2001 年，中美关系在动荡中发展。两件事导致中美关系发生了重大变化。第一件事是 1989 年的政治风波。两国因为联合抗苏而忽视的双方在政治制度、意识形态领域的巨大差异，此时开始逐渐显露，美国带头发起了对中国的制裁。第二件事是苏联解体。双方的合作基础也消失了。美国人非常实际，在这样的背景下开始向中方施压，提出维持中美关系的条件就是中国要向美国的标准看齐。于是，中美关系在政治、经贸等一系列问题上动荡起来，出现了很多危机：1989 年以后的对华制裁；1993 年的银河号事件；克林顿上台后提出人权和最惠国待遇挂钩；90 年代中期的台海危机；1999 年的炸馆事件；2001 年的撞机事件等等。与此同时，中方也开始找到中美关系新的合作基础——经贸。1992 年邓小平南方谈话，社会主义市场经济逐步得到确立，中国不断扩大开放、深化改革，加大引进和出口的力度，经过艰苦谈判加入世贸组织。在这一系列因素的推动下，中美经贸关系飞速发展，双边贸易额越来越大，逐渐成为中美关系的新基础。因此，这一阶段的中美关系可以看作是两条逻辑线的相互作用：第一是制度认同的逻辑，美方施压，希望中国在制度层面向美方看齐；第二是经贸合作的逻辑，中国寻找到经贸作为中美合作的新基础。

第三阶段是 2001 年到 2009 年，这是中美关系的相对稳定阶段。若干因素促成了这一阶段中美关系的稳定发展。首先，美国确立了新的敌人。美国经历了 40 多年的冷战，习惯了一个有敌人的世界，苏联解体后，受到惯性的支配，美国一直在寻找敌人。美国曾把多个国家视为潜在的敌人，中国一直位列其中。2001 年“9·11”事件发生，恐怖主义迅速成为美国的首要敌人，美国比较彻底地将忧虑的目光从中国的身上转移，并将中国视为在反恐领域可以合作的对象。其次，2003 年小布什总统的讲话，说明中美在双边关系中最重要、最敏感的台湾问题上达成了有限却十分重要的共识，共同遏制“台独”势力，后来台湾又迎来国民党执政，这就大大降低了台湾问题的敏感性。再次，两国关系的机制化。从战略对话、战略经济对话到战略与经济对话，中美高层交流机制得到建立并不断发展，中美也在工作层面建立了 100 多个对话机制。通过这些机制的建立，使得中美关系出现问题时能得到较好的管控。第四，金融危机的爆发也推动了两国的合作。2007 年，美国爆发百年未遇的金融危机。2008 年年底，美国出现两个很盛行的说法——“中美国”和“G2”。我和王缉思老师当时去拜访世界银行的行长佐利克，问他为什么会有“G2”的说法。他说这个道理挺简单，经济危机的基本原因是市场失灵，这时候就需要政府这只“看得见的手”出来应对。纵观全球，中美两国政府最强，如果中美合作，就会对缓解危机发挥非常关键的作用。这种形势使得美国一换总统中美关系就动荡的规律被打破了，奥巴马上任初期，中美关系“高开高走”。

第四阶段是2009年至2017年，这是中美由竞合到全面竞争的过渡时期。进入21世纪以来，美国打了两场战争，中国在聚精会神搞建设，一心一意谋发展，十年下来，发展态势上的差距就显露出来。特别是金融危机以后，美国发现自己的经济发展非常糟糕，中国的追赶速度非常迅速，此时,美国的对华疑虑就开始显现出来。奥巴马政府提出“亚太再平衡”战略，开始从地缘战略的角度出手应对中国。美国逐渐加强和盟友的关系，在军事上搞空海一体战，在南海和东海问题上介入中国与周边国家的热点问题，通过一系列行动拉拢越南和印度，等等。中美之间的问题越来越多。与此同时，无论是中国政府还是美国政府，一方面看到了竞争，另一方面也希望通过合作对这种竞争进行制衡。例如在气候变化问题上，中美两国对于巴黎协定的签署发挥了巨大的作用。中国也提出建立中美新型大国关系。这一阶段双边关系最基本的特征就是竞合，双方一方面在进行竞争，一方面也在追求合作。

第五阶段是从2017年年底美国出台《国家安全战略报告》开始，中美进入全面竞争的时代。中美开始在多个领域、各个方面呈现出竞争态势。以贸易问题为例，贸易摩擦一直存在于中美关系之中，是一个结构性问题，但是没有任何一届美国政府把这个问题作为中美关系中最重要的问题来处理，并且是以大规模贸易战的方式。

美国的对华政策已经发生了质变，体现在“两个定位”和“一个判断”上。“两个定位”是将中国定位为“战略竞争对手”和“修正主义国家”,“一个判断”是认为美国自尼克松以来接触为主的对华政策失败了。在这些理念的指导下，美国发动了大规模的贸易战，台湾问题、南海问题、人文科技交流问题也开始不断涌现。这不是特朗普政府的心血来潮之举，而是美国统治精英内部已经就和中国展开全面竞争达成共识,目标是中美关系“脱钩”或者对华“规锁”，中美关系面临质变。

2006 年，倪峰（二排右二）访问美国蒙特雷研究所

合作路犹在：从维护存量到开拓增量

采访组：中美关系已经进入“多事之秋”，两国是否还能找到稳定剂或者合作点来对冲竞争？如何在矛盾凸显、争端频发的时期稳定中美关系的大局？

倪　峰：从冷战以后中美关系发展的经验来看，我们不能因为有贸易争端，就全面否认经贸在中美关系中的“压舱石”作用。虽然现在美国有很多负面的声音和做法，但是如果从一种客观理性、有学术功底的研究和判断出发，有一个基本事实我们需要承认，即中美两国是经济全球化的最大受益者。我在 20 世纪 90 年代去美国，海鲜自助餐是 20 多美元一份，我去年去同一家店，价格还是 20 多美元，这说明美国已经很多年没有通货膨胀了，这和美国从中国大量进口物美价廉的产品有重要关系，大量的美国消费者从中获益。而且，对于有铸币权的国家而言，贸易赤字是它的福利，因为它只要印钱就能从别的国家拿到东西，其实占了很大的便宜。中美的经济结构仍然具有很大的互补性。所以，两国都从经济全球化中获益是一个基本事实，利益分配是可以调节的，不能以零和思维来看待。经贸关系在未来还应该继续发挥“压舱石”的作用。从近期美国举办的有关中美贸易的听证会来看，在美国企业眼中，中国的作用无法替代。这是中美合作的存量。

中美关系不仅有存量优势，还有增量优势。中美虽然已经互为最大的贸易伙伴，每年有6000多亿美元的贸易额，但双边贸易额仍然有大幅度增加的空间，这是美加、美日和美德这样的双边经贸关系无法比拟的，因为它们都是发达国家，发展的空间有限，需要的货物有限。以能源为例，目前在我国的能源结构中，煤的比重仍然接近70%，为了调整能源结构、解决空气污染、实现“美丽中国”的目标，我们对清洁能源有巨大的需求，中美在进口页岩气方面还有巨大的合作空间。此外，中美在农产品进口方面也具有巨大的合作空间。随着中国人民生活水平的提高，对蛋白的需求量也在大幅增加，而美国有很多荒地，采取轮耕，还有大量可供出口的潜力。进口农产品也有利于缓解华北地区的水资源危机。当前，中美虽然存在贸易争端，但是不能把它看作经贸关系的全部。

中美关系越来越重要，因此，双边关系的基础也应该进一步夯实。除了经贸领域，还应该进一步密切两国的社会交往。根据美国盖洛普和皮尤的数据，美国民众特别是年轻人，对中国的好感正在上升，这不是因为媒体的作用，而是中美两国人民经过更多面对面的交流而获得的真实体验。此外，随着中美两国战略竞争的加速，要对中美关系进行一种更加坚实的战略管理，尤其是在两国战略界、军队之间建立一种更加机制化的相互联络通报机制，使机制更加通畅，尽可能避免各种突发性的危机。

采访组：您对中美关系的未来有信心吗？

倪　峰：任何一个结果都不是命中注定，一定是各方互动的结果。因此，我们的工作应该是推动两国向积极互动的方向去发展，这就可能为中美关系争取到一个好的结果。正如基辛格在《论中国》一书中提到中美关系的“共同演进”，在这个过程中，双方以积极的心态去推动，为稳定中美关系的大局努力，这从总体上对两国、对世界都有巨大的好处。

Zhu Feng
朱 锋

采访对象：朱锋，1964 年出生。现任南京大学中国南海研究协同创新中心执行主任，历史系教授、博导。他 1991 年获得北京大学国际关系学院博士学位后留校任教。2014 年调入南京大学。朱锋是国内知名的国际问题专家，研究领域主要包括东亚地区安全、中国外交与国际安全战略、中美军事与战略关系及核不扩散问题等。近年来，他多次组织或参与和美国智库的“二轨”对话。

采 访 组：辛恩波　龙　菲　王天禅　周永平　朱宏雨

采访日期：2018 年 6 月 12 日

采访地点：南京大学鼓楼校区逸夫科学管理楼

朱　锋：

要客观清醒地认识中国发展进程中的美国因素

1981 年，17 岁的苏州少年朱锋机缘巧合地开始在北京大学国际关系学院国际政治系学习。彼时，中美两国之间交往正变得日益活跃。北京大学里的中美学术交流氛围浓厚，令他认识到美国是自己研究中最重要的切入点和背景因素。

1991 年，朱锋博士毕业后留在北大任教，不过他很快感觉到国内学术训练还有不足，于是开始寻找继续学习的机会。从北京到香港，从日本到英国，后来又到美国哈佛大学费正清中心、布鲁金斯学会……用他自己的话说，“逮着机会就往外跑。”在这样的背景下，朱锋的学术生涯与中美关系的成长紧紧地结合在了一起。

对于过去几十年的中美关系，朱锋保持着一种相当公允客观的态度。在他看来，过去 40 年，美国因素是影响中国发展最大的国际因素。中美互动的过程，不仅是过去 40 年世界政治中最有意义的活动，而且在中国的发展历程中扮演了非常重要的角色。

对于当下和未来的中美关系，朱锋不无忧虑。在他看来，随着中国力量的增长，美国对中国的心态已然改变，害怕失去世界主导地位的美国日益对中国崛起的势头感到担心。但在全球化的今天，中美关系已经不能简单地以问题为导向来界定合作或冲突点，而是在多个领域既有竞争也存在共生共存的依赖关系。因此，我们需要冷静、清醒、客观、科学地看待两国关系，不仅要看到其中的国际权力结构因素，也要在双边互动中更加灵活。

治学四十载，与中美关系同行

采访组：您 1981 年进入北京大学国际关系学院学习，当时是怎么想到去学国际关系？后来为什么把美国作为自己的一个主要研究方向？

朱　锋：那个年代的大学生更多的是想要学文史哲，但是我个人认为，中国开始改革开放以后，未来的发展肯定更多地需要政经法等实用的社会科学人才，所以当年我的第一志愿报的是北大经济学。机缘巧合的是，那年来江苏招生的老师把我调剂到了国政系。刚进北大的时候我还考虑过转系，但是学习了一段时间以后，我觉得国际政治是个非常有意思的学科，所以我也就放弃了这个念头。可以说，这是一种命运的选择，我就这样留在了国政系。

后来自己的研究兴趣跟美国有关，我想有两个最重要的原因：一是，80 年代来北大做访问学者、教英语的外教，都是美国的访问学者和教授。加上我们那个年代的大学生对知识的渴求非常旺盛，如饥似渴地学习，而那时和中国进行学术交流最多的，恰恰又是美国教授，所以我们受这些来访的美国教授的影响很大。

另一个很重要的原因，我的硕士论文是关于中美关系和台湾问题。1982 年中美发布《八一七联合公报》，台湾问题当时是影响中美关系的一个重要因素。此后，我一直对美国的东亚政策，美国外交、安全、军事战略关注比较多。博士毕业后，我更多地关注东亚区域安全问题。因为对中国来讲，整个发展进程中的外部安全挑战，首先面临的就是如何处理好与美国的关系，或者说如何去化解与美国在地区政治，包括国家的军事安全能力发展中的各种安全议题。

所以这么多年来，我的研究一方面以地区安全为重点，另外一方面，美国又是最重要的切入点和背景因素，是中国不得不去面对的一个最重大的国际挑战和压力。

采访组：您后来也到美国的一些大学、研究机构去访学，包括哈佛大学费正清中心，战略与国际问题研究中心（CSIS）等，当时是什么让您产生了“走出去”的想法？

朱　锋：我记得大学时看过央视播出的一个片子，印象特别深，片名是《他山之石，可以攻玉》，介绍美欧日发达国家基础设施、工业化程度、社会秩序等等。从这种纪录片中所感觉到的美欧日发达国家与改革开放之初的中国完全不一样。我们那一代大学生在“解放思想，实事求是”精神的影响下，有一种强烈的意识，就是追求知识的精神渴望，去探求中国落后的原因。所以，打开国门以后，意识到中国和西方之间巨大的差异，是激发我们去学习、去研究的非常重要的动力。

读完博士留在北大工作以后，我强烈地感觉到国内接受的学术训练确实有限制和缺陷：一是文献阅读量不够，二是语言训练不够，三是对国际关系学科的基本范式和理论掌握不够。所以我就开始想各种办法出境学习，先后到中国香港、日本、英国、美国去进修，能逮着机会就往外跑，去练外语、读文献，把自己投身到更高水平的学术环境中。在哈佛大学费正清中心访学的时候，老一辈的学者如马若德（Roderick MacFarquhar）、傅高义等都在，还有史蒂芬·沃尔特（Stephen Walt）、格雷厄姆·艾利森、裴宜理（Elizabeth J. Perry）等。那时候，我几乎每天都去听他们的课，一有问题就去探讨，我觉得这是非常好的一个经历。

我的个人成长经历很有意思，反映了 80 年代初那一代大学生求学的代表性经历。我是国内自己培养的第一批国际关系博士，后来感到有欠缺，又抓住机会弥补短板。所以说，我个人的成长经历反映了中国这 40 年来的

朱锋（左三）在战略与国际问题研究中心举办的活动上谈中美关系

变化过程，与中国这40年的改革开放非常契合，与中美关系这40年的发展也高度契合。

采访组：您多次参与或组织中美之间的一些“二轨”对话，您觉得这些“二轨”对话对中美关系有什么样的作用？

朱　锋：通过两国的学者和一些退休的官员来对一些重大议题进行更加深入、灵活、开放的探讨，“二轨”对话可以进一步培育和发展两国政策领域的智库、研究机构之间紧密的合作关系；最重要的是，“二轨”对话的成果可以形成政策建议，去影响政府和社会，或者倡导某种观念和方法。所以，在促进中美两国合作交流，特别在一些重大的问题上避免错觉误判方面，“二轨”对话是非常重要的一种方式。

我参与了傅莹大使主持的《中美智库研究报告》，美方由美国战略与国际问题研究中心的总裁何幕礼（John Hamre）和资深研究员麦克·格林（Michael Green）等牵头，该报告非常有影响力。我还主持了南京大学中国南海协同创新中心关于海上安全问题的对话机制，以及中美海洋安全“二轨”对话等。另外一方面，我们自己也去参加美方组织的各种“二轨”对话。

作为一个学者，特别是研究国际关系的学者，要靠接触、对话才能形成真实客观的判断和了解，才能更好地进行实证研究。任何良好的政策研究，一定要有良好的学术和理论研究作为支撑。同时，好的学术理论研究一定需要有政策研究实证的深厚经验。可以说，学者参与“二轨”对话本身就是做研究的一个非常重要的方法。

美国是影响中国发展的最大国际因素

采访组：回顾中美建交40周年的历程，哪些事情可以真正称得上是中美关系中的转折？

朱　锋：从我们这代人的理解来讲，1979年中美建交就是一个非常重要的转折。20世纪80年代我在北大求学时，很多美国学者都到中国来，他们不仅是要做中国研究，更重要的是他们对中国也很有兴趣。

另外一个转折就是冷战的结束。冷战结束后，关于中美关系的去向产生了很多的疑问。但那个时候中美双方政治和社会基础都比较牢固，经历了

80 年代末的短暂波折之后，老布什政府很快做了调整，派国家安全事务助理斯考克罗夫特访问北京，双方关系又重新开始趋向稳定。其实当时美国国内对中国政策的辩论已经展开，布鲁金斯学会的何汉理（Harry Harding）在 1992 年出版的《非友非敌：90 年代的对华政策》（*Neither Friend Nor Foe*）一书就对冷战后人们对中美关系的认知和定位有很重要的分析。

整个 90 年代，中美关系经历了一个新阶段。在后冷战时代，克林顿政府希望借助接触政策更好地推动中国变革，让中国变得对美国友好，并在地区安全和全球事务中都有所贡献，进而从中美关系中受益。所以，在中国"入世"问题上，美国既扮演了非常重要的引导者角色，也扮演了施压者的角色。90 年代以来，中美关系也出现不少问题，但是总的来讲，后冷战时代的美国对中国来说不仅是一个重要的合作方，还是一种重要的压力来源。合作和压力产生的作用都是双重的，一方面当然给中国带来挑战，但另外一方面也是拖着拽着让中国向前走。

2001 年"9·11"事件发生后，双方就如何共同推进全球和地区反恐产生了广泛共识，给中美关系带来了一些新的活力。在此之后的两个重要事件是 2008 年的金融危机以及奥巴马上台以后推出的"亚太再平衡战略"。

过去 40 年，美国因素是影响中国发展最大的国际因素。中美互动的过程，不仅是过去 40 年世界政治中最有意义的活动，而且在中国的发展历程中扮演了非常重要的角色。今天的中美关系，也注定是一种竞争与合作的关系。我们一定要看到，美国是当今世界上唯一的超级大国，它有维护这种"一超"地位的决心。因此，中国今天在处理对美关系的时候，同样需要更新我们的思路，要具备新的战略高度，对于中国未来的利益目标要有整体的规划。

采访组：20 世纪 90 年代到现在，中美关系经历了很多危机事件，在危机处理方面，您觉得中美双方有哪些经验教训值得总结？

朱　锋：在危机处理方面，我觉得有三点是非常重要的。

首先，如果出现不测事件，双方还是要冷静，避免过激的行为，避免误判。危机出现后，静一静缓一缓很重要。

第二，要有及时有效的沟通机制。2001 年空中撞机事件给了我们很大的教训，没有预先设计好相关机制，没有迅速介入危机处理。

第三，未来危机可能出现的性质、范围、影响大小，都会和前几次有很大的区别，因此一定要预先有“二轨”对话或军事交流合作管道。

2001年中美在南海海上力量对比还有很大的差距。但今天中美在西太平洋海上、空中军事力量对比有比较大的改观。在中国军事能力取得实质性长足进展之后，如果再发生类似的空中撞机或者海上撞舰，这种危机事件到底会产生什么样的后果？我们怎么去预判今后可能会出现什么危机？危机发生后第一时间该做何反应？如今的情况与20年前“炸馆”和“撞机”事件相比都有很大的改变。

所以，我认为现在处理中美危机更需要双方保持沟通和交流的渠道，能够有一些热线电话。同时，作为第一反应，双方仍要继续强调自律、克制。

中国崛起后导致的中美结构性矛盾亦非无解

采访组：您在一篇文章中说“中国的不可降服，是美国最大的心病”。中美之间的种种摩擦可以归因于美国对中国崛起的恐惧吗？

朱　锋：美国的战略选择是一定要保证美国的超级大国地位。所以今天美国对中国的担心，不只是对中国军事能力的担心，很大程度上在于看到了中国的崛起势头，看到了中国在未来10年到20年间有实质性缩小和美国实力差距的可能性。

另一方面，也在于美国对于今天中国政治的判断。美国觉得现在中国所做的一切，可能真的是在瞄准美国。不是简单的追赶美国，而是要超越美国，有着“勃勃野心”。

所以，从2017年12月发布的《国家安全战略报告》，到《国防战略报告》以及《核态势评估报告》，美国担心或者恐惧的不只是今天的中国，而是担心中国力量崛起会使得美国失去其在国际关系中的主导性地位，失去作为唯一超级大国的地位。从这个角度来讲，与其说美国是在担心中国，不如说美国是在担心自己，这恰恰也是国际关系的一个基本规律，就是利益竞争关系。

美国这次的《国家安全战略报告》把中国称作美国的“战略竞争者”，其实并不是美国对中国定位的一个巨变，这个过程从2000年以后一直都在延续。但是，报告把中国称为“修正主义国家”，这是第一次。“修正主义”

在国际关系中是指一个国家违背原有的条约承诺，想要改变领土现状，甚至不惜通过战争的方式。从这个角度来说，把“战略竞争者”和“修正主义国家”放在一起，代表了美国对中国的看法在观念上和战略上的根本变化。

采访组：随着中国在西太平洋地区的崛起，未来中国和美国该如何互相调整各自的位置和行为，达到一种平衡？

朱　锋：中国军事力量在西太平洋的崛起确实很快，但美国又不愿意收缩自己在太平洋的势力范围和影响程度。奥巴马就曾称自己是“太平洋总统”。美国现在不仅不愿意收缩，而且对中国崛起的战略动向高度怀疑，积极着手对中国进行新的防范战略，就是“印太战略”。美国想要着眼“印太”这个更加广大的地理概念，来实现进一步防范中国的目的，必要时遏制中国的地缘战略目标。

对于未来的海上形势到底会有什么样的急剧变化，或者说将出现什么新的危险性因素，是中国现在对美研究必须重点关注的一个问题。所以四年前我离开北京大学，到南京大学来主持中国南海研究协同创新中心，也是因为我在学术上有一个非常重要的预判，就是中美已经不可能再打一场地面战争了。随着中美双方在辽阔的印太地区的军事力量不断成长，中美如何更好地和平相处，避免新的地缘战略分裂和地缘政治竞争甚至对抗，这还是一个没有得到回答的问题，历史上也没有先例。所以中美在西太或者印太地区的海上安全问题，是一个崭新的研究领域，也是我现在努力在做的研究工作。至于到底怎么去避免出现对抗，需要考虑的因素很多，这确实是未来 20 年中美关系最大的战略挑战。

采访组：过去我们常说经贸是中美关系的“压舱石”“稳定器”，现在却已成为中美摩擦的一个焦点。未来中美新的合作领域在哪里？

朱　锋：今天的中美关系不是简单地以问题为导向，来确定什么是中美关系的缓和因素，或者什么是中美关系的“压舱石”。根本原因还是在于中美今天的力量对比发生了变化。国际体系中，“老大”和“老二”的关系常常是最复杂、最敏感、最具有冲突性的关系。所以如何去稳定未来的中美关系，不能简单地靠以前的一些经验，因为现在中美在经贸领域竞争性也在上升。

朱锋在中国与全球化智库举办的活动上发言

但是，当今的中美关系面临着历史上前所未有的新现实，这也是中美关系复杂性的背景因素。中美在经贸、社会、文化、教育，包括在外交和政治方面都有难以避免的相互依赖，这种相互依赖还在深化。今天，不管全球化出现了什么样的挫折，国际体系向全球体系发展的进程是不会被改变的。

所以，今天中美关系不能简单地说是悲观还是乐观。中美关系不断发展，既有传统地缘战略意义上的竞争冲突，又有全球化时代共生共存关系的依赖加深这些因素，它导致了从政策、社会心态到战略等很多具体的变化，我们应有足够清醒、准确、科学、客观的判断。

因此，我们今天对中美关系的研究不能简单地去重复一些历史的经验，要根据当今全球和地区政治、经济发展的新现实，给中美关系提供新的诊断，提出新的理论解释和政策认可的解决方案。

采访组：您对未来的中美关系有哪些期待和担忧？对中国的中美关系研究的发展有什么期望？

朱　锋：作为一个学者，我们对中美关系的学术研究不仅仅是一种学术上的努力，更重要的是它也反映了我们这代“60后”学者对于整个国家未来的一种思考和担心。今天中国所有的工作，说到底就是统筹国内建设和对外关系的两个大局。而对于一个崛起的大国来说，它的战略挑战或者崛起进程发生根本逆转的原因，往往是外交和安全政策上出问题。

所以从这个意义上讲，今天的中美关系研究不仅仅是要稳定两国关系，更深刻的一个话题是，在未来中国和世界关系的整体发展变化过程中，我们究竟将选择一条什么样的道路，做什么样的战略设计和调整，让中国崛起的历史进程可以延续下去。

因此，未来的中美关系到底怎么发展，美国研究应该怎么做，可以从三个方面来看：

第一，我们要科学、客观、准确、清醒地解读美国因素对中国方方面面的影响和冲击。虽然我主要研究中美海上安全，但我也非常关心当前的中美贸易摩擦，思考它未来可能对政治和安全带来的影响。我们可以清楚地看到，历史上大国对抗常常是起因于经济、市场和贸易的冲突。其实中美就是一个整体，需要我们有一种高度的战略透视力来观察这层关系。

第二，我们必须面对的是今天中美关系中一个非常重要的因素，就是国际体系中的权力结构。美国不仅经济实力是第一，在科技等方方面面都领先，最重要的是美国还有强大的同盟体系。所以，我并不觉得中国崛起已经开始实质性地改变中美力量对比。因为，判断国家间力量对比的不仅是两国的实力，同盟因素也是非常重要的力量。所以，中美关系的研究需要超越中美关系。我们需要稳定中日关系、中韩关系，需要稳定和东南亚国家的关系，需要去改善和印度的关系。越是要稳定和发展中美关系，中国越是要在周边外交有作为。我们周边外交越有作为，周围的邻国对中国就越信任，美国可以牵制中国的战略抓手就越小。

第三，中美关系是一种互动关系。如果我们觉得美国人不好，那首先我们要问问自己好不好。如果我们要求美国人对中国好一点，我们也要问自己，能不能对美国人好一点。如果我们要让美国对中国的担心下降，同样要问我们能不能去有效及时地回应、建设性地引导，甚至调整自己，来应对美国对中国的担心和忧虑。

Wu Xinbo

吴心伯

采访对象： 吴心伯，1966 年出生。现为复旦大学国际问题研究院院长、美国研究中心主任，复旦发展研究院副院长，复旦大学特聘教授，上海市美国问题研究所所长。担任《美国研究》、美国《华盛顿季刊》、英国《欧洲国际安全杂志》等学术刊物编委，英国《国际事务》国际顾问。主要从事中国外交与安全政策、中美关系及亚太地区政治与安全问题的教学与研究。著有《太平洋上不太平——后冷战时代的美国亚太安全战略》《世事如棋局局新—— 21 世纪初中美关系的新格局》等书，发表中英文学术论文 70 余篇。

采 访 组： 孙语双　叶　君　余　樱　魏帮荣　郑吉鸿

采访日期： 2018 年 10 月 18 日

采访地点： 复旦大学美国研究中心

吴心伯：
中美磨合后将迎来更平等的双边关系新形态

吴心伯可谓是中美关系学术界中青年学者的领军人物。他不仅在学术上奋发有为，还活跃在中美外交的舞台上：1998 年，克林顿访华，在和他的对话中首次公开重申美国对台“三不”政策；从 2007 年起，他与美国的葛小伟（Peter Hays Gries）教授合作举办中美青年外交官对话，迄今已举办了 10 届……

这样的例子还有很多。这些年来吴心伯奔走在中美两地，积极组织学术交流，致力于加深两国相互理解，被媒体誉为“民间外交家”。在近距离观察美国的同时，吴心伯也在不断思考，在他看来，中美关系正在经历一个重要的转折过渡期，虽然摩擦与分歧不可避免，但两国在双边、地区、全球层面仍然有很大的合作空间。他相信，在经过博弈、探索、磨合之后，中美将迎来一个更加平等的关系，不断扩大合作，同时开展有节制的竞争，并努力管控分歧。

与美国总统的近距离接触

采访组：1998 年克林顿总统访沪并与上海市民座谈，您是八位代表中唯一一位研究国际问题的专家。在和您的对话中，克林顿第一次在公开场合重申了美国对台湾的“三不”政策，您能描绘一下当时的场景吗？

吴心伯：克林顿此次访华先去了西安、北京，到上海这一站时已经比较轻松、比较适应了。他在上海图书馆与市民代表座谈，是一次开放性活动，这种形式在我印象中还是第一次，总体气氛比较轻松和积极。

1998 年克林顿总统访沪并与上海市民座谈，吴心伯是八位代表中唯一一位研究国际问题的专家

我是现场唯一从事国际问题和中美关系研究的学者代表。座谈开始后，克林顿先和教育、宗教、文艺等领域的代表做了交流，最后一个才问到我。我注意到一个有趣的细节：在克林顿总统对我提问之前，国家安全事务助理伯格给他递了一张小纸条，他看了条子后，对我瞟了一眼。我猜想可能是伯格提醒他接下来向我提问。接着，克林顿就问了我对中美关系的看法。我谈了我的观点后，他表示同意我的分析，然后就讲到台湾问题，讲到“三不”政策，即不支持“台湾独立”、不支持“一中一台”或“两个中国”、不支持台湾加入任何必须由主权国家才能参加的国际组织。

事后我了解到，克林顿是在从北京到上海的飞机上决定要公开重申“三不”政策的，这是他整个访华外交的一部分。实际上，他此前曾在私下里向中国做过类似的承诺，但中方希望他在访华期间在一个公开场合做相关表述。最后，克林顿按照中方要求，在上海公开发表了“三不”承诺，这是后冷战时代美国在对台政策方面做出的一个非常重要的承诺。从中方的角度来看，意味着克林顿访华之行取得了重大成功。

采访组：据媒体报道，当时克林顿总统访华的随团人数达 1200 多人，是历来最多的。克林顿为何如此重视那次访华之行？

吴心伯：克林顿对中国的访问是在他的第二任期内进行的，他在第一任期内没有访华。那也是冷战结束后，美国总统第一次访问中国。所以中美双方对这次访问都有很高的期待。克林顿本人经过第一任期的一些摸索，逐渐认识到了中美关系的重要性，所以他在第二任期内把处理中美关系作为一个优先事项，而且希望把一个良好的中美关系作为他个人的政治遗产。

但美国国内当时对发展中美关系的政治支持还不是很强有力，美国朝野有很多人对中国的看法还停留在 1989 年政治风波后那个时期，没有看到中国经济的发展和社会的变化。所以，克林顿一方面想利用这次访华，更多地了解中国，也让美国公众更多地了解中国，感受中国发展和变化；另一方面，也确实希望通过访问来推动中美关系的发展。1998 年克林顿访华的历史意义在于，奠定后冷战时代中美关系发展的框架。

采访组：2009 年奥巴马访华时，您也参加了他在上海与青年学生会谈的活动。您认为奥巴马总统的访华之行又有怎样的历史意义？

吴心伯：奥巴马访华是在 2008 年金融危机的大背景下。他在出任总统的第一年内就对中国进行国事访问，本身就凸显了美国对中美关系重要性的认识，而他访华的主要目的，更大程度上是探索如何跟一个崛起的中国打交道，即在中国崛起的背景下，中美关系应该怎么定位、应该设立一个怎样的关系框架。

采访组：国家元首高访对中美关系发展有何作用？

吴心伯：在不同的历史时期，国家元首访问有不同的历史任务。一般来说，元首互访对双边关系有几个作用。其一是定基调，比如，到底是合作接触还是对抗竞争？两国领导人需要对双边关系的定位达成基本共识。其二是定框架，比如，我们是一个双边的关系，还是双边、地区、国际多边结合的关系。其三是定日程，比如，两国未来将在哪些领域着重开展合作。另外，通过高层访问可以推动在重大问题上取得突破性进展，例如 2013 年习主席和奥巴马总统的庄园会晤，当时双方就发展中美新型大国关系、发展新型两军关系达成了重要共识；又如 2015 年习主席访美，在准备访问的过程中跟美方重点探讨了如何处理网络安全问题。

采访组：特朗普时代，中美元首外交的风格与过去相比有没有发生变化？

吴心伯：特朗普比较另类，商人出身的他在担任总统之前，没有任何公职的经历。我觉得特朗普对中美关系缺乏宏观的战略眼光，不像前面几任领导人那样能够从战略高度、以宽广的视野来看待中美关系的重要性。比如，奥巴马既看到了中美双边关系的重要性，也看到了多边领域的重要性。相比之下，特朗普似乎比较狭隘。另外，特朗普个人风格中的交易性、功利性、投机性很强。他往往关心的是怎样在解决具体问题上取得快速突破，让中国做出让步。在这个过程中，他的立场会不断变化，这就影响了领导人的诚信度。领导人对双边关系的一些重要表态和承诺，应该讲是有约束力的。但特朗普不太讲原则，今天是这样，明天又可能改过来。所以，与他之前的几位美国总统相比，现在和特朗普打交道，我们确实遇到了很多新问题和新挑战。

采访组：您认为中方应该如何应对这些挑战？

吴心伯：我们必须适应特朗普的风格。第一，由于他有投机性和功利性，对于他的某些话不能太当真，关键要看他的行动。第二，不管他怎么变，唯一不变的是谋求美国的国家利益。在这个过程中，中美会进行利益的博弈，有交换、有妥协，也有竞争，甚至一定程度上也会有对抗。比如中美之间的贸易战，到了不得不打的时候，就必须打，否则一味让步的话，那就掉进了一个无底洞。

培养交流对话的习惯和文化

采访组："中美青年外交官对话"从 2007 年开始至今已连续举办 10 届。您作为主要的推动者，和中美两国的青年外交官有很多交流，能否分享一下您的观察体会？

吴心伯：组织"中美青年外交官对话"主要是为两国年轻的外交官搭建一个交流的平台，他们平时公务接触的机会较多，但主要谈的都是官方层面的事情，没有机会进行更多非正式的交流，谈官方议程之外的事情。中美两个大国之间的关系会越来越密切，以后会需要更多的对话和交流，所以应该让年轻的外交官尽早熟悉对方，培养起互相交流对话的习惯和文化，是有意义的一件事。

“中美青年外交官对话”为两国官员提供了交流的平台

这么多年下来，我对中方参与对话的青年外交官的印象是：越来越自信，英文也越来越好，而且对业务也越来越熟悉。一开始对话，美方讲得多，中方比较沉默，主要是对美方问题的回应。但是到了第三第四次以后情况开始就不一样了，往往中方会主导讨论。不管是表达方式，还是对问题的把握，中方都准备得很好，也确实表现出越来越多的自信。

美方的外交官呢，其中有些人对中国还是有些偏见的，也不乏立场较为强硬的人，对官方立场抓得比较紧。但也有一些人比较灵活，比较务实，愿意参与非正式的交流，从个人的角度讨论一些问题。

采访组：您认为这样的交流能起到什么作用？

吴心伯：我觉得最重要的就是我们在开会之外，大家有机会一起吃饭喝茶或参观游览，这时你会发现两国的青年外交官都很谈得来，大家很自然就聚到了一起，谈生活、谈爱好等很多职业之外的话题。这个时候你感觉不出谁是中国人，谁是美国人。所以，应该讲两国的年轻一代的确有许多共同点。从这个意义上讲，我觉得我们的对话就是要推动更多的接触和交流，为两国官方关系的发展建立一个比较好的个人关系基础。

采访组：您经常参与、组织中美智库和学者交流互访活动，长期发挥着民间外交家的作用，您认为“二轨”对话、民间交流在中美关系中发挥着怎样的作用？

吴心伯：主要有几个方面的作用。首先是加深相互了解。官方交流渠道虽然有很多，但通常情况下参与者注重表述官方立场，交谈时不会谈得很深，也不会放得很开。相比之下，在“二轨”交流中，没有了官方身份，大家对很多问题可以深入探讨，这就使双方加深了互相了解，特别是对对方的一些政策背后的考虑，加深了理解。

其次，通过“二轨”交流、加深了解以后，我们可以更好地提供资政服务，设计出能被采纳的政策建议，为务实推进政策的落实而集思广益。

第三是帮助我们建立人脉关系。很多专家学者可能跟决策圈有着密切的联系，或者有些人将来有机会进入政府任职，主管相关政策。保持这样的人脉关系，对推动两国关系的发展很有帮助。

采访组：您和包括基辛格、卡特在内的许多政要、学者都有过比较深入的交流。在老一辈政治家、战略家或学者中，有哪位是您觉得比较佩服的呢？

吴心伯：卡特总统、基辛格、布热津斯基等，各自都有令我很佩服的地方。中美建交是在卡特总统任期内实现的，他在 90 岁那一年（2014 年）曾访问复旦大学，当时他就说，从 1979 年到现在，东亚地区保持了一个大体和平的状态，中美关系的稳定功不可没。他能够从世界和平稳定的角度来看待中美关系，让我印象深刻。

基辛格和布热津斯基这两位是战略家。首先，我觉得他们在对中美关系和国际格局的分析方面有非常高远的战略眼光，他们对很多问题的判断不会拘泥于某个具体问题，不会过多局限于战术层面，而是能够运用宏观的眼光分析战略层面的问题。第二，他们确实有很强的洞察力，一下子就能抓住问题的本质。这一方面需要经验——两位都曾在政府任职，另一方

吴心伯与卡特夫妇合影

2013 年 9 月，吴心伯在复旦大学美国研究中心接待到访的基辛格

面需要很强的学术积累和深厚的学术功底。

采访组：老一辈的战略家，他们对中美关系的分析和把握对当下的中美关系是否还有启发意义？

吴心伯：我们首先应该学习他们站在战略层面看待中美关系，不能把视线过分局限在当下发生的事情上。第二，我们也要学着从发展的角度审视中美关系。不同的历史阶段，中美都在适应新环境，两国关系一直在变化。正如老前辈们所强调的，我们要学会审时度势，在不同的阶段相互调整、相互适应，这也非常重要。

40 年回顾：经验与教训

采访组：回顾过去 40 年中美关系发展的历程，您认为大致可以分为几个阶段？总体呈现怎样的趋势和特点？

吴心伯：中美关系的发展大致可以分为三个阶段。第一阶段是 1979 年到 1989 年，这十年是中美关系不断发展深化的一个过程，从最开始在战略层面上的接触合作，扩大到社会经济文化等多方面互动交流。

第二个阶段是 1989 年到 2008 年，这是后冷战时代，中美重新定位双边关系框架。这一时期的特点主要体现在中国逐渐融入国际体系，并且在这个体系中发挥越来越重要的作用。同时，中美关系也获得了新基础，两国在经贸领域以及在地区和国际事务上的合作，构成了后冷战时代中美关系发展的两大支柱。

第三个阶段是 2008 年以后到现在。这个阶段的背景特点就是中国崛起。中国开始推行大国外交，中美关系也面临着重新定位、重建框架的问题。在这个阶段我们看到，特别是在奥巴马执政时期，中美合作的领域在不断扩大和深化；但同时，竞争也在加剧。奥巴马时期，中美竞争主要体现在亚太地区的地缘政治和地缘经济领域，到了特朗普时期，两国在经贸领域的竞争激化了，甚至出现了前所未有的贸易战。

从整体来看，中美关系在这 40 年间一直随着国际环境的变化、两国各自发展程度和发展状况的变化，以及各自外交战略的变化而不断演进。在这个过程中，两国也在不断地探索如何扩大合作的空间。从冷战时期的战略合作到后冷战时代的经济、国际事务、全球治理等等，合作的领域在不断地扩大，在不断地寻找新的增长点。对于出现的新问题，两国也在探索如何更好地管控分歧。

采访组：中美关系在不断演进的过程中有哪些成功之处？

吴心伯：我觉得成功的地方首先在于中美关系能够与时俱进。随着国际环境的变化，中美关系也要做出相应调整。应该讲中美关系这么多年来还是表现出了对国际大环境很强的适应能力。其次，发展中美关系还是要抓住共同利益这一点。在不同的阶段，两国的利益优先性会有变化，但是发展双边关系，一定要寻找共同利益，有了共同利益就能够合作，能够合作就能推动双边关系的发展。这两点，我觉得是中美关系发展40年来最成功的地方。

采访组：最需要吸取的教训又有哪些？

吴心伯：我觉得主要也有两点。第一是在涉及对方核心利益的问题上一定要慎重。比如，台湾问题是中国的核心利益问题，如果美国处理不好，就会导致中美关系出现重大的波动。第二，我觉得在处理双边关系的时候，还是要适当地和各自的国内政治区分开。国内政治的逻辑和国际政治的逻辑不一样。如果在考虑双边关系的时候，完全从国内政治的角度出发，那关系就处理不好，这方面我们也有不少教训。

中美关系新形态：竞争与合作并存

采访组：您曾经与“修昔底德陷阱”概念的提出者艾利森教授进行学术对话，您表示中美关系不同于以往的守成大国与崛起大国的关系。能否具体分析一下有哪些不同之处？

吴心伯：我认为现在的中美关系与历史上陷入“修昔底德陷阱”的国家之间的关系有很大的区别。首先，现在是核武器时代，大国之间很难爆发严重的、全面的军事冲突。这从“二战”以后的历史就可以看得很清楚。第二，就中美关系而言，我们在经济等领域实现了高度相互依存，这也决定了两国不会走向全面冲突，因为利害关系太大了。第三，中国的崛

2012年2月，吴心伯代表上海市美国问题研究所向美国前助理国务卿、和平研究所所长理查德·所罗门赠送《上海影像》一书

起与过去很多大国的崛起不一样。中国并没有在东亚、西太平洋谋求建立一个排他性的势力范围，我们从没想过要把美国赶出去，把这一地区变成中国的势力范围。过去的许多崛起的大国，比如日本，曾经就想在这一地区建立自己的势力范围；美国崛起后也曾想把整个美洲变成自己的势力范围——这就是“门罗主义”的真实意图。但中国从来没有这样的想法，中国没有意图取代美国成为唯一的超级大国。

采访组：美国有一批“鹰派”政客和学者对中国持较为警惕的态度，他们对中国崛起有哪些误解？

吴心伯：我认为误解主要体现在三方面。一是担心中国想把美国赶出东亚和西太平洋，把这个地区变成中国主导的势力范围。二是担心中国想要取代美国的首要地位，比如到21世纪中叶全面赶超美国。三是担心中国想要颠覆现有国际秩序。

我认为针对这些担忧和误解，我们需要明确阐述、反复强调我们的意图和立场。我们需要让美国人知道：中国谋求一个合作开放的东亚地区，并不是要把美国赶走；中国的发展是基于自身的逻辑，并不是以取代某个国家为目标的；中国是现有国际秩序的获益者，维持现有国际秩序的基本框架符合中国的利益。

当然，与此同时，我们也希望这个国际秩序能够与时俱进，进行必要的改革和完善。在这个过程中，中美两国有很大的合作空间。总体而言，要完全打消美国对中国的疑虑，几乎不可能，因为中国的实力在上升，但我们可以通过实施很多具体政策来减轻美国的疑虑，这是可行的。

采访组：您曾撰文指出，21 世纪中美关系的范式很可能是以分享权力和领导地位为特征，您认为中美如何才能在竞争中共处？两国有哪些合作空间？

吴心伯：我认为两国可以相互共处的地方还有很多。比如，从双边关系来看，两国经贸合作的空间仍然很大，尽管眼下有较大的贸易摩擦，但实际上两国谁都离不开谁，中美经济不可能真正实现脱钩。从地区层面来看，亚太地区的经济发展和稳定离不开中美紧密合作。从全球层面来看，两国也可以在气候变化、网络安全等许多全球治理问题上进行合作。尽管特朗普政府决定退出《巴黎协定》，但从长远来讲，美国还是会回归这个多边合作框架，解决气候变化问题离不开中美的合作。

采访组：您曾提到维持对华力量优势是未来 20 至 30 年美国对华政策的核心关切。在这种情况下，中美未来最有可能爆发冲突的领域有哪些？我们可以采取哪些防范和管控措施？

吴心伯：一个就是当下我们看到的经济领域的竞争。特朗普政府特别重视经济实力在国家实力中的地位，认为经济就是国家安全的一部分。随着中国经济实力和竞争力持续上升，中美在经贸领域不可避免会有较为长期性的摩擦。在这方面我们需要强调经济关系的本质是互利共赢，而不是零和的。把握好这点，经贸问题就能够得到较好的处理。

第二个是在西太平洋地区，随着中国军事力量的上升和外交影响力的扩大，美国可能感到它在这个地区的传统主导地位和优势面临来自中国的威胁，所以两个大国在西太平洋地区的地缘政治竞争不可避免。事实上，奥巴马时期推出的“亚太再平衡”主要就是着眼于西太平洋，跟中国进行地缘经济和地缘政治的竞争。这方面，我觉得美国需要调整和适应中国力量的上升和影响力的扩大；对中国而言，我们在不断拓展利益空间的同时，也要保持一定的战略克制和审慎，防止推进得太快太猛，引起包括美国在内的各方的反弹。

第三个可能就是太空、网络空间等新兴领域。中美两国可能在如何制定游戏规则、更好地反映各自的利益等问题上产生分歧摩擦，甚至是对抗。关键在于制定一个相对合理、各方都能接受的规则和秩序，而不是仅仅反映某一方的关切。

在不同的问题领域，中美管控分歧、处理竞争的方式是不一样的，但有一点在任何领域都适用，那就是：中美关系是21世纪最重要的双边关系，对任何问题的处理都要考虑到稳定和发展中美关系的大局。

采访组：*展望未来，您对中美关系的发展有怎样的期许？*

吴心伯：中美关系正处于一个重要的转折期、过渡期，在这个过程中，两国不可避免会出现分歧、摩擦，甚至对抗，双方通过博弈，探索新的共处之道。我相信，经过摸索调整阶段以后，未来的中美关系应该是一个更加平等的关系，会兼顾合作与竞争。比较理想的应该是以合作为主，不断扩大合作，开展有节制的竞争，有效管控分歧。今后的中美关系对整个地区和国际格局的影响、对全球治理的作用只会越来越大。在经过一段磨合期后，中美关系将迎来一个新形态，能够反映两国力量对比变化的现实，也体现出两国在处理双边关系中摸索出的新经验和做法。

Yuan Peng

袁　鹏

采访对象： 袁鹏，1967年出生。现任中国现代国际关系研究院院长，主要研究美国外交、中美关系、国际战略与安全、亚太安全等。1999-2000年曾赴美国大西洋理事会访学，还曾于2003-2004年在美国布鲁金斯学会担任访问学者。出版了《四百年未有之变局：中国、美国与世界新秩序》《美国思想库及其对华倾向》《中美亚太共处之道》等多部著作。

采 访 组： 赵舒婷　张　骐　魏帮荣　周永平

采访日期： 2018年4月17日

采访地点： 中国现代国际关系研究院

袁　鹏：
实现利益深度捆绑是中美关系的一大成功经验

袁鹏和美国研究结缘，得益于时代的推波助澜。生于 20 世纪 60 年代，来自中部省份的他，童年时代对美国“几乎无感”。在他的青年时期，美国的一切伴随着 80 年代“文化热”以浩荡之势席卷而来，渴望求知的他不知疲倦地翻开所能读到的书籍，在机缘巧合之下走上了美国研究之路。

袁鹏的博士导师丁则民是著名的美国史专家，28 岁时曾作为留学生，怀着学习美国从而“振兴祖国”的志向赴美求学。老先生年逾七旬时还在家里开研讨班，带领学生研习美国镀金时代、西部史与移民史。27 岁的袁鹏就是当年班上的学生之一，当时的他只是怀着想要了解美国如何成为超级大国的质朴愿望。师徒两代人的这场薪火相传，正是中国学人自近代以来认知美国之历程的鲜活映照。

历史学的训练，让袁鹏长于从长时段和大战略的视角思考当下的中美关系问题。回顾历史，袁鹏认为，中美关系的发展经验值得认真总结，其中最重要的一条就是扩大双方的共同利益，实现利益深度捆绑，互相依赖。他相信，只要双方能从战略高度和长远角度看问题，做好危机管控，个别危机事件不会影响中美关系向前发展的主航道和主旋律。

从“无感”到登堂入室

采访组：是什么激起了您对美国的兴趣，并一步步走上美国研究之路？

袁　鹏：其实我们出生于 60 年代的这代人，对美国并没有深刻的童年记忆。少年时代恰逢“文革”的后期，主导的意识形态是反帝反修反美，在正统的社会主义教育之下接触更多的是越南、朝鲜和苏联的电影。直到改革开放，美国乃至西方各种各样的技术、电影、艺术及思潮才一股脑儿地涌入，我就带着好奇的心态一股脑儿地接收，可以说有一点食“洋”不化。

写本科毕业论文的时候，写的是美国宪法方面的内容，我正式开始将美国作为研究对象。有了这个基础，我考上了华东师范大学历史系，师从余志森老师，在21岁的时候正式与美国史结缘。三年硕士学习，完成了题为《从自由放任到国家干预：19世纪末20世纪初美国社会思潮之嬗变》的硕士学位论文。

在我思想逐渐成长之时，美国进入我的视野，我也在时代发展之中一步步校准了对美国的认知。起初，社会大潮不加区别地主张学习美国，此后经历了一些波澜，直到1992年邓小平南方谈话宣布“改革开放进入一个新阶段”才定下一个稳健的基调。1994年我考入东北师大历史系，师从丁则民先生学习美国西部史和移民史，完成了《20世纪美国西部史学的发展演变》博士论文。回头看，东北师大那几年读博期间，发表了七八篇学术论文，应该说收获巨大。

在左右振荡之中，我对美国和西方的认识就比较平衡了，既不是一味地顶礼膜拜，也不是狭隘地反对美国，而是能够比较平衡地看待美国，真正学习美国的先进经验，服务于中国的改革开放事业。我想我们这一代人大概都经历了这样一个过程。

采访组：您认为美国史专业对您日后从事国际关系研究有什么启发?

袁　鹏：当时选择美国史研究，就是想知道美国作为世界上最发达的国家，是怎么从一个只有13个州的殖民地，一步步演变成两洋国家，进而成为唯一的超级大国。这是我们那一代学习美国史最质朴的动力。后来再研究美国的历史，就是研究其称霸世界到底采取了哪些战略和手段，这也是我们应对美国挤压中国必须学习的内容。学习美国史，对我研究国际关系帮助巨大。因为在我读书的时代，中国的国际关系学科还在初创阶段，正处于把西方理论生搬硬套地引入中国的过程，而历史学科已经较为成熟。历史学科既有中国自身从司马迁开始的上千年的学术传统，也有在苏联影响下建设起来的独立学科体系和理论方法，还有一代又一代学者默默耕耘建立起的学术梯队。所以，历史学科对于弥补当时国际关系学科的苍白和机械，还是有非常大的作用的。另外，国别史基础对于研究对象国的当代问题是不可或缺的，需要在研究中将历史与现实的美国无缝对接。更重要的是，观察问题的历史视野和世界眼光，这是历史学的比较优势。同时，能够基于美国的国情去看待其对外政策，这一点很重要，它能防止观点忽左忽右。

福建偷渡客与三峡辩论：与美国的初相遇

采访组：20 世纪 90 年代末您到访大西洋理事会，还记得第一次到美国的情景吗?

袁　鹏：从 1984 年开始对美国研究有点兴趣，1988 年读硕士，到 1999 年第一次踏上美国的国土，我有一种新鲜与熟悉相混杂的奇妙感觉。新鲜感在于，毕竟是到了一个全新的国度，那时候的中美力量对比与社会发展状态反差巨大。然而，美国的种种情形都在书本上读到过，似曾相识，并不陌生。

采访组：在这期间有没有令您印象深刻，与美国普通人打交道的经历?

袁　鹏：印象比较深刻的是我当时的房东。他是从福建来美的偷渡客，一路上披荆斩棘，在海上漂了两个月，靠岸墨西哥，再入境美国当非法移民。十年后他站稳脚跟，把老婆孩子接到美国。他们这一代移民，在中国发展还不充分的时候，为了追求更优越的生活，不惜冒着妻离子散的风险，一个人孤独在美打拼，这个故事给我留下深刻印象。我想今天这样的故事已经不太可能发生了，因为中国的发展已经逐渐抹平了两国之间普通百姓生活条件的差异。这段记忆也映衬出中美力量对比发生了翻天覆地的变化。

采访组：1999 年 5 月发生了南联盟大使馆被炸事件，您当时在美国期间是否与美方的专家就此进行过辩论?

袁　鹏：我当时访美的时候炸馆事件已过去了半年，情况还是比较平和的。中美关系跟中日关系不一样，双方并没有累积深重的历史积怨与仇恨。

也就是说中国人可能讨厌美国的霸权主义，但是作为两个民族而言，反而两国民间有一种相互学习、欣赏对方的历史文化的情结，这是中美关系之间看不见摸不着的一个纽带。

采访组：在与美国专家交往中，遇到双方认知不一致的情形是怎么解决的？是否通过说理改变了他们原有的观点？

袁　鹏：改变美国人的观点是比较困难的。美国人比较强势，而且在短期内很难改变霸权思维，但并不等于在一些具体的问题上没法沟通。比如说，在日本军国主义等历史问题上，美国的理解当然没有中国这么深刻，也无法对中国的历史记忆感同身受。由于美日之间的特殊同盟关系，以及美国对日本半个多世纪的掌控，他们不认为日本是一个威胁或潜在的威胁。而中国对于日本在历史和现实两方面的忧虑，显然是美国学者无法理解的。但经过不断就日本在中国犯下的罪行、日本今天对历史的认知、钓鱼岛问题上的立场等与美国学者进行交流，应该说增进了他们对这些问题的理解，至少纠正了他们一些比较片面的认知。

当然，最起作用的是促进他们对中国国情的认知。我记得当时讨论最多的就是三峡工程。美方认为修建三峡大坝，导致中国大量居民搬迁，毁坏了当地的生态和自然环境，是一个灾难。我的老家就在三峡那一带，许多亲戚仍然居住在当地。切身经历告诉我，三峡工程一夜之间改变了上百万人的命运，让他们第一次走出山沟，走进城市，得以接触外面的世界。有一些七八十岁的老人，乡土观念强烈，不愿意搬迁可以理解，但是作为一个群体，大量的青壮年是向往外面的世界的。所以，至少在改变这些地区的落后面貌方面，三峡工程意义深远。我的现身说法改变了一些美国学者的看法。

另外，美国学者的治学方法也给我很大启发。在布鲁金斯学会期间，我学会了要研究一个问题，先要把概念界定清楚。否则，前提不明确，就容易大而化之。

采访组：您认为这些年来美国专家学者对华观点又发生了怎样的变化？

袁　鹏：当年美国对中国的观感，是一个比较落后的国家正在投向西方的怀抱，认为美国在中国融入西方主导的国际体系过程中，可以改变中国甚至改造中国，使中国成为一个体制与美国相像的国家。这是有点一厢情愿的幻想。

中国在积极融入国际秩序的过程中还是尽力保持了中国特色的社会主义道路和独立自主的外交传统。也就是郑必坚先生所说的，是一条与经济全球化相联系而不是相脱离，独立自主建设有中国特色社会主义的和平崛起发展道路。而这方面，我想当时的美国人估计不足。经过这些年的发展，中国在崛起的过程中，越来越有制度自信。就这个角度而言，许多美国的中国问题研究专家可能感到某种程度的失落，一些原本对华有偏见的人士，就从失落转变为幻灭，进而产生一种负面的情绪，把中国当作对手，强调对中国的打压。

预防、塑造、准备：做好中美关系的危机管控

采访组：过去 40 年中美之间经历了许多危机时刻，而中美两国基本上妥善管控了危机，其间有什么值得总结的经验？

袁　鹏：中美关系的发展经验值得认真总结。中美关系的 40 年发展与改革开放 40 年是同步的。《中美建交公报》于 1978 年 12 月 16 日发表，中国启动改革开放是在 1978 年 12 月 18 日，两者就相差两天。中国的改革开放取得了重大成功，中美关系实际上也取得了巨大成功。其中最重要的经验就是扩大双方的共同利益，实现利益深度捆绑，互相依赖。第二个经验就是做好危机管控，我们始终从战略高度和长远角度看问题，不因为个别事件丧失信心。因此，在出现危机的第一时间就进行积极管控，不让个别危机事件冲击双边关系基本面。所以，虽然过去每隔两三年，就会出现类似“银河号”事件、李登辉访美、炸馆事件等烈性事件，但由于我们具备处理烈性事件的意识和能力，最后总能够化险为夷，没有影响中美关系向前的主航道和主旋律。另外，注重发挥元首外交的引领作用，注重机制建设，重视民间交流，等等，有许多值得总结的宝贵经验。

采访组：如何看待美国对华战略大调整，以及对华战略愈发趋向强硬？

袁　鹏：根本原因还是实力对比发生了变化。美国环顾天下，发现能对其安身立命的三要素——科技、金融、军事——构成挑战的国家屈指可数，而中国位列其一。并且中国的制度越来越完备，文化自信越来越坚定，这一切都增强了美国的忧患意识和紧迫感。所以这一次美国围绕对华政策进行辩论，得出的观点较为一致，中国确实已经成为美国的一个主要对手。

此外，美国传统的接触战略融入、改变中国的方式走不通，那么就要进行调整。调整只有两个办法：第一是打压中国，而在中美利益深度交织的情况下，打压中国难度很大；第二是接受中国，然而这样又心有不甘。因此就在打压和接受之间徘徊，所以我认为美国还没有形成一个完整的对华新战略，在已有的对付战略对手的工具箱里面，还未找到得心应手的工具。因为中国这个对手是一个全新的对手，也是一个综合全面的对手，同时又是一个跟美国利益深度捆绑的对手，还是一个坚持走和平发展与和平崛起之路的对手。这样一个对手是美国历史上前所未有的。因此，对于中国崛起这样一个全新的历史性现象，美国全体战略界陷入集体辩论和思考，但到目前为止并没有找到一个一致的答案。因此，当前处理中美关系，基本上是议题导向的，就是根据不同的议题，采取不同的方法。

采访组：有的美国专家认为，特朗普政府尚缺乏一个完整而连贯的对华战略，您如何看待这背后的原因？中国该如何应对？

袁　鹏：现在美国之所以还未形成一个系统的对华战略，首要原因在于受长久以来的霸权思维所困，不肯放下身段迎接中国的和平崛起。如果放下身段，中美双方共同构建一个新型大国关系，就能实现互利共赢。然而美国经济居世界第一已有 100 多年，享有 50 多年的霸权和 20 多年的超级大国地位，这决定了它一时半会儿难以放下身段，反而以一个比较狭隘的视角看待其他国家的崛起。

其次，美国国内正在分裂，两党恶斗、朝野对抗，难以形成一致的战略和行动纲领。再加上从技术层面看，美国现在缺乏类似基辛格和布热津斯基这样有着世界眼光、历史记忆和深厚学养的一批大战略家去思考框架性问题。战略界往往充斥着一些政客和有一定知识但又缺乏深厚涵养的人。这样就导致美国战略界思想稍显苍白，可是他们又不愿意接受其他国家的积极意见，比如习主席提出的构建新型大国关系。他们往往从狭隘的立场出发，将一个战略性的举措视为战术性的骗局，而不是从大战略方面去思考其中的积极性。

所以从这个意义上讲，局势有一定的危险性。但中国并不是毫无办法，一方面我们累积实力，让美国真实面对这么一个打不垮的对手；另一方面，美国国内还是有相当一批人士，能够理性看待两国之间的关系，看清两国之间的利益纽带。当然，最根本一点，我们也应做好最坏的打算。所以我用了三个词——预防、塑造、准备：预防任何危机冲撞两国整体关系；发挥主观能动性去塑造中美关系朝我们希望的方向发展；准备好一旦中美关系塑造失败，能够抵御系统性风险和局部军事对抗。

大变局与新秩序：以战略思考引领中美关系

采访组：实际上美国国内有识之士对中美关系的框架设想也在不断推陈出新。您如何看待2008年美国学者弗雷德·伯格斯滕（C. Fred Bergsten）提出的G2（两国集团）概念？

袁　鹏：G2的想法有积极性，但提出的时机过于超前。当时中国的国力与发展势头与今日尚有差距，以中国当年的力量与美国共同治理世界，说服美国国内广泛接受这一提议难度较大。再加上这还是基于大国共治的想法，不符合多极化的潮流和中国倡导的多极化的外交理念，世界大事不能由中美说了算。G2积极的一面，是愿意接纳中国的崛起。然而，这并未成为美国各种利益集团的共识，所以非常可惜，在当年没能转化为实实在在的政策。时过境迁，我们今天觉得这里面蕴含着积极因素的时候，美国已经把中国当成对手。在今天这个背景下，G2这一提法还是能为思考中美关系的发展方向提供一些启发。

采访组：您曾提出，中美三个联合公报对指导今天的现实有些不够用了，您如何看待美国某些专家提出的签订第四个中美联合公报的观点？

袁　鹏：我的原意是：三个联合公报与三个联合声明，构成了中美关系的既有框架，成功指引了中美关系几十年的发展。而如今，这个框架不足以引领从今往后的中美关系。因为在当时的情况下，这三个公报主要

2017 年 6 月，袁鹏（左一）和“修昔底德陷阱”提出者艾利森教授（右二）一同出席在清华大学举办的学术活动

处理的是台湾问题和对世界秩序的看法问题。而今天除了台湾问题之外，中美之间还遇到朝核、南海、全球经济治理和气候变化等问题，这些问题在三个联合公报中没有体现。在坚持三个联合公报和三个联合声明总原则下，还要继续寻找新的框架进行补充，这样才能指引中美关系更加均衡地发展。至于是不是要叫第四个联合公报或者别的称呼不重要，重要的是找到一些应对新问题、解决新矛盾的新框架。

采访组：您认为这些新框架要包括什么要素呢？

袁　鹏：首先，要对世界基本潮流形成共识，这也是三个联合公报的经验。公报开篇即是双方对世界局势的总括描述。而当前，双方在大是大非的问题上存在巨大反差：比如，我们支持全球化与自由贸易，而现在特朗普反全球化；比如说，我们倡导多极化，美国还是希望继续领导世界 100 年。这肯定不利于中美两国在重大的全球问题上形成共识。所以在经济全球化、政治多极化、文化多样化、信息社会化这些潮流方面，双方应该形成一些大的共识。

第二，美国要客观务实看待中美双方彼此力量的演变，进而承认中国是一个利益攸关方，接纳中国的和平崛起。对于中国而言，我们也要让美国放心，中国的崛起不以挑战美国的霸权为代价。我们是跟自己比，并不是要超越和取代谁。即使经济上超越，我们也不想谋求霸权地位，双方需要一个再保证。

最后，就是对双方关注的问题划一条底线，找到趋向共同利益的合作路径。

采访组：您对基辛格提出的“共同演进”怎么看？

袁　鹏：到目前为止，我认为基辛格的共同演进思想是最具创造力和最具建设性的。不求双方走到一条路上去，但求双方水涨船高，你发展我也发展。至于演进到什么程度，需要双方在演进的过程中摸索和探讨。他另一重思想，是中美合作在冷战时期是基于共同威胁，冷战后是基于共同利益，今后要基于应对共同的问题，也值得我们借鉴。

采访组：您认为基辛格的观点得到美国战略界普遍认可了吗？

袁　鹏：美国战略界思考中美关系大战略的并不多，有点青黄不接。受新自由主义思想熏陶的年轻一代过于学究气，而现实主义培养出来的一批学者又过于咄咄逼人。怎么在二者之间找到一个平衡，既理性，又具备经验和历史记忆，同时善于从人类的整体关怀来思考问题，这样的人物确实比较少见。像类似“人类命运共同体”这样的概念今天从中国领导人嘴里说出来，得到世界的认可，也不是偶然的。这是顺应历史潮流的，也是以超越意识形态、超越社会制度差异的方法去思考问题，而现在这种思考问题的方法在美国还是比较稀缺。

这一问题的产生与美国国内过度追求学术专业化，关注问题越来越细分有一定关系。对中美关系进行通盘研究的学者群体这些年在减少。我认为还是要弥补细分研究与整体研究的鸿沟，否则会影响美国战略界的整体对华战略思维。

采访组：中国提出了“构建中美新型大国关系”的倡议，但似乎并未得到美国方面的积极响应？

袁　鹏：中美构建新型大国关系，是因为中美之间的关系状态发生了变化，必须用新的思路去破解，迎接新时代的到来。但并不代表构建“中美新型大国关系”就统摄了中国整体对外关系。与此同时，中俄之间还有全面战略协作伙伴关系。以这些双边关系为基础，我们还要构建新型国际关系。如果新型国际关系运行顺畅，我们最终目的是构建人类命运共同体，这是一个环环相扣、相互补充和层层递进的思想。构建新型大国关系规范的是中美之间的关系，与其他设想是相互补充的。应该说，美方对此概念一开始是有呼应的，但对其中“相互尊重”这一条则有所保留。但后来各种事态的发展导致美方将其束之高阁。但我认为只要我们持之以恒、言行一致地去推动，还是有希望的。

采访组：有美国专家提到，中国喜欢谈论抽象大框架而不给出具体的解决方案，而美国更期待在具体问题上达成共识，如何弥补这种差异？

袁　鹏：美国人一听中国人谈大框架就头疼，他们希望就事论事，通过解决一个一个的问题去累积互信，进而构成框架。我们习惯先搭建一个框架，在框架内解决问题。我们并非搭建了框架就不解决问题，而是我们认为在解决问题的同时，需要一个框架做引领。我们两个国家不是一般的国家，是超级大国和最大的发展中国家，完全按照具体议题去推动，就会出现小马拉大车的问题，导致这个问题刚解决，那个问题又出现了。因此，中国一贯强调，在解决问题的同时，还需要构建一个框架。今后，应该互相向对方的路径靠拢，两国智库之间也应该多交流，彼此取长补短。

采访组：您曾经提到过，您工作的现代院与美国智库一道讨论，建立“跨太平洋框架”，主张通过中美双边投资谈判等建立更加密切的关系。在当前美国频频掀起“贸易战”的背景下，这条道路是否走得通？

袁　鹏：中美之间的路子走不通也得走。这是唯一正确的选择，否则双方只能陷入冷战或者热战，双方和世界都承受不起这样的代价。尽管目前呈现出了特朗普掀起“贸易战”的局面，但是我相信这只是中美关系往前走的一个逆流和插曲。目前，同意他打贸易战的人也不多。经过几十年的发展，两国经贸利益已经深度交织，因此只能坐下来，通过结构性的改革与合作来破解，任何单边的做法都是行不通的。特朗普这样一种做法，给双方建构合作框架造成一定冲击。但我想随着后特朗普时代的来临，包括特朗普本人经过反思后，两国会回到就重大问题进行谈判和沟通的轨道上。届时，我们可以就双边投资谈判、就如何在太平洋地区和平共处的制度安排等问题进行谈判。一步到位很难，我们先从东北亚的和平机制开始，从南海相互规避冲突谈起，一步一步形成亚太和平共处的制度性安排。

Chen Dongxiao

陈东晓

采访对象：陈东晓，1967 年出生。现任上海国际问题研究院院长、中国国际关系学会副会长，主要从事中国外交、中美关系、联合国集体安全机制等领域的研究，曾主持国家社科基金、中外办、外交部、财政部和国台办等数十项课题。主编了《全球安全治理与联合国安全机制改革》《大格局：2020 年的亚洲》等书，曾参与翻译布热津斯基的《第二次机遇：三位总统与超级大国美国的危机》等书。

采 访 组：赵舒婷　叶　君　魏帮荣　潘　创

采访日期：2018 年 9 月 9 日

采访地点：上海市社联大楼

陈东晓：

除了建构新型大国关系，中美别无他路

1978 年，十来岁的陈东晓偷偷跑进父母工作的科研单位，观看了人生中的第一部美国大片——打着“内部资料”标签的科幻电影《未来世界》。电影中炫目的科技让年幼的他感受到了世界超级大国的发达与强盛，他自然而然地认为，美国的今日就是中国所追求的未来世界。

读书期间，美国外教讲述的中美关系史上的风风雨雨，新闻上播报的美国特使布伦特·斯考克罗夫特（Brent Scowcroft）访华一事，都不断激起他对美国的兴趣，他也由此走上了研究中美关系的道路。

在与中美政要、学术大家的多年交往与不断反思中，陈东晓认识到历史不是单线条的发展，现代化不仅仅只有美国化一条道路。他认为，目前西方世界正处于后现代进程中的再平衡阶段，以中国为代表的非西方世界正处于现代化的爬坡阶段，两股力量的碰撞将决定未来世界的分与合。中美之间不应陷入意识形态对抗，道路不必一致，但利益可以互融，保持谨慎乐观的心态，中美之间就能找到新的利益平衡点。

中美友好是民心所向

采访组：您于 1993 年进入当时的上海国际问题研究所工作，从事美国研究，中美关系发展中的大事件是否影响了您的职业选择？

陈东晓：中美建交是中美关系中具有里程碑意义的大事件，建交的时候我只不过十来岁，对此还没有什么感觉，更谈不上什么“自觉”的认识。但是从新闻上，隐约地感觉到，美国这个国家影响了我们的国运。

我 1990 年从复旦大学毕业，恰好赶上美国和西方盟友对华制裁，当时中美各方面交流都断掉了，因此我记忆深刻。毕业后我留校任教，同时在国政系做外事秘书，记得整整一年学校都没有与美方的交流活动。而我1986 年刚开始读本科的时候，美国外教还是比较多的，我还选过一些美国外教开设的美国外交史课程。

直到 1991 年，我才接待了 1989 年之后的第一个美国访问团——华盛顿与李大学（Washington and Lee University）国政系的系主任和他的妻子。我陪了他们夫妇整整一周，走访了上海周边不少地方。他们这些教授对中国其实怀有一种很特殊的情感。当然人和人不一样，但是我认为，当时他们真诚地希望结束中美之间的紧张关系，尤其希望美国能够结束对中国的制裁。

中美之间实际上有着良好的民间基础，中国民众对美国社会和人民抱有好感，“二战”时期两国形成了战略同盟关系。再加上改革开放以后，我们的主要参考对象就是美国，大家都想去看看世界上最先进、最具制度包容力的国家是什么样的。我就是这样一步一步对美国产生了兴趣。

采访组：40 年来中美关系历经了许多风风雨雨，保持战略定力与战略智慧十分重要。可否与我们分享一下您参与过的有关美国研究的国家重大课题？

陈东晓：我印象比较深刻的，第一个是刚到上海国际问题研究院工作时参与的有关台湾问题的调研。2001 年，小布什总统上台，台湾民进党的陈水扁执政，“台独”势力声势比较大，当时两岸关系是处理中美关系的关键。我参与了国台办、外交部的一些综合性的调研，给国家制定《反分裂国家法》提供了一些参考意见。

第二个，就是 2008 年研判美国未来的发展趋势。美国是否衰落了？美国国内的经济政治及社会变化对中美关系将产生什么样的影响？这是当时中央尤其是外交部非常关心的课题。我主持了这方面的研究，当时我们的总体判断是：美国作为资本主义世界核心，在冷战结束以后，通过在全世界尤其是非西方世界，包括在东亚地区的市场扩张，逐步缓解了实际上在冷战初期已经出现的经济过剩现象，美国所推动的战后全球化带动了美国新一轮的发展。当然，中国是参与到这一轮全球产业和价值链分工的受益者。与此同时，美国国内的治理问题日益暴露出来。此前，从冷战到 2008 年之前资本扩张的虚假繁荣遮蔽了这些问题。美国国内的收入分配严重不均，政治认同发生巨大变化，极化现象突出，种种迹象表明美国自身体制遇到了大麻烦。我们当时所做的判断是，美国国内的纠错机制还在，美国能够度过这一轮危机。但是现在回过头来看，可能我们当时对于美国国内的分裂问题认识不足，对美国的全球主义者、民主党政府所代表的东西两岸大城市、华尔街、大公司、大企业，在推动全球化过程中导致中西部的衰败和分配不均衡的问题认识还不够深刻。因此，没能准确预判 2016 年特朗普的当选。

经贸关系短期遇冷，长期仍有合作潜力

采访组：2018 年 8 月份您率团出访美国，拜访多位美国政要和专家，例如巴尔舍夫斯基、李侃如等人。当前美国国内如何看待中美经贸问题？

陈东晓：首先，从短期来看，尤其在中期选举之前，特朗普本人停息中美贸易争端升级的可能性基本没有。有几个原因，第一，美国决策层总体上主张"以压促变"，甚至认为在某些地方应该"脱钩"。第二，从特朗普的政治议程和个人利益来出发，维持"战斗者"的形象对他有利，能夯实铁粉。他通过强硬手段，在对墨西哥、加拿大和欧盟的谈判中，都取得了一些有利的进展。中国目前是经贸问题上美国主要的对手和靶子，所以他要遏制。第三，美国现在经济指标很好，信心爆棚。第四，中美之间的贸易摩擦升级，加征关税对美国的负面效应还没有完全展现出来。第五，也是比较重要的一点，此前为中美关系起稳定作用的工商界人士，这次不愿出来发声。

但我认为 2019 年到 2020 年之间，中美重新回到谈判桌上来解决问题的机会将会出现。理由如下：第一，目前美国并没有把对华实施冷战式的全面遏制作为打贸易战的出发点。当然，这种声音也是有的，例如纳瓦罗就主张两国经贸脱钩。莱特希泽（Robert Lighthizer）的诉求就比较复杂，毋庸置疑他是经济民族主义者，但与纳瓦罗相比，他并不希望中美脱钩。他希望中国能有所变化，自己能重温日本《广场协议》旧梦，与中国签下一个城下之盟。姆努钦（Steven Mnuchin）、库德洛（Larry Kudlow）主要代表了工商界的声音，但是他们认为中国的让步太少。而且，姆努钦前段时间所发挥的一些稳定作用，被特朗普否决了。在整体决策中，特朗普起最关键的作用，但他主要是短期直觉型的思考，美国内部尚没有一个统一

的长期战略思路。

其次，美国经济在未来几年依然能如此高歌猛进吗？经济是有发展周期的。而且，随着中美之间贸易摩擦升级，美国的疼痛会逐步显现，这会让更多的工商界人士意识到问题的重要性。我们到美国调研，美国地方上呼吁中美通过贸易谈判来解决争端的声音还是很强烈，只不过当前美国民众更关心的是《北美自由贸易协定》（NAFTA）的谈判。对他们来说，墨西哥和澳大利亚农产品的出口是最关键的，我们的影响力还没有这么大。

最后，中美之间有很多非经贸因素仍然存在，双方需要合作。如果一味把中美之间经济关系弄得紧张，那么中美在其他领域的合作就会受到影响，例如朝核问题。而且，随着美国进行缩表、升息，国际金融体系正在经历大幅波动。土耳其、南非甚至巴西近期都出现一些问题，新兴市场国家会不会影响整个世界金融稳定？如果一旦出现问题，那么中美合作来稳定金融市场，就会成为主要议题。

采访组：在中美贸易争端升级过程中，美国国内质疑较多的就是知识产权保护问题，您如何看待这个问题？

陈东晓：我们不要一下子被美国的主张带跑，要好好地想一想美国的主张是否合理。发展中国家和发达国家本身发展水平不对等。发展中国家凭借廉价劳动力与广阔的市场潜力与发达国家合作，换取技术转让，从而实现产业链升级，这是一个公平的理念。

现在美国认为这不公平，是观念上的错误。我和巴尔舍夫斯基交流时，她说如果中国这么多年一直处于价值链的低端，一直做鞋子，大规模发展加工贴牌的低端制造业，从哲学或是道德上讲，包括她在内的很多美国人认为这是不公平的。但是这种声音在美国很少，好像我们听到的都是美国人指责中国强迫技术转移。这本来就是一个相互交换的过程，你看中了我的市场，那你就要以某种方式进行技术转移。既然是合资企业，那这就是双方共同的意愿，我们渴求发展的意愿是真实的，如果你不想要我们的市场，那也可以到下一个地方去。认为任何发展中国家，只能停留在产业链低端的观念是不对的。

当然，知识产权保护是另外一个问题。在这方面中国确实有待加强，我们也在不断改进，花在知识产权上的费用年年在增加，这个数据本身也反映出我们是知识产权大国。

另外，现在的知识产权体系本身存在过度保护的问题。企业希望知识产权的保护期越长越好，例如医疗、半导体、芯片等行业。但是，从全球市场充分竞争，让技术的红利在更多的发展中国家传播的立场出发，应当考虑主动地缩短保护期限，进行技术让渡。核心技术投入大，进行保护以保持领先地位是应当的，而如果所有的技术长期垄断几十年，那么其他国家怎么办呢？这也是应当考虑的伦理问题。印度、印度尼西亚在和美国做交易的时候，都采用了市场换技术的办法。为什么不指责它们呢？因为中国的进步太快了，中国的成功给美国带来了恐惧。

采访组：当前中美两国都在经济转型，两国能否找到新的合作点？

陈东晓：如果讲得大一点，我认为这是判断未来世界合与分的重要问题。包括中国、印度、东南亚、非洲、拉美在内的非西方世界的现代化进程，就是不断地从初级、中级再向高级跃升的过程。特别是冷战以后，非西方国家通过全球化产业扩张加快了跃升的步伐。我们国家已经进入中等收入国家行列，面临的新挑战就是能否顺利地迈向更高端的现代化阶段，也就是我们讲的新时代。西方世界，以美国欧洲为代表，实际上在冷战以后，就逐渐进入到后现代阶段，初级产业向外转移，服务业、设计等高端产业留在本土。由于缺乏负责全球治理的世界政府，无法在世界范围内进行转移支付与财富的平衡分配，造成了美国国内一批教育技能相对比较薄弱的人群，未能赶上产业移出以后的升级换代。克林顿总统曾经想解决这个问题,但没有成功。因此，美国和欧洲进入了后现代进程中的再平衡阶段。

如此一来，非西方世界进入现代化，既有内部挑战，也有外部挑战。外部挑战就是发达经济体所创建和主宰的国际经济体系能否容纳新成员的升级。对西方发达国家来讲，挑战就是在后现代化进程中遇到很多挫折，他们能否在新的再平衡当中，通过自己的改革解决遇到的难题。这两种力量，就是决定未来世界分与合的重要力量。究竟是一个相互包容、共进共赢的进程，还是一个零和博弈互损的进程，对世界的发展至关重要。

采访组：在世界需要加强合作的时刻，美国一方面对于国际治理不热心；另一方面，对我们提供国际公共产品，例如“一带一路”，也抱有很大怀疑。您怎么看这个问题？

陈东晓：十九大报告已经再次鲜明地宣示了我们这个国家和中国共产

党人是有国际主义情怀的。中国除了要实现伟大复兴以外，还要促进世界和平与繁荣发展。这是我们中华民族和中国共产党价值观的一个重要体现，也是我们基因里已有的东西，我们现在有能力在国际社会贡献更多的理念与物质力量，“一带一路”就是其中重要的一块。国际社会如何看待我们的贡献，永远存在张力。我们要承担更大的国际责任，目标理念和美国所期待的不一定是完全一致的。美国希望我们是它领导的俱乐部中的一个成员，承担更多的责任。解决这个问题，不在中国，而在美国，美国社会需要“换脑筋”。但是，换脑筋是一个痛苦的过程。

诉衷肠、换脑筋：中美之间能够达到新的平衡点

采访组：您在 2013 年就撰文提醒，要注意美国社会对华认知的变化将给中美关系带来冲击，中国应主动塑造中美关系的走向。但特朗普上台后内阁鹰派当道，这给我们改善中美关系带来了哪些挑战？

陈东晓：双边关系是互动的产物，美国的政治文化与美国的历史、经济实力、综合实力是密切相关的。

首先，在“一战”之前，美国就已经是世界首强的经济体，多年以来一直是世界霸主。因此，美国即便进行战略的调整，也是通过内部反思实现的。中国作为外部力量，想要指出美国的不足之处，影响美国的行为，难度很大。

其次，就美国人的心态而言，他们认为中美关系出了差错，问题主要出在中国。从这个角度出发，他们认为接触政策失败了，而不是认同在后帝国时代，世界朝着多元化发展，没有一种霸权可以持续，进而去考虑中方提出来的建立新型大国关系的理念。尽管也有美国学者使用“后帝国主义”的概念，但要让美国以一种平等的心态，与其他的国家平等相处，它还没有准备好。美国人有近百年的世界最强国家的集体记忆，历史上起起伏伏，越战、反恐，在他们看来就是美国愈挫愈强的周期。这就阻碍了他们以开放的心态去倾听中国的建议，去思考在中美关系上究竟应该用一种什么样新的理念。

当然，现在他们也在逐渐倾听中国的声音。不过，即便现在很多美国学者，例如曾经多么狂妄地提出“历史终结论”的弗朗西斯·福山（Francis Fukuyama），这几年写政治秩序的衰败，写美国政治的衰败，但他们的内心只是认为美国需要调整，而不是说我们要学习一下其他国家的价值理念。

就中国而言，从结果上来看，中美关系没有按照我们原来预想的新型大国关系去发展，也许只是时机还没有成熟，因为中美关系的未来，如果不是以新型大国关系理念或者互动模式推进，那么就会陷入巨大的危险之中，没有其他新的出路。

采访组：在双方磨合的过程中，您认为智库在中美交往中发挥了哪些作用？

陈东晓：智库作用太重要了。我们通常把接待美国专家和出访美国叫作学术交往或学术外交。学术外交，有三个功能，第一是论理，就像这一轮贸易摩擦升级，前方打仗，后方论理。其实，美方的许多数据、观点，经不起推敲。第二，是相互沟通，在一些关键的节点上，摸清楚双方到底怎么想。有的时候是捏着鼻子也要把对方的话听完，不能对方还没讲完就争论起来，而是去了解对方的心态与思考，政策走向与未来趋势。第三，是交底。在关键时刻，在例如台湾、经贸等一些重大问题上来交底。由于现在各种交流平台很多，学者交底作用在下降，如果有一些前政要、退休的知名外交官，可以发挥更好的作用。

采访组：在和美方专家学者接触沟通的过程中，有谁给您留下了比较深刻的印象？

陈东晓：有三位外国专家学者给我留下深刻印象。第一位是美国加州大学伯克利分校的斯卡拉皮诺（Robert Scalapino）教授。在20世纪90年代中后期，我们院与他所在的加州大学伯克利分校东亚研究所，建立了年度交流机制。他有一句名言，“星期一我对中美关系是乐观的，星期二是悲观的，星期三又是乐观的……”这样一直循环往复。我们就问他星期天怎么看，他说星期天我休息。这位长期研究中美关系、十分睿智的教授用讲笑话的方式告诉我们，中美之间一定要平衡。困难时，我们要想积极的东西，表面上风平浪静的时候，要看到背后的暗流涌动。

第二位同样也来自伯克利东亚研究所，做社会学研究的华裔教授叶文心（Wen-hsin Yeh）。有一次讨论稿子时，她跟我说：“东晓，我发现你们写中美关系、写未来中国发展变化，给人感觉好像是中国的未来发展方向和美国所希望的方向是一致的。我提醒你，我们研究文化的强调 diversity（多元），中国未来的发展理念怎么可能完全与美国一致，这是不可能的。”那

2018 年 5 月，陈东晓（中）在华盛顿参加“美中关系 40 周年”纪念活动

时是 90 年代中期，我年纪也较轻，总觉得美国发展在前，中国在后照做。听到她的质疑，我感到十分震撼，后来就一直在反思，这是一个大问题，现在越来越感觉到了中国道路的独特性。实际上现代化发展道路可以有很多条，而且走在不同发展道路上的中美两国，利益仍然可以是交融的。

第三位，也是印象最为深刻的，布热津斯基。1995、1996 年的时候，他和奥克森伯格一起率团到访我们院，那是我第一次听到布热津斯基演讲。当时他的《大棋局》还没有出版，他讲了欧亚大陆弧形地带的敏感性与脆弱，由于宗教、文化、发展等等因素，中美之间没有其他选择，只能合作来避免这些脆弱带。他真是地缘战略界的大师，我佩服得五体投地。2007 年，《上海公报》发表 35 周年，布热津斯基又来到中国，我在北京和他进行了简单的交流，他在那个会议上就曾表示倡导“G2（两国集团）”的想法。在他思考美国大战略时，脑子里总有这么几个重要的核心国家，如果大国走向冲突的话，是真正的灾难。我们后来翻译了他的《第二次机遇》，这本书里他回顾了老布什、克林顿、小布什三位总统，在美国重要的战略关键阶段如何丧失了机会。他从国内视角出发，认为美国教育、经济发展、收入分配、青年人对外部世界认识等都存在较严重的问题，他担心缺乏战略觉醒、误信、自高自大、经济发展不公、认同断裂对美国所造成的影响。另外，布热津斯基也让我意识到，必须有一个宏大的战略视野和历史纵深，才能看清一些问题。当然，他的某些结论，我并不同意，例如加强跨大西洋意识形态价值观等等。

采访组：您刚刚提到多元化这个问题，中国如何在走自己道路的同时处理好与美国的关系，避免意识形态上的对抗呢？

陈东晓：这是一个非常重要的问题。有次我和法国前总理德维尔潘交流时，他也表示比较担心出现以意识形态为核心的冲突甚至对抗。这其实是冷战一个重要的根源，就是国与国之间讨论利益导向的需求时，虽然有所分歧，但总能找到解决方案；但是讨论“你是谁”的时候（上升到意识形态，尤其是原教旨主义，即“我是对的你是错的”）不允许共存，甚至坚持“零和”的想法，认为把对手消灭了自己才是安全的，这是十分危险的。持此观点的在美国及西方世界大有人在，美国以冷战胜利者自居，一直认为自己能走向强大，在于所秉持的价值观，而且认为自己的意识形态是最正确的。虽然美国社会内部许多人，例如叶文心教授和库普坎（Charles Kupchan）都提到多元化，但是这并没有上升为美国决策者与战略界的意志。我同意现在中美存在经济竞争和科技竞争，但我十分担心，很多美国人有意无意地想把中美关系往意识形态冲突上去推。

采访组：您研究中美关系多年，您认为我们应当抱着什么样的心态去看待中美关系的发展？

陈东晓：还是应当谨慎乐观。谨慎是因为美国现在是中美关系乃至世界不稳定的源头，所以我们需要重新来认识一个变化中的美国。以前我们对美国比较有信心，美国有乐观的文化、有平衡的政治体制、信仰法律与规则，各种条件比较优渥。目前来看，我们要更加谨慎地看待美国的发展方向，它可能会走向分裂与混乱，这取决于美国社会和制度是否能自我纠正和保持稳定。

乐观是因为中美必须保持关系稳定，除此之外，没有其他选择。中国的崛起道路，虽然会遇到各种各样的挑战，但是整体向上发展的趋势是不可能被外力阻断的。我仍然认为，美国仍然有很大潜力往上发展，而不是一个即将衰败的国家，美国人的乐观精神和其他的积极面，会让它向前发展。中美之间还是有机会达到一个新的平衡点，所以前景总体上是谨慎乐观。当然任何事情都有例外，如果一方出现战略失误，中美之间就会有大的波折，但是任何时候都会反弹回来。

Da Wei
达 巍

采访对象： 达巍，1973 年出生。现任国际关系学院校长助理、国际战略与安全研究中心主任，曾任中国现代国际关系研究院美国所所长。主要研究美国政治与外交、中美关系等。2006 年至 2009 年在美国大西洋理事会、约翰·霍普金斯大学任访问学者。发表过《中美关系与中美中长期战略稳定框架》《美国对华战略逻辑的演进与“特朗普冲击”》等论文。

采 访 组： 薛雍乐　赵舒婷　魏帮荣　周永平

采访日期： 2018 年 3 月 28 日

采访地点： 国际关系学院

达　巍：
中美关系的稳定符合两国各自发展的大战略

1979 年进小学的达巍算得上是中美建交后成长起来的一代中国青年。中美友好往来为他创造了学习、择业的机会，开拓了他的视野，从某种程度上来说，也改变了他的人生轨迹。

孩提时代看过的美国广告、儿童节目和好莱坞电影构成了达巍对美国的最初印象，引起了他的无限遐想，也激发了他的浓厚兴趣。随着美国成为唯一的超级大国引领世界，中文系毕业的达巍后来转而攻读国际关系，并毫不犹豫地选择了美国作为研究对象。之后 20 年的研究工作使达巍对美国的认知经历了“祛魅”的过程。平视美国，他看到了美国普通人的可爱，也目睹了美国的政治极化与社会分裂。

随着中国的不断发展和中美实力差距的缩小，美国对华战略正在经历较大的转变。尽管中美关系的未来正面临新的严峻挑战，但达巍认为，过去 40 年来两国接触、合作的经验，依然能给我们重要的启迪。

一支广告片埋下兴趣的种子

采访组：您最初是如何对美国产生兴趣的？

达　巍：我在 1973 年出生，1979 年开始上小学，那时中国改革开放全面启动，中美在那一年正式建交，两国关系进入“蜜月期”。我在 20 世纪 80 年代接触到的很多东西都让我对美国很感兴趣。

我还记得当时看到的第一个比较成型的电视商业广告是宝洁公司的，

画面和台词我到今天还记得非常清楚。广告拍的是一个中国小孩和他妈妈在美国。孩子在房前的草坪上打棒球，妈妈在厨房里洗碗，画外音说："小华到了美国学会了打棒球，小华的妈妈也越来越爱用 P&G（宝洁）的产品了。"当时我还不懂，其实这个广告传递了一种所谓的美国形象和美国价值观。我也清楚地记得看过一个叫《大鸟在中国》的片子，讲的是大鸟到中国来寻找凤凰的故事，后来才知道那是中美合拍的《芝麻街》特辑。那时中国也开始有好莱坞电影涌入，比如央视每个星期天都播放一部秀兰·邓波儿的片子，让人印象深刻。

中美人文交流让我萌生了对美国的兴趣，让我特别想搞清楚美国是如何变成今天这样一个发达国家的。

采访组：您是从什么时候开始选择美国为主攻研究领域的？

达　巍：我是在 1999 年明确选择了美国研究这个方向。研究美国一直是国际关系专业学生当中的"热门"。一个显而易见的原因是，美国是世界上唯一的超级大国，跟中国的关系非常密切。如果中美关系好，美国可以成为中国整个现代化或民族复兴进程中最大的一个外部助益力量；但如果中美关系不好，它就会成为中国民族复兴过程中最大的一个外部威胁或者消极的力量。

选择研究美国的另一个原因是我们关心中国。长期以来，美国是中国的一个参照系，或者说是我们学习追赶的一个目标。美国为什么能成为发达国家？为什么它在 200 多年的历史中，能从世界上的边缘国家变成超级大国？可以说，中国很多研究美国的学者是因为关心中国才去研究美国的。

20 年来，我一直从事美国问题的学习和研究，我很喜欢这个专业。从中美关系这个视角出发，也让我更好地观察和理解了自己所处的时代与世界。

采访组：从儿时懵懂的兴趣到专业的学术研究，您对美国的印象有没有发生变化？

达　巍：当然。80 年代初，中国和美国处于我们现在所说的"蜜月期"，甚至是"准盟友"的关系，整体面向比较积极。现在随着中美关系的变化和我自己对美国认识的变化，对美国的看法也会有很大的改变。现在回头看，

80年代接触的美国文化都是美国的公共外交成果，看到的是美国比较美好的一面。今天与很多中国人一样，我的“美国观”也变得更复杂、更多面向了。

几十年来，美国形象一直保持着比较亮丽的一面，比如经济繁荣、科技发达，社会总体来说比较和谐。但是，一个国家的好形象很难建立在霸权主义的外交政策基础上，长期以来这是美国形象中比较大的一个问题。从我们中国人的视角来看，我们经历过美国在台湾问题上的干涉、1999年驻南联盟大使馆被炸事件、2001年南海撞机事件等，包括和我们没有直接关系的2003年伊拉克战争，都影响了美国在中国的形象。

最近几年美国的形象又出现了一个新的挑战，就是美国国内政治也出现了比较大的问题。过去大家可能会说美国外交政策比较霸道，但国内治理不错。但如今，美国的贫富差距、族群关系、政治极化、控枪等问题都受到了关注，短短十几年间，小布什和特朗普都以少数票当选了总统，美国人也觉得制度有问题但无法解决。整个美国的形象是正面负面兼而有之，但近年来负面的比例在增加。

目击美国之变：中国学者的平视与警醒

采访组：您在2006年到2009年在美国访学、工作，这段经历有没有改变您对美国的看法？

达　巍：最大的收获其实不是学术上的收获，而是对美国这个社会有了更深入的了解。那段时间我生活在“美国人民的汪洋大海里”，像他们一样每天开车上下班；每年到点了像他们一样向政府报税，为烦琐的税表苦恼；周末去美国朋友家里吃烧烤，或者在家里干“农活”——除草、施肥、扫落叶；有一年还装修了一次房子，学了好多“装修词汇”。我认为这是一种“祛魅”的过程。尽管在那之前我已经研究美国一段时间了，但对美国仍然有很多的想象，无论是积极的还是消极的。但在美国待的时间比较长后，就会感觉这个国家其实跟我们中国一样，是一个普普通通的国家。这里的人也像我们中国人一样，绝大多数都勤劳、善良、友善，当然也有一些让人不那么愉快的人。政府机构和智库其实跟我们的国家也是一样的，有办公室政治、有潜规则。有了这些经历，就不太会仰视或者俯视这个国家，而是能够平视，这个发现对我来说挺重要的。

另外就是那段经历让我能比较细致地观察美国，有更多机会去访问美国内陆地区，像美国人一样去参观城市和历史名胜，到过去出差没有机会去的乡村，看美国在几百年历史中的这种斗争、妥协、进步、无奈。我自己开车去过美国很多地方，包括从东海岸开到西海岸。我特别喜欢去拜访美国各种历史遗迹、名人故居，去体会这个历史不怎么悠久的国家是如何一步步在曲折与矛盾中走过来的。

说到那段时间印象很深的事情，我在美国正好是小布什政府后期、奥巴马竞选到上任的这段时间，当时我一直在跟踪竞选过程，参加民主党和共和党的代表大会。虽然我研究美国、知道竞选的程序，但亲眼看了这个过程仍然觉得和想象中差距非常大。印象特别深的是 2008 年民主党在丹佛一座橄榄球场里举行了奥巴马的提名大会，就像是大派对，名人轮番登台演讲，摇滚乐队表演助兴，那时你能感到美国全民憋着一股劲儿，就是要改变。2009 年 1 月我也去了奥巴马的就职典礼，那大概是我见过的美国人出现最多的一次。我在华盛顿的国家大草坪上待了一天，其实完全看不到奥巴马。我看到的是美国老百姓欢欣鼓舞，黑人泪流满面，白人也感到很激动，觉得是在见证历史、改变历史。其实之后看来，他们当时可能有点太乐观了，美国并没有那么容易被改变，但那确实是美国历史的一个瞬间。

采访组：您在 2008 年见证了奥巴马的当选，而 2016 年特朗普当选出乎了许多主流学者的意料。这是否会让中国学者在研究美国时做出一些改变？

达　巍：我一直觉得特朗普实际上是奥巴马的一个延续，尽管这两人如此不同，但我们看到 2016 年大选中美国选民不满、愤怒的情绪，早在 2008 年就已存在。今天我们说特朗普是个“素人总统”，没有执政经验，但奥巴马在当选前也只当过参议员，没有行政经验。当时美国老百姓已经对现状非常不满，要选一个和华盛顿建制派不一样的人，所以以“改变”（Change）为口号的奥巴马就当选了。但 8 年后，美国老百姓发现他们的问题没有解决，甚至有些地方变得更严重了，所以想选一个更不一样的人。2016 年大选并不是一个裂变，而是愤怒情绪的深化。

美国人之所以会有这样的不满，一方面是因为全球化对美国的某些阶层、地区和行业造成了比较大的冲击，另一方面是美国政治越来越不能响

达巍参加第七轮中美人文交流高层磋商全体会议

达巍参加中美基础设施建设合作研讨会

应这样的问题。在华盛顿、纽约、洛杉矶可能感觉不到这些问题，但到“铁锈带”，却会感觉到问题的严重程度。奥巴马执政的8年中，美国确实走出了经济危机，但其结果是拉大了贫富差距，一些社会矛盾也在持续恶化。

对中国学者而言，2016年大选是一个比较大的警示。第一，中国学者接触的更多是美国东西海岸大城市以及美国的精英阶层，较少有机会接触来自内陆的声音，就算是知道那些地区存在问题，也没有意识到会这么快地反映到高层政治上。第二，我们原来以为美国人对自己的政治研究得比较深，所以我们跟着他们走相对来说是比较便捷的方法，但美国的媒体、民调是比较偏向自由派的，这时得到的信息就不全面，会带来风险。

2016年大选就清晰地把这种风险展示给了中国学界。所以未来研究美国，重要的问题是要如何接触更全面真实的美国，以及怎样批判地、比较地去吸收美国的信息。

从接触到竞争：国力变化后走向新框架

采访组：过去几年美国政策界进行了对华战略大讨论，认为过去对中国的“接触战略”失败了，这是否说明美国的对华战略正在发生非常大的转变？

达　巍：美国对华战略确实在发生一个比较大的转变，在中美建交40周年之际，我们思考这个大问题是非常有意义的。

过去几十年，美国相对中国来说是更强的国家，美国是国际体系内的领导国家，中国则游离在体系边缘。我把这种格局归纳为“内外强弱”。美国是国际体系之内的强国，中国是国际体系之外或者边缘的相对弱国。

在这个框架下，过去40年，美国对华的基本框架是“接触战略”，即通过跟中国的深度交往，把中国拉进美国主导的国际体系，美国的目的一是要获取战略利益。美国至少收获了两大战略利益，一是冷战期间中美共同制衡苏联，二是90年代之后中美共同推进了全球化。此外，美国企业、美国消费者当然也在这个进程中收获了明显的经济好处。美国的另一个目的是通过“接触”影响和塑造中国，希望中国的政治、经济、社会、外交政策都沿着他所希望的方向发展。

在融入国际体系方面，中国过去40年的战略与美国有很大的契合之处。

从 1978 年年底改革开放以来，中国的基本想法则是要融入国际体系以求发展，也就是我们过去所说的“与世界接轨”。我们收获的好处也很大：中国在这 40 年里方方面面的变化都很大，比如说中国改革开放有一个比较好的外部环境，我们的政治、经济和社会都发生了很多积极的变化。不过，这种变化与美国想看到的变化当然是不同的。

但是随着中国融入体系并且快速崛起，中美在国际格局中变成了“体系内两强”的关系。如今在美国看来，中国模式运行成功，也很自信，似乎完全达到了战略目的，而美国则没有达到塑造中国的目的，反而让中国的国力赶上来了。所以很多美国精英感觉过去 40 年的“接触”亏了。实际上，这些美国人一是忽略了中国过去 40 年发生的变化；二是忽视了美国在“接触”中获得的好处。另外有些美国人有一种错误认识，觉得好像中国的今天是美国帮助取得的。实际上，中国过去 40 年的发展首先依靠的是释放 13 亿中国人的创造力，外部环境不是不重要，但只是次要方面。美国这三个错误的认知让它感觉“接触”失败了，所以要调整政策。

美国调整政策的趋势前几年就有，但从 2017 年年底到现在这段时间，我们确实告别了过去的框架，似乎正在进入新框架。未来 40 年的新框架是什么？是以合作为主，还是以竞争为主？现在还不好下结论。但可以确定的是，这个新框架的基础是中美现在变成了国际体系中的两强关系，而不是此前的“内外强弱”关系。格局发生变化后，上面的战略框架一定会变。

采访组：特朗普政府自 2017 年年底起频频将中国列为“对手”、重提“大国竞争”，这种与中国竞争的心态有多少与过去有延续性，又有多少是特朗普政府的特点？

达　巍：中美关系的新框架是什么，美国战略界整体并没有拿出一个统一的说法，但有一个共识就是要对华强硬。最严重的是要遏制中国，奥巴马时期就有人在讨论这点。也有人说不能或者无法遏制中国，可以与中国竞争。还有人认为，接触政策还要继续，但要在原有框架下更加强硬。美国战略界有不同的声音，但整体上美国对华战略是在朝比较消极的方向移动。

特朗普政府选择了竞争，美国战略界恐怕也有很多人同意他的看法。如果换成不同的政府，可能会用另一个词，也不一定用“战略竞争”，但要跳出传统的接触框架，整体对华更强硬，这是一个总的趋势。

特朗普政府的对外战略表现出一种进攻现实主义色彩。至少在冷战结束后，美国对外战略的主题是自由制度主义，通过构建、领导和维护一套国际制度、并将其他国家置于这种国际制度下来维护和实现霸权。过去小布什政府对这套制度也有微词，但走得不是太远，而特朗普则是在基本方法论上和前任不同。

特朗普的现实主义包括他对世界性质的认知，认为世界很不安全。美国政府过去也有不安全感，但没有这么强烈。其次，特朗普认为在这样的丛林状态下，只能通过自助来维持美国的地位。同时，他认为国家和国家之间的关系基本是零和的，即使能双赢，也要美国赢得相对更多。他也比较倾向于依靠美国自己的单边主义力量，而不是依靠国际制度，其采取了种种“退群”的做法，而意识形态相对讲得少一些。

特朗普个人很大的特点就是不可预期，这来自于他的个性，有时也可能是故意的。比如他的“推特治国”让人很难预期，内阁人员变动也相当频繁。在具体政策执行上，他在台湾问题、贸易战上也都有反复。他自己的书里也说，就是要让对手无法捉摸。这种个人风格和他的思想脉络叠加在一起，他的现实主义就显得比较粗暴，现在全世界都有种不适应症。

回看 40 年：稳定关系符合两国利益

采访组：在这样一种现实主义思想脉络下，您认为中美会不会滑向冷战？

达　巍：有一句流行的话是，“中美关系好也好不到哪儿去，坏也坏不到哪儿去”。从专业的角度看，这句话虽然大致不错，但是不太精确。更值得思考的问题是：中美关系能坏到什么程度？最坏的情况是类似“二战”前的美日关系，或者“一战”前的英德关系，最终结果是爆发热战，我觉得可能性非常小。在核武器出现后，大国之间出现热战的可能性大大下降了。

第二就是中美关系会不会坏得类似美苏冷战？我觉得可能性也不大。美国和苏联之间是两种意识形态要埋葬对方，两个平行市场不相往来，两个军事集团互相为敌。而在中美之间，中国至少没有打算用我们的意识形态在美国或外部世界取代西方意识形态，更希望和平共处、各美其美。中美经济往来也太大了，尽管大家都在抱怨经贸关系，但每年有近6000亿美元的双边贸易，双边投资额也非常大。另外中国没有盟国，也没有意愿组建任何军事集团。所以中美爆发冷战的可能性非常低。

但是中美有可能坏到“新冷战”或者“小冷战”的程度，也就是类似今天美俄关系的程度。这是我们要努力规避的。“新冷战”是什么样的呢？就是双方在政治、外交上还是保持着交流，两国首脑、官员也依然见面，一些经济往来也仍然存在，但双方互相视对方为战略敌手。此外也有一些低烈度的冲突，比如网络冲突、经济或金融制裁、外交战，或者对对方展开渗透甚至是颠覆性的行动，这种可能性至少在理论上是存在的。大概从2013、2014年以来，我觉得中美关系就在朝那个方向缓慢移动。奥巴马政府第二任期最后两年在中美双方的共同努力下，这个趋势逐步稳定；特朗普上任后的几次元首峰会也稳住了中美关系。但是现在中美关系又在往那个方向移动。我们一定要小心防止，以今天的美俄关系为鉴。

采访组：那么怎样可以防止中美关系走向“新冷战”？

达　巍：如果美国一定要与中国竞争，那或许我们只能去竞争。我们首先要考虑的是竞争的性质。竞争有良性和恶性，不一定是坏事。我们要考虑如何把竞争维持在良性层面。竞争不能变成互下黑手。通过竞争如果能实现基辛格所说的中美“共同演进”，那反而是好事。

其次要控制竞争的范围。我觉得一个比较理想的状态是就事论事，比如经贸领域的矛盾就停留在经贸领域，不要影响到中美关系的其他方面。如果把经贸领域的竞争和朝核问题联系起来，再和台湾问题、南海问题联系起来，这样就会无限扩大。中美关系是一个多面体，我们可以在某一个面或者几个面竞争，但不要随意地扩展到其他面。中国现在国力日益强大，越来越有控制竞争范围的资本与条件。

再次是要争取维持和扩大中美关系中的合作面。奥巴马政府时期，中美在全球层面特别是气候变化问题上合作较多，但现在共和党政府不会把全球问题放得那么优先。在地区层面，最突出的是朝核问题，中美仍然在有效合作。两国也可以在阿富汗稳定等问题上有一些合作。在双边层面，经济合作和人文往来都非常重要，现在都受到了一些挑战，但这就像装了水的玻璃杯一样，杯子有水的一半还是远远多于没水的一半，我们还要尽量保持这些合作。

第四是要以底线思维做好危机管控。十八大以后,中美两国在危机管理、互信措施等方面取得了不少成果，但是还有很多的事情可做。总之要防止一线的突发事件或者第三方突然把中美关系拖到无法控制的情况。

最后是我们中国自己要保持清醒的战略头脑。一个问题是我们是不是要跟美国全面竞争？我想，中国在相当长的时间里还是一个发展中国家。即便我们未来进一步发展起来，也不要把国力虚耗到大国竞争、对抗当中。如果一定要竞争，我们应该尽可能以一种非对称的方式的策略。二是面对趋于紧张的大国关系，我们的战略机遇期还在不在？中国还能不能在当前的国际体系内部和平发展、和平崛起？我想这个机遇期还是没有变的，尽管条件发生了很大变化，但是和平发展的环境还是存在的。对国际环境的性质这类重大问题，我们还是要做出谨慎判断。

采访组：现在回顾40年前中美建交的时刻，当时政治家的大智慧对我们现在有什么启迪？

达　巍：我觉得最大的一个启迪是，要从大处着眼看待中美关系。中美关系不是普通的双边关系，而是一种战略关系。两国间有很多具体分歧，双方在这组关系中可能也都各有不满意、不舒服的地方，但过去40年一个最基本的经验，就是两个国家能从战略高度和历史视野来审视中美关系，两国领导人能够自上而下地管理双边关系。因为这组关系对两国都太重要了。

从中国的视角看，中美关系与中国的现代化和民族复兴有着密切关系。如果没有一个良好的中美关系，中国的改革开放可能没法像现在这样成功；未来中美关系如果走向“新冷战”，那么对中国的发展肯定也是非常不利的。反过来说，美国朋友也需要想一想，离开中美关系的正常化，它能那么快打赢冷战吗？能在冷战结束后引领全球化的风潮吗？未来中美关系如果走向对抗，美国究竟是会变得更强大呢，还是会被拖进大国竞争的陷阱呢？尽管40年后中美和世界都发生了巨大的变化，但我们两国都不应该忘记40年前发展中美关系的初心。

另一个启迪是，下一步中美两国对对方的战略，都要根植于各自的国家发展大战略。我们要想一想，过去40年的大框架为什么能稳定下来？一个基本的原因是这一框架服务于中美两国国家发展的大战略。美国的大战略是要当全球领袖、霸权国家，把所有国家都拉进它主导的国际体系，它的对华战略服务于这个大战略，所以非常有持续性。反过来说，中国对美战略也服务于中国融入国际体系、改革开放的大战略。这样一来，即使两国间发生一些小波折，还能回转过来。未来的中美关系一定得从两国各自大的国家发展方略去考虑。我们两国都要诚实一点，得说实话。比如我们中国人自己首先要想清楚、讨论清楚，为什么要和美国保持稳定的关系，这对我们有什么好处？我们自己想清楚了，对美战略才有持续性。反过来美国人也是一样的。两国把各自对对方的战略牢牢地筑基于本国发展的战略需要上，这样才是可持续的。

我还想强调的是，中国和美国都应该足够自信。中美两国都是伟大的国家。中国未来能不能够成功崛起、复兴，主要因素在中国自身，外部是辅助因素。同时，美国能不能保持超级大国地位、是否会衰落，也主要取决于其自己的政策，而不取决于中国怎么做。我们都应该把自己的战略重心放在国内，不要把对方作为己方失败的借口。美国可以做一些事情，让中国相信美国无意也无力阻止中国的崛起；而中国也可以做一些事情，让美国相信我们无意也无力破坏它在全球的地位。这样中美关系可能会更加健康。

Song Guoyou
宋国友

采访对象： 宋国友，1977年出生。现为复旦大学美国研究中心教授、博导、副主任，上海高校智库亚太区域合作与治理研究中心执行主任和复旦大学经济外交研究中心主任。主要从事中美关系、中国经济外交以及国际政治经济学等方面的研究。他曾先后在美国耶鲁大学和乔治城大学担任访问学者，还曾多次作为外交部和商务部专家学者小组成员参与对美交流和调研。

采 访 组： 辛恩波　李奕昕　魏帮荣　周永平

采访日期： 2018年6月25日

采访地点： 复旦大学美国研究中心

宋国友：

经贸关系依然是中美关系的“压舱石”

“如果没有经贸关系的话，中美其他关系或许早就开始失控、脱轨了。恰恰因为有经贸关系的‘压舱石’作用，中美关系总体上才比较稳定。”尽管中美经贸关系正在经历严峻考验，但是宋国友仍然对经贸关系的重要作用抱有信心。

2000年宋国友进入复旦大学学习国际关系。从学生时代对中美关系“隐约觉得重要”，到后来近距离观察，他的学术方向始终聚焦中美关系的诸多重要问题，特别是中美之间的经贸关系。正是基于这种长期的学术研究和思考，他才能够更加冷静地对中美关系做出评判。

宋国友用“诤友”来形容美国在过去40年中对中国发展的作用。在他看来，美国在中国的发展崛起中既施加了压力，同时也提供了可以借鉴依循的经验。

不过，宋国友也认识到，几十年来中美两国的实力对比、心理都在发生变化，中美关系正在进入一个“模式重塑”的阶段。这其中，最值得担忧的就是中美两国可能陷入一种自我实现的大国冲突的陷阱中去。

“最重要的就是中美要打造一种包容式的发展格局。”宋国友说，双方都不应该把自己的发展建立在损害对方的基础上，而这不仅仅是实际的利益，还包括双方心理的感知。

从不同层面近距离了解美国

采访组：您是从什么时候开始有志于美国问题、中美关系的研究？是个人的兴趣使然，还是有其他特别的机缘？

宋国友：我本科是学经济的，后来考研，考到复旦大学攻读国际关系、国际政治专业。说实话，那时候只是对国际关系这个大方向感兴趣，至于到底选哪个研究方向，心里没有底。但是，我当时隐约觉得美国很重要，中美关系也非常重要。当时中美之间"炸馆事件"结束不久，中美"入世"谈判已经收尾，大事很多，所以我感觉对于世界格局而言，美国是中国应该关注的重点。尽管当时中美关系还不像现在，处于一种崛起国和守成国的关系架构内，但是我觉得对于中国来讲，美国是非常关键的一个国家。

另外，2001 年研究生一年级下学期的时候要选导师，我选了吴心伯教授做我的导师，他刚刚从美国回来不久，被誉为国内学界研究美国的"希望之星"，所以各种因素之下就选择将美国和中美关系作为我的研究方向。

采访组：您曾作为福克斯国际学者在耶鲁大学访学，也曾被公派到乔治城大学做访问学者。在这期间哪些人和事给您留下了深刻的印象？这段近距离对美国社会的体验和观察，是否改变了您对美国原有的认知？

宋国友：复旦大学是耶鲁大学"福克斯项目"（Fox Program）在中国唯一一家合作伙伴，每年会选拔复旦 1~2 名学生、学者参加这个项目。那是我第一次出国，就到了非常有名的耶鲁大学，研究的方向也与中美关系相关。那也是我第一次近距离了解美国，对美国有了一个大致的认识。

后来 2009 年到 2010 年我又去乔治城大学访学。乔治城大学刚好在华盛顿，华府的整个气氛是比较偏政治性的，和耶鲁大学的学术性很不一样。这里智库性的、政策性的活动特别多，非常热闹。所以，我就有机会去参加一些智库举办的活动，和一些美国专家学者进行交流。这些经历给我的触动是很大的。至少让我知道了华盛顿特区作为美国的政治首都，它的游戏规则是怎么一回事，也知道了美国智库是如何去推动自身的研究工作，以及其中的专家是如何来进行中美关系研究的。

所以在耶鲁大学和在乔治城大学的经历，分别是从学术和政策两个领域、两个维度帮助我去理解应该如何研究中美关系，也帮助我更好地懂得美国国内的一套规则、机制。

采访组：2006年4月胡锦涛主席访问耶鲁大学，您曾经作为学生代表参与陪同，对于这件事您有哪些印象深刻的回忆？

宋国友：事前我还真不知道是怎么一回事，不知道我有幸作为代表。当时，我在国内参加博士论文预答辩，突然接到耶鲁大学校方的电话，通知我在那个时间一定要回到耶鲁。开始我以为是福克斯国际学者项目上的事情。后来才知道，耶鲁校方和中方一起选择我和另外一位同在耶鲁的大陆学生作为中方代表，与美方选定的两位学生代表，一起参加胡主席访问耶鲁的相关活动，主要是一个赠书活动，有一个仪式。

活动是在耶鲁的校长办公室，房间面积不是很大，大概30多平方米，里面有一张桌子。房间门口有一条红线，只有安保和翻译能够进来，很多人就在门外。胡主席到来后和房间内参加活动的人一一握手交流，随后又到桌子旁边看中方给耶鲁大学图书馆的赠书目录和一些代表性著作。

当时胡主席和我握手，问我是哪里的，我回答说是复旦大学的。他听后扭头看外面跟我说："你看，王沪宁同志也是复旦的。"然后他又问我，做什么研究，研究什么领域之类的问题，大概聊了七八句话吧。

那次经历之后，我就懂得，原来中美关系从最高层面、从元首外交层面、从其他的重要访问的层面来看其实是非常有意思的。所以，除了在图书馆进行学术研究，在完成论文以及在民间交往的层面去了解美国之外，从一个政治的角度近距离地了解中美关系大致的发展也是非常有意思的。

经贸关系依然是"压舱石"

采访组：您的一个很重要的研究方向就是中美经贸关系，2017年2月，您在《利益变化、角色转换和关系均衡——特朗普时期中美关系发展趋势》一文中判断，中美经济利益之争不至于颠覆中美关系的根本架构。眼下中美贸易摩擦不断，您是否还坚持这种判断？

宋国友：对，我当时是从一些角度对中国和美国的外交政策、国际定位，包括战略走势，进行了比较，并得出了一些结论。其中一个结论就是，经贸还是在一定程度上能够发挥“压舱石”的作用，还是能够帮助维护中美关系的稳定。哪怕是现在特朗普对华采取了一种非常严厉的经济政策，我依然认为这样一种观点是站得住脚的。

因为如果没有经贸关系的话，中美的其他关系或许早就开始失控、脱轨了。恰恰因为有经贸关系的“压舱石”作用，所以中美关系总体上比较稳定。哪怕中美经贸关系本身出现了摩擦，也仍然是经贸关系内部的摩擦，不至于使中美关系整体发生大的变动。

至于特朗普在中美经贸上屡挑事端，其实也并不是要从根本上颠覆中美经贸关系，把中美经贸关系变成一个冲突之源。特朗普政府本质上还是想调整中美经贸关系，还是一种基于既有的中美经贸关系大框架之下的调整，没有动本。

中美经贸摩擦发展到现在，确实有一些战略性的因素和美国国内政治的因素，呈现出中美经贸关系发展到新阶段的一些最新特征。分析中美经贸关系有两种看法：一种是从市场、经济利益分配的角度来看；另一种是从大国博弈、权力转移以及中美战略互动来看，也就是政治安全的角度。两种看法都合理，应该融合起来，只从一个维度出发看不透，看不深，得出的判断也很可能出现偏颇。

从两个维度来看，我认为一个根本的问题就是，中美关系能够维持稳定到现在，包括未来，如果还是总体上发展当中有冲突，冲突当中有稳定的话，关键点还是在于经贸。因为中美缺乏其他领域共同合作的抓手和基础。奥巴马时期，朝核问题也好，气候变化也好，金融合作也好，全球治理也好，都构成第三方的一种合作因素。但在特朗普任内，第三方因素的作用大为下降。

采访组：正如您所说的，分析中美经贸关系有经济和战略两个维度，很多人注意到，中美贸易摩擦的背后是美国对中国产业升级（中国制造 2025）的忌惮，这是不是意味着美国的意图就是要对中国进行战略上的遏制？

宋国友：国内对于美国对华经贸政策的分析也有两种观点，一种是自由主义的、市场的角度，一种是现实主义的、国家权力竞争的角度。关键问题在于特朗普目前的对华经贸政策到底是为了什么？

如果美国完全是针对中国的话，那么美国就不应该在经贸领域对它的盟友同样也采取非常严厉的保护主义措施，例如对日本、韩国、欧洲等。在经贸问题上，他还是想确保美国利益优先，保证美国利益，他对外是一视同仁的，并没有单独针对中国。

美国之所以关注“中国制造 2025”，是因为认为现在如果任由中国在这方面取得突破，长期而言对于美国经济的影响是致命的。因为按照中国目前产业布局和结构，如果中国的产业结构完全实现了从低端到高端的覆盖，美国几乎就没有机会了。所以，美国要抓住这个时机来争取维护在高端制造业的优势，所以就锁定“中国制造 2025”这个方案来打击。

但是，完全从经济上理解特朗普对华经贸政策的逻辑是比较片面的，也应该看到特朗普对华政策中的战略考虑。2017 年年底特朗普政府公布的《国家安全战略报告》几乎把中国定位为敌人，所以美国锁定“中国制造 2025”也有打击中国竞争优势的考虑。在目前中美这样一种“竞合关系”之下，美国的任何一个重大政策都不会只是简单的经济或者战略考量，而是综合性的。

采访组：中美之间合作的抓手越来越少，为了防止中美关系失控，走向对抗，我们应该怎么做？

宋国友：当务之急，就是要妥善处理这一次中美贸易战，让它软着陆。在未来，包括在战略层面，可以做一些事情，双方要以目前这一次互动为新的起点，来更好地、更为直接地、更为有效率地、更为抓住问题本质地进行一个战略互动。

第二，在经贸层面，过去的模式难以为继了，美国需要改变，中国也要改变。中美双方在解决当务之急的贸易摩擦之后，未来可以再从长计议，勾画出、设计出中美未来经贸关系的发展，更好地去维护中美两国共同的利益。

第三，社会交流这个层面其实也很重要。国之交在于民相亲。未来我觉得中美关系可以在人文交往这一块做一些事情，设立一些机制。

只要这三方面做好了，中美关系哪怕再出现一些波折，总体上不会失控，只要不失控就是好事情。历史上像中美关系所处的这个阶段其实是非常危险的，大家都知道有所谓崛起国和霸权国之间的“修昔底德陷阱”。如果中美能够以战争之外的方式，哪怕是痛苦的方式，来协调彼此的关系，处理好彼此的关切，对于中美两国来讲，对于世界来讲，都是一个好消息。

我认为要看到中美关系目前的这种摩擦性，也要看到目前这种摩擦的合理性，甚至是有利性。如果通过这次摩擦能够让中美之间这样一种情绪得以释放，能够去构建一个着眼于未来，比如说10年或者20年的新的互动模式的话，那么这样一次摩擦，甚至我们可以说这次贸易战，也是有其积极历史意义的。

中美要构建包容式的发展格局

采访组：在过去这40年中，您认为美国在中国的发展和崛起过程中扮演了一个什么样的角色？

宋国友：两方面的角色。一方面我们要看到美国在中国战略崛起过程当中的积极因素。中国的改革开放，中国发展的整体和平的环境，包括中国在一些重大政策领域的调整再调整，其实和美国所设立的经验，所提供的一种模板，包括所施加的压力是有关系的。有美国这样一个“诤友”或者说是对手，对中国的发展从积极的角度是好的。因为让我们知道有一种什么样的经验教训可循，也让我们在强大的竞争压力之下变得更好。

但同时也要看到，中美关系现在正变得越来越复杂，已经到了一个模式重塑的阶段。美国对中国所形成的负面战略压力，对我们的干扰在不断地增强。特别是最近一段时间，美国几乎完全依靠霸权蛮力去调整中美互动，而不去从一个相对客观的历史演进的角度去调整中美关系，对于中国的影响确实是比较大的。

只有两方面都看到，我们才能更加客观理性地去看待中美关系。我觉得到现在中国应该越来越有信心，用我们的能力，用我们的价值理念，去不断塑造中美关系的未来走向。这种走向并不是我们压倒美国，或者完全以美国利益受损为代价，而是通过这样一种塑造，让美国能够更加心平气和地接受中国的崛起。如果能够达到这样一种阶段，我觉得对于中美两国来讲，都是非常有利的。

采访组：从历史演进的角度来看，中美两国在过去的几十年中发生了很多变化，包括两国之间实力对比，还有合作基础都在发生变化。您觉得，在过去的40年中，中美关系哪些方面是在变的，哪些是没有变的？

宋国友：首先，中美实力在变化。以前中国那么弱，现在中国的实力总体上对美国是在不断地增强。第二，心理也在变化。中国以前总的来说是一种弱国心理。另外，能力、理念、利益都在变化。按照一般的想法，变才是正常的。

如果一定要找出相对不变的因素的话，我觉得，第一个就是中美两国对于彼此的战略重要性是没有发生变化的。冷战期间有这种战略重要性，现在更加如此。中美关系处理得好与不好，直接影响到中美两国未来的发展。我觉得在“不变”中最为突出的一点，就是两国对彼此的重要性。

采访组：我们常说“以史为鉴”，面对中美关系现在以及未来可能的危机和挑战，我们能够从过去的40年中得到哪些经验和教训？

宋国友：我觉得，最重要的就是中美要打造一种包容式的发展格局。双方都不可以、不应该把自己的发展建立在损害对方的基础上，所以是强调包容，一定要有这样一种大的格局意识。

我始终觉得，看过去的发展，包容性的、双方共同得益的这种双边关

2016年8月，美中贸易全国委员会会长傅强恩(John Frisbie)到访复旦大学美国研究中心，宋国友参与接待

系是至关重要的。不仅在实际的利益上，而且要在心理的感知上有这种印象。这是一个很大的经验。

第二，一定要避免以对抗尤其是军事对抗的方式来解决问题。中美双方都是核大国，整体的实力处于世界前列。如果中美两国用一种军事的方式来解决彼此之间的摩擦和冲突的话，两方都是输家，对于世界来讲也是非常不利的。

所以中美两国总体上要从合作的角度，而非对抗特别是非军事对抗的思维，去推动中美关系的发展。

采访组：对于未来中美关系的发展，您认为，最让人担忧的是什么？

宋国友：我觉得最值得担忧的就是中美会陷入一种自我实现的大国冲突的陷阱里去。现在已经看到越来越多的这种迹象，如美国总不愿意看到中国的发展地位提升，总是采取各种各样手段去打压中国。经常发生的话，对双方战略心理上的影响是非常负面的。

所以怎么样来打破这样一种心理预期，让双方都能够接触到其实双方是有足够的合作空间的。这样一种正面的预期建立起来，中美才可能真正地谈下一步的合作共赢。

采访组：您在复旦大学美国研究中心长期从事美国问题和中美关系的研究，这期间也与众多来自中美各个方面的学者进行交流。您认为对于当前的中美关系，这种交流对于增进相互理解作用有多大？

宋国友：在特朗普时期，智库交流、民间交流的作用确实是越来越小。因为特朗普非建制出身，不爱听智库、学者提供的一些意见，他相信自己的直觉。所以在美国的这种变化之下，中美智库的交流短期作用是相对受限的。但是，智库交流不在乎一时一地，它本身就是内化于心的过程。经年累月，通过这样一种长期的发展不断地提高双方的战略信任程度，来传递这种合作的信心。智库交流、人文交往必须要做下去，长期来讲，其对于中美关系的稳定能起到春风化雨的作用。

我参与过多次由外交部、商务部组织的专家学者小组赴美交流。我认为，这种直接的“1.5 轨”的交流对话，还是有一定作用的。我们通过这种交流知道美方的想法、战略思维以及其起点是什么。国际关系也需要同理心，我们能够通过和美国较高阶层的、参与到政策设定的官员以及智库学者的当面交流，更好地去理解美国。我相信，从美方的角度也是一样的，也能够帮助他们更好地理解中方对于某一些问题的考虑。就是通过这样一种交流，能够增信释疑，能够更好地懂得对方的立场。

我觉得这样一种智库交流以及对话的重要性是不言而喻的，能够直接在中美两国精英中架起一座桥梁。哪怕中美总体关系有一些大的波折，但这些桥梁存在的话，也有助于增进中美双方相互了解。

Diao Daming
刁大明

采访对象： 刁大明，1983 年出生。现为中国人民大学国际关系学院副教授、国家发展与战略研究院研究员。他于 2001 年考入南开大学周恩来政府管理学院，先后获法学学士、法学硕士和管理学博士学位。2010 年至 2012 年，他在清华大学国际问题研究所从事博士后研究工作，并担任清华大学中美关系研究中心主任助理。2012 年 8 月至 2017 年 9 月，他曾供职于中国社会科学院美国研究所，任助理研究员。其研究方向包括美国政府与政治、中美关系、比较政治等。

采 访 组： 陈佳骏　魏帮荣　周永平

采访日期： 2018 年 6 月 29 日

采访地点： 民智国际研究院

刁大明：

美国国会高票通过某些议案不等于已形成反华共识

刁大明是国内少有的从美国国内政治出发研究美国外交政策及中美关系发展的新生代学者之一。与此同时，他积极在媒体发声，为公众解读中美关系热点，讲述一个真实的美国。在他看来，这是作为专业学者的社会责任。

对于美国国会的研究，刁大明颇有心得，他不仅出版了专著《国家的钱袋：美国国会与拨款政治》，还发表论文数十篇、时评数百篇。学术上多年的钻研与沉淀让刁大明深谙美国国会运作之道，对于府会关系对美国对华政策的影响，他也提出了自己的见解。他指出，即使某个法案在美国国会内跨党派高票通过，也不能说明所有投赞成票的议员对这个法案极其了解。实际上，很多议员在不熟悉的议题上往往选择“随大流”，而大多数议员对负面涉华法案的支持只能说明他们没有任何反对的动力。所以，我们在宣传介绍真实的中国方面，还有很多工作要做。

刁大明出生于中美建交以后的20世纪80年代，他在访谈中谦虚地表示，自己还有许多地方需要做实做深。在他看来，只有与美国同时代的青年中国问题学者频繁交流，彼此沟通，才能弥补与两国老一辈学者相比在历史维度上的不足，进而跑好中美关系发展的“马拉松”。

全景式认识美国

采访组：您出生于80年代初，当时正值中美合作“蜜月期”；您的青少年时期，中美关系遇到了一些波折。中美关系的风云变幻和您个人职业发展有着怎样的联系？是什么因素使您走上了美国政治研究之路？

刁大明：2001 年的两件事情对我来说影响比较大，那一年我正好在南开大学读大学一年级，我印象特别深。在我进行高考志愿填报的时候，有两个专业意向，一个是政治学，另一个是世界历史，可以看得出我对世界政治比较感兴趣。但为什么最后选美国政治呢？就在 2001 年刚刚入学的时候，我在媒体上看到“9·11”事件，这真是一个让我感觉到改变世界秩序的事件！我当时刚刚步入政治学这个领域，这个事件引导我去思考，美国到底遇到了什么问题。

另外一件事，就是“9·11”事件发生一个多月后，在中国上海召开了 APEC 峰会。在此之前，我可能对多边会议、元首会晤没有概念，但正是那次峰会，让我感受到大国的互动，也是从那时起，我才意识到中美两国之间的互动真的很有意思。

在我专业学习刚起步的时候，这两件事情使我关注美国国内的变化，关注它们对中美关系产生的影响。

采访组：您求学期间，曾在美国蒙大拿大学、夏威夷亚太安全研究中心、俄克拉荷马大学等机构交流访学，这些访学的经历是否改变了您对美国原有的认知？

刁大明：我一开始看到美国这个国家，是在蒙大拿的乡村里，是在夏威夷的海边，是在俄克拉荷马的印第安部落里，所以我看到的美国并不是华盛

2008 年 10 月，刁大明与蒙大拿州前州务卿鲍勃·布朗（Bob Brown）在美国冰川国家公园

2014 年 11 月，刁大明在俄克拉荷马大学做题为“中期选举与中美关系”的讲座

顿的那个“面孔”，这让我对美国有不同的感观。到了中国社科院美国研究所工作之后，我才第一次来到华盛顿，之后就反复去，这才对美国的政治精英层有一个直接的感受。好在美国的政治一切都是地方的，这种政治的地方性其实让我有一个对美国更立体的感触。从这个意义上讲，也许下一次去美国的话，我不会选择在华盛顿常驻，我会选择我从来没有长待过的西南部，甚至是阿拉斯加，那样才能真正认识美国，才能全景式地理解这个国家到底发生了什么、将要发生什么或者对世界将造成什么影响。

美国国会与中美关系

采访组：回顾中美关系 40 年的发展，您觉得美国国内政治，尤其是府会之间的互动，对中美关系产生了什么影响？

刁大明：府会关系确实是影响中美关系或者美国对华政策发展的一个重要因素。我曾经对“府会分立 / 一致状态”做过相关研究，通常情况下，如果是在共和党总统和共和党主导国会的情况下，国会的涉华提案或涉华负面议题会相对少一些。但如果是民主党总统和民主党主导国会的时候，情况可能更加复杂。

对于国会而言，在 1979 年《与台湾关系法》通过之后，国会确实始终起到对华负面的效果，不过也只是在舆论环境意义上对中美关系造成一些负面的影响。在 2016 年特朗普当选总统之后，国会确实发挥了与以往不同的作用，这个其实是很值得关注的。国会两院两党基本形成一个共识，即要把特朗普规制到建制派相对容易接受的外交轨道上来，虽然这个共识还比较微妙且不稳定，但是至少有这样的一个共识。在这个共识的基础上，他们就不断用所谓的立法权来塑造总统的外交权。这个塑造的过程，使某些国会议员做到了长期以来做不到的事情，比如说通过了所谓的《与台湾交往法》。比较危险的是，作为总统的特朗普却并不对国会在对外议程上发起的挑战采取有效的应对，反而是“甘之如饴”地认为这些立法都只是在丰富他的对华极限施压“工具箱”。或者说，特朗普放任地认为，国会正在将一把把“涉台”“涉藏”甚至“涉疆”的手枪送到他手里，但要不要扣动扳机，则是他自己决定的。即便事实正是如此，但这些立法却会超越特朗普的总统任期而长期存在，成为毒化中美关系稳定发展的一把把悬剑，贻害不小。

所以，国会确实已经从曾经的对华负面噪音转身走到了前台，但是这种前台本身还是有一定的局限性，这就要求我们未来依旧要十分重视对美国国会的工作。

采访组：当前美国两党的一些少壮派反华议员，他们的反华情绪是一以贯之的，还是在特定情况下出现的？这种反华情绪会对未来的中美关系发展产生什么影响？

刁大明：从历史上来看，每届国会中都会有一些议员对中国持积极的立场，也有些议员出于各种原因，比如意识形态偏见、选区因素甚至是议员的个人经历等，对中国发出比较负面的表达，这是美国政治碎片化的一个体现。

其实，在国会这种相对专业化的机构里，许多议员在一些专业化的议题上会采取所谓的“追随战略”，也就是说，我们不能因为某个法案在国会内跨党派高票通过，就认为所有投赞成票的议员对这个法案都极其了解。其中大部分议员可能只是“随大流”，他们可能会清楚在某个议题上某些议员会有所谓的引领作用，其专业化程度更高，他们会跟随那些专业化程度高的议员，只要这个议题本身对他们的选区没有很大影响，他们就会去推动。

因此，在一些涉台议题、对华政策问题上，可能大多数议员对此并不熟悉，但他们可能在不损害本选区利益的情况下，甚至说是在他们认为没有任何理由反对的情况下，采取“追随战略”。这才会出现国会一些议案给我们感觉有很多议员支持，其实关键的还是那一小部分人。我们通常将这一小部分人称为国会对华外交事务的“国会企业家”。我认为，这一部分人大多存在着根深蒂固的意识形态偏见，很难改变。对我们来说，应该积极与“追随者”进行对话交流，让他们对中国有比较清晰的了解，让他们认识到在过去的40年里，中国的经济、社会取得了一个怎样的成就，中国在国际社会将努力扮演一个如何积极的角色，中国是如何看待中美关系的，具备一个怎样积极的意愿等等，这些应该对那些“追随者”们充分地表达。当然，必须看到过去一年来华盛顿政坛上似乎正在形成对中国的负面看法，而这种趋势的确进一步弱化了“追随者”参与负面涉华议题的成本，但从另一个层面讲这也恰恰提出了让这些议员形成一个理性客观中国认知的必要性与迫切性问题。

采访组：*您认为有哪些因素可能会改善国会议员对中国的客观认识？*

刁大明：我认为有一些因素没有发生变化，不过现在的情况更复杂。我们可以理解成竞争与合作同时出现，但合作的趋势仍然存在，甚至美国的一些政治人物认为，这已经是一种常态，不再是一个非常明显的变量了，只是竞争方面可能有所提升。

在我的研究里，有一个很有意思的发现，这个发现到现在我还是认为可以被反复验证。我们知道，随着中美两国经贸关系的持续紧密，美国国会的众议院选区也会在中美经贸关系中获益。比如，美国国会众议院选区对华出口数量的增加，一定程度上可能会为选区创造就业。我的研究发现，选区对华出口的存量对代表该选区的议员的涉华态度的影响是比较有限的，但是选区对华出口额度的增量，是完全有可能导致该选区国会议员在国会内更少地去参与一些比较负面的涉华议题。这就意味着，对于中国而言，我们在推进中美经贸关系时，要对一些以前没有接触到的地区，比如所谓的“深南地区”“落基山区”，甚至西南部拉美裔、墨西哥裔比较聚居的地区等等，加强交流与合作。

通过在这些地区创造一些贸易增量，可以创造机会让两地人民增加交流，从而使得这些地区的美国人民，包括议员，改善对中国国情的认知。

智库交往中的新生代

采访组：*当前美国主流智库对中美关系的未来走向有哪些判断？在经历过去几年的对华政策大辩论后，他们的对华观点是否趋于一致？如不同，主要体现在哪些方面？*

刁大明：2017 年年底美国《国家安全战略报告》发布以来，美国国内智库基本认为中国已经是一个所谓的“战略竞争对手”，但是我不愿意用这个词汇来表达。因为事实上，美国在历史中从未面对过这样一个体量巨大、发展迅速且会给世界带来积极外溢效应的国家，所以对美国而言，如果把中国视为一个对手的话，那么对它而言恐怕是一件非常悲哀的事情。

我认为美国国内将中国定位为“战略竞争对手”只是半个共识。这半个共识是指对如何定位新时代的中国有一个消极判断。另一半未形成的共识是指，美国应如何应对一个已经被认为是对手的中国。所以我们看到，《国家安全战略报告》出台后，特朗普政府在多个领域对中国不断出招，实质上反映的是美国在调试如何面对当下的中国。这就意味着，对我们而言，应当积极主动地去改善美国对中国的另半个共识。

一方面，我们要表达积极的意愿，努力推进中美关系的稳定发展，比如说我们反复强调“不冲突、不对抗，相互尊重，合作共赢”，我们也提到“相互尊重，互利互惠，聚焦合作，管控分歧”等一系列良好意愿。我们的表达非常积极，我们愿意在足够大的太平洋两岸，实现中美和其他国家的共同、积极的发展。

另一方面，我们也要明确地向美国、向世界表达我们的国家诉求是什么，我们的国家目标是什么，我们的战略底线是什么。这就意味着，我们应在经贸问题上，包括其他可能会产生的新的敏感问题上，给予极其有力、有效的回应，让美国明白，如果你要将我们视为“战略竞争对手”的话，我们的底线在哪里。要让美国避免一种为所欲为的状态，这种过程也是我们给美国“立规矩”的过程。面对中美关系可能的滑落，应该及早让华盛顿清楚，这种“用力过猛”的方式不但无法实现目标，也将反噬自己。美国对华政策的调整可以发生，毕竟如今的中美都不同于40年前，但绝不意味着一定会调整到负面的状态。中美应该尽快找到“止损点”，美国应该意识到自己面对的最大问题源自国内，通过施压北京丝毫解决不了这些关于国运的核心问题。

采访组：您经常往返于华盛顿与北京，接触到了共和、民主两党的智库专家，您认为当下双方智库间的互动有哪些局限性？

刁大明：对于智库而言，坦率讲，我觉得有一个问题是长期存在的，即双方学者之间所谓的不对称性。举一个例子，我的研究主要偏重于美国国内政治，即便是做美国对外政策研究也是从美国的国内政治中往外看。这就意味着我需要更多地与美方做美国国内政治的学者多接触，询问他们美国国内发生了什么。但问题在于，这些真正做美国国内政治的学者，其实很少会来中国，相反我们在北京迎来送往的许多美国学者，他们更多的是研究中国问题。

同样情况也出现在我们身上，比如像我作为一个研究美国国内政治的中国学者，如果到美国的智库去，美方专家实际上更关心的是中国发生了什么。对我们来说，当然有责任讲好中国故事，积极与美方沟通，让美方了解一个真实的中国。但是从专业的角度上讲，我毕竟不是研究中国政治的。因此，我觉得这种智库交流本身，还是存在一定的信息不对称。

采访组：在您与美国智库的接触过程中，有哪些美国新生代“中国通”值得我们关注？他们和老一辈专家有什么不同？对中美关系的未来会带来什么样的影响？

刁大明：我在一些会议中与新生代的美国中国问题学者的交流互动比较多。我接触过的新生代学者有麦艾文、韩美妮（Melanie Hart）、拉特纳（Ely Ratner）等等。我认为，如果要将这一代学者与上一代甚至再上一代智库学者相比较的话，还是有明显区别的。这些三四十岁的新生代智库学者，他们的人生经历恰恰是中美关系正常化后互动的40年。而且，当他们步入这个研究领域的时候，中国正快速发展，而美国国内则出现了一些对中国的奇怪想法。因此，他们对中国作为一个文明古国的历史、文化体系的传承难以深刻地理解，这与他们上一代的美国中国问题学者相比，是一个很大的欠缺。

另外，他们对中国的理解是非常政策导向的，他们的意见也非常工具化，导致的结果是，他们很难从“乐见中国成为国际社会的积极因素，中国的发展让全世界获益”这样一种积极的角度来看中国。他们更多是站在美国国家利益的角度来看中国，提防中国，这点同以前的老一代的“中国通”有很大的区别。这也提醒我们，在我们看待美国这样一个国家时，也应该本着历史和文化的角度，甚至是中美在未来很长一段时间里可能持续跑一场目的在于做最好的自己的“马拉松”的角度去看这个国家。

采访组：对于这样的新生代美国中国问题学者，您认为我们应该如何去淡化他们对华提防的心态，更加突出中美关系积极的一面？

刁大明：我认为最有效的方法还是加强交流与互动。据我所知，北京、上海等地很多机构都在努力推进一些青年学者之间的对话，我也参与过多次，这种对话确实能够使双方有更多人员的互动与观点的融合，双方的关

2012 年 2 月，刁大明在中国社科院美国所接待新罕布什尔州前国会参议员约翰・苏努努（John Sununu）一行

2017 年 7 月，刁大明与麦艾文共同参加在 CSIS 举办的中美关系高端研讨会

系也会更加密切。这种互动是非常重要的。

当然，由于存在研究视角或者路径依赖的原因，双方可能很难通过一两次互动就对各自的观点做调整。但是，我认为，随着个人阅历的增长，以及对中美关系发展进一步深入地亲历，或许中国积极、稳步的发展姿态会对美国新生代中国问题学者的观点产生最本质、最深刻的影响。

李侃如就是一个很好的例子。他的博士论文写的是新中国成立前后天津的政治和社会变迁，他聚焦的是一个非常具体的问题。作为一个外国学者，能够聚焦到如此具体的议题上，可见他对中国了解程度之深。正因为他的研究起点聚焦的是具体问题，所以在他日后的发展过程中，包括在克林顿政府中任职时期，对中国有越来越客观的认识，因而他现在能够从一个宏观意义上，更加积极、理性地把握中美关系。李侃如的例子也为我们做美国研究、做国别研究乃至做国际问题研究的中国青年学人提供了参考：年轻时的起点到底该有多高。总之，我认为，中美之间的互动应该是多层面的，不仅是政府高层之间的互动，不仅是普通民众之间的互动，学者包括学术精英之间的互动也非常重要。

Jimmy Carter
吉米·卡特

采访对象：吉米·卡特，1924 年出生。他是美国第 39 任总统（1977–1981 年），在其总统任期内，中美正式建立了外交关系。作为民主党人，卡特曾于 1963–1967 年担任佐治亚州议会参议员，并于 1971–1975 年出任该州第 76 任州长。退休后，卡特依然活跃在公众视线里，著有 33 本书。2002 年，卡特作为卡特中心的创建者之一，因其在推动人权和世界和平、社会发展等方面的杰出贡献，被授予诺贝尔和平奖。

翻 译 组：赵舒婷　龙　菲　叶　君

采访形式：书面采访

吉米·卡特：
中美关系正常化为世界和平做出了巨大贡献

在 2018 年 8 月《华盛顿邮报》的一篇文章中，吉米·卡特被冠以“低调总统”的称号。随着媒体曝光他朴素的生活作风，人们再次追忆起这位前总统谦逊、直爽、务实的个性。

或许也是凭借这些特点，卡特成功在其总统任期内实现了中美建交。中美关系正常化的道路从来不乏崎岖坎坷，但卡特顶住了压力和阻力，与时任国务院副总理邓小平一起，促成了这件“改变了美国、改变了中国、也改变了世界的”大事。卡特总统说：“我在总统任期内所取得的所有成就中，与中国实现关系正常化或许对促进世界和平及相互理解的贡献最大。”

这种大局意识对处理世界上最棘手的难题至关重要，这位 94 岁高龄的政治家这样提醒当今及未来的世界领导人。在他看来，中美关系是世界上最重要的双边关系，太平洋两岸的两国领导人必须共同应对挑战，别无其他选择。

不畏阻力推动中美建交

采访组：在您之前的几任美国总统为中美关系正常化付出了多年努力，但直到您出任总统后，中国与美国才正式建立了外交关系。当您 1977 年正式履职时，政府内仍有相当强大的阻力反对中美关系正常化。是什么促使您下定决心推动两国关系正常化呢？

卡　特：我相信中美关系的正常化能够促进亚洲乃至世界的和平。中华人民共和国占世界四分之一的人口，而且在国际事务中扮演着重要角色。我的国家需要在官方层面承认这一事实。此外，我也十分清楚，中美两国人民都将从关系正常化所带来的经贸与文化联系中获得巨大的好处。同时，我对正常化后两国将恢复历史友谊也抱有很大的信心。

在我1976年竞选总统时，我就已经公开承诺要推动中美关系正常化。竞选结束后，我的内阁成员们也支持我兑现这一承诺。尼克松与福特总统曾面临来自国会的政治压力，部分议员希望维持与台湾当局的密切关系，两位总统退缩了。我不会让这种反对力量阻止前行的步伐，但我希望在正确的时机迈出这一步。

当邓小平成为中国最重要的领导人时，时机成熟了。他和我一样，把中美关系正常化作为一个非常重要的目标。1978年，我这一届政府还实现了两大外交突破。那年春天，我们确保参议院批准通过了新的《巴拿马运河条约》和《巴拿马中立条约》，这是一项极具困难和争议的挑战。随后在9月，我力促以色列和埃及的领导人共举峰会，最终达成《戴维营协议》，搭建了中东和平框架。因此，也是时候推动中美关系向前发展了。1978年，华盛顿和北京分别于当地时间12月15日和16日发布了《中美建交公报》。

采访组：谈判过程中出现了许多分歧，需要双方各自协调，例如台湾问题。您认为谈判中最大的挑战是什么？您是如何克服政府内部阻挠的？又是如何与中方协商处理这些问题的？

卡　特：台湾问题毫无疑问是我们在整个谈判中所面临的最为严峻的挑战。我们认识到，对于中华人民共和国而言，与台湾的关系属于内政问题。然而，美国人民与台湾人民有着广泛、密切、友好的联系，通过非官方渠道继续维持这种联系是非常重要的。我们还打算公开呼吁中国大陆与台湾之间的问题最终应以和平方式解决。

我提名了非职业外交官伦纳德·伍德科克（Leonard Woodcock）作为我的首席谈判官。他在担任美国主要的劳工组织之一——全美汽车工人联合会——的领袖时展现出了高超的谈判能力。我派他以大使级身份前往北京。他没有立即直接着手处理敏感的台湾问题，而是建议先在争议较少的问题上取得成功，为双方最后涉台等复杂议题的谈判奠定了基调。历史证明先易后难的谈判法则十分有效，并能推动谈判持续向前发展。

总体而言，我们成功地解决了敏感问题，因为所有相关人员都知道现状是无法维持下去的。我们同样认识到，关系正常化不仅仅会给美国，也将给全世界带来巨大的好处。

我相信这样的谈判方法时至今日仍有参考意义。谈判的目的不是实现己方的一切诉求，谈判时必须把重点放在谈判成功给双方带来的益处，对比谈判破裂给双方带来的弊端，而不仅仅关注一方的胜败。中美之间永远会有意见分歧，但我们不应把妥协（无论多么微小的妥协）视为软弱的象征。相反，我们应当学着包容差异，维护好我与邓小平 40 年前建立的良好双边关系。

需要补充的是，当我们宣布实现中美关系正常化时，美国人民和国会都很支持。一些人预期的强烈反对浪潮并没有发生。人们认识到，美国需要接受现实，而且台湾人民也得到了公平的对待。

采访组： *回首往昔，您如何看待您在那段历史中所扮演的角色？您是否将此视为您作为总统最重要的政治遗产之一？*

卡　特： 当我宣誓就任总统时，便承诺要追求人权与和平，这不仅是对美国人民的承诺，也是对世界其他国家人民的承诺。

我感到非常骄傲的是，我这届政府所取得的一些最突出的成就，皆与推动世界和平有关。《戴维营协议》最终为埃及和以色列带来了和平；与苏联签订《第二阶段战略武器限制协议》降低了世界发生核战争的风险；新的《巴拿马运河条约》极大改善了美国与拉丁美洲国家的关系。我认为与中国实现外交关系正常化是一个非常突出的历史成就。在我看来，美国领导层自然应当维护和平和促进人权。我有一个梦想，我希望任何国家在面临安全难题时——无论是解决领土争端、应对正在发生的军事冲突或者促成武器控制协议——首先想到的是到华盛顿来寻求帮助。我认为超级大国的本质特征不在于军力之强盛，货币之坚挺，或语言使用范围之广，而在于是否维护世界和平与人权。

我在总统任期内所取得的所有成就中，与中国实现关系正常化或许对促进世界和平及相互理解的贡献最大。我曾多次到访中国，我能从中国领导人、省长、大学生和普通民众对我的热情欢迎中感受到他们对我们所做贡献的认可。

采访组：您与邓小平在1979年所进行的会谈，无疑是中美关系史上重要的里程碑。您对邓小平的印象是怎样的？您如何评价他在制定中国对美政策中的作用？

卡　特：当我成为美国总统时，我最大的愿望之一就是找到一位能够与我谈判解决两国分歧的中国领导人。我发现邓小平就是这样的领导人。

我感到与邓小平谈判十分顺畅，主要原因在于他与我都很务实。两国关系正常化几年以后，邓小平在一次电视采访中谈到了他的执政原则——他总是实话实说，并告诫人们避免空谈。我能证实邓小平确实践行着他的处事原则。我发现他十分坦诚和直率，甚至多次对我直言不讳。每当我们产生意见分歧时，他都确保我明白中方理解的分歧点到底是什么。我也尽我最大努力让他明白美方对分歧点的理解。我总是尽量确保在谈判期间，他清晰地了解我对一些棘手问题（例如台湾问题）的立场。我们都不想让彼此措手不及。

我非常赞赏邓小平的坦诚，因为沟通是解决分歧的关键。我们谈判之所以能够取得成功，一大根本原因是我们愿意坦率沟通。在我们宣布中美关系正常化六周后，邓小平抵达华盛顿，顺利开启访美之旅，也得益于我们进行了良好的沟通。我们共同解决了30多年隔离所累积的分歧与误会。为了避免可能产生针对对方的有害的法律诉讼，我和邓小平签署了数十项技术性协议。

邓小平的个人魅力征服了美国公众，他让美国人相信是时候搁置分歧，向中华人民共和国打开大门了。彼时许多美国人对是否承认共产党领导下的中国为唯一合法的中国政府，仍抱有疑虑。但当邓小平1979年1月访问美国时，他展现了幽默感、灵活性，以及对美国文化的了解。通过聆听邓小平的演讲，观察他的现场表现，特别是他在得克萨斯观看牛仔竞技表演的一幕，让美国人看到了中国人实实在在的样子。由此，许多美国人抛掉了对共产党中国的一些固有偏见，支持中美建交的大众也变得越来越多。

与中国的不解之缘

采访组：您舅舅曾经给您带回一些来自中国的纪念品。您对中国的兴趣是不是从那时就萌发了？1949年您在潜艇部队服役时，曾经以一名年轻海军军官的身份访问了一些您舅舅曾经到访过的中国海港，当时您对中国和中国人民的印象如何？

卡　特：你是对的，我还是佐治亚农村的一个小男孩时就对中国萌发了兴趣。作为一名浸礼会信徒，我很敬佩那些曾在中国服务的传教士，我记得有一位传教士有次回家休假小住，我去听了他在我们教堂的布道。我那时每周捐一枚五美分镍币帮助为中国儿童建立医院和学校。

我的舅舅汤姆·戈迪（Tom Gordy）是美国海军的一名无线电发报员。当他所在的舰艇访问香港、上海和青岛等港口时，他就会给我寄书信和纪念品，进一步点燃了我对中国的兴趣。即便是87年后，我仍然保留着其中一件——一艘中国古帆船的模型。如果你参观我儿时的家，也就是位于佐治亚平原镇的吉米·卡特国家历史馆的一部分，你一眼就可以看到我儿时卧室里摆放的帆船模型复制品。

后来，作为一名年轻的美国海军潜艇军官，我追随我舅舅的脚步，也访问了一些中国的港口。那是1949年年初，蒋介石的国民党部队被毛泽东的部队包围了。我们离开不久后，共产党军队攻下了青岛，国民党开始往台湾撤退。与我在海军的许多美国战友一样，我对这则消息感到遗憾，因为从“二战”开始，我们就与国民党结成了紧密的联盟。

在中国的时候，我的确看到许多小男孩和老年人在刺刀下被迫加入国民党军队。我认识到这无助于国民党赢得民众支持，我知道这表明国民党已经没有希望了。尽管那时我同情国民党，但是我可以肯定地说，中国人民接受一个共产党领导的政府绝不是因为受到共产主义的恐吓。

这样的个人经验，让我在成为总统后寻求结束中美之间的疏远隔离，一上任就开始着手推动两国关系正常化的进程。

我个人一直致力于增进中美两国人民之间的理解，这在两国关系正常化后与日俱增。自1981年以来，我每次访问中国，中国人民都热情地欢迎我，好像我就是他们中的一分子。我将继续保持我一生对中国人民的好奇与热爱，我也希望我的故事能够激起未来几代的好奇与友爱。

采访组：您卸任后，也曾多次访问中国，到访过中国的大城市和边远地区。可否分享一些旅程中难忘的趣事？这些年来您对中国的认知发生了怎样的变化？

卡　特：我为自己有这么多机会访问中国而感到幸运。我 1981 年卸任几个月后便访问了中国，自那以来，中国已经变得越来越繁荣。曾几何时，美国人访问中国时经常对目之所及的贫穷感到惊讶，而许多中国人抵达美国时则常常为美国社会之发达所震撼。得益于邓小平的改革开放政策以及中美关系正常化——值得注意的是两者都发生在 1979 年——40 年前的那种"惊讶"与"震撼"如今已不常见。我们在一些领域，例如我们的政府体系，依然存在不同，但两个国家总体而言越来越相似。这反映出中国已成为现代快速发展的科技世界中的一员。

对我而言，对中国感兴趣这么多年的优势之一是，我记得两国从 1949 年末到 20 世纪 70 年代初关系疏远得多么厉害，每当我访问中国时，我都会想起双边关系自正常化以来取得了多么大的进展。例如，1979 年之前，要在中国找到一群能够用英语表达观点的大学生非常困难。而现在，我经常在中国的大学发表英文演讲，在与中国大学生交流时从未遇到任何障碍。这只是邓小平对外开放的远见卓识造福中国人民和两国关系的一个例子。

卡特中心在非洲开展许多公共卫生能力建设与改善治理的项目。我的夫人罗莎琳和我经常访问非洲，近些年来，我们所达之处几乎都能遇到中国人和中国项目。中国在帮助非洲人民提高生活质量方面发挥了巨大的积极作用。从 2012 年开始，卡特中心就一直致力于推动美国、中国和非洲在

2009 年 11 月，卡特夫妇访问了四川地震灾区，助力灾后重建，受到当地民众欢迎，并收到当地政府赠送的纪念品

卡特著有 33 本书，退休后依然活跃在公众视线里

卡特 2012 年荣获第二届“美中杰出贡献奖”（该奖由美中商业协会评选表彰）

维护和平、促进健康和可持续发展方面的三边合作。中国和美国都十分关心非洲的和平与繁荣。如果两国可以在援助非洲国家方面交换信息、分享资源，双方的合作毫无疑问将改变国际社会与非洲的关系。

从在中国旅行中的见闻及与中国领导人打交道的经历中，我认识到双方的分歧将长期存在。两国的一些民族主义者可能把这些分歧描绘成不可调和的挑战。但我选择正视这些分歧，不让它们妨碍我们在诸如全球贫困、气候变化和核扩散等重要跨国问题上的合作。

除了合作别无选择

采访组：今天的中美关系与40年前大不相同。您认为现在的两国领导人是否有机会为中美关系未来40年定下新基调？为了让双边关系保持强健和韧劲，您会给他们什么建议？

卡　特：一些中国事务观察家认为，中国没有改变政治制度，变得和美国一样，因此我们应当抛弃作为美国对华政策基础的接触政策。我想提醒这些人，我们在实现关系正常化之时，就知晓美国和中国在文化、历史、政府形式、利益关切和发展水平上有着巨大差异。我们认识到这些差异的存在，并没指望这些差异在未来会消失。但是我们也相信，将我们凝聚在一起的共同目标——互相尊重以及对和平、繁荣和进步的追求——比分裂我们的差异重要得多。

我能给予两国现任及未来领导人最重要的建议就是，不仅要谨记他们对世界和平负有责任，而且要让自己的国民也负起这样的责任。中美两国的领导人必须向公众说明，和平对每一个人都有好处。战争不仅会导致经济损失，也会给每个个体带来伤害。中国的年轻人有幸成长在一个非常和平的年代。但不是所有的美国人都这么幸运，直到我们的征兵制结束后，大多数美国的年轻人才得以远离暴力冲突。战争的残酷不仅仅在于缺衣少粮，而在于失去朋友和爱人的生命。我们应该让所有人都铭记这一基本事实。

我知道中文里的“危机”一词由两个字组成，一个表示危险，另一个表示机会。这意味着在处于危机之时，人们既要看到危险，也要看到机会。如果当前中美关系发生危机，我相信我们能从两国人民中找到“机会”——我们比以往任何时候都有更多的交流互动。只要两国加强民间交流，比如到对方国家留学、与对方进行商贸往来，两国人民就将继续作为两国关系的支柱。尽管当下双方领导层之间的分歧似乎很棘手，我还是相信人民的力量最终会占上风。将成为未来领袖的年轻学生和专业人士会拥抱时代赋予的机会，他们了解彼此，懂得为什么要和谐相处、共同合作与互相尊重。

我认为中美关系是世界上最重要的一组双边关系，太平洋两岸的领导人都应该认识到这一点。他们知道，除了乘风破浪解决当前两国关系中的挑战，他们别无选择。保持相互尊重和理解是解决 21 世纪人类面临难题的关键。

Ezra Vogel
傅高义

采访对象：傅高义，1930 年出生。他是哈佛大学教授，曾任哈佛大学东亚研究中心主任、费正清中国研究中心主任等职。1993–1995 年，他曾在美国国家情报委员会担任负责东亚事务的情报官。傅高义精通中文和日语，被认为是美国唯一一位对中日两国事务都精通的学者。著有《邓小平时代》等书。

采 访 组：辛恩波　薛雍乐　魏帮荣　周永平

采访日期：2018 年 4 月 23 日

采访地点：波士顿傅高义家中

傅高义：
中美需要更多有“人情味”的学者

对于大多数中国人而言，知道傅高义这个名字，或多或少是因为那部《邓小平时代》。2000 年从哈佛大学退休之后，傅高义花费十年时间，搜集资料，采访知情人，最终完成这部皇皇巨著，也让许许多多中国人了解到，一个美国学者对于中国的理解可以达到何种深度。

不过，傅高义身上的中国印记远非一部《邓小平时代》所能概括。从 20 世纪 60 年代在哈佛大学费正清中心投身中国社会研究开始，到 70 年代建言尼克松总统接触中国，再到后来参与中美各个层面的交流，傅高义亲身见证了中美从敌对到友好，从隔绝到接触的不同阶段。中美关系过去 40 年走过的风风雨雨，都在某种程度上和傅高义的研究紧紧结合在一起。

或许是受多年社会学研究的影响，说起自己对中国的研究，傅高义总是不断强调了解他人、理解他人的重要性。在傅高义看来，只有真正理解他人，才是一个“有人情味的学者”之道。“人们对事物的看法并不都是一致的，但是都需要了解，尤其要‘同情’他们，从他们的角度来学习。”傅高义说。

这种对于了解他人、理解他人的强调，反映在傅高义的中美关系研究中，就体现为他对中美交流和互相理解的重视。在过去数十年中，无论在哈佛大学费正清中心，还是在国家情报委员会，抑或是退休之后，傅高义频繁地访问中国，接触中国人、了解中国社会始终都是他的目标所在。

在傅高义看来，中美从建交到现在 40 年的经历，其实就好像两个人从互不相识再到成为朋友的过程，这个过程中最重要的就是交流和了解。正是基于这样的理解，傅高义对于眼下中美关系出现的紧张趋势也颇感忧虑。在他看来，中美之间日益加深的不信任感正在给彼此之间的交流和了解设置更多障碍，而信任感恰恰是两个国家消除误解、维系关系所必需的。

通过“拉关系”了解中国

采访组：您开始研究中国的机缘是什么？哪些人对您的中国研究起到过引导作用？

傅高义：我的博士论文是关于美国社会的，博士后是在日本做研究。从日本回来以后，面临一个问题，是继续做美国社会研究，还是做东亚社会的研究。

1960 年我来到哈佛见到老教授裴泽（John Pelzel），问他可不可以做日本研究。他问我愿不愿意做中国研究，我说没有想过。他说：“麦卡锡主义的时代已经过去了，现在可以做实际的研究，但是哈佛大学没有中国社会课程，也没有合适的研究人员。你既然已经开始东亚研究，可以做中国社会研究。”他说给我三年的时间做研究，学习中国历史、社会、经济，之后也可以继续在哈佛大学教书。我接受了他的建议。

1961 年秋天我来到哈佛，上了赵如兰的中文课，她的爸爸是有名的语言学家赵元任。她要求很严格，所以我们中文学得还可以。很可惜，一年后我要做研究，没有继续上课。所以我的语言还不太好，看中文书也不太好。

我来哈佛的第二年基本上也是上课，也蹭了一些教授的课，包括费正清的课，所以费正清对我也有影响。第三年就是去香港，接触当地人，看相关材料。第四年已经开始教书了。

采访组：您到费正清中心后，当时最感兴趣中国哪方面的内容？

傅高义：我对中国的研究，一开始并不是因为个人特别感兴趣，而是想从做学问的角度多些了解。我记得早在 1961 年的时候，就觉得中国很有前途。虽然当时中国国内还有些问题，还没有开放，但是将来可能会开放，我相信中国将来会成为很重要的国家，应该多了解。

在香港时，我结交了一些朋友，他们中有些人 20 世纪 50 年代因为贫穷饥饿才辗转来到香港。我通过跟他们联系，了解他们的生活情况。我当时认识一个叫 Edward Chen 的人，他本来是香港人，受爱国主义教育影响，1948 年到 1962 年来到广东生活，成了当地一个小干部。我们一起看《南方日报》《广州日报》《羊城晚报》等报刊。我问他，报纸上写的是什么意思，什么背景，

傅高义在美国家中接受采访

他帮助我了解中国的情况。

还有就是中国小说。我喜欢茅盾的小说，因为我认为茅盾的小说有社会学的感觉，《子夜》那些故事，看了可以理解社会。我觉得从他的书里，可以理解搞革命的学生，也可以了解那些有钱的人、反动的人。我觉得他是比较接近社会学家的一个小说家。

采访组：您的《邓小平时代》在中国影响很大，您采访了很多中国高层人士，获取了很多一手信息。您是怎么和他们打交道的？

傅高义：我常常参加哈佛和其他很多机构的一些活动，比如中美友好协会，有次通过他们的活动我认识了邓小平的女儿邓榕，还有一些高级别的中方人士。我也参加了很多会议，其中一个会议是在中国近代研究所，在那里我认识了陈云的女儿，她给我介绍认识了她爸爸的秘书。还有一些学者来到哈佛参加会议，我也借机认识他们。所以在研究邓小平的那十年里，我认识了社会各界很多人。

有人问我，你怎么做研究，我说我“拉关系”啊。跟人交朋友，让他们慢慢了解我的目的，不是判断是非好坏，就是纯粹的了解。人们对事物的看法并不都是一致的，但是都需要了解，尤其要“同情”他们，从他们的角度来学习。要了解不同人的看法，我觉得这是一个学者的治学之道，一个有人情味的学者就应该这样。

当然，我“拉关系”的目的不是为了赚钱或其他什么，而是为了做研究，为了了解真理，了解实际情况，了解人们的思想感情。

致信尼克松呼吁接触中国

采访组：1969 年尼克松刚刚当选总统的时候，您和费正清等人写了一封信给他，建议跟中国进行接触，为什么在那个时候发出这样的呼吁？

傅高义：我们研究中国，当然希望跟中国建立关系，希望中国开放，希望未来可以去中国认识朋友，交流学习，让他们的学生也来这里学习，互相学习，我是有这个目标。因为，仅从外部研究一个社会是不够的，要是能直接接触获得一手资料当然是最好的。

另一方面，从国家地位的角度来说，两个国家为了世界和平也应该做朋友，应该互相了解。那个时候麦卡锡主义已经过去了，尼克松刚刚当选总统，我们国内的政治情况为我们改变对华关系创造了机会。基辛格曾在哈佛教过书，我们认识。有次他在华盛顿，我告诉他，我们一批人写了一封给总统的信，我们都觉得现在是比较好的时机，尼克松当了总统以后应该想办法跟中国“拉关系”，建立外交关系。

采访组：基辛格 1971 年访华之前，曾与您和费正清中心的几位教授有过谈话，主要谈了哪些内容？

傅高义：基辛格曾来到哈佛，并没有告诉我他要去中国，但是他想谈一谈中国。当时给我的主要任务是介绍一下周恩来是个怎么样的人。但是我们没有人见过他，对他的了解很少。我们只是通过书籍、文章等渠道对周恩来有一定的了解。我对周恩来的印象是，他是个很聪明的人，学识、阅历都很丰富，所以跟他谈话肯定是很有趣的。

采访组：1973 年您跟随美国科学院代表团第一次访问中国，当时去了哪些地方？对当时的中国社会印象如何？

傅高义：当时去的主要是广州、上海、苏州、南京、北京这几个地方。那时中美开始有科学交流，我们都希望将来会有中国留学生来美国。在中国有一批人，1949 年以前曾在美国念过书，我们见到了一些。我们开会谈将来为了建立科学合作，应该怎么做，先做什么后做什么。

在去中国以前，我已经对中国有所研究和了解。当然，很多细节不知道，但是大部分情况我们基本上也猜得到，并没有特别惊讶的事情。

采访组：当时您还见到了哪些中国领导人？印象如何？

傅高义：我们先见了乔冠华。后来他们通知我们某天在某个房间里等着，可能会见到很重要的一个人。我们估计可能是周恩来，的确就是他。所以我们十几个人坐着上海牌汽车，从北京饭店到人民大会堂，见到了周恩来，谈了大概两个小时，从中国历史谈到中国当前的情况。

我当时并不知道，原来周恩来已患有癌症。当时觉得他很严肃。我以为他会很和气、很健谈。但是那个时候，他讲话很正式、很严肃，并没有给我很亲密的感觉。不知道是因为他病了，还是别的原因。

采访组：1979年邓小平访问美国，您参加了在华盛顿举办的招待会，当时您对他有什么印象？

傅高义：我确实在那个会议上见过他，听他讲话，但是很遗憾，我们并没有私交。我是2000年退休的时候才决定研究邓小平的，所以，那个时候就是听听他讲话，没有试图特别接触。我记得他在一个美术博物馆讲话，那里有点热闹、有点吵，但他演讲很认真，像一个战士一样。每个字都念得很认真，很正式。

我认为邓小平的这次访问非常重要，他在美国的那一个礼拜非常重要。我们两个国家的关系终于正常化了，我们都对未来抱有美好的希望，相信我们会建立更密切的关系，双边来往会多起来，商业、学术、外交等等都会活跃起来。我们都非常高兴，特别是学术界，都对两国关系的这个重大改变感到欢欣鼓舞。

采访组：90年代初，您曾担任国家情报委员会东亚情报官，作为学者参与政府工作有什么独特的视角？

傅高义：我哈佛大学的同事约瑟夫·奈（Joseph Nye）当时是国家情报委员会主任，我当时负责东亚方面事务。约瑟夫·奈看中我的学者背景，认为我的研究比较全面，包括经济、政治、社会、外交等各领域。我当时负责包括中国、日本在内的整个东亚地区的情况。

我认为，学者和政府工作人员看法不完全一致。我们学者有中国朋友，也有学界来往。我们比较乐观，喜欢跟中国人多接触。而一直在政府工作的人比较严肃，他们不一定有中国朋友，对中国的认知主要来自材料和书籍。

寄望中美更多交流理解

采访组：孔子说，“三十而立，四十不惑”。中美关系到现在也经历了 40 年，可以划分几个阶段？我们现在处在什么阶段？

傅高义：1979 年中美建交以后，我们都觉得中美关系会有前途，会有希望。我们像是第一次见面的朋友，虽然还不太熟悉，不太了解，但想变成朋友。我认为邓小平推行改革开放的政策非常聪明，希望和外国搞好关系是正确的。所以 80 年代，我们的关系还是很不错的。

苏联解体以后，原本中美建立外交关系的一大原因没有了，所以我们的关系不如 80 年代这么密切，但是贸易一直在增加。90 年代我们经历了一些波折，但是美国学者中很多人都有中国朋友，双方认为必须继续保持这些关系，基本没有什么改变。

最近几年，我觉得中美关系又开始有困难了。本来我们不怕中国的军队，不怕中国的经济力量，但中国现在的军力很强大，经济也很强大，对中国持怀疑态度的人就一点点多起来了。

我个人认为，特别是近两三年以来的中美关系变得比较紧张了。当然还有特朗普的原因，我们知识分子都不喜欢他，觉得他没有好的政策，不会用人，他的很多做法不太理想。其他国家对美国想做什么也有怀疑。

过去美国有两大群体非常喜欢跟中国发展更密切的关系，一个是我们学者，另一个是产业界，但现在这两个团体中也有很多人开始持怀疑态度了。有的人担心中国通过孔子学院这样的机构对美国施加影响力，我个人觉得这完全没有问题，美国人有自己的思想和判断能力。

采访组：您提到中美相互信任可能正在下降，您有什么建议可以让我们重建信任？

傅高义：我认为中美双方都有工作要做。我希望特朗普政府能谨言慎行，多任用比较能干、了解亚洲情况的人。白宫里有一两个人是了解实际情况的，但是还不够。所以，要充分利用专家。我希望中国尽可能多让外国人去接触。外界了解得更多了，态度就会慢慢改变。

采访组：哈佛大学的艾利森教授提出“修昔底德陷阱”之说，引起了学界广泛讨论。您对这个问题怎么看？

傅高义：人们误会他了，他写那本书是希望避免“修昔底德陷阱”、避免冲突。他的意思是：要小心，要是闹得太厉害的话是会发生问题的。他认为两个国家经济关系应该变得更好，军队关系应该搞得更好，这是他的目标。他的意思不是情况已经坏了，而是想警告一下。

采访组：听说您在写一本关于中日关系的书。在写作中，您对于中美日三国之间的关系有没有新的认识？

傅高义：我正在写的这本书主要是关于中日关系。我在中国有很多好朋友，在日本也有很多好朋友，所以希望这两个国家能够搞好关系。我是一个旁观者，旁观者清。

在中美关系中，我认为日本并不是那么重要的。中美关系主要是我们两个国家的事。当然，日本和美国是同盟的关系，可能会有一些合作，但是日本的影响不会很大。

采访组：您对于未来的中美关系有什么期望？

傅高义：我希望中美之间学习和交流能够增加，也希望中国学生来到这里回去以后会有好的前途，希望中国会给他们好的机会，因为很多学生很能干。他们的目标是帮助中国，所以我希望中国能够接受他们，充分利用他们的能力。

我也希望美国政府能更多接受专家的建议。因为特朗普政府里面很多人不了解情况，像博尔顿、纳瓦罗这样的人太不懂事了，这些人的看法太不像样了，应该多认真地了解情况。不过，特朗普有一个好处，他对一个国家的领导人不说坏话。这是件好事，也许能够保留一点希望吧，但是当然不够。

J. Stapleton Roy

芮效俭

采访对象：芮效俭，1935 年出生于中国南京。他是美国威尔逊中心基辛格美中关系研究所创始主任。他于 1956 年毕业于美国普林斯顿大学。20 世纪 70 年代后期曾任美国驻华联络处副主任，参与中美建交秘密谈判。1991–1995 年任美国驻华大使，1999–2000 年任美国国务院助理国务卿，获“职业大使”称号——美国外交系统最高职级。

采 访 组：薛雍乐　魏帮荣　周永平

采访日期：2018 年 4 月 26 日

采访地点：华盛顿威尔逊中心

芮效俭：
美国能和一个更强大繁荣的中国友好相处

芮效俭的办公室门口贴着一句毛泽东的名言："天下大乱，形势大好。"他大笑着说，这是他最喜欢的格言之一。虽已年逾八旬，但芮效俭仍坚持每天到办公室上班，在距离白宫一公里之遥的威尔逊中心观察美国政治与国际风云变幻。

1935 年出生于南京的芮效俭曾在一个"天下大乱"的时代长大。15 岁前，他随家人辗转于中美之间，在成都躲过了日军空袭，带着美军大兵在山区打猎，在上海的战火硝烟中参加期末考试……这些独特而不同寻常的经历早早地在他心中埋下了对中国的兴趣，也为他投身外交事业埋下了伏笔。

芮效俭的职业生涯也难以用"风平浪静"来形容。他曾在 20 世纪 70 年代末参与了中美建交秘密谈判，又在 90 年代初中美关系陷于低谷时出任驻华大使。回顾那些艰难而激烈的幕后斡旋，他对中美在追求各自利益的同时谋求共同利益的历史经验尤为感触，希望中美能更好地理解对方的雄心，使两个强大、富裕的国家建立良好的双边关系。

战时记忆：认识中国的独家视角

采访组：您 1935 年在中国出生，在抗日战争中度过了童年。在中国长大是什么样的体验？

芮效俭：我最早的记忆就是在中国度过的童年时光。10 岁以前，我说的是四川方言。1938 年 -1945 年，我和家人在成都生活。我的脑海中现在还能浮现出当年的场景：日军的空袭，简陋的防空洞；家附近的土路和农田；手推车上拉往市场的猪，尖叫连连……一切都还历历在目。

我们家里曾经住了一个中国学生，她母亲住在城外河边一个小窝棚里，我们经常跑去那里吃“饺子宴”。她的窝棚在日军空袭中被毁了，幸而她活了下来。

美国空军从 1943、1944 年左右开始来华，情况发生了很大的变化。他们在成都周围建了 4 个巨大的空军基地，用于远程轰炸日本目标。到 1944 年，已有数百名年轻的美国士兵驻扎在成都周围的帐篷营地里。他们会让我们这些小孩子坐他们的摩托车，我哥哥和我还会陪他们去山区打猎，因为我们可以担任他们的中文翻译。

采访组：国共内战时您也身在中国，那时的经历是什么样的？

芮效俭：1945 年我们回美国待了 3 年。1948 年，我们又回到中国，其间曾到上海。上海和成都有着天壤之别，上海那时已经是一座现代大都市。我哥哥留在上海，我先去南京待了两个月。南京美国学校关停后，当年 11 月我又被送回上海与哥哥团聚。

1949 年 5 月，上海解放。临近战事结束前，正好是学校期末考试时期。我们进教室去考试，出来的时候却看到飞机在附近轰炸，那真是很不寻常的经历。

我还记得，有段时间国民党政府推出新货币——金圆券。我们刚回到上海时，1 美元大约可以换 4 元金圆券。1948 年 11 月我坐三轮车从码头到衡山路的上海美国学校，车费还不到 1 元金圆券。但短短 5 个月后，汇率每天都在以百万倍的速度往上翻倍。

采访组：您的外交官生涯是如何开始的？

芮效俭：我大三时，美国国务院的代表来普林斯顿演讲，我去听了，感觉他把外交工作讲得很有意思，立刻就让我产生了兴趣。后来我通过了考试，毕业后直接进了国务院。

我儿时在中国生活了 10 年，对中国有所了解，自然也对中国研究感兴趣。但我小时候只会说简单的口语，所以在加入国务院后，不得不重新从头学起，自己付钱上课。那时，美国在东南亚的所有大使馆里都有懂中文的外交官，因为这些地区的经济主要是华人撑起来的。我曾被派往曼谷，负责和当地的华人群体联系。

采访组：您在中国的经历非常独特，和其他美国人相比，这给您带来了怎样不同的视角？

芮效俭：我小时候生活过的成都和现在很多人看到的中国完全不可同日而语。尽管现在中国还有部分地区相当落后，但就算是这些落后地区，与我小时候看到的中国相比也已经好很多了。1948 年我们回到中国时，正是国共内战接近尾声之时，情况依然非常落后，南京城中心还有很多农田。

所以我见过抗战时期的中国、内战时期的中国，以及“文革”时期的中国，那时的中国和现在的中国截然不同，中国人的心态也截然不同。现在中国人都对中国变成一个迅速崛起的现代化大国充满信心。大部分人没有经历过那个动荡的年代，所以他们没法深刻地体会到中国过去 50 年来现代化发展的来之不易。

建交密谈：跨越分歧实现互利

采访组：70 年代，您曾在美国驻华联络处工作。联络处和领事馆有什么区别？

芮效俭：“联络处” 意味着我们的工作有很多限制。尼克松总统访华后，我们在 1973 年开设了驻华联络处，但只被允许与中国外交部负责美国事务的部门接触，没法和其他中国政府部门直接接触。我们也会被邀请参加招待会。按外交礼仪，政府设宴时外交官会先进场，此后才是非官方外交机构。我们不算正规的外交使团，所以总是和后者一起进场。

尼克松访华后，中国以为他会在 1976 年总统第二任期结束前完成中美关系正常化，但他在第二任期开始两年后不得不辞职了。福特接任后，主要心思都花在谋求连任上，暂时无暇顾及完成中美建交事宜。他最终没能获得连任。卡特总统上台后面临的问题是：有没有准备好真的实现正常化？

当时政府内部意见不一。时任国务卿想优先发展与苏联的关系，进行第二阶段的限制战略武器会谈（SALT II）；布热津斯基领导的国家安全委员会则更重视中国。结果，布热津斯基败下阵来，我们决定先处理对苏关系。某种程度上来说，这其实也是一件好事，因为这样我们就有更多时间为总统准备建交谈判的详细材料。

一年后，大家的注意力回到了中国。总统决定全力以赴建立全面外交关系。因为我曾参与起草了部分准备材料和相关文件，我被选中去北京，在驻华联络处担任伍德科克大使的副手。

采访组：1978 年您亲身参与了中美之间的秘密谈判。您觉得当时双方达成一致前遇到的最大挑战是什么？

芮效俭：我们 1978 年 7 月开始秘密谈判。谈判被高度保密，除了我和伍德科克大使外，驻华联络处的其他员工都对此毫不知情。

中方提出了三个条件：要我们和“中华民国”断交，停止与“中华民国”的安全协议，从台湾撤军。卡特总统决定，我们可以满足这三个条件，前提是确保两岸和平统一。

我们知道对台军售是最大的问题，而这最终也确实成了谈判中最大的绊脚石。但我认为，最终邓小平副总理以大局为重，做出了正确的决定：即便无法马上就军售问题达成共识，还是先建立了外交关系。大约三年半后，中美通过签署第三个联合公报就此问题达成了一致。

采访组：您认为中国和美国是怎样跨过这个“绊脚石”的？

芮效俭：毫无疑问，双方都想促成建交。我们承认大陆才是真正的中国，而台湾只是中国的一小部分。其实，我们和“中华民国”建交是因为朝鲜战争。

此外，当时我们并不知道的是，就在我们谈判的最后阶段，十一届三中全会通过了改革开放政策。回过头来看，当时邓小平的一些想法我们还不知道：一是和越南的冲突——在中美建交的两个月后，中国就和越南发生了战争；二是邓小平清楚地认识到，改革开放政策要成功，最好和美国建立外交关系。

但我们当时不知道他有这些考虑，只是在非常狭隘的基础上进行谈判。在我看来，在我们无法就军售问题达成一致时，这些其他因素——与苏联和越南的对峙以及改革开放政策——说服了邓小平，与美国建交是明智的决定。

伍德科克大使提出了一个非常好的论点，他说：“我们现在还不能解决这个问题，但如果我们建交，就可以比没建交时更好地处理这个问题。”我认为这句话很准确。

大使岁月：历经风雨但仍坚持向前

采访组：90 年代初，您回到中国担任大使。这一时期的中美关系经历了较大波折，您认为最重要的历史教训是什么？

芮效俭：这段历史反映了外交中的一个典型问题：如果本国民意不支持和对方国家建立更好的关系，那两国之间就很难改善关系。

当我被提名为大使时，美国政府里没有人想和中国扯上关系。内阁部长们都不敢来中国，因为他们会因此被猛烈批评。大家都担心，如果政府试图和中国进行某个合作项目，国会会从中作梗不给拨款。比如，那时约翰·霍普金斯大学还因为担心捐款减少，考虑关闭南京中心。我坚信教育合作对中美交往非常重要，我也不想看到一个很有前景的项目被迫关闭，就去和校长见了面，劝他不要退出中国。

在那样的情况下，确实很难改善两国关系。但老布什总统非常想缓和对华关系。他曾派副国务卿伊格尔伯格和国家安全顾问斯考克罗夫特秘密访华。此事曝光后成为严重的政治问题，但总统决心和江泽民主席保持畅通的沟通渠道。

所以我知道，我有总统的支持，改善中美关系是正确的努力方向。后来，国务卿贝克在 1991 年 11 月访华，商务部长富兰克林 1992 年 12 月也来到了中国。这些都是重要的举措。我觉得我们就应该这样处理对华关系：保持沟通，寻求合作空间和共同利益，避免冲突，推动两国关系向正确的方向发展。

采访组：在您担任驻华大使期间，美国对台军售、有条件的最惠国待遇等问题都曾引起巨大波澜。您是如何参与处理这些危机事件的？

芮效俭：美国国内有向台湾地区出售 F-16 战斗机的压力。总统最终决定出售战斗机，不是为了照顾台湾的需要，而是因为他在谋求连任，想保住制造 F-16 战机的沃斯堡当地的就业率。中国当然强烈反对，但中方足够聪明地意识到，布什总统的决定是为了获得连任而不是为了助长台湾对抗大陆的实力，所以我们得以克服了这一危机。

克林顿上台后，给中国的最惠国待遇加上了人权条件。我们之所以能够度过危机，一部分原因是商界反对把两者捆绑在一起。推进人权和推进经贸关系都符合美国利益，把这两者对立起来，在我看来是一种“技术性错误”：当你把自己的两种利益互相对立起来时，就造成了一对矛盾，而对方国家则可高枕无忧了。

采访组：您在担任驻华大使期间，遇到的最大的挑战是什么？

芮效俭：当时美国国内的反华情绪非常高涨。我们的媒体也一直推波助澜。如果他们写了关于中国的正面报道，要么发不出来，要么就只能登在不起眼的小版面。而如果他们写一篇人权人士被捕的报道，就往往会被刊发在头版。所以机制导向就是鼓励报道中国的负面消息。

中共十四大重申了坚定改革开放的政策，我们的商界人士很快就看到中国正在再次走向市场改革，大批企业开始进入中国。但美国政府却完全没有看清这点，对此毫不重视，对中国的态度仍然非常负面。这给我在北京的工作带来了很大的困难。

采访组：作为大使，在应对艰难处境时，您有没有什么策略？

芮效俭：我没有特别的策略，但最终我在《纽约时报》做了专访，直率地提出了我的观点：中国自 1989 年以来取得的发展和进步，堪称中国现当代史上最好的三年。要知道，我曾住在一个因战乱而无法自由出行的中国、一个到处都是贫穷的中国。而到 1994 年，中国已经稳定了，取消了配给制，人们出行自由，还开始有大批人出国。

我讲的这些被登在了《纽约时报》头版，这引起了许多国会议员的攻击，他们说我应该立刻被解职。但我也收到了许多来自内阁部长的私人来信，他们赞赏我说出了真话。我的行动在当时的美国被认为是“政治不正确”的。不过，这也是调整我们对华认识的一小步，让我们能更准确地辨别中国的优点和缺点。过去我们看到的只有缺点，但其实也有一些好的事情在发生。

芮效俭在威尔逊中心接受记者采访

采访组：*在您离任前，中美关系又因为李登辉访美跌落谷底。您在处理相关问题时是否也一度陷入尴尬的境地？*

芮效俭：我的态度是，只有在让江泽民主席先来的情况下才能让李登辉访美，因为这样我们就可以展示官方访问是什么样的，和李登辉形成对比，因为我们不会把后者当作官方访问。

那时克林顿政府认为请江泽民主席访问时机尚不成熟，但同时决定不会让李登辉访美。然而，国会投票说应该允许李登辉访问，他们在最后一刻改变了主意。这种临时变卦让事态迅速恶化了，因为我们已经告诉中方高层，不会让李登辉访美，但突然他又被允许来了，所以这就造成了尴尬的局面。

在克林顿的第二任期内，克林顿总统和江泽民主席实现了互访。但不久之后，我们的总统卷入了国内丑闻，又爆发了中国在贝尔格莱德的大使馆遭意外轰炸事件。所以也出现了一些负面危机，使我们无法趁着中美关系改善的态势继续推进两国关系。

90 年代发生的一系列事件多少受到了苏联解体的影响。对抗苏联这曾让中美团结起来的一大原因，突然消失了，恰巧在同时我们国内对中国的态度也变得更加负面了，因此我们缺乏改善中美关系的基础。克林顿政府的第一任期就是这个情况，他们不知道该如何和中国打交道。到了第二任期，克林顿政府开始意识到中国是一个不容小觑的新兴大国，应该以大国之道相待。这延续到了小布什政府时期。这是非常重要的转折。

中美未来：继续接触推动友好共赢

采访组：*近来，许多美国专家就美国对中国的“接触”政策进行了辩论，您对此怎么看？*

芮效俭：“接触”是唯一讲得通的战略。持批评意见者对国与国之间如何处理外交关系有根本性误解。通常每个国家会根据本国自身利益来制定政策，但仍会“包装”这些政策，使之符合主流价值观。美国就是一个经典的例子。我们喜欢把我们的政策标榜为推进民主、人权等宏伟事业，但我们的政策本质上还是与国家利益有关。说我们的对华政策是为了把中国变为自由民主国家，那只是表象。作为局内人，我清楚这不是我们做出决策的基础。

我在职业生涯中长期与那些和我们关系不好的国家打交道，比如苏联。对于苏联，接触都比对抗更讲得通。即使在苏联体系下，我们也得以在历史上实现过关系缓和，因为这符合我们的国家利益。

所以我认为接触政策肯定是处理对华关系的正确方式。反对派的攻击会带来破坏性影响。如果宣称接触政策失败，那就要改变对中国的政策。而大部分改变接触政策的想法都会让我们误入歧途，增加与中国对抗的风险。现在我们面临的一大问题是：中国不再只是被视为另一个主要大国，而被视为我们首要的战略对手；中国也对我们有同样的看法。

采访组：在视对方为战略对手的情况下，您认为美国还应该继续与中国接触吗？

芮效俭：是的，总有各种各样的问题需要我们应对，我们要么合作要么对立。比如我认为，中国和美国应该合作重建当前的国际秩序，以更好地代表中国、印度、巴西这样新兴国家的利益，这些国家在目前的国际体系中并没有被充分代表。我们为什么不能保留当前国际秩序的优点，同时做出必要的调整，来更好地反映新世界的利益呢？我认为中国和美国当前都还没有处理好这个问题。在这些领域我们就需要接触，看看能否找到共同点，互相合作而不是互相对立。如果不这么做，那中美关系就会变成敌对竞争，这不是我们两国关系的正确方向。

采访组：如今中美之间的互相怀疑似乎正在增长，您对重建共识有怎样的建议？

芮效俭：我发现，即使在和敌对国家打交道时，也可以建立信任，方法就是言出必行，言而有信。如果我发现你总是能坦诚相待、兑现承诺，那即便我们的利益并不一致，我也能在某个方面信任你，因为你从来没有误导我。

我认为中美之间建立信任的空间还很大，只要说清楚自己打算怎么做，然后以此引导自己的行为。当然，双方都要这么做。我认为和中国加强互信并不是不可能的，只要我们不随意改变处事态度。没有人会信任一个永远在改变立场的人。不幸的是，特朗普政府总是在改变立场——这样是无法获得信任的。

采访组：您在冷战外交中经验丰富，是否担心中美可能会滑向新冷战？

芮效俭：我认为有这个可能性，但这不符合我们任何一方的利益，也没有必然性。现在和冷战时期有一个关键区别。冷战的一大问题是意识形态冲突。苏联在国际范围推行社会主义，包括支持共产主义在世界各地传播。但中国不是那样的扩张主义国家。习近平主席谈到中国智慧和中国模式，但他只是愿意分享给有兴趣的国家，并没有说要向其他国家强行输出这种模式。

美国却一直口口声声要传播扩散民主，但实际上并没有成功。近些年我们已经可以清楚地看到，试图强制输出民主是行不通的。每个国家都有适用于自身国情的人民代表制度。我觉得我们其实可以在这方面进行合作，我们不应该把我们的制度强加到中国身上。

同时我们也应该认识到，中国没有理由不能变得更强大、更富裕。每个国家都想实现财富和国力增长，有些国家比其他国家做得更成功，中国就是其中之一。那我们为什么不能和一个强大的中国友好相处呢？在我看来，我们可以通过和中国接触，更好地理解中国的雄心，中国也可以更好地理解我们的雄心，我们可以找到共同利益，为我们同时成为两个强大、富裕的国家打下良好的基础。

采访组：您对当前中美关系最大的担忧是什么？最大的期望又是什么？

芮效俭：我最大的担忧是，特朗普政府上台一年多来，政府机构中一些关键岗位还存在空缺。我们需要那些具备专业知识和职业素养的人才来使国家机器正常运转。这些都是政府的中层官员，他们往往比上级官员更了解具体事务，同时也是政策制定不可或缺的环节。在这些关键岗位没有就位之前，我们不知道政府的政策会往正确还是错误的方向发展。如果选错了人，那就会出问题，因为他们可能让中美关系往相反的方向发展，伤害我们自身的国家利益。

我对中美关系还是乐观的，因为与中国合作的政策对我们自己也有利。但这意味着我们需要更好地理解中国，中国也需要更好地理解我们。

Joseph Nye
约瑟夫·奈

采访对象：约瑟夫·奈，1937 年出生。他是哈佛大学肯尼迪政府学院教授、前院长。作为国际关系理论新自由主义学派代表人物，他以提出“软实力”概念闻名。他曾于 1977–1979 年担任美国国务院安全援助、科学与技术副国务次卿，1993–1994 年担任美国国家情报委员会主席，1994–1995 年担任美国国防部国际安全事务部长助理。

采 访 组：薛雍乐　吴　挺　魏帮荣　周永平

采访日期：2018 年 4 月 24 日

采访地点：哈佛大学肯尼迪政府学院

约瑟夫·奈：
中美能通过发展软实力实现共赢

约瑟夫·奈以提出“软实力”学说而在学界闻名，但他坦言，并没料到他的理论会在中国如此受欢迎。虽然认识到中美两国在发展软实力方面各有挑战，但他认为双方能够通过发展软实力实现共赢。

约瑟夫·奈曾在美国政府工作多年，早在20世纪90年代就曾参与研究评估中国崛起的影响。作为美国对华接触战略的倡导者，他希望中美两国能加强合作，共同实现国力增长。

学术交流促进中美互相了解

采访组：作为政治学家，您对中国的兴趣是如何开始的？

奈：每个人都应该对中国感兴趣，因为这是一个如此之大，又如此有趣的国家。我第一次到中国来是在20世纪80年代初。1980年，复旦大学的倪世雄教授来到哈佛，他让我帮他跟上学术前沿，学习国际关系领域的最新著作。所以我和他相处了很长时间，告诉他出版了哪些书，建议他去读哪些。我们经常在一起吃饭，成了朋友。他说等他回中国后，一定会邀请我去复旦讲学。所以我在1981年左右来到了复旦，接着又去北京见了各种人，还参观了一些景点。那是很久以前的事了，当时上海、北京乃至整个中国的飞速发展尚未开始。

采访组：作为研究战略的学者，您对孙子和中国传统战略思想怎么看？中国古代主要思想家中您最喜欢谁？

奈：我认为孙子是人类历史上一名伟大的战略家，他在美国大学里也非常著名，很多美国学生都学过他的思想。同样的，孔子和老子作为伟大的哲学思想家，在美国大学也被广泛地学习和研究。其实，很多中国古代思想家在美国被广为推崇。

他们三人都很有趣，但我相对更喜欢孔子。我大概是10多年前开始研究孔子。我认为孔子生活在一个非常艰难的时代，却在尝试推广人们对营造良善社会的责任感，感化人心，这令我很钦佩。我也曾到访过孔子的出生地山东曲阜，参观那里的各种景点，非常有意思。

采访组：作为亲身参与者，您认为学术交流能给中美关系带来什么益处？

奈：我认为，中美两国间的学术交流对双方都有利。来美国的中国学生越多，他们对美国文化和政治的丰富内涵就能了解得越多。而去中国大学的美国学生越多，他们也就能更好地理解中国的文化和政治。所以我对学术交流的价值坚信不疑。

保持沟通渠道畅通很重要

采访组：70年代末和90年代您都在美国政府工作。这两段不同时期，您是如何与中国打交道的？

奈：我先是于1977年到1979年在美国国务院工作，但当时我不是专门对口中国政策，而主要负责核不扩散政策。90年代，我的工作和中国的关系则密切多了。克林顿政府时期，我在五角大楼为国防部长比尔·佩里工作，他给我的任务是统管《东亚战略评估》(*East Asia Strategy Review*)。当时我们研究的一大问题是如何应对中国的崛起，最后我们设计的战略也在《东亚战略评估》上发表了。我们基本的判断是，应该和中国接触、邀请中国加入国际体系。我们也确实这么做了，邀请中国加入世界贸易组织就是一个例子。

90年代中美关系也经历了一些困难时期，比如在台湾问题上，当李登辉访问康奈尔大学时，中国政府可以说几乎切断了中美两军关系。但我也有一些友好访问的经历。我记得曾和佩里部长一起访问中国，参加了一些非常有趣的会议。当时的中国国防部长是迟浩田，他曾在朝鲜战争中作战，而佩里也曾参加那场战争。尽管他们当年处在不同阵营，但见面时却相处得非常融洽。我们在晚宴上喝着茅台，都表达了对两国改善未来关系的期待。

采访组：您认为当时中国和美国如何成功地克服了双方的分歧？

奈：其中很重要的一点是，我们保持了畅通的沟通渠道。我们频繁去中国访问，也很高兴有中国官员回访。我们试着澄清，美国并不打算遏制或者孤立中国，而是试着和中国接触。我认为中方也明白了我们的意思。有时中国官员会说："美国的目的是遏制中国。"我就会说：不是这样，如果看看冷战时期的美苏关系就知道，遏制意味着两国间没有贸易和社会关系，而我们和中国之间则有很多贸易及学生、游客往来。所以我们努力制定的政策不是遏制而是接触。

采访组：过去几年美国政策界进行了关于对华"接触"政策的大讨论，美国政策圈对中国的态度是否正在发生根本的变化？

奈：政策圈的态度确实发生了改变。90年代我们邀请中国加入世贸组织时，我们以为中国会在市场机制影响下变得更加开放。但如今一些学者——不是那些反华人士——认为中国并没有成为一个真正的市场经济国家，从政府得到特殊补贴的国有企业的规模和实力还在不断扩大，那不公平。所以一些美国人认为，中国没有变成我们期望的那样，没有兑现承诺，这就导致了一种"幻灭"情绪。所以中美关系出现了恶化。

采访组：您认为美国过去对中国的"接触"战略错了吗？美国是否还应该继续和中国接触，是否需要改变接触的方式？

奈：我认为美国还应该继续与中国接触。特朗普威胁征收关税，通过贸易战来解决贸易逆差问题是个错误。贸易逆差本身并不是问题。但另一方面，我认为特朗普在坚持"对等"方面确实有一定道理，他也因此得到了支持。我认为中国必须更公平地对待美国企业。

我认为奥巴马政府计划得很好，建立了中美战略与经济对话这个平台。创造条件让两国高官定期会谈，把问题拿到台面上来讨论是正确的。特朗普政府还处于早期阶段，目前中美似乎还没有实现像奥巴马政府时期那样程度的合作。特朗普政府花了很多时间考虑为贸易逆差惩罚中国，所以在美方考虑强征关税的时候，很难进行战略与经济对话。

“强弱之争”应让位于“共进共荣”

采访组：您的“软实力”研究在中国非常流行，这有没有让您感到惊讶？

奈：我确实对自己的著作在中国如此流行感到惊讶。但另一方面，发展“软实力”对中国来说是个很好的战略。如果在加强经济和军事等“硬实力”的同时加强“软实力”，这有助于减少他国产生敌意或结成反对联盟。胡锦涛主席在2007年的“十七大”上提出中国要投入更多来发展“软实力”，我觉得这是个非常聪明的战略。

采访组：您如何评价“软实力”在过去40年中对中美关系的影响？

奈：“软实力”在我们的生活中无处不在。它是权力的一部分，即通过吸引力而不是强迫或者购买来得到自己想要的东西。中国和美国都有“软实力”。我曾经和北京大学的王缉思教授一起撰写了一篇文章，提出“软实力”可以是双赢的解决方案。美国的官员和人民越受到中国的吸引、中国的官员和人民越受到美国的吸引，双方就越有可能避免冲突，越有可能建立互信的基础，在具有共同利益的事务上进行合作。在过去40年中，有一些领域确实取得了双赢效果。两个比较好的例子是应对气候变化和打击商业网络间谍行为。

约瑟夫·奈在哈佛大学肯尼迪政府学院接受采访

采访组：权力通常会让人想到竞争，即不同国家的实力发生碰撞，尤其在如今美国越发把中国视为竞争对手的背景下，您认为两国间的“软实力”本身就倾向于导致冲突，还是有可能相辅相成？

奈：展望未来，我们需要意识到，对“权力”有两种思路。一种思路是凌驾于对方之上的权力（power over others）：我想让你做某件事，你不愿意做，我就用权力来逼迫你做出改变。另一种思路是和对方共同的权力（power with others）：你我都想达成某件事，但我们都无法独自完成，如果我们互相合作就可以成功。

所以我认为，我们需要认识到中美确实存在孰强孰弱之争，但在很多领域中，与对方的合作可以使我们一起增强自己的实力。一个典型的例子就是气候变化问题。中国不能独自解决气候变化问题，美国也不能独自解决气候变化问题，但一起努力，共进共荣，我们就可以做得更好。

采访组：除了双边经贸和民间往来，还有哪些领域可以增强中美关系的稳定性？

奈：我认为在一些跨国事务上合作可以增强中美关系的稳定性。这些问题我们都无法独自解决，但可以帮助对方一起解决，这些问题超越了政府的控制和国界的范围。比如，打击跨国恐怖主义、加强跨国金融稳定性、控制跨国传染疾病等，这些领域的合作都可以拉近中国和美国的距离，因为我们互相需要。显然，我们在其他一些领域还存在分歧，但需要注意的是，我们从合作中可以得到的东西比冲突更多。

采访组：近年来，您在网络安全问题方面发表了大量论述。您认为网络安全是否会成为中美之间的又一个冲突点？

奈：这可能会带来冲突，但也可能成为一大合作领域。中美两国在网络问题的一些方面有着不同见解，但我们也有意见相同之处。减少网络犯罪符合中美双方的共同利益。滥用或攻击信用卡网络的犯罪集团对中国和美国都不利，在这方面两国就可以合作。另一个方面是网络间谍行为。中国和美国之间一直存在网络间谍行为，还会一直持续下去。国家和国家之间从孙子那个时代开始就有间谍行为了，这不是什么新鲜事。习近平主席和奥巴马总统 2015 年达成协议，保证不会利用网络间谍行为来窃取对方企业的知识产权、损害贸易体系的公平性，两国在这方面减少了竞争，因为这符合双方的利益。

采访组：您曾写道，特朗普总统正在改变亚洲对美国的看法。美国在亚洲的“软实力”是否正在下降？这又会如何影响中美关系？

奈：根据民意调查，以及波特兰战略传播咨询公司每年发布的全球“软实力 30 强”指数，美国的“软实力”确实在下降。在奥巴马任期的最后一年，美国位居“软实力”指数榜首。但在特朗普执政的第二年，美国的排名下滑到了第三。民意调查的结果也差不多。

但另一方面，我们要问的是，这种变化有多少持久性？因为“软实力”的很大一部分不是由政府而是由公民社会创造的。所以美国对其他国家的吸引力不仅取决于特朗普的行为或“美国之音”的播报内容，同时还来自好莱坞、美国的大学、基金会等等。即使在美国政府不受欢迎时，这些仍能增加“软实力”。所以我觉得，尽管美国“软实力”因为特朗普政府的行为而有所下降，但从美国公民社会应运而生的许多“软实力”元素还很强劲。

中美没有互相构成实质性威胁

采访组：您曾撰文提到，中美并非注定要走向战争。现在您是否依然认为中美能避免陷入“修昔底德陷阱”？

奈：我认为美国和中国并不是注定要走向战争，两国对对方都没有实质性威胁。不像希特勒领导下的德国或者斯大林的苏联，那才是对美国构成了真实的威胁。我并不认为中国在试图威胁美国的存在或美式生活方式。同样，我也不认为美国在试图威胁中国的存在或者中国的生活方式。所以我认为我们确实可以避免战争。

但在整个人类历史中确实有误入战争的例子。我想谁也不会在 1914 年夏天想到会发生世界大战。人们可能以为巴尔干地区会因为塞尔维亚问题发生短暂的战争，但没想到历时四年的大战几乎摧毁了整个欧洲。所以中国和美国在相处时应该非常谨慎，切忌重蹈覆辙。

采访组：中美如何可以避免您所说的这种错误？

奈：频繁沟通和定期召开峰会很重要。奥巴马总统和习近平主席见过许多次，特朗普总统和他见面的次数还不多，但我希望会增加。尼克松总统和毛泽东主席的会面曾给中美关系带来了巨大变化，传承这样的传统非常重要。

我也希望看到政府各层级都增强交往，包括两军交往。邀请对方的军官来参加演习和访问等等，都可以帮助双方更好地互相了解。

采访组：中美没有互相构成实质性威胁，这种看法在美国普遍吗？

奈：看看民意调查就会发现，大多数美国人都不认为中国是个实质性威胁。对于决策者，在所谓的传统外交精英中，我认为这种观点属于主流。但总会有鹰派人物把中国视为威胁，现在白宫里也有一些这样的人。

这也是高层交往重要的一个原因。当下级官员把对方国家视为威胁的时候，高层交往可以作为另一个沟通信息的渠道。

采访组：您曾发文探讨过“金德尔伯格陷阱”：后发大国无力提供现有大国所提供的公共产品，世界因而陷入领导力空缺、危机四伏。具体就中美关系而言，这意味着什么？

奈：我想要表达的主要观点是随着中国变得更强大，中国必须为世界提供良好的“公共产品”。这意味着中美必须加强合作，比如共同改善国际贸易体系，使之更公平；共同出谋划策，推动世界金融稳定等。我们已经取得了一些成果，但还不够。

采访组：您认为，40年来的中美关系给我们最大的启迪是什么？

奈：过去40年中，我认为中美明白了我们有可以合作的领域，也明白双方并不会对对方构成实质性威胁。我们肯定会有争端，但国家之间有争端很正常，问题在于如何不让争端恶化升级。这就需要持久的执政智慧和良好的沟通，以确保事情不会失控。过去40年中我们做到了，如果我们往正确的方向努力的话，我想我们在未来40年中也能做到。

约瑟夫·奈和基辛格一起出席活动

约瑟夫·奈在办公室留影

采访组：您对当前中美关系最大的担忧是什么？

奈：我担心两国与日俱增的民族主义情绪会导致威胁感被夸大。在美国有人说："中国对我们是很大的威胁，我们应该采取对华强硬措施。"在中国也有人说："美国对我们是很大的威胁，我们需要对美强硬。"如果双方都有鹰派人士，不断夸大威胁——我把这称为"鹰派隔着国界互相攻击"——后果会很严重。鹰派都会觉得，夸大对方的威胁有利于自己在国内赢得辩论，这样的"鹰派国际联盟"，对双方各自的温和派、鸽派都非常不利，这才是真正的威胁，因为这样我们就容易忘记其实合作比冲突更能带来好处。

采访组：您对中美关系最大的希望是什么？

奈：我希望在中美之间看到一种"正常"的关系。以美法关系为例，我们并不是每件事都和法国一致，在一些领域也有分歧，但我们能保持"正常"的双边关系。我希望中美之间也能有这样的关系。我认为如果中国和美国真的要处理那些跨国问题的话，就要学会互相合作，这意味着美国需要减少对中国意图的怀疑，中国也需要减少对美国意图的怀疑。只有华盛顿和北京双方都转变态度，我们才能避免金德尔伯格陷阱，减少占便宜的倾向，加强"和对方共同的权力"而不是"凌驾于对方的权力"。

我希望中国和美国都能战胜非理性的情绪，保持稳健的双边关系，这对我们双方都有利。有机会到对方国家旅行、了解对方的社会和文化，对大家都好。中美关系和睦对我个人而言也很重要，因为我有一个孙女就出生在中国，所以从家庭的角度来说，我也希望中美关系继续友好发展下去。

Kenneth Lieberthal

李侃如

采访对象： 李侃如，1943 年出生。他是美国布鲁金斯学会资深研究员及约翰·桑顿中国中心前主任，密歇根大学荣休教授。曾于 1998–2000 年担任负责国家安全事务的总统特别助理及白宫国家安全委员会亚洲事务高级主任。他曾撰写、合著及编辑过 24 本书籍和专著，曾向美国国务院、国防部、商务部、世界银行、联合国及多家非政府组织和私企就中国及亚洲事务方面提供过广泛的意见和建议。

采 访 组： 薛蕹乐　魏帮荣　周永平

采访日期： 2018 年 4 月 27 日

采访地点： 美国布鲁金斯学会

李侃如：

中美应谨防两国关系走向总体对立

从布鲁金斯学会退休后，李侃如已不再每天都去办公室工作了，但他每天都会做些和中国有关的工作，无论是追踪中美关系的变化，还是为非政府组织（NGO）、教育机构和私企出谋划策，或是参与中美间的交流与对话。当他忆起自己最初从俄罗斯研究转向中国研究，以及 1976 年首次访问中国内地的经历时，年逾 70 的李侃如眼中依然闪烁着年轻时对那个遥远国度的好奇和探究。

在 40 多年的中美关系历程中，他经历过中国唐山大地震，曾在参议院就台湾问题作证，也曾处理过中国驻南斯拉夫联盟大使馆被炸后的危机，如今更是密切关注着中美关系正在面临的挑战。在他看来，中美合作、竞争和敌对关系之间的平衡，处于几十年来最不确定的阶段，总体来说几乎在各个重要问题上都产生了摩擦。

被中国深深迷住

采访组：您在大学一开始学的是俄罗斯研究，是什么促使您转向中国研究？

李侃如：我是到读研究生时才转向研究中国的。我去哥伦比亚大学读政治学博士学位，因为那里有美国最好的俄罗斯研究中心之一。入校后，我和导师布热津斯基讨论应该学什么，他给我的建议是："不要在俄罗斯研究所的课上浪费时间，因为你基本上都学过了。去做点其他事情吧。"我就选了鲍大可开的中国研究课程。当时我对中国一无所知，想看看中国和俄罗斯相比有哪些异同，接着就被深深地迷住了。鲍大可教授鼓励我继续选哥伦比亚大学东亚研究所的课，并且把博士研究放在关注中国上，我就这

李侃如在钓鱼台参加活动，与郑必坚握手交流

么做了。

我研究苏联时，关注过苏联共产党掌权的过程，以及革命道路如何影响之后苏联的选择。后来当我研究中国时，总会把中国从共产党建立到1949年的历程，与俄罗斯的共产主义运动从兴起到1917年十月革命及之后的执政历程进行比较。我研究不同的权力之路分别如何影响了中俄这两个体系的运转，又如何影响了它们后来做出的关键决定。在两个政治体系中，领导人过去的经历都深深影响了后来他们如何处理问题，列宁和斯大林的过往经历就和毛泽东及其他中国革命领袖的经历非常不同。我就这样对比较政治和比较革命研究起了兴趣，这把我引向了中国。

采访组： 您在1976年第一次来到中国大陆，您看到的中国和书里学到的有什么不一样？

李侃如： 总的来说，中国和我想象的差不多，但我发现其实我不了解许多具体情况。我第一次是作为中国问题专家，与国会工作人员代表团一同去北京，但我们到的第一个夜晚发生了唐山大地震，中断了我们的行程，中方以最快的速度让我们撤离了北京，我们就往南去了。

这次经历有几件事让我印象非常深刻。首先，中国看上去以农村为主，甚至北京看上去都不太有城市的活力。唯一不同的是上海。上海是我们行程的最后一站，在那里已经有一种国际大都市的气息，看上去比我们去过的中国其他地方都更城市化。第二，中国的贫穷让我印象很深，人们的衣着、生活条件都很简单。第三，官员们都极其重视给我们念完他们准备好的演讲稿，不愿偏离预先准备好的活动。比如，他们让我们乘火车离开北京，但因为一切都偏离了地震前准备的日程，所以我们在凌晨 3 点才到了河北省南部的一个人民公社。公社党委书记坚持要带我们去公社党支部，花了 3 小时给我们介绍公社的生产数据和各种相关的细节。这在凌晨 3 点可不是什么愉快的经历。

这样的事情让我感觉到，中国将会发生变化。在来到中国内地之前，我研究过中国历史，也在香港住过一年，我一直认为中国人很有活力，非常重视教育，富有创业精神。但我在第一次访问内地时却没有看到这些特质，所以我认为社会上一定有很多人有很多潜在的期望改变的想法。

历届美国总统最终都支持扩大中美关系

采访组：您对 1979 年中美关系正常化有怎样的回忆？

李侃如：那真是一件大事。参与正常化进程的关键人物之一是迈克尔·奥克森伯格，他和布热津斯基曾密切合作，在卡特政府国家安全委员会负责中国事务。奥克森伯格也是我博士论文答辩委员会的联合主席，是我最亲密的朋友之一。他进入白宫后，我还一直和他保持联系。在宣布中美关系正常化后，我打电话祝贺他，接着就开始讨论之后的事情。

那真是一个激动人心的时刻，在美国，人们对中国的印象好像一夜之间都变了，中国那边显然也非常兴奋。中美双方的期望值都很高，但现实则更加复杂，我们会被牵扯到一些具有挑战性的具体事务中，但同时这也使我们更加审慎地对待两国关系。其中一项需要解决的重大问题是，如何应对此事给台湾造成的冲击。我曾就《与台湾关系法》在参议院外交关系委员会作证。当时我没有在政府中任职，但即使作为局外人，试图理解中美建交意味着什么仍然充满挑战。

采访组：您认为中美在建交时是如何成功克服台湾问题这样的障碍的？

李侃如：我认为这归功于当时的领导人具有远见卓识。他们意识到，即使会遭遇许多问题，哪怕其中有些会在两国国内都带来政治难题，有些会产生难以预估的影响，如果美国和中国变成敌人，无法建立联系和一定程度的合作，那这个世界，尤其是亚洲会变得更不稳定、更不繁荣，冲突和战争的风险就会远远加大。总体而言，中美双方在推动建交方面都展现了灵巧性。

我觉得邓小平的作用尤为突出。不论在中美关系上还是在中国发展的大问题上,他都成功促成了巨大的变革,同时维持中国的基本稳定。对美国来说，他可能很难对付，但他在大原则上把握得很好，他知道中美关系应该向什么方向发展，怎样对中国有好处。为了推进中美关系，他担了许多风险，在中美关系遭遇困难的时候，他的决策避免了事态恶化。

而在美国方面，有趣的是，尽管我们选的总统在几乎所有的政治问题上都有非常不同的看法，从吉米・卡特到罗纳德・里根，再到乔治・H・W・布什、克林顿总统等等，他们属于不同的政党，面对不同的政治环境，但每个领导人最终都支持扩大中美关系。

我认为两国领导人都意识到，中美关系良好对于两国的国家利益都至关重要。美国领导人不会试图建立某种可能不现实或者违背自己国家利益的关系。随着我们两国社会互相了解、建立更多纽带，这些维持良好关系的决策都使双方受益。

15 分钟化解一场危机

采访组：1999 年发生的“炸馆事件”导致中美关系紧张。您当时在国家安全委员会工作，是如何参与处理这一危机的？

李侃如：在我们这方，这起事件完全出乎意料。那是一个周五傍晚，我刚到家就接到了白宫战情室的电话。大家在电视屏幕上看有线电视新闻网（CNN）关于中国驻贝尔格莱德大使馆被美国炸弹击中的报道。我们联系上国家安全顾问桑迪・伯格（Sandy Berger），首先试图搞清楚发生了什么。

中美双方的情绪很快就变得如此激烈，以至于不仅极难处理在两国产生的震动，也很难和对方沟通，使对方不要误解。比如，我认为总统应该立刻出现在电视上，表达对遇难者的哀悼，表示我们正在调查此事。不幸的是，当时美国西部刚发生了自然灾害，总统在灾区，不在总统办公室，还穿着户外的服装。但他还是来到摄像机前，念了一段非常得体的声明。

总统这样做是为了立刻显示出美国对此感到震惊，将在最高层调查此事，我们没有预料到会发生这样的事，当然也没有故意为之，希望中美关系走上更好的轨道。中方看了演讲后却觉得被冒犯了：克林顿没有在总统办公室里念声明，也没有穿西装打领带，这几乎被视为在伤口上撒盐。我们试图改善状况，却在北京产生了截然相反的效果。

在接下去的几天里，这样的事一再发生，我们试图改善中美关系，却被中方视为两面三刀，反倒增加了怀疑。美国政府几乎所有的相关部门都参与处理，国务院有危机处理小组，国防部、情报部门和白宫也都做出了应对。我的角色通常是想办法在中美两边沟通，试图重建某种信任。

正因为我参与了我们这边的内部调查，所以至今我仍然完全相信，美国并不是故意的。中国大使馆被误认为是旁边的另一幢建筑目标。那是一场悲剧，有人遇难，对双方的互信造成了巨大的伤害。

采访组：*您认为中美两国是如何走出那段波折的?*

李侃如：走出波折花了很长时间。就轰炸事件本身，美国最后把调查结果交给了中方，派出高级别官员去解释，还进行了许多其他沟通来降低损害。

我想举个例子来证明事情本可能变得更糟。在轰炸事件发生的几天后，我们在加密线路上接到美国驻北京大使的电话，他说我们的大使馆被围困了，而中方没有提供足够的保护。使馆人员已经采取了一切紧急措施以防大使馆被入侵。他们烧了文件，把人员转移到使馆最安全的地方，海军陆战队员也撤回了使馆内，但装备了武器。当时恰巧有一名负责巡视美国各大使馆以评估安全状况的专家身在美国驻北京大使馆，他的评估是，使馆围墙可能在几小时内被攻破，中方需要部署更多士兵保护使馆，因为如果人群冲到使馆最安全的地方、威胁到美国人的生命安全，那么海军陆战队员就会开枪，可以预见这次危机会进一步升级。

所以奥尔布赖特（Madeleine Albright）国务卿还有我们四五个人就和中国驻美大使李肇星取得了联系，去了中国大使馆。我们主要想告诉他，在北京出现了非常危险的状况，一旦过界就回不了头了。但我们没有机会说那些。中方非常愤怒，一口气讲了很长时间。后来我终于找机会给房间里我很熟悉的中国公使做了个手势。走出房间后，我告诉他，需要立刻和北京最高层取得联系，因为如果一个小时后还不派增援去保护美国大使馆，那恐怕就会有美国海军陆战队员在美国大使馆里对中国抗议者开枪了。

他听了以后，说了一声“哦”就走开了。15 分钟后，他回来了，进来坐下时点头示意了一下。显然，安保人员已被派去大使馆了。这就显示出，如果你和对方很熟，你们相互信任，有时可能非常重要。

采访组：总体来说，在中美关系的整个发展轨迹中，克林顿时期处在什么位置？

李侃如：我认为总体来说这是很好的一段时期。克林顿第一任期刚开始时，中美关系发展得非常坎坷。此后又发生了大使馆被炸等事件，中国加入世界贸易组织（WTO）的中美双边协议谈判也出现了困难，其中有许多复杂问题和起起落落。

但在克林顿第二任期结束时，中美已经建立了良好的工作关系。我非常欣赏克林顿总统。他认定的一个基本事实是，任何国家的领导人在做决策时首先要考虑国内政治问题。没有领导人会仅凭外交政策上台，也没有领导人会做任何可能削弱其国内地位的事情。我们必须始终考虑到这一点。克林顿总统总是很有兴趣去了解中国、日本及其他国家的国内状况，注意思考如何以也有利于对方国内情况的方式，来完成我们想做的事情。

中国政治体制变化巨大，值得肯定

采访组：过去几年美国政策界进行了关于对华接触战略的大讨论，您认为接触战略错了吗？

李侃如：我认为近来在美国关于接触战略的批评并不太现实，有些人认为：美国自 70 年代起和中国接触是希望中国变得更像美国，成为多党制民主国家；但中国没有变成那样，所以接触政策错了，我们太幼稚，不应该再采取这一路线。我认为这完全扭曲了每一届美国政府实施接触政策的目标。

我从没有听任何参与中国事务的官员说过，我们之所以这样做是希望中国到 2020 年能变得和美国一样。相反，我们采取接触政策是为了自己的国家利益，我们始终清楚地知道，中美两国有着截然不同的政治体制、经济体系，在现代国际舞台上的经历也大不一样。中国不会变得和美国一模一样。但如果我们找到有着共同利益的合作领域、提供促进合作的专业知识、培养互相理解的能力，随着时间的推移，中国、美国、亚洲及世界各地的人民都将获益。

中国将拥有更现代化的经济，更多地介入世界其他地方，因而毫无疑问中国未来将发挥更重要的作用。但中国会自己做出选择，这些选择将基于其自身的国家利益。所以我认为，虽然随着我们关系的发展，情况会不断变化，但我们应该长期致力于保持接触。最基本的一条是：虽然道路不免曲折，但如果我们和中国能更好地互相理解，有更多把我们连接起来的纽带，让两国关系总体朝良好方向发展，那我们和中国人都可以受益。

如果回顾过去并说这些根本没有发生，我认为那就严重歪曲了事实。回顾过去，从克林顿政府末期到小布什时期，我认为接触政策的成功超过了任何人的期待。中美在各方面互动的广度和深度是70年代早期的任何人都不能想象的。即使中美之间依然有很多问题并且对对方的长期目标依然深感怀疑，双方都因为双边关系的改善而受益匪浅。

有些持批评意见的美国人认为中国的政治体制并没有发生任何改变。如果这么认为，那通常是对中美关系正常化之前的中国政治体制一无所知，因为中国的官僚培训和晋升过程、政策制定过程、共产党管理公民社会等各方面，都已经发生了巨大的变化。可以说，如果没有我们两个国家进行接触和交流往来，可能更难发生这些变化。

尽管如此，我认为现在中美正处于一个非常艰难的时期，这一部分是来自日积月累的原因。中国现在已经变得更强大，无论是在经济发展、海外投资、尖端科技，还是在媒体影响、军事实力、外交活动、对国际及多边组织的兴趣等各方面。中国运用自己强大能力的方式，有时受到欢迎，但更多的时候令他国担忧。所以，不只是在特朗普时期，在过去七八年中，美国已经产生了不少沮丧情绪。美国、欧洲及其他国家认为现在要应对的中国比以往更大胆、更具野心。他们在政治言论和实际政策中都表达了这些担忧。

采访组：过去被视为中美关系稳定因素的经济和人员交往如今都受到了一些挑战，而中美在国际舞台上的合作也受到了特朗普“美国第一”政策的影响，您认为中美还能在哪些领域合作或达成共识？

李侃如：坦白说，我认为现在的目标应该是避免中美关系的恶化变得不可修复。我们需要向前看，思考如何建立更稳定的关系。我做了这么多年研究，发现永远不能真正预测未来，所以在明年或者未来几年中，双边关系比我预想得要更好也未尝不可能。但我认为双方的不满情绪都在增加，信任却在减弱，中美的矛盾已经几乎蔓延到了所有问题上，经济贸易、军事理念和发展、两岸关系、朝鲜问题、教育和文化交流、国际组织中的作用，等等。

有趣的是，当特朗普总统刚当选时，我听说很多密切关注大选的中国人都认为特朗普出人意料地击败希拉里·克林顿成为美国总统对中国来说是件好事，因为他们认为特朗普更好打交道，认为他是个交易型的总统，不太关注人权问题和美国的盟友，也没有很强的意识形态因素。现在他们看到了他的弊端，美国的政策不协调了，而且我认为特朗普总统也没有关注到很多中国持续关注并且表示不满的事情。而中国方面还在摸索改善中美关系的根基将是什么，他们认为特朗普总统不可预料。所以这让中美关系面临一些困难。我也十分关注特朗普政府在很多领域的政策，但中美双方都有问题需要解决。

采访组：您认为，过去40年来的中美关系给我们最大的启迪是什么？

李侃如：有几点启示。第一，中美关系需要勤奋努力地耕耘，两国领导人都需要花时间做出承诺去促进两国之间的相互尊重和理解，这点十分重要，但还不够。为了寻找问题所在和可行方案，正在进行的各级官员之间的联系和详细的对话也同样十分关键。

第二，各方都需要运用其他通道就其他一些事项进行沟通，需要对各自的国内政治和制约更加透明。保持更加坦诚、透明的关系将非常有益。我认为我们至今还没有达到应有的成功。

第三，我们需要严肃讨论互相的克制，比如在军事领域决定有哪些武器是两国不会开发或使用的。我们在冷战顶峰时期和苏联讨论并达成了《限制战略武器条约》以及其他关于共同克制的协议。现在我们和中国的关系非常广泛、互相依存，但却从未进行过同样的讨论。我认为这是一个需要解决的问题。我们需要找到那些共同克制可以带来益处的领域，努力不要损害在那些方面建立的信任。

在这段时期，我们需要组织那些曾经在政府工作或者了解中美各自体制如何在双边关系中运行的人士，进行更多的“二轨”对话，探讨如何让中美关系保持正轨。建立信任总是需要清楚对方的红线和担忧，这样我们才能确立更加现实的预期。

采访组：您对中美关系最大的担忧是什么？最大的希望又是什么？

李侃如：我最担心中美会陷入一种总体对立的关系，这可能会在未来几年中发生。坦白说，目前我还不清楚要怎么解决两国经贸关系上存在的一些大问题，这些问题还有可能会显著恶化。在军事上，竞争和怀疑可能会加剧。在某些问题上，我们有业已达成一致的程序和规则来应对突发事件，但我认为两国对于对方的担心程度都比过去更大，也更加清晰和直截了当，这是一个大问题。而在文化和教育上，即便现在有许多中国游客和学生到美国来，也有不少美国人去中国，但我认为整体环境正在变化，而且是在转向负面。

所以我认为现在不同的问题聚集到一起，都在往错误或者对立的方向发展。我担心这些问题会持续发酵，以至于几年后中美将陷入总体对立的关系。这将给美国、中国、整个亚太及其他地区的稳定造成巨大的损害。

我的希望是会发生一些正面的惊喜。在经贸关系上，我们可能会取得一些成绩，消除一些潜在的紧张关系，建立更坚实的基础；我们在朝鲜问题等领域的合作可能会提高到新层次。还有一些阻碍中美向前发展的问题可能也会发生变化，创造出更多合作的机会。所以我们只能等等看。现在的情况存在很大的变数，可能转好也可能转坏。如果我们不严肃对待，恐怕总体来说就会转坏。

Jeffrey Bader

杰弗里·贝德

采访对象：杰弗里·贝德，1945年出生。现任美国布鲁金斯学会资深研究员。他曾于2005-2009年担任布鲁金斯桑顿中国中心首任主任。2009-2011年，贝德曾担任奥巴马总统在亚洲事务方面的高级顾问。在近30年供职于美国政府的经历中，他主要在国务院、国家安全委员会以及美国贸易代表办公室等机构从事与中美关系相关的工作。2001年，贝德作为美国贸易代表助理，领衔美国代表团完成了海峡两岸加入世贸组织的谈判。

采 访 组：吴　挺　魏帮荣　周永平

采访日期：2018年4月21日

采访地点：洛杉矶贝德家中

杰弗里·贝德：

中美两国都能成为国际体系的支柱

距离 2011 年从奥巴马政府退休已经 7 年有余，但杰弗里·贝德——这位美国前白宫国家安全委员会亚洲事务高级主任——提起那段时光时眼神中仍然闪动着光芒。

在位于美国洛杉矶家中的后花园里，年过七旬的贝德拿出当年在白宫时的工作照，如数家珍般回忆着当时的点滴。

近 40 年的外交工作经历，让贝德对美国在亚洲的战略利益排序有着异常清醒的认识。面对中国的崛起之势，这位温和民主党人在对华主张上同样增加了现实主义的考量。

他希望看到“负责任的利益攸关方”这种理念的回归，也相信中美两国都能成为国际体系中的基石和支柱，为创建稳定繁荣的世界贡献力量。

贝德在洛杉矶家中接受采访

中美建交：不朽的历史意义

采访组：中美建交后不久，您就于1981–1983年到北京的美国驻华大使馆工作。从您的切身经历来看，建立外交关系带来了哪些实质性的变化？

贝　德：20世纪70年代末、80年代初我们建立外交关系的一大目的就是要为我们扩大合作领域、为两国人民交往创造条件。当年，我们就领事协议进行了谈判，以确保双向来往畅通，两国人民都能到对方国家亲眼看看；我们就科技协议进行了谈判，制定了30多条细则，为各个不同领域的科学家展开合作提供便利；我们还就文化协议进行了谈判，具体涉及音乐、舞蹈、戏剧以及博物馆等各类文化艺术交流——这是普通百姓尤其喜闻乐见的；我们还签订了贸易协议，甚至还有军事交流方面的协议。可以说，在所有领域，我们都有协议。两国人民都非常重视我们的双边关系，也都从中获益不少。

采访组：霍尔布鲁克是您的"职业教父"，是他建议您从事美国亚洲政策，尤其是对华政策方面的工作。那么，是什么让您坚持将中国作为职业生涯的重心呢？

贝　德：现在很多年轻人因为没有经历过历史上那段我们敌对的紧张时期，所以很容易忘记：50年代中美在朝鲜半岛进行了一场战争，死伤人数达百万；后来，我们在越南又卷入了军事冲突。

我决心从事中美关系事务，正是因为我意识到：我们两个大国在不到四分之一个世纪的时间里，发生了两次重大冲突，这对美国没有任何好处，对中国也没有任何好处；我们必须建立新的、不同的双边关系，否则我们将会在未来不断重蹈覆辙，甚至面对更具毁灭性的结果。

采访组：现在回过头来看，您觉得中美建交的历史意义何在？

贝　德：我认为1972年尼克松的访华之旅绝对可以称得上是改变20世纪历史轨迹的决定性时刻。尽管意识到两国在政治、社会、经济等各个领域有着迥异的制度体系，尽管承认我们对世界事务的看法也不尽相同，但是尼克松、基辛格和毛泽东、周恩来等人能够坚持必须使双边关系正常化，坚持必须找到加强合作、管控分歧的方法。这样的远见卓识时至今日仍有不朽的意义。

那一时期的政治家们能够超越分歧，找到中美和解的大框架，即中国的“一个中国原则”和美国的“一个中国政策”，以及中美三个联合公报，这是非常不易的大智慧。我认为，这对我们处理此后的很多问题仍然具有最重要的启发意义。

“公平”的贸易不等于“平衡”的贸易

采访组：2001 年您带队完成了关于中国加入世贸组织的谈判。美国代表团当时的主要立场和目的是什么？

贝　德：中国当时已经展现出未来将会成为世界前三大经济体的发展势头。我始终认为，将世界上最大的经济体之一置于最主要的国际组织和国际准则之外，是不可持续的。

现在特朗普总统以及他身边的很多官员抱怨说这份协议是单方获利的、很糟糕的。我认为他们没有弄明白中国入世的真正含义是什么。让中国加入世贸组织的目的在于向非中国企业、贸易商开放中国市场，而不是将西方市场向中国开放。西方市场在“最惠国待遇”的原则下已经对中国开放。

所以，自那以后中国出口的急剧增长，并非签署 WTO 协议导致的结果，而是因为中国自身发展迅猛，因为中国制造业的大规模崛起——尤其是工业制造能力的飞速增长，因为中国融入东亚经济体，成为东亚出口一大平台。

中国加入世贸组织以后，美国对中国的出口额也实现了巨大的增长。这是我们推动中国入世的目的。当然，中国的出口增幅更大，但并非因为这一协议，而是因为中国本身的发展。WTO 协议从来不是用来确保贸易“平衡”的，而是用来保障“公平”贸易的。

采访组：或许正是因为中国出口增长更大，美国国内许多人开始质疑当年同意中国入世的行为，认为这是战略性错误。您怎么认为？

贝　德：我一点不觉得需要为促成 2001 年中国入世而道歉。任何谈判都不可能只让一方获利而让另一方完全吃亏。只要是谈判，其结果往往会同时招致两边的批评。

现在，中国仍然存在许多市场准入的障碍。我认为中国需要超越入世协议，进一步加大力度开放市场。

我认为美国等一些西方国家，特别是欧洲，对于所谓的单向贸易的不满情绪达到了一个相当高的程度，中国领导人需要重新审视这一问题，不能仅仅寻求狭隘的短期优势，而应考虑到可持续的国际经贸整体态势。

我接触过的中国领导人对这一点非常清楚。以中共十八届三中全会为例，相关文件为中国经济的未来指明了方向，并且参考了几年前世界银行和国务院发展研究中心的联合研究报告。

采访组：很多人认为现在中美之间的贸易摩擦，一大根源是因为美国越来越把中国看作战略竞争对手。美国人真的开始失去贸易合作方面的兴趣了吗？

贝　德：如果你深入到美国各地基层，你会发现民间并没有那么强烈的“战略竞争”忧患意识。美国的地方层面，并不像华盛顿或纽约的某些智库那样,纠结于“战略竞争对手”一说。普通百姓对彼此的关切都更实际。这是我的印象。

普通美国人更关心我们的经济关系，而不是南海某个岛礁的情况。他们不在乎这个，他们在乎的是能不能出口到中国，能不能从中国进口。不难发现，美国的很多州长都是发展对华关系的强烈支持者，因为他们希望吸引中国投资，他们还会组织赴华考察，希望把东西卖到中国。他们考虑的要务实得多。

美国对华政策的变化与延续性

采访组：您曾参与奥巴马的总统竞选工作，后来也曾担任其政府在亚洲事务方面的主要顾问。您认为您的观点和政策建议对奥巴马总统有多大影响？

贝　德：中美关系似乎有这样一个规律：一位新总统上台之后总喜欢推翻前任总统的一些政策。表现在中美关系方面：1980 年，作为总统候选人的里根对中美关系正常化不屑一顾，甚至提出要与台湾重新“建交”；1992 年，

贝德与奥巴马总统在白宫椭圆形办公室交流

作为总统候选人的克林顿，曾不遗余力地尖锐批评北京方面，还声称将有条件地给予中国“最惠国待遇”，批评前任总统老布什对中国太软弱；2000 年，虽然没有那么戏剧性，但当时的总统候选人小布什将中国标榜为“战略竞争对手”，批评前任总统克林顿曾把中国称为“战略合作伙伴”。

对历史上的这三个案例，我都非常清楚。我也很明白，每一次都导致在新政府的头一两年里，中美关系出现了倒退，这给中美关系带来了损害，不利于我们发展使双方获益的良好关系。

里根花了两年多时间才让中美在对台军售方面达成了一个联合公报；克林顿也耗费两三年才放弃了“有条件的最惠国待遇”，此前两国一度剑拔弩张，尤其是 1995、1996 年的台海危机；小布什上台后，两国军事交流也遇到重创，直到“9・11”事件以后，两国关系才重新走上正轨。

尽管奥巴马对小布什总统的很多政策持批评态度，但在总统竞选时期，我给奥巴马的建议是：不要在竞选过程中或在上台后的前几个月里，做出有损中美关系的事或发表相关言论。不要给合作增加麻烦，因为的确存在我们必须共同协作解决的问题。奥巴马总统对此表示赞同，他在竞选期间的言行都非常谨慎。担任总统后，他很快便在 2009 年秋的第一次亚洲之旅中访问了中国。

在美国似乎流行着一种历史修正主义思想，认为一开始就应该制造矛盾争端，应该展现强硬的态度。每个国家为了维护自己的国家利益展现出强硬的一面，当然无可厚非。但是有必要释放负面信号，让对方以为你要颠覆两国关系吗？难道此前政府的所作所为完全没有意义吗？难道不管好坏，都要一并摈弃吗？我认为这是不明智的。

采访组：奥巴马政府外交政策的一大举措是提出了要“转向亚洲（Pivot to Asia）”。您是否也参与设计了这个战略？这是您对奥巴马影响的另一大方面吗？

贝　德：我2011年就离开了奥巴马政府。我从来没有用过“转向（pivot）”这个词。我比较认同的是“再平衡（rebalance）”这个说法。我在奥巴马政府任职期间，我们从来没有讨论过要制定针对中国的政策。我们只是讨论过要加大美国在亚洲的参与度、加强与亚洲各国的关系。

我认为美国应该尽其可能全方位发展与亚洲各国的关系。有些方面我认为过去被削弱了。所以我倡议支持美国参加东亚领导人峰会，与印尼发展战略伙伴关系，在东盟总部雅加达建立相应机构等等。

我还支持签订《跨太平洋合作伙伴关系协定》、《美韩贸易协定》等等举措。我认为美国需要加大在亚洲的参与度，因为亚洲是世界上发展最快的地区。这在我看来，从来不是针对中国的遏制政策，而是具有包容性的。

奥巴马总统也很赞同我的观点。他参加了东亚领导人峰会，是出于加强美国参与度的战略考虑。

当然，美国国内有很多人不同意奥巴马的亚洲政策。他们对外交政策和中国有非常两极化的观点。但我认为，直到特朗普总统之前，美国各界领导层就亚洲政策是有大致的共识的。如果比较一下奥巴马和小布什、克林顿以及老布什的亚洲和对华政策，你会发现相似性远多于不同处。在这方面，他们具有相当大的政策延续性。只是现在我们看到了更多的不连续性。

采访组：奥巴马在总统任期内曾多次与习主席会面，就国际和地区问题进行讨论。特朗普总统上任后100天不到，就与习主席举行了双边会晤。政府高层之间的交流对两国关系有什么影响？

贝　德：我认为特朗普总统非常重视与习主席的私交。两位领导人似乎也已经建立起了良好的个人关系。这是好事，值得赞扬。特朗普政府内有不少人对中国的态度比较强硬和不友好，这种情况下，领导层之间保持良好的个人关系有利于防止事态恶化。

两国政府高层之间发展积极的个人关系是相当有益的。我在克林顿政府任职期间，我们在克林顿总统和江泽民主席之间建立了一条热线。这是一条安全热线，可以直接交流也可以先加密。我们还在两国的军官之间建立了相似的热线。所以当发生南海摩擦之类的事件时，双方可以快速畅通地交流各自的意图。这样的机制有利于防止冲突升级。

我在奥巴马政府任职期间，中美曾在南海领域发生过一系列摩擦，涉及中国的渔船和美国的军舰。美方认为我们是在行使国际海域的航行自由权，我们和中国军方有沟通，中方也明确表态“不喜欢”美方这样的行为。虽然双方意见有分歧,但是都要确保不会互相开火。我们成功了,这就是“有效管控”：双方都可以表达各自的态度和立场，但都不使事态恶化升级。这是外交官和政府官员的职责所在。

回归“负责任的利益攸关方”

采访组：舆论普遍认为美国政策层对华态度日趋强硬和不友善。您觉得从长远来看，中美关系会走向何方？

贝　德：中美双方都需要明白，这对关系将一直包含合作和竞争两种因素。这不可避免，我们永远不会只有竞争或只有合作。江泽民主席过去常常谈到“深化合作、管控竞争”，这是一个很好的方针。此后的各届领导人也都提出了类似的目标。

我现在担心的是中美关系中的负面因子被不断放大，人们越来越多地只关注竞争的一面，这对于双方都没有益处。如果有人认为中美可以从某些实际冲突中获得好处，简直荒谬至极。如果爆发冲突，只会给双方都带来巨大的损失。

所以如果我们排除掉“冲突”——我认为任何有理性思维的人都会排除掉“冲突”这个选项——那么我们要和对方发展什么样的关系？而且对双方来说，彼此都是世界上最重要的国家。很自然地，这是一组合作与竞争并存的关系。我们要寻找办法让合作最大化，同时管控竞争。这是好的模式，需要战略眼光和智慧。

采访组：能否具体谈谈我们怎么样做可以“让合作最大化”？有哪些领域存在合作空间？

贝　德：第一，反恐领域。中美对恐怖主义的发展都非常关切。这方面，我们有合作基础，虽然可能也有限。

第二，国际冲突、他国内战等国际乱局能为中美提供更广阔的合作空间。像中美这样的大国都希望看到世界稳定。某国内战或国际冲突只会破坏全球稳定和全球经济，没有一个国家能从中获益。中美已经在这方面有合作，但可以做得更多。

第三，朝鲜半岛尤其是一个例子。美国和中国虽然立场不尽相同，但还是长期保持着共同的利益。2017 年，特朗普领导下的美国政府和中国在朝鲜问题上开展了合作，我觉得应该给双方都打出高分。这一方面要归功于高层的领导，一方面也是因为朝鲜的种种行为激化了冲突、加剧了风险。

第四，气候变化是一个可以长期合作的领域。奥巴马政府时期我们有过合作。因为特朗普总统和共和党的"退群"倾向，气候变化议题一段时间以来一直被束之高阁，但我相信我们还是会回到合作上，因为这个问题不会消失。

采访组：近年来中国参与国际事务的一些举措，包括"一带一路"倡议，在美国受到了质疑。您怎么看？

贝　德：我觉得"一带一路"倡议的概念没问题。这个倡议旨在连接欧亚大陆，加强各方合作，我认为很有道理。我也相信相关国家都能从中获益。

我不认为诸如亚投行之类的机构是对国际体系的挑战。我认为它们是对国际体系的补充，或者说是平行于现行体系的。这不是对国际体系的冲击或挑战，而是补充和支持，目的在于改善现存机制尚不完善的地方。

我也不认为中国是个修正主义大国，妄图颠覆或取代现行国际体系。看看过去 30 多年中国的所作所为，我认为中国很大程度上是在融入国际体系。

但是，我认为中国应该致力于确保相关国家不会因为加入"一带一路"而过度负债。我知道中国正在和国际货币基金组织合作，这是很好的举措。但中国还可以做得更多，确保相关参与国的利益不受损。

西方人很清楚，这样的大项目会使得中国在相关国家的影响力大大加强，这也会使得国际关系平衡发生改变。但这是现实，改变不了。

如果中国对项目的开展太过指手画脚，会引发相关国家的不满，这就会反过来抵消帮助建设基础设施带来的积极效果。中国应该努力使"一带一路”倡议服务于各个参与国的利益，也要允许其他参与国之间发展建设性关系。

尽管中国现在推行的政策有所不同，但我认为中国的领导人或许不应忘记邓小平提出的“韬光养晦”建议。我一直非常钦佩中国在越南战争之后，再也没有卷入过战争。也就是说，40 年来没有动武过。我认为美国人和西方人都需要记住这一点。

采访组：特朗普总统的政策总是变化无常。这对中美关系的未来会有什么影响？

贝　德：特朗普总统不是我最担心的。我更担心的是两国关系的全局，这并不完全取决于特朗普总统。我担心的是正在涌现的两国对彼此的新认知，比如，美国人越来越多地认为中美是敌对的关系，剩下的只有竞争，合作微不足道。

佐利克在 2005 年提出了“负责任的利益攸关方”这个说法，我希望中国能回归到那个角色，成为国际体系中的一个负责任的利益攸关方。尽管这个词组并不常见，但我还是认为这是一个很棒的概念。其含义是中国要成为国际体系的一个基础或支柱，不仅仅只为自己谋利，也为整个体系服务——中方领导也都认同，中国不是一个单纯的索取方，为了整个体系的健全有时也可以牺牲自身利益。

就中美关系的未来而言，我认为双方都需要在思维方式上做出改变，在行为方式上也要做出改变。在特朗普时代，这将是困难的，因为特朗普政府对国际体系的态度和认知不同，强调“美国第一”，不关心也不在乎国际机制。如果任何一方没有尽其所能，就很难在国际体系中构建“负责任的利益攸关方”关系。

未来几年，中美将更多地试图在双边关系中找到平衡，但我仍然期待“负责任的利益攸关方”这种理念的回归，启发双方领导人制定明智的决策。

Susan Shirk

谢淑丽

采访对象：谢淑丽，1945 年出生。现为美国加州大学圣地亚哥分校 21 世纪中国研究中心学术主任、教授。她是美国最有影响力的中美关系和中国问题专家之一。1997–2000 年，她曾担任负责中国事务的助理国务卿帮办，还曾担任美国国防政策委员会成员和美中关系全国委员会理事会成员。

采 访 组：吴　挺　魏帮荣　周永平

采访日期：2018 年 5 月 1 日

采访地点：亚洲协会纽约总部

谢淑丽：
管控竞争需要中美双方克制和谨慎

近一个小时的专访中，谢淑丽只有在谈到下一代年轻学者时，神情才显得轻松了许多。

过去 40 多年来一直致力于中国问题研究的谢淑丽，眼下正在主持一个课题，重新审视美国对华政策。中美关系已经变得更具竞争性的现实令她颇为担忧。她坦言，管控更具竞争性的关系已经成为中美面临的一大新挑战。

20 世纪 90 年代末，谢淑丽曾在克林顿政府任职，担任国务卿奥尔布赖特的得力助手，亲身参与了中美一系列危机事件的处理。她充分认识到敌对态度对两国关系危害之大，认为中美双方都应在未来更加克制和谨慎地处理分歧。她坦言，竞争虽然不可避免，但我们仍有合作空间；随着中美互相依赖不断增强，双方更应该加强对话沟通，避免危险、消极的竞争导致恶性循环。

被周总理点名的美国大学生

采访组：您最开始是怎么对中国产生兴趣的？

谢淑丽：我在去曼荷莲学院上大学之前曾以交换生的身份去日本学习，那次经历开拓了我的视野，让我对世界有了新的认识，也使我对亚洲特别着迷。大学里我就选了亚洲史专业，也开始对中国越发感兴趣了。我后来有机会在大三的时候到普林斯顿大学学习中文。中国真让人着迷，对于我可能永远去不了中国这个问题我没有想太多——但后来事实证明我很幸运，遇上了一个好时机。

采访组：您后来有机会在香港做调研，1971 年就来到了北京。那是一段怎样的经历？

谢淑丽：那时仍然是“文革”时期。北京和我在香港采访过的学生告诉我的情况差不多。从某种程度上来说，亲眼看看那时的内地有多贫穷也是非常重要的经历。香港与内地的反差在那个时代非常鲜明。当然，中国人都非常好奇，非常友善。在做了好几年的研究之后，能够有机会亲身到访中国，真的令人非常兴奋。

采访组：那次北京之行，您还受到了周恩来总理的接见。那是怎么回事？

谢淑丽：那确实是一次很有趣的经历。我先认识了当时的翻译唐闻生，她曾经在纽约住过，所以她和我一见如故，很聊得来，我们一起度过了一个下午。

我想她一定是和周总理提到过我，因为周总理特别点了我的名，这其实让我感到挺出乎意料的。虽然配了翻译，但他很明显懂英语，他给我们留下了很好、很积极的印象。他在会谈中强调：中国在那时做出了非常巨大的改变，向美国伸出“橄榄枝”，而美国也在接触中国。那是一次非常积极和友好的对话。

采访组：您是继美国乒乓代表队访华后来到中国的第一批美国大学生之一，当时预感到中美关系将迎来巨变吗？

谢淑丽：我当时觉得一切都在变化。我意识到，如果美国总统访问中国，那么我们以后还会有机会再次来华访问，还会有更多的美国人获得机会来华旅游，中美关系可能会从敌对的冷战对抗向正常的合作关系转变。

那是我们两个社会可以相互了解的一个例证。我们是研究中国的研究生，我们把加强美国对中国的了解视为自己的事业，所以参与这段历史是非常令人兴奋的。

建议总统就“炸馆”充分道歉

采访组：您从 1997 年开始在国务院工作——那是 1995 年李登辉

访美引发台海危机之后。您亲历了中美之间一系列危机事件。您认为这当中最危险的时刻有哪些？

谢淑丽：我 1997 年到 2000 年在美国政府任职，说实在的，我认为这一时期中美两国为打造建设性关系奠定了良好的基础，取得了很好的进展。

1995–1996 年的台海危机之后，两国政府、两国领导人都认为最好尽力防止双边关系走向冲突，甚至包括军事冲突。所以双方在建立合作方面做出了很大的努力，中国致力于成为国际不扩散体系中负责任的一员，在融入国际贸易和经济体系方面也做出了很多努力。那一时期我们还就中国加入世贸组织展开了谈判，这是非常大的成就。

人权可能是唯一一个进展甚微的领域，但即便在这方面，中国也取得了积极发展，尤其在推进法治建设上政府很有作为。

肖扬是当时的司法部长、最高人民法院院长。我曾多次有幸与他见面，我对他为改善中国法制体系所做的努力深感敬佩。所以总的来说，我认为这是中美关系中相当积极的一段时期。

但我们也不能忘记：两国关系可能出现意外，两国也可能做出错误反应；在取得积极进展的同时，也可能出现一些影响恶劣的冲击。

采访组：能举例说说吗？

谢淑丽：一个例子就是克林顿总统没有在朱镕基访美期间签署文件，同意中国加入世贸组织。我认为这是美国犯下的一个错误。我当时强烈反对，我的上司、时任国务卿马德琳·奥尔布赖特也强烈反对。但总统的国内事务顾问们担心，如果克林顿总统签署相关文件，或者我们在朱镕基访问时基本敲定协议，国会会认为我们是为了迎合中方而草率签署，做出了太大的妥协。真让人很沮丧。

我认为克林顿总统在朱总理抵达后不久就意识到了这是一个错误。他试图通过继续谈判来弥补，但那时已经几乎不可能了。这让我感到非常尴尬，因为我是陪同朱总理在全美各地旅行的美方官员。朱总理曾公开表示对未能签订协议感到不满，我为自己的国家感到非常难堪。

采访组：1999 年发生了中国驻南联盟大使馆被炸事件。您是否参与处理了善后事宜？

谢淑丽：这一事件让我极其沮丧，因为我负责就此做出解释。所以我觉得我对这一事故的前因后果非常清楚。我百分之百确定那是一次意外，美方不是故意的。令我感到非常难过的是，即使在今天，许多中国人还是相信炸馆是美方故意为之。当年我们经历了中国几十年来少有的反美示威游行。所以那也是一个非常困难的时刻。

我一听到发生了炸馆事件，就告诉奥尔布赖特国务卿建议总统充分道歉。毫无疑问这是一场灾难——有人因此而丧生。鉴于我们造成了这起事故，我认为于情于理我们都应该道歉，这或许有助于挽救中美关系，避免我们未来受到道歉问题的困扰。所以我们竭尽全力希望政府充分道歉。

很遗憾的是，克林顿总统几次尝试与江泽民主席通话，中方都没有回应。我认为我们可以从中获得的一个教训是，领导人在危机发生后直接沟通、着手应对是非常重要的。

采访组：两国是如何度过了这次危机呢？

谢淑丽：在贝尔格莱德炸馆意外事件发生后，中国方面切断了与美国官方上层的几乎所有外交接触。

尽管我们已经草拟了 WTO 协议，但尚未完全谈妥。这是当务之急。克林顿总统当时多次直接与江泽民主席联系，敦促中方恢复谈判。你甚至可以说我们当时是在恳请中国不要放弃这个协议。最后，大约 6 个月后，我们恢复了谈判。

除了贝尔格莱德炸馆事件外，后来中美之间还发生了 EP-3 撞机事件。那时我已经离开了政府，但我认为这两起事故都是意外。无论如何，总体来说，抛开这些意外危机，我认为江泽民主席在任期间在尝试改善中美关系，以及改善中国与其他邻国的关系方面，做得相当不错。

采访组：我们能从这段时期的危机管理中吸取哪些教训吗？

谢淑丽：首先，我们要记住，意外和危机在任何时候都有可能发生的。当它们发生时，双方都应该非常谨慎。

我认为 20 世纪 90 年代中期到 21 世纪初的这十几年里，中美两国政府都在改善两国关系方面做得相当不错——尽管我们政治体制不同，尽管美国是现存大国，而中国是新兴大国，我们还是发展了良好的双边关系。

我认为我们成功有两个原因。一是总的来说中国采取了对美国及其亚洲邻国的“放心政策”，表明中国在经济和军事上日益强大，但中国不是威胁。中国采取了各种行动来试图证明自身不是威胁，这是非常成熟的外交做法。中方意识到中国国力的增长会不可避免地给美国和其他国家造成威胁感，所以中国知道必须让其他国家放心，明确表示自己不是威胁。

二是美国方面采取“接触”政策，几乎在每个方面都全力与中国展开合作——奥尔布赖特曾称之为“多面关系”。我们确实做了一些让步和妥协，以实现与中国在经济、不扩散、人权等重要领域的合作。除此之外，还包括全球卫生和国际挑战等其他领域。

中美关系更具竞争性是现实

采访组：您似乎是对华“接触政策”的支持者。近来美国媒体上有不少文章认为这是一个错误的战略，您对此做过反思吗？

谢淑丽：我的观点是，我们一直以来并不知道中国未来会变成什么样。我们过去一直说“中国既不注定是威胁也不注定是合作者，中国总是在变化”。这意味着中美关系的未来一部分取决于国际环境的变化，美国可以对国际环境施加积极的影响。

所以我认为通过与中国接触和合作避免敌对关系是非常有道理的。当然，结果是中国变得更加强大了。但我从一开始就认为对中国采取遏制政策是没道理的。

现在舆论上对接触政策的抨击让我思考：我们当初本应该怎么做呢？尼克松 1971 年接触中国错了吗？难道我们应该继续孤立中国？尼克松总统发表在《外交事务》杂志上的一句话我认为非常明智，他说：从长远来看，我们承受不起永远让中国留在国际大家庭之外的后果，我们不能让中国在愤怒的孤立状态之中助长狂热，增进仇恨，威胁邻国。一个被孤立的中国将对我们构成更大的威胁。所以我确信接触政策是正确的做法。当然，从另一方面来看，现在也许该做些调整。

采访组：为什么需要调整？

谢淑丽：现在我参与主持一个课题组来重新审视美国对华政策。我们在 2017 年 2 月发布了一份报告，现在正在编写第二份报告。我认为我们必须正视现实，承认中美关系已经变得更具竞争性的事实。

大约从 21 世纪第一个十年的中后期，美方对中国的发展意图产生了很多疑问。这一时期中国发生了一些变化：尤其在全球金融危机之后，中国认为美国开始陷入衰落，是时候让中国加大力度展现国力和决心了。南海问题就是一个例子，我们发现中国态度有了较大变化，中方在捍卫主权诉求方面表现得更加主动。另一个问题是中国国内的经济政策对外国公司的友善度在降低。

所以，我认为 2008 年前后是一个真正的转折点。2008 年之后，我认为中美关系开始进一步恶化，管控一个更具竞争性的关系已经成为更大的挑战。

采访组：您认为美国应该怎样调整其对华政策呢？

谢淑丽：我们应该继续努力保持接触政策中的许多要点，包括遵循三个联合公报、“一个中国”政策等基本原则。但我认为我们必须认识到，这对关系已经变得更具竞争性了。随着中国国力变强，中美竞争不可避免，这是一个新的挑战。我们不应该指望将来中美两国会走上同一条道路。

相反，我们很可能会各行其道、相互竞争。但是，我们需要管理这种竞争，并防止竞争导致全面的敌对冲突。我们还必须保留一些合作空间，比如气候变化等问题。但不可否认，我们是竞争者。

我并不认同特朗普政府将中国界定为“战略竞争对手”，他们认为中国正企图在各个领域颠覆美国——我不认为这是中国的目标，但我的确认为中美关系变得更具竞争性了。由于我们的政治制度和价值观念迥然不同，过度竞争是很危险的。我们反而更应该加强对话沟通，防止竞争变得危险和消极，造成恶性循环 。

民间互动对增进全面关系很重要

采访组：能否举例谈谈我们还能在哪些具体领域加强合作？

谢淑丽：特朗普政府退出联合国气候变化协议，这真是一个悲剧，气候变化恰恰是中美可以进行合作的一个重要领域。我希望我们最终能在这

谢淑丽（左二）在复旦—加大当代中国研究中心揭牌仪式上

谢淑丽（中）在中美学者研讨会上
[本页图片由 UC San Diego 友情提供]

方面回归合作。另外，在全球卫生、第三世界国家发展等领域，我们也可以进行更多合作。尽管我们有合作空间，但总体上可能也无法恢复到非竞争性关系。我们可能要适应这种长期的竞争关系，特别是在经济和技术方面。这可能导致敌对的政治关系，甚至军事冲突，所以管控竞争非常重要。

采访组：那么两国应该怎样管控竞争呢？

谢淑丽：我认为两国都需要克制。我认为最重要的是我们继续为对方提供经济准入，而不是偏离开放的全球经济。现在是时候要谨慎行事了。即便在就中国的非关税壁垒或中国在美国的投资等问题进行谈判之时，我们也要慎之又慎。

采访组：您认为我们可以从40年的中美关系中获得的最大启示是什么？

谢淑丽：我认为一大启示就是维护民间关系和两国人民之间的关系很重要。这些对维持双边关系的稳定非常重要。我们应该尽量避免在双边社会交流方面设置障碍。民间来往对于增强中美整体关系确实至关重要。

采访组：您对中美未来最大的担忧是什么？

谢淑丽：我现在最担心的是特朗普政府提出的单边关税政策。我认为我们限制中国在美投资也有些反应过度。同时，我也担心中方采取的措施。我认为融入世界经济体系对中国是有益的。尽管这意味着中美两国将变得更加互相依赖，但互相依赖会让我们对彼此更加谨慎。

采访组：您对双边关系最大的希望是什么？

谢淑丽：我最大的希望是，两国政治家能运用智慧、保持克制，充分认识到敌对关系对两国各自利益都具有破坏性。

采访组：您在高校教书长达30多年。您觉得新一代研究中美关系的学生有什么特点？

谢淑丽：我认为他们真的很棒。他们的中文比我的中文好得多，他们对社科研究方法的掌握也比我强太多。中美两国都有非常优秀的社会科学家，他们通过分析大数据来研究中国的运作方式、美国的运作方式，以及双边关系。他们有各种各样的数据。我认为我们在研究方法上的进展真是非常了不起的。我希望美国的中国问题研究者和中国的美国问题研究者继续为决策者提供建议，而不仅仅只专注于撰写学术文章和工作。

采访组：您认为新一代年轻学者在研究方面有什么优势？

谢淑丽：他们彼此之间更加熟悉，也有更多的机会去海外。我们应该保持开放的合作学术研究和交流平台。比如在加州大学圣地亚哥分校的21世纪中国研究中心，我们就非常注重为美国学者与中国学者（尤其是年轻学者）提供合作机会。我认为应该尽我们所能促进这些合作，我们都能从中学习、进步得更快。

Terry Branstad
泰里·布兰斯塔德

采访对象：泰里·布兰斯塔德，1946 年出生。他是中美建交以来的第 12 位美国驻华大使，于 2017 年 5 月 24 日宣誓就职。作为一个土生土长的艾奥瓦人，布兰斯塔德分别于 1983–1999 年和 2011–2017 年先后六次担任该州州长。在担任州长的第一年，他就代表艾奥瓦州签署了与中国河北的姐妹省州关系协议。作为中国人民的“老朋友”，布兰斯塔德多年来一直在推动中美友谊和交流方面发挥着积极作用。

采 访 组：叶　君　周永平　李克洋

采访日期：2018 年 7 月 6 日

采访地点：北京美国中心

泰里·布兰斯塔德：
良好的领导人关系能引领中美美好未来

作为中美两国元首的朋友，泰里·布兰斯塔德对他们营造中美合作关系的努力有信心。当然，他的信心或许也基于他对中美关系大局的清醒认识。

从一个农场男孩一跃成为美国广受尊敬的政治明星，布兰斯塔德深知倾听民意的重要性。他曾在一线亲眼见证了 40 年来中美地方和民间交流的持续活力。他坚信合作不仅有利于两国双边关系，也能使整个世界获益。成为美国驻华大使之后，这位 72 岁的大使不仅继续担当着友谊使者的角色，也更加积极地致力于推动中美迈向更加美好的未来。

跨越 35 年的交往：从姐妹省州到个人友谊

采访组：您担任艾奥瓦州州长的第一年，就签署了与河北的姐妹省州关系协议。这件事是如何促成的？

布兰斯塔德：事实上我的前任罗伯特·雷州长在我之前就做了一些基础工作。1979 年 1 月中美建交的时候，雷刚刚开始他的最后一任州长任期，而我当时刚成为与他搭档的第三位副州长。我很高兴我们的州长已经到访过中国——雷是最早一批访问中国的美国州长，他对建立姐妹省州关系非常感兴趣。有他打下的基础，当我 1983 年接任下一任州长时，签约之事就水到渠成了。

采访组：1979 年当您获悉中美建交之时，有没有意识到这对艾奥瓦州会意味着什么？

布兰斯塔德：我们当时想象着这会是一个伟大的双边关系。中国这么大又这么神秘，且此前很久未对美国开放，所以我们都对中国很感兴趣，想要了解更多。我们想着或许将来中国能成为我们农产品出口的一个市场，或许我们能和中国建立地方关系。但我不得不说，如今我们和中国的合作程度之大远远超出了我们当年的预期。

采访组：姐妹省州签约后的第二年，您就来到了中国。对当时的中国有什么样的印象？

布兰斯塔德：我担任州长的第一年，时任河北省省长张曙光带团访美，我们在 1983 年 7 月签署了姐妹省州协议。他邀请我 1984 年来中国访问。我接受了邀请，带了一个 50 人的访问团来到了中国。我们在香港开了一个贸易办公室，我们也到访了北京，从那里坐火车到石家庄。我记得我们乘坐的是一种老式的煤炭蒸汽机车，车开了很长时间，可比不上现在的子弹头高铁那么快。当时在中国看不到高楼；大部分人骑自行车出行；人们都穿着中山装，没多少种颜色，除了小朋友的衣服可能花哨一点。我感觉好像穿越到了过去。中国这些年来的变化太大了。我们到达石家庄时受到了热烈欢迎，火车站还有专门的乐队演奏，他们给我夫人准备了一大束漂亮的鲜花。我们在华期间还参加了中国的国庆活动。我们很高兴 1984 年第一次来中国就真切地感受到了中国人民的友谊。

采访组：此后第二年，当时还是一个县委干部的习主席访问了艾奥瓦州。您在美国接待了他，还记得与他的第一次会面吗？

布兰斯塔德：1985 年习近平带领一个五人的农业考察团来到美国。当时他是县委书记。我的一个朋友，艺术家艾米·沃森（Amy Worthen）接待了他，第一天晚上就在她家给他们接风。后来，习近平会见了我们州的农业部长鲍勃·劳恩斯伯里（Bob Lounsberry）和我。我们在州长办公室和习近平一行五人一起合影留念。我现在还珍藏着这张照片。

卢卡·贝鲁尼（Luca Berrone）是我们的经济发展官员，一个意大利移民，负责开车带他们访问艾奥瓦各地。他们去了农场、工厂，在德沃切克（Dvorchak）家住了几天，还去看了密西西比河，参加了我们本地居民的生日派对……接待他们是一次很愉快的经历。我们对习近平一行印象深刻，他们是一群非常阳光、好问的青年干部。

2017 年 6 月，布兰斯塔德在北京召开记者见面会，作为美国驻华大使正式履新

采访组：2012 年你们组织了一次老友重聚。这是谁的主意？

布兰斯塔德：2011 年我再次当选艾奥瓦州州长，来华访问。通常我会被安排会见河北省委书记或省长，但当时我在人民大会堂见到了时任中国国家副主席习近平。我们畅谈了 45 分钟，期间他告诉我他多么热爱艾奥瓦，他还留着当时的行程安排，记得我们好多人的名字：卢卡·贝鲁尼、莎拉·兰蒂（Sarah Lande）、德沃切克一家……就是在这时，我突然想到我们可以组织一次老友聚会。

几个月后，2012 年 1 月我接到了中国驻芝加哥总领事的电话，他告诉我习副主席希望再次访问艾奥瓦，希望和我一起筹备具体安排工作。后来，我们在马斯卡廷的兰蒂夫人家里组织了一次聚会。兰蒂夫人当年负责姐妹省州项目，就是她配合安排了习近平的第一次访美之行。后来我们还在得梅因举办了一场盛大的国宴，有 1600 多人参加。我们还举办了高规格的农业峰会。习近平后来又去了金伯利农场，还坐上了那里的拖拉机，在中美两地都有广泛的媒体报道。

采访组：这些年来您曾多次与习主席会面。您觉得他是一个怎样的领导人？

布兰斯塔德：我发现习近平很外向，表达观点也很诚恳。我认为他一直致力于改善中国人民的生活水平。我知道他非常努力，不仅要提高人民生活水平，还要减少污染，减少贫富差距，打击贪腐，有一系列问题需要他解决。一个好的领导人一定要关注民意民声，我认为习近平就是这样一个好领导。比如，他在治理贪腐方面受到了广泛好评。我和很多中国人交流时他们都对此表示肯定和赞赏。

采访组：通过与习主席和中方官员的会谈与交流，您是否对中国人民也加深了认识？

布兰斯塔德：是的。中国人的敬业精神真的让人佩服。中国人也十分注重教育，就和我们艾奥瓦人一样。中国的家长，包括祖父母，在子女的教育问题上投入很大。我女儿现在在北京的一个国际学校教三年级，她对于中国家庭对孩子教育的参与度印象非常深刻。

中国人的创业精神也让人赞叹。中国有很多雄心勃勃、敢于创新的企业家，希望通过自身努力获得成功，并为社会做出积极贡献。

采访组：35 年前，艾奥瓦州和河北缔结姐妹省州关系。这给艾奥瓦州带来了什么切实的好处？

布兰斯塔德：我们建立了长期的友谊。这些年来有很多艾奥瓦州人来到了中国，也有很多中国人来到了艾奥瓦。我们这儿有一个非常活跃的华人协会，我们每年还在艾奥瓦举办庆祝中国春节的活动。

我们在大豆、猪肉等贸易领域也成果丰硕。不久之前中国刚刚恢复了美国牛肉进口。这些都很重要。艾奥瓦是一个农业州，我们农业生产量远远大于我们的消耗量。中国人口众多，因为山地等一些影响因素可耕种土地又没有那么多，所以中国和艾奥瓦州发展起贸易关系来是非常自然的。过去 35 年来，我们的贸易额实现了巨大的增长，这是非常好的。

此外，我们也通过姐妹省州关系扩大了在教育、医疗、音乐、体育等多方面的交流合作。我和很多来艾奥瓦读书的中国留学生一起合过影。在艾奥瓦还有一位美籍华裔教练乔良，他在西得梅因开了一家体操培训学校，我们的奥运体操冠军肖恩·约翰逊（Shawn Johnson）和嘉比·道格拉斯（Gabby Douglas）都是他的学生。

采访组：过去40年来中美关系经历了起起伏伏。在地方层面是什么样的情况？民间合作的愿望是否经受住了政治危机的考验？

布兰斯塔德：我认为一旦建立了友谊和关系，我们不仅成了朋友，也能更信任对方，更愿意维护彼此的福祉。正因如此，中美之间的地方交流一直很好。这些年来艾奥瓦和河北的姐妹关系一直保持稳定健康发展。除了姐妹省州，我们还有姐妹城市。得梅因和石家庄是姐妹城市，马斯卡廷在河北省也有一个姐妹城市。这些都能起到积极作用。

责任在肩：处理分歧、推动合作、传承友谊

采访组：迈克·查普曼（Michael Chapman）在您的传记中写到，候任总统特朗普曾给您打电话说有13个人想当驻华大使，但他认为您是最佳人选。您为什么决定接受他的提名？您的优势在哪里？

布兰斯塔德：首先，我是从艾奥瓦州农场里走出来的，我爱艾奥瓦，也非常喜欢担任州长的岁月。但是当美国总统希望我承担一项更重要的责任时——我认为中美关系是世界上最重要的双边关系——我觉得这是我应该做的。我一直奉献于公共服务事业。我知道有更重大的问题亟待解决，我希望能参与其中，为我们跨越障碍、处理挑战贡献自己的一份力量。

特朗普总统很清楚这个职位需要一位有相关背景的人才能胜任。能够宣称自己既是美国总统的忠实朋友和支持者，又是中国领导人的"老朋友"的人并不多。我和习主席是多年的朋友，我也有和中方一起处理问题的经验，所以我能发挥独特的作用。特朗普总统相信我是最佳人选，我感到很荣幸，也很高兴。当然，在这里的每一天我都会努力工作，希望能带来变化，起到积极作用。

采访组：您担任美国驻华大使一年有余。您认为过去一年里最让您骄傲的成绩有哪些？

布兰斯塔德：我有幸在多个场合与习近平主席会面。我也出席了特朗普总统和美方官员与习主席、中方官员的多次高层会谈。但恐怕最让我难忘的还是一次家庭聚餐。我出任大使后，习主席对我说："我和夫人希望请你们全家一起共进晚餐。"他看到了我的新闻发布会，知道我的夫人、女儿、女婿和两个孙女都来到了中国。我的女儿女婿在北京的一个国际学校教书，

两个孙女都在这里上学。2018年1月30日，习主席、彭女士、他们25岁的女儿和我们全家一起吃了顿晚饭。那是一次难忘的经历。

此外，我在这一年里也有幸踏访了大半个中国。我对中国取得的进步和变化深感敬佩。我去过哈尔滨看冰雕节，也去过云南，了解美国飞虎队帮助中国抗战的历史。能够有机会看到中国的大好河山，了解这里丰富多样的历史文化，真是太棒了。

采访组：您提到过，中美之间还有很多问题亟待解决。您认为现在最需要优先处理的问题有哪些?

布兰斯塔德：朝核问题是我们面临的最大问题。我在参议院听证会上曾说这是对人类最大的威胁。朝鲜最后一次核试验后三天，我去了中朝边界的图们。我了解到住在吉林的居民感受到了朝鲜核试验导致的轻微地震，他们对朝核问题可能导致的后果非常担心。

现在我们看到，在中国的支持和国际社会的共同努力下，金正恩和朝鲜政府终于来到了谈判桌前。我们在新加坡举办了具有历史意义的美朝领导人会谈。没有中国的支持合作，没有联合国安理会的制裁决议，这是不可能实现的。

当然这只是一个开始。我希望我们会最终实现朝鲜半岛无核化——这是中美两国都支持的事业。这也能为我们避免战争、以和平方式解决问题打下基础。

另外，贸易方面我们面临不少挑战。但我相信我们能解决贸易争端，因为中美两国之间的贸易合作在过去几十年来实现了巨幅增长，这使双方获益。如果中美这两个世界上最大的经济体能够处理好分歧，那么这不仅对我们两个国家有好处，也能给整个世界带来巨大裨益。

芬太尼等阿片类止痛药的治理也是一个重点领域。阿片类药物滥用已经在美国国内导致了一些死亡事件。我们在这方面和中国的执法部门已经有了很好的合作。前不久两种芬太尼化学品已经被中国官方列入受控药物清单。我们希望中美能一起通力合作，有效管控所有的阿片类止痛药。

采访组：您是美国历史上任职时间最长的州长。在担任州长期间，您带领艾奥瓦度过了最糟糕的经济危机，创下了破历史纪录的就业率，还实现了史无前例的财政预算盈余。现在作为美国驻华大使，您希望留下什么样的业绩?

布兰斯塔德：我希望成为积极推动解决中美分歧的大使，我希望为美国人、中国人，以及全世界人民带来繁荣与和平。我希望我离任时世界能变得更安全，这需要我们在处理朝核问题、阿片类药品等许多方面取得积极成果。

我也希望能传达友谊、体现好客之道。我希望成为全中国人民的朋友。我的目标是走遍中国各地，尽可能多了解中国不同的民族群体、历史文化和传统遗产。中国是有文字记载的历史最悠久的国家，我还有很多需要学习和了解的。我还没去看过兵马俑，还没去过西藏，还有很多有意思的地方可以去。我希望我能到处看看，并在此过程中，成为友谊的使者，展现我们致力于改善两国关系的意愿和态度。

创造双赢机会，中美未来光明

采访组：美国率先打响了中美贸易战的第一枪。这会成为拖垮中美关系的长期问题吗?

布兰斯塔德：我希望这不会成为一个长期性的问题。我们之间确实存在很多分歧：贸易赤字、知识产权、技术转让等问题是美国特别关注、强烈希望解决的。我们和中方已经进行了一些相关谈判，取得了一些进展，但显然还不够，不足以说服特朗普总统放弃加征关税。

但是我对问题的解决还是有信心的。特朗普总统和习主席的私人关系很好，他们在海湖庄园举行了卓有成效的会谈；中国接待特朗普及其夫人来访时也颇为用心，效果很好；两位领导人之间已经至少有过 12 次通话。我想两位领导人良好的个人关系能够使他们在处理贸易等问题时发挥积极作用，实现问题的圆满解决。

采访组：中国一直是艾奥瓦州最大的出口市场之一。贸易战会给您家乡的朋友带来什么影响?

布兰斯塔德：贸易战给艾奥瓦农民带来了很多问题和挑战。我们和河北一直保持着良好的友谊，我们和中国的贸易关系也一直很强。艾奥瓦是一个盛产大豆、猪肉的农业大州。我们希望中国的市场能不断扩大。我们能给中国消费者带来安全、可靠、低价、高质量的产品，我们认为贸易往

布兰斯塔德在大使馆接受采访

来能给我们带来双赢，所以我们非常不希望看到我们的农产品涨价。

采访组：很多人认为贸易战的背后是美国对华战略的转变。中国越来越被视为“战略竞争者”甚至“威胁”。您怎么看？

布兰斯塔德：中国是一个正在发展、成长的经济体。我们必须把这看作机会，因为中国正在从以制造业为主导转变为以消费为主导的经济体。我不认为中国是威胁。相反，我认为中国的改变能给我们带来额外的贸易。我希望看到中美这两个世界上最大的经济体一起努力合作，为我们两国的人民——不管是工人、农民还是消费者——改善生活创造机会。这么做对整个世界也是有好处的。

采访组：您和习主席、特朗普总统私人关系都很好。您觉得在他们的领导下，中美两国的未来会走向何方？

布兰斯塔德：我还是乐观的。我认为我们有两位很强的领导人，他们都希望提升各自人民的生活水平。特朗普总统提出了“让美国再次伟大”的口号，因为他看到过去 30 年来很多美国工人的生活条件没有得到改善。

相比之下，中国人民的生活水平和质量在过去30年来实现了翻天覆地的变化——这是好事，我们也希望这能继续下去。但同时我们希望美国的工人、农民和企业家能够获得公平竞争的机会，也能取得成功。这是特朗普总统的目标。所以我非常有信心，我相信只要两位领导人都把本国国民的福祉放在心上，我们就能达成共识，创造双赢的局面。

采访组：在我们迎来中美建交40周年之际，是否存在一个历史性机遇，重新定义中美关系的下一个40年？

布兰斯塔德：我认为这个想法很好。中美关系经历了波折，我们要学会从历史中吸取经验教训。40年是一个重要的里程碑。我们在过去的40年里取得了巨大的成就。我们在庆祝的同时，也是时候为未来设立新目标。

我曾经六次竞选州长，全部获胜。我发现赢得选举并不在于你已经做了什么，而是取决于你将要做什么。所以勾画清晰的愿景、明确目标很重要。

我认为习主席就是这么做的。他设立了非常清晰的目标，制定了让中国继续发展和成功的战略。特朗普总统也一样，他要让美国再次伟大，重振经济，减少税收和制度负担。

贸易是我们的一个摩擦点，但如果我们能解决贸易问题，我认为未来一片光明。如果在庆祝中美建交40周年之际，我们解决了贸易分歧，并为未来设立了更宏伟的目标，那就太棒了。

David M. Lampton
兰普顿

采访对象：兰普顿，1946 年出生。现为约翰·霍普金斯大学高级国际问题研究院教授、中国研究项目主任。2004–2012 年，他曾任霍普金斯大学高级国际问题研究院院长；1988–1997 年，他曾任美中关系全国委员会主席，曾经常为政府、商界、基金会、教育、非政府组织等提供政策咨询。主要著作包括《中国力量的三面：军力、财力和智力》《追随领导者——治理中国：从邓小平到习近平》等。

采 访 组：辛恩波　魏帮荣　周永平

采访日期：2018 年 4 月 26 日

采访地点：约翰·霍普金斯大学高级国际问题研究院

兰普顿：
中美加强相互依赖能克服“修昔底德陷阱”

尽管被中国学界誉为美国“首席中国通”，但是戴维·兰普顿教授却谦逊地说，中国人民是他的老师。高中历史老师的循循善诱，让学生时代的兰普顿对中国渐渐萌生了兴趣，并在大学里决定将中国研究作为毕生事业。在此后长达40多年的时间里，作为中美关系重要的研究者和参与者之一，他多次往返于中美，见证了中国不可思议的发展历程。通过中国人民的视角看中国，也构成了他理解中国最重要的一部分。

见证了中美关系40年风风雨雨的兰普顿，对当前的中美关系难掩忧虑之情。中美战略上的不信任感日益增加，经济领域以及军事领域的紧张关系不断升级，中美陷入“修昔底德陷阱”的论调比比皆是。但即便如此，兰普顿仍然对中美关系保持信心。他始终认为，虽然中美之间存在着许许多多的矛盾，但这并不一定意味着冲突和战争，因为日益加强的相互依赖能克服这一点。

从“自力更生”到“相互依赖”，中国变化巨大

采访组：1972年尼克松总统对中国进行历史性访问的时候，您就已经开始从事中国问题研究，最初是什么激发了您对中国的兴趣？从什么时候起您想要以研究中国为志业？

兰普顿：我出生于1946年，那时“二战”刚结束不久，但很快世界就陷入冷战。美国在冷战中进行了两场战争，一场是在朝鲜，另一场在越南，而这两场战争都直接或间接地与中国有关。所以，我在年轻的时候就得出

一个结论：中国对世界和平而言非常重要。

我的家乡在加州帕洛阿尔托，后来成为硅谷的一部分，这个地区有很多中国移民和华裔美国人，大都是非常成功的专业人士，他们是来美国努力工作并取得成功的移民的典范。我在这样一个有很多华人的地方长大，这可能也是促使我对中国产生兴趣的原因之一。

以研究中国为志业，纯粹是我智识上的一个决定，我认为中国很重要，但中国研究还不够，年轻人需要更多地了解世界的这一部分。后来我恰好进入了斯坦福大学学习，那里有一个很棒的关于当代中国和中文的项目，这对我很有帮助。大概在大学二年级时，我开始意识到中国研究将成为我职业生涯的焦点。但在我决定研究中国的过程中，影响最大的人其实是我的高中老师特纳女士，她每年夏天都去亚洲，而且在我们高中教一门有关亚洲历史的课程。她让我对中国产生了兴趣，并激励我朝那个方向前进。

采访组：您第一次到中国大陆是 1976 年，作为美国科学代表团成员访华，您对那次访华的印象如何？

兰普顿：那是一次非常难忘的旅行。我是 1976 年 10 月与美国国家科学院的一个代表团一起去的，成员主要由一些研究类固醇的化学家们组成。类固醇化学对于生育控制很重要，中国当时对这种技术非常感兴趣。我的博士学位论文和当时写的一本书是关于中国医疗卫生体制的，所以我是少数几个了解中国医疗体系的美国社会科学家之一，我还曾在美国军队里担任过卫生员。于是，美国国家科学院就邀请我作为他们的中国专家随团访华。

我们原计划 9 月份访问中国，但就在我们抵达之前，毛泽东在 1976 年 9 月 9 日逝世了。由于毛泽东逝世后的 30 天内不允许外国人进入中国，所以我们等到中国大门重新打开后的第一天，也就是 10 月 10 日，才进入中国。可以说我们是在后毛泽东时代第一批进入中国的美国代表团。我们刚到中国的时候，中国还没有宣布谁是下一任主席。所以，我们跟中国人民一样，第一件事是想弄清楚谁会是新的国家领导人。这很有趣。

我们当时是先到北京，后来经由桂林去了上海。上海举行了反对“四人帮”的大型游行活动，中央派工作组有力地控制了上海的局面。我们大概在 10 月 20 日抵达上海，当时上海街头有很多标语，写着“打倒四人帮”。上海人民处于一种欢庆的氛围中，所有百货商店里的鼓和锣都卖光了，大街上到处都是庆祝和贴大字报的人。我想象那场景就像是巴黎在庆祝从“二战”中解放时一样。

采访组：此后您也经常有机会到中国去。过去的这40多年，您对中国的印象发生了哪些变化？

兰普顿：是的，我大概每年去中国四五次。1976年10月我第一次去中国的时候，西方世界没有人会预想到，事实上中国人也没有预想到，中国能够在40~45年的时间里从世界上最贫穷的国家之一，一跃成为世界上最大的经济体之一，使5亿甚至更多的人脱离贫困。1976年的时候，也没有人能想到中国将会成为世界上一个强大的军事力量，以及一个极具竞争力的重要创新者。因此，可能和中国人的想法一样，我觉得最大的变化就是中国在很短的时间内取得了令人瞩目的成就。

另一个巨大的变化是中国人民思维的变化。我初到中国时，中国最有名的口号是“自力更生”。而现在，中国国家主席习近平讲话中经常谈的是相互依存、全球供应链、全球价值链、巴黎气候协定的必要性，更加自由的贸易而非保护主义的必要性等。所有这些都是对相互依赖的认可。中国将发挥自己的所长，并依靠世界体系来弥补自己的不足。反过来，我们也依赖中国的长处弥补我们的短板。如果我们都能相互依靠对方，同时也都发挥我们各自的长处，那将会为我们两个国家造福。所以，我认为，从“自力更生”到“相互依赖”，这种思维的变化是最大的改变。

“中国人民是我的老师”

采访组：从1988年到1997年，您担任美中关系全国委员会主席。在此期间，您为促进中美关系所做的最值得骄傲的事情是什么？

兰普顿：当然，机构的成功是团队努力的结果。美中关系全国委员会总是有一个很棒的团队。我刚到纽约来领导美中关系全国委员会后不久，1989年中美关系中断了。老布什领导的美国政府很想要与中国保持良好的关系，但有很长一段时间在政治上他很难做到。因此，美国政府和其他一些人就希望美中关系全国委员会填补这一空白。那时两国官方交往非常少，需要发展更多的非官方交往。所以从1989年一直到1992、1993年，我们的委员会成了中美之间高级别交流的主要渠道。

在此期间，最重要的交流活动是1990年时任上海市市长朱镕基带领其他来自中国五个大城市的市长代表团访问美国。所以，我认为我担任主席时期，美中关系全国委员会对中美关系最大的贡献是，在中美两国政府合作与交流出现困难的时候，我们发挥了保持两国关系稳定的作用。

采访组：朱镕基1990年访美期间，您曾经陪同了三个星期，您对他的印象如何？

兰普顿：我可以很肯定地说，我喜欢并尊敬他，我敬佩他的成就以及他的人生经历。他年轻时在没有父母帮助的情况下去上海奋斗，他自立自强，在很多方面都是一个靠自我奋斗而成功的人。这是一个美国人喜欢的个人故事。他从不太好的环境中成长为一个非常重要的进步人物，这是我佩服他的第一点。

其次，朱镕基和很多人不同，他会努力去理解美国人的心理，这样他就能有效地与美国人进行沟通。访问美国期间，每次开会前他总是会让我介绍，跟他谈话的人是谁？他们的背景是什么？他们关心什么问题？他几乎从不在会议上读稿子。他会倾听人们的提问，并以一种相当诚恳的方式回答他们的问题。他还很幽默。我告诉他，如果你能让美国人在最初30秒内笑出来，你就能搞定观众，而他总是能够做到。我一直认为，朱镕基是我见过的最有能力的政治家之一。

采访组：您研究中美关系已经40多年了，出版了相当多为人熟知的著作。您是如何理解中国政治体系的？您认为当前学者在促进中美关系中应该做些什么？

兰普顿：我是幸运的，我研究中国的方式是与中国人交谈，采访中国人，从中国人的角度理解中国。当然我也会利用文献资料去研究，比如我也会关注十九大的讲话和文件。但是我觉得，通过与中国人交谈，试图理解他们如何看待自身的问题、如何看待自己的选择、如何看待美国的行为等等，我获得了最深刻的见解。我是试着从内而外地理解中国，许多人是从外向内学习中国。所以我要说，中国人民是我的老师。

至于学者们能做些什么，我认为由于在中美两国都有太多对对方国家发生的事情缺乏足够了解的人，因此我们两国学者需要加强与民众对话，在美国叫作公共教育，这至关重要。另一方面，现在在美国，有种专家建议不受重视的倾向。我认为知识就是力量，我们的领导人应该尊重知识，需要花更多的时间倾听一些专家的意见。

采访组：在奥巴马2008年总统竞选中，您曾担任他的中国政策高级顾问。您如何评价奥巴马时期的中美关系？

兰普顿：实际上，即使是在外交政策领域，我也不是奥巴马竞选团队的核心顾问，但我的确支持他。那是我第一次有幸参与总统竞选活动。我认为奥巴马总统刚开始执政的时候，是很希望与中国建立真正的伙伴关系和合作关系的。但后来我们双边关系中出现了压力，特别是在奥巴马总统的第二个任期。所以，尽管奥巴马总统希望不断改善与中国的关系，不幸的是在他第二个任期内，中美双边关系并不像我们希望的那样好，现在也是。实际上，我们目前在中美双边关系中看到的这些困难，早在特朗普总统上台之前就有了。

中美能避免“修昔底德陷阱”

采访组：特朗普总统在他的第一份《国家安全战略报告》中，将中国定位为战略竞争对手，“大国竞争”又成为焦点。您认为美国的对华“接触政策”正在变为“遏制政策”吗？您担心中美会陷入“新冷战”吗？

兰普顿：“接触”这个词涵盖了很多东西，但“遏制”听起来则像是20世纪50年代的事，当今的世界比20世纪50年代要更加相互依存。但如果要问我们两国在战略上是不是正在走向更大程度的相互对立？我认为是的，这存在很大的危险，两个国家的言论都让我感到很不安。

至于“新冷战”，我不知道，因为历史很少原样重演，但我确实担心我们正进入一个“行动–反应”的循环之中，一方在努力改善自己的战略定位，在另一方看来却是一种威胁并因此而做出反应。这样一来，双方之间的相互敌意呈阶梯式不断升级。很不幸，我们的经济关系和军事关系也正在发

兰普顿与崔天凯大使出席美中政策基金会 2016 年年度晚宴

兰普顿（左一）在约翰·霍普金斯大学高级国际问题研究院 2017 中国论坛上参与研讨

生类似这样的演变。简言之，自尼克松访华以来，我还没有像现在这样担忧过美中关系。

采访组：在您看来，中美关系现在和将来面临的最大挑战是什么？

兰普顿：我觉得有两个方面的挑战。首先，美国政府和人民必须认识到，“二战”后我们在世界上独一无二的强大地位，是因为几乎其他所有国家都在战争中遭到了破坏。但是现在其他国家的人们正在重建基础设施、工业基础和政策等，而且他们做得很好；所以相比之下，我们在世界上的实力自然会相对弱化了。美国人占世界人口的4%，而中国人占20%。所以，我要提醒我的美国同胞，要认识到我们必须为包括中国在内的世界其他国家提供空间。

另外，坦率地说，中国的确取得了如此巨大的进步，但我认为中国也需要耐心，不要过于自信。如果一方面美国人变得过于保守并抵制中国，另一方面中国变得缺乏耐性且自信满满，那就会出问题。因此，我认为努力增进中国人民和美国人民之间的关系是一件极其重要的事情，因为中美之间冲突的代价会很大。

采访组：中美之间未来可能有哪些摩擦点？

兰普顿：尽管我们必须谨慎处理贸易、南海等问题，但我认为未来的摩擦点将会是台湾问题。当中美关系开启正常化的时候，这就是个大问题。在马英九领导下的台湾，两岸关系稳定了一些。但是随着近期台湾的政治变化，以及中国大陆和美国的政治变化，台湾再次成为一个非常敏感的问题。而我担心的是，现在随着美国许多年轻的领导人进入国会和行政部门，他们不了解中美三个公报的内容，他们个人对于这个问题有多敏感没有意识，这将是一个问题。

所以，我看到的是一个强大、自信、希望统一的中国；同时，年轻一代的美国领导人不太熟悉处理两岸关系的敏感性；另一方面，台湾政治在变革，台湾的领导人变得更加强势。在我看来，这三者是一个相当危险的组合，三者都必须非常谨慎地处理，否则我们可能会遇到大问题。

采访组：中美关系40年来有了长足的发展，您认为过去40年在中美关系中有哪些里程碑的事件？

兰普顿：我认为某种程度上尼克松访华是第一个重要的里程碑。他在北京机场走下舷梯向周恩来总理伸出手的那一刻，开启了两国关系。这个里程碑表明伸出手远比握紧拳头好。

邓小平 1979 年 1 月底 2 月初访问美国也产生了类似的影响。他到访美国多地，和美国人交谈，改变了普通美国人对中国的看法，这又是一个重要的里程碑。就这一点而言，我认为我们的领导人访问对方国家时，应该少花点时间在对方首都与精英交谈，多花时间到其广大腹地去和普通百姓交流。美国总统访华时，常常去北京和上海，有时也会去西安参观兵马俑，而习近平两次访问艾奥瓦州。这正是我们需要做的。

还有一个重要的里程碑，我认为是在江泽民时期。“9·11”袭击发生后，小布什总统对全世界人民发出信号：你们要么和我们站在一起，要么就是与恐怖分子为伍。江泽民是最早打电话给小布什的领导人之一，表示中国与美国站在一起。所以我认为，在困难的时候互相帮助，是一件重要的事情。我们应该找到一些方法使各自有助于对方。坦率地说，我们现在花了太多的时间浪费在对彼此没有帮助的事情上。

采访组：那么，从中美关系过去 40 年的发展历史中，我们能够吸取哪些经验和教训？您如何评价“修昔底德陷阱”？

兰普顿：首先，冷战的代价太大。冷战中最大的两场战争——朝鲜战争和越南战争，都涉及美国和中国。冲突付出的血肉和财富代价太高。同时，我们也必须认识到，缺乏合作也要付出代价。看看现在中美经贸关系，由于双方威胁加征关税，市场已经在下行了，之后可能还会造成更多的失业，我认为这就是真正的血肉和财富代价。如果我们在教育交流和经济交流中不能最大限度地合作，还会带来机会成本，我们将失去更多知识和物质繁荣的好处。回想一下 1949 年到 1971 的这段历史，再和 1971 年至今的这段时期比较一下，你更喜欢哪个时期？答案是显而易见的，我们不应该回到双输的时期。

我认为我们两国都不应继续沿着目前这条贸易摩擦和战略不信任加剧的轨道走下去。因此，习近平主席和特朗普总统以及其他领导人的任务，就是要努力扩大两国的共识和合作。正如中国前外长李肇星曾说过的，我们需要扩大共识，弱化分歧。

当一个自信的崛起大国与防御性守成大国相遇时，可能会产生问题，所以我认为的确存在“修昔底德陷阱”。但是，我不同意一些人认为它必然意味着战争的观点。我认为，这意味着我们必须在全球建立更多的经济合作和生态合作，加强相互依赖关系。越是有“修昔底德陷阱”的问题，就越需要强调和加强相互依赖。中美之间的确存在陷入“修昔底德陷阱”的危险，但明智的、怀有善意的人们可以克服这一点，所以我并不认为冲突不可避免。

Thomas Fingar

冯稼时

采访对象：冯稼时，1946年出生。现为斯坦福大学弗里曼·斯波格利国际问题研究所雪恩斯坦恩杰出特聘研究员。他曾在美国政府部门工作长达23年，其间曾担任国务院中国处主任（1986–1989）、负责情报和研究的助理国务卿（2000–2001、2004–2005）、国家情报首席副总监及国家情报委员会主席（2005–2008）等职。他主要研究中国外交政策、中国与国际体系等问题，著述颇丰。

采 访 组：叶　君　魏帮荣　周永平

采访日期：2018年9月28日

采访地点：北京大学斯坦福中心

冯稼时：
中国实力增长并非与美国利益不相容

40 年前，中美两国政府就建立外交关系进行最后谈判的同时，恢复两国学术交流的努力也在民间紧锣密鼓地进行。斯坦福大学受白宫之托派出了一小支中国问题专家组先行试水与中方进行沟通，合作克服困难，从侧面推动中美关系正常化。冯稼时便是当时的美方代表之一。1978 年 10 月，他第二次到访中国，待了一周，与中方谈妥最后问题，并代表斯坦福大学与中国科学院签署了学术交流合作协议——要知道，直到两个月后中美两国才正式对外宣布将要正式建立外交关系。

虽然直到当年 12 月中美才签订了《中美建交公报》，但在那之前，新中国成立后的第一批中国赴美留学生就来到了斯坦福的校园里。那天是 11 月 12 日——冯稼时对此记忆犹新，永生难忘。他不仅主导了谈判过程、签署了合作协议，还参与了对第一批中国学生的面试选拔工作。

作为一个退休政府官员和广受尊敬的知名学者，冯稼时的个人职业生涯与中美关系 40 年来的风雨历程紧密相连。他开玩笑地说，他就像电影里的阿甘一样：每当有大事发生的时候，他几乎都在场。确实，无论是在中国乒乓球代表团的接待人员中，还是在美国向中国官方重申“一个中国”政策的外交使团里，都能找到他的身影。

在外交和学术一线积累了丰富经验之后，冯稼时对中美关系的发展有了更加深刻的体会，他相信中美能够、必须，也将会并肩合作，共同为世界和平与繁荣做出贡献。在他看来，中国各方面的实力增长并非固然与美国利益和目标不相容。作为世界上最大的两个经济体，中美两国命运相连、休戚与共；没有中美合作，世界上最重大的挑战和问题都解决不了。

从敌到友的逻辑

采访组：您曾说过您最开始对中国感兴趣是源于康奈尔大学的一门课。您在那门课中了解到的中国是怎么样的？为什么会激发您的研究兴趣？

冯稼时：1965 年我在读本科时，上了约翰·路易斯教授的一门国际关系课程，关于中国在朝鲜战争和越南战争中的角色。我学到的关于中国的知识挺有意思的，但事实上，是路易斯教授的讲课风格把我彻底征服了。路易斯教授当时还没有去过中国，但他在讲解中国及其国际事务时的那股热情劲儿，深深感染了我。我就是好奇有什么能让人这么兴奋，所以我想了解更多。

到了下一个学期，我选修了当时唯一能选的跟中国相关的课程。那是一门人类学课，关于华南地区的部落和族群。我的第一印象是：中国这个地方的社会和文化太奇特了。幸运的是，我能够接着问自己："为什么中国有这样的社会习俗？为什么我们（美国人）不是这样的？"所以对我来说，最开始中国就像一面镜子，让我反思美国的社会、历史、文化、政策。要不是接触了不同的文化，了解了不同的政治体制，我不会对原本司空见惯、习以为常的东西和现象有新的思考。

采访组：1973–1974 年您曾在台北学习中文。是不是 1972 年尼克松访华进一步加强了您对中国研究的志趣？您对尼克松总统的破冰之旅有什么印象？

冯稼时：其实主要还是机缘巧合。读研究生时，我应征入伍，作为德语人才被派往欧洲。尼克松访华的那一周，我正巧从军队退伍。我回到斯坦福，考取了博士，但决定暂缓论文写作。因为我的从军经历，根据《退伍军人安置法案》，我得到了一笔钱，可以去台湾留学一年，重新巩固中文。

尼克松访华，我并不感到惊讶。1967 年尼克松在《外交事务》杂志上发表的那篇文章就显示了他有意重新定义对华关系。有迹象表明两国都在释放改变政策的信号，比如：美国减少了原来因为中苏同盟而对中国施加

1978 年，冯稼时（左）和路易斯教授在上海周边的一个人民公社参观

1978 年，冯稼时和妻子一起游览长城

的部分制裁；中国方面则释放了一些被关押的美国人。到1969年中苏发生武力冲突、关系彻底破裂的时候，很明显北京已经意识到同时与两个超级大国为敌太危险了。不同于1949年时中国认为美国是更大的威胁，这时美国成了两者中相对不那么危险的一个，毛主席决定通过与华盛顿改善关系来应对苏联的威胁。

采访组：1979年中美正式建交时，您已经在斯坦福中美关系项目组工作。您对那一时期的中美关系做了很多研究，您认为是什么让中美关系正常化成为可能？

冯稼时：尼克松和毛主席的会面可以算是“现实政治（Realpolitik）”理论的一种体现，即敌人的敌人可以是朋友。我并不认为在当时中美对彼此有过多的期许。美国并不指望也没要求中国改变意识形态或政治体制，中国也并不认为美国会发生根本变化。其实只要中国地理上处在苏联隔壁，而莫斯科又无法确定中美关系的实质，美国和中国就得偿所愿了。

到1978年的时候，中美双方都以为冷战会长期持续下去，或许永无终结。现在很难还原当时人们对此的恐惧和担忧。对美国来说，如果在这场永无宁日的生死存亡斗争中，中国站在我们这边，那我们与其有一个弱小的搭档，不如有一个强大的搭档。如果中美联合起来，那我们两国就更安全。从某种程度上说，这一时期中美进行了全方位的合作，虽然没有真的结盟，但实质上就是类似盟友的关系。

美国人同时还看到了一个更现代化、经济更繁荣的中国能给美国商界带来的机会。美国是个资本主义国家，商业利益从18世纪开始就成了美国发展对华关系的驱动力。中国得以与美国市场接轨，固然推动了中国以外贸为突破口的经济增长，但反过来也给美国的经济发展带来了巨大机遇。

此外，美国政府内外还有一些人看到了第三种可能：中国的现代化发展如果成功，那么必然带来社会、政治、经济体制的改革，而这些变化很有可能会朝着与美国利益一致的方向发展。我们并不需要介入其中主动施加影响，我们只需要帮助中国推动现代化进程就可以实现我们的期许了。在这个过程中变化会应运而生。当然不是所有人都认同这种逻辑。有些人认为就算中国推动现代化进程，也不会产生巨幅变化，但几乎所有美国人都认为我们不应该企图操控这个过程。

采访组：那么从中国方面来说呢，您认为中国为什么会推动中美关系正常化？

冯稼时：1978 年 12 月中国宣布改革开放和宣布对美关系正常化几乎是同时的。中国的改革开放战略，如果没有美国的支持与合作，几乎不可能实现，甚至很难起步。美国是当时的大国，如果我们不开放市场购买中国货品，不开放教育合作，不支持科技交流，不支持企业投资往来，中国的改革开放不太可能成功。美国的作用很关键，因为当时冷战还没有结束，美国的盟友们在美国没点头的情况下不会对中国开放或帮助中国。在我看来，北京很清楚这一点，为了顺利推动改革开放，选择了在影响谈判多年的台湾问题上做出一定让步，决定留待未来再协商解决这一难题。

学术交流先行

采访组：您第一次到北京大学是 1978 年。那是您第一次到访中国大陆吗？

冯稼时：是的。我本来 1975 年就有机会随团访华，但那次行程被取消了。我 1978 年 3 月第一次到北京，我记得当时北京几乎没什么交通。从天安门到北大的车程仅仅花了大约 20 分钟。马路上稀稀拉拉的有一些绿色的上海

1978 年 3 月，斯坦福大学代表团与中国科学院代表一起参观故宫

牌轿车，极少的红旗轿车，还有不计其数的自行车。那时候好像不流行用具体职位抬头，我们到了北大后，见了形形色色的各类“负责人”，没有人有正式抬头，我们根据介绍推断有的是学校行政，有的是党委干部，有的是教授，有的是楼管或办公人员。

那时候中国的很多学校才刚刚重新开学，学生们才重回课堂不久，很多老师还没或刚刚回到城市里来。我感觉我们与中方的会面似乎弥漫着一种奇怪的氛围，既有人对“文革”的成果自豪不已，也有人强烈希望重建对外交往。我们见到的中国人显然迫切期盼与美方教育从业者建立联系。我们理解他们，在我们看来这些愿望后来反映到了中国的十一届三中全会上。

采访组：*您那次行程的目的是什么？*

冯稼时：那一年我来了中国两次，作为斯坦福大学代表（和白宫的非正式代表）与中国科学院商谈重启学术交流。其实能不能成功重启交流已经不成问题，我们商谈的核心是从什么时候开始。我花了好几个星期和中国的同僚们一起，讨论最具体的问题，比如：如果中国学生到了美国，他们能开设银行账户吗？有医疗保险吗？斯坦福作为美国大学中的先行者，要梳理可能存在的问题，并想办法应对和解决。我们向白宫和相关机构汇报了商谈的具体内容。

到了 1978 年秋天的时候，双方已经全部谈妥，就差签约了。我们原本以为 10 月中美就会对外宣布建交（我认为中方谈判代表也是这么以为的）。我来北京的路上，正好在旧金山机场碰到了著名物理学家周培源率领的中国代表团，他们正赶往华盛顿，应该是去进行最后一轮谈判。非正式的斯坦福 – 中国科学院示范合作协议应该会在中美官方层面恢复学术交流的同时完成。学术交流将成为中美关系正常化中率先启动的领域。

采访组：*所以在两国宣布建交前双方就签订了学术交流协议？*

冯稼时：我一直和周培源协调合作。另外，我每天都会向我们在北京的驻华联络处通报请示最新的谈判情况。我也想了解华盛顿那边的情况，但得到的回答总是“无可奉告”。四天后，我向上级汇报我们已经全部谈妥，没有问题了。“我可以签约了吗？”我问。实际过程要复杂一些，但最终我得到的指示是肯定的。

但正式的官方合同直到三中全会之后才最后签订。我的个人推断是，如果我们把签订重启学术交流协议作为一个单项成就对外宣布，那无异于释放中美将要建交的信号，等于在 1978 年 12 月的三中全会前两个月就昭告天下：中美会把台湾问题留到未来解决，这可能也不利于整体战略的最终成形。

虽然官方协议签订的日期延后了，但第一批中国学生在当年 11 月 12 日就来到了美国、来到了斯坦福校园，我们双方都没等中美正式全面建交就行动了。这些学生其实是中青年访问学者，但我们双方都同意把他们纳入非在编研究生，这样的话他们可以随时开始交流，不必再经历冗长的常规报考、选拔流程。

采访组：作为最早推动中美学术交流重启工作的幕后功臣之一，您如何看待现在中美教育交流领域遇到的一些波折？有些美国人无端指责中国学生为间谍，是不是反应过度了？

冯稼时：是的，我们遇到了一些挫折，而且有些人完全是反应过度了。不过这也不是什么新现象。我们最开始重启中美学术交流的时候，就非常有意识地决定：美国和中国的交流不能像美国和苏联那样，我们不能重蹈冷战覆辙。美国和苏联的交往局限性很强，杜绝一切技术转让或交流，主要是受制于遏制的逻辑，苏联很害怕西方思想的侵入。现在在美国有超过 30 万中国学生。他们中有人在窃取技术吗？很有可能。是很大一部分人吗？我不这么认为。其他国家的学生也在做同样的事吗？当然。中国学生比其他国家的学生问题更严重吗？不见得。但中国学生总量很大，所以我也能理解有些人比我更担心这个问题。

交流沟通无可取代

采访组：您的公职生涯从 1986 年开始，您当时担任国务院中国处主任，从此便参与了美国对华政策制定的诸多方面。能否分享一些您处理中国事务的经历？

冯稼时：1989 年中美关系经历了一场大风波，那个时候我已经提升为东亚和太平洋事务分析办公室主任，但当时还没有人接替我担任中国处主任。所以我身兼两职直接参与处理了这一时期的中美重大事务。当时的老布什政府认为虽然发生了一系列非常糟糕的事件，但我们必须保护中美关系。美国电视上直播了中国发生的事情，美国公众对此反应很强烈，所以没有哪个美国总统可以不做出回应。但与此同时，政府决策层坚定地认为我们必须妥善处理分歧，不能破坏刚刚建立还不算太久的中美关系。

我在其中的作用很小，我主要是参与准备对事态发展的分析评估。20世纪90年代初，中国的一些政策措施引起了海内外很多担心和质疑，很多人认为中国共产党将放弃改革开放，但我是最早否定这种判断的人之一。我参与撰写或统领的给国务卿和其他高官的分析报告都指出：这是暂时的，不用多久中国就会重回改革的轨道。这在当时和美国决策者们的意见是一致的，也让美国政府坚定了决心，不能让美国的行为降低中国重回改革开放之路的可能性。

蒋经国离世后，李登辉成为台湾地区领导人，我被美国政府派来回答关于中美关系和美国对华政策的疑问。我当时只能算中层干部，但是从福特政府时期开始，我就一直参与推动中美关系，所以可能大家比较信得过我，因为对我这个人比较了解，从而更能相信我传达的官方态度。当时很多中国政府中的关键人物担心美国在“一个中国”上的立场会改变，他们怀疑美国会不会借机调整政策。我作为“老朋友”来到中国，传达了我们不会改变“一中政策”的态度。

采访组：2001年南海撞机事件发生的时候，您是否也参与了善后处理工作?

冯稼时：撞机事件发生时，小布什总统刚刚上任没多久。很多新的高级官员还没有完全到任履职。我是克林顿总统任命的助理国务卿。由于新任东亚和太平洋事务助理国务卿还没有到任，鲍威尔国务卿希望我参与处理这次危机，因为他了解我，信任我。我不能夸大我在其中的作用，但我是最早做出形势判断的人之一。我们当时做出的预判是美国政府做出回应的基础，包括：一、这是一次非常糟糕的意外，中国政府并不是企图挑衅刚刚上任的布什政府，所以我们应该按照意外事件来处理；二、中方希望解决撞机事件导致的一系列问题，北京并不想由此向美国政府施压，要求美国在更大范围内的其他问题上做出让步或调整政策；三、因为掌握的情况不全面或不准确，中国官方高层可能并不了解事情发生的全部真相。

为了应对上述第三种情况，我们派了驻华大使前去解释斡旋。普理赫（Joseph Prueher）大使恰好曾经是海军飞行员，他前去向中方高层说明了美方了解到的情况。因为他曾是飞行员，他能比较权威地指出美国侦察机不可能故意撞击速度更快、性能更好的中国战斗机。之后，江泽民主席发表了公开讲话，我们也表达了对牺牲的中方飞行员的哀悼，并为未经允许在海南迫降进行了道歉，最后较快地度过了这次危机。

采访组：您亲身参与了许多中美关系史上的重大事件。您认为有哪些经验教训值得谨记，以避免未来误判？

冯稼时：没有什么能取代交流沟通的作用。我们应该建立常规机制，就重大问题进行对话。无论是在政府层面，还是在政府之外，这样最起码可以减少双方误解。

冷战时我们一直和苏联就发展核武器保持对话。双方都意识到如果误判形势，就可能造成双亡的后果。中美之间也应该加强军事领域的沟通。这样做并不是为了获得军事机密，而是要确保双方不会产生误读误判。比如，我们应该能够辨识另一方潜艇的常规维护、安全检查等行为，不要误以为是在为采取敌对行动而做准备。我们不能假定对方的行为机制和我们的完全一样。我们应该要能够甄别对方的常规安全措施。比如，如果中国发射了一枚导弹，既可以装载常规武器又可以装载核武器，我们没法辨别，那只能做最坏的打算。如果不是这样的话，我们应该就此开展对话，协调出一套方案避免误判，比如用颜色标识区别核武器等。

很可惜的是，中美之间并没有这样的对话交流。当然，一旦发生问题，两国很自然都会想切断交流；这也经常导致双方或一方停止军事对话，因为这是最直接简单的方法。但我们都不应该这样做。问题出现的时候，我们更加应该进行对话。在某个领域遇到了困难分歧，也不应该在另一个领域停止交流沟通。

采访组：发展个人友谊是不是也有利于建立互信？

冯稼时：是的。人与人之间有最基础的信任。中美关系建立之初，只有很少一部分人参与了双边事务。无论是中美关系正常化之前，过程中，还是之后，双方涉事人员并不多。当年我是年龄最小的一批人，现在我大概是还活着的人里最老的一批了。中国方面也有和我一样从我们建立交往之初就参与具体事务的人员。

我曾经接待了1972年到美国访问的中国乒乓球代表团，当时做的是非常琐碎的工作，具体到确保名牌上的中文名字顺序正确，确保我们有足够的橘子、茶水等等。中国这边也有一样的人。随着参与中美双边事务的两国人员各自的职业发展，我们在各个不同领域和广泛议题上进行了交流互动。我的有些中国朋友，我已经认识了35年、40年之久。我并没忘记他们是中国人，他们也没忘记我是美国人，但我从不怀疑他们对我真诚相待，而他们也对我信任有加。这样的私人友谊和彼此信任是很难复制的。所以，我们应该更加努力维护和调动个人友谊以及各个层面的交流联系。

中国的崛起并没有使美国陷入不利

采访组：近年来美国国内似乎对对华接触政策产生了分歧，有些人认为应该转向对华强硬。您怎么看？您认为接触政策失败了吗？

冯稼时：我不能代表所有美国人或美国政府，但就我个人而言，从我这些年与中国人交流、共事、合作的经历来看，我认为中国这些年来发生了翻天覆地的变化。我最开始对中国产生兴趣是“文革”的时候，与那时相比，如今的中国已经完全不一样了。我从来没有给中国的发展设定一个时间表，我认为经济发展和现代化进程自然需要很长一段时间，远比中国现在所花的时间要长。如果中国在政治领域的改革能更快一些当然更好；如果中国发展的过程中没有遇到挫折当然更好。但是我不同意接触政策失败的说法，我不认为我们培养了一个对手或敌人。不是这样的。

除了进行全面接触之外，我不认为还有其他方法。如果我们不能交往，不能建立新联系，我们不可能解决不断出现的新问题，不管是双边问题、地区问题，还是全球问题。

采访组：您在斯坦福教授“世界舞台上的中国”这门课。您怎么看待中国的崛起？中国的目标真的和美国利益不相容吗？

冯稼时：我不这么认为。中国的成功是建立在现有国际秩序的框架内的，也是中国和国际社会合作的结果，而不是脱离国际秩序的。随之带来的结果是中国与国际社会之间更大的相互依赖、相互融合和共同利益，这把我们紧紧联系在了一起。

诚然，中国变得更富裕了，中国人民的生活水平提高了，但是中国的崛起并没有使美国陷入不利境地。1979 年的时候，美国占世界经济的 26% 左右；40 年之后，世界形势发生了很大变化。美国在世界经济中的地位确实下降了，我们现在占比约为 23% 左右。

但这并不代表我们因为中国的崛起而吃亏了。中国的人均 GDP 从约 600 美元到现在的近 9000 美元，实现了巨幅增长；但与此同时，美国的人均 GDP 则从 12000 美元增长到了 58000 美元左右。美国国内存在严重的分配问题，我们的国家变得更富有了，但人民却没有。这是我们自己的政治问题。但从数据中可以看出，美国没有变得更糟，而是更好了，因为一个更加繁荣的中国购买了更多美国生产的高端产品和服务。

中国曾经完全孤立于国际体系之外，但现在却是联合国维和行动的一大支持者，也是控制扩散性武器的积极参与方。中国在几乎各个方面的实力增长并非与美国利益和目标不相容。

采访组：从 2017 年年底开始，美国陆续出台了诸如《国家安全战略报告》《国防战略报告》等一系列文件，把中国定位为主要的战略竞争对手。这对中美关系的未来会有什么影响？

冯稼时：这些文件、报告的措辞反映了对中国军事力量增长的担忧。在我看来，中国并没有做好解释和说明工作。当然，随着中国加大参与全球事务，自然更加需要维护其海外利益。但与此同时，这也带来了安全难题，尤其是在印太地区，也导致了包括美国在内的一些国家做出反应。中国的一些做法使得一些国家比十几年前更想拉近与美国的关系。这也是中国崛起效应的一个方面。所以中国的崛起，不全是好的，也不都是坏的。

但所有的这些，在我看来，都不会造成对立性冲突。这些问题是可以解决的。我们需要建立对话，一起应对国际体系的变化。

采访组：中美经贸摩擦还在持续发酵，这会不会给两国未来合作蒙上阴影？

冯稼时：我们恐怕确实失去了中美关系中历来最强大的支持团体。现在美国商界对中国颇有微词，主要是因为知识产权、市场准入等原因。这些问题确实是存在的。

但是中美两国都应该把合作放在第一位，来处理我们共同面对的挑战和威胁。没有什么重大问题，是中国或美国可以单独解决的。除了中美合作，也不可能有其他途径。但是，未来并不会出现中美两强主导世界的局面，必须是全球合作。

“二战”后建立起来的国际体系运行得非常成功，但是在某些方面现行机制已经不足以应对当今世界的变化发展。比如，我们在太空、网络、国际金融、传染疾病、气候变化等领域都迫切需要制定新的规则。这些都是非常重要的领域，都需要系统地进行规范。

采访组：“中美未来必有一战”的言论在两国都比较流行。您是否也认为这是新兴大国与守成国家之间必然的宿命？

冯稼时：每个国家都需要两面下注，我们必须接受这个事实，因为存在太多不确定因素。但是没有一个理智的人会希望大国之间发生战争。中国和美国，哪个会放弃使用核武器，接受失败？答案是两个都不会。所以就不应该打一场注定走向核战的仗。一旦战争打响，就没有回头路，对双方而言都是一样的。

苏联解体的时候，中美两国有很多人都在问：中美关系在安全上的基础没了，美国还会支持中国的现代化发展吗？美国不再需要中国来保障其安全了，会不会反而进攻中国了？

所幸的是，我们在建立持久的、多方位的联系方面取得了巨大的成功。美国一开始的目标就是这样的，但这不仅是美国一方面主导的，双方都努力发展了尽可能多的交往互动。无论是行政机构之间，还是企业之间，人民之间，学校之间……由于在各个领域都有强烈支持中美友好合作的力量，所以就算某个领域或某十个领域出现了问题，我们还有其他很多领域可以合作，还是能保持两国关系稳定坚固。

采访组：您是不是对中美未来持乐观的态度？

冯稼时：如果问我是不是担心中美关系，我想是的。但如果问我是不是对此感到焦虑，我认为没有。历史上，中美合作解决的问题远远多于没有解决的问题。这为我们提供了经验、信心和力量。就算还有很多问题悬而未决，我们已经通过协作成功解决了那么多问题，没有什么问题是攻克不了的。

我相信美国对中国没有恶意，中国对美国也没有恶意。我过去经常说，现在说得没那么多了，但我仍然相信：中国和美国要陷入军事冲突对抗需要两国同时愚蠢到相当的程度——我不希望也不认为我们会同时蠢到那样的程度，这种可能性是极低的。

Harry Harding

何汉理

采访对象：何汉理，1946 年出生。现为弗吉尼亚大学教授，曾一手创办了该校弗兰克·巴顿领导力与公共政策学院。其任教经历还包括香港科技大学和香港大学。他写过多部关于中国政治和外交政策的专著。作为一位知名的美国“中国通”，他曾多次为美国政府决策层就中国问题建言献策。何汉理还曾在中美科技合作联合委员会、美国国防政策委员会等机构担任理事顾问。

采 访 组：叶　君　李伟峰　黎金城

采访日期：2018 年 4 月 30 日

采访地点：上海扬子江万丽大酒店

何汉理：

中美政治制度之争也能成为良性竞争

这是加州难得一遇的倾盆大雨。何汉理恰好选在了这样大雨滂沱的一天来到斯坦福大学，他还没决定是否要在这里继续深造，读硕士。被淋成落汤鸡的何汉理敲开了一个老师的办公室大门。迎接他的正是后来卡特总统的中国问题顾问麦克·奥克森伯格，只见他从书桌后缓缓站起，脸上挂满了热情洋溢的微笑。在他们结束谈话之时，奥克森伯格已经成功卖给了何汉理一本毛主席语录小红本，并说服他来斯坦福跟他一起研究中国。“我当时并没想过这会成为我一生的事业，其实就是被老师的热情感染，跟着感觉做了这个决定。”他回忆道。

虽然何汉理走上研究中国的道路并非基于缜密的权衡，但他却一直保持着对中国严肃而诚挚的兴趣。他对中国最早的记忆可以追溯到小学时期，一个曾经在中国工作的贵格会传教士给他和小伙伴们讲了很多她在中国的有趣经历。“她说的故事都是那么积极正面。”何汉理说，“我很小的时候对中国的好奇或许对后来的发展也有很大影响。”

后来的“越战”以及中国的“文化大革命”都进一步加深了何汉理对中国的好奇。那时的中国对大部分美国人来说还是一片未知的神秘土地。直到 1976 年，就在毛主席逝世后不久，30 岁的何汉理才得以第一次踏上了中国的土地。

那次来访以及此后无数次的访华经历让何汉理获得了认识、了解中国的独家视角。在见证中国 40 多年来翻天覆地巨变的同时，何汉理也已经跻身美国最受推崇的中国问题专家之列。

而现在，除了研究中国之外，还有一个更重要的原因让他持续不断地回来；他的儿子正在上海开拓蒸蒸日上的事业；两个可爱的孙女特别喜欢当地的宋庆龄幼儿园，会说一口流利的中文，和她们来自中国台湾的奶奶交流也丝毫没有问题。或许正如这个小家庭所呈现的那样：中美两国交流往来已经如此之密切，只有一个稳定且健康的双边关系才能让两国人民同时获益。尽管“竞争”可能不可避免，但在何汉理看来，两国可以进行良性竞争的领域还有很多，只要双方合理管控，就能达到互利共赢的结果。

历史的温度：建交热情与百年雪耻

采访组：1978 年中美宣布关系正常化之际，您正好在中国。那是一段怎样的经历？

何汉理：我当时作为北加州世界事务委员会代表团的一员来华访问。我记得那一天我正在王府井的第一百货商店里，突然商场里响起了广播，一开始没人当回事，但没多久大家都安静下来了，因为在播一条很重要的新闻。然后我听到了“美利坚合众国”（这是我这辈子唯一一次听到中文里美国的全称）和“正常化”，我才明白发生了什么。

出了商场走到大街上后，我发现人们都很兴奋，有人在发《人民日报》的号外——关于中美建交的红色大标题赫然在目。我拿了一大把报纸——现在我家里还珍藏着一些。当天晚些时候我坐飞机在东京转机，一个航空公司的工作人员从我这儿拿了一份报纸，贴在他们转机柜台后面的墙上。那真是一次让人兴奋不已的经历！

要知道，《人民日报》可不是天天发红色专刊。我想这喜庆的红色正好象征了人们当时振奋的心情：自从 1972 年尼克松总统开启“破冰之旅”以来，时隔近六年，我们终于迎来了两国关系发展的一个重大突破！

我很幸运，能够在这样一个激动人心的时刻在中国亲身体验这些历史性瞬间。我的很多中国朋友和同行都以为我和中美建交有什么关系，因为那段时间我恰好在中国。其实我什么都没做，我和大家一样惊讶。

采访组：*但是您曾经多次为美国总统和政府高官提供政策建议和决策咨询，您有没有参与过哪些具体的美国对华政策的制定？*

何汉理：我不想夸大我的作用，但或许有一件事我在其中发挥了一些作用。1997 年江泽民主席访美之前，有一次我正好在华盛顿和当时的国家安全顾问桑迪·伯格在一起交谈。他在考虑"建设性战略伙伴关系"这个提法，但是我告诉他："还不能这么说，因为我们还不是战略伙伴。但是可以说这是我们希望实现的一个目标。"我记得他当即说："对，这就是我想要说的！"

后来江泽民主席的访问非常成功，此后克林顿总统的访华之行也相当成功。两位领导人达成了一致，并宣布中美共同致力于建设面向 21 世纪的"建设性战略伙伴关系"，表达了双方的共同愿景和努力方向，并没有将这描述为一个既成事实。如果说我曾经发挥了什么作用的话，或许那算一次吧。

采访组：*您曾经见证了中美建交以来的诸多历史性时刻。您觉得最重要的历史经验是什么？*

何汉理：中美两国对各自历史的认知，虽然不全然但很大程度上，存在着负面性。尤其是中国对其近代史的总结，把过去的 100 年描述为被包括美国在内的西方列强欺凌的屈辱史。中国学者汪铮曾经写了一本很棒的书叫《勿忘国耻》，里面详细阐述了我们的历史观如何影响我们解读当代事务。可以说，对历史的认知不仅塑造、构建了我们现在分析问题的立场，也有可能扭曲我们分析问题的角度。

如果像某些中国人一样认为"西方和美国就是不想让中国发展""就是要阻止中国崛起"，或像某些美国人一样认为"我们一直在帮中国啊，为什么他们还老让我们失望""为什么他们不对我们的帮助心存感激"，就不能客观地看待中美关系，这些固有思想是有巨大影响力的。我当然希望随着时间的流逝，我们对历史能有更客观的认识，某些偏激的论断能被重新审视，但正如汪铮所言，只要这些想法还留在人们脑海中，那么发生某些消极事件的时候，就会不断被重新拿出来成为曲解对方意图的最佳借口。

何汉理、林夏如夫妇合影

何汉理和家人在一起

中美关系的复杂性：从“脆弱”到“错综复杂”

采访组：您的著作《脆弱的关系：1972 年以来的美国和中国》对 1972–1992 年这 20 年间的中美关系进行了全面的分析，被认为是最早的相关专著之一。听说您打算再接着写一本，会从 1992 年开始往下写吗？

何汉理：我也许不会精确地从 1992 年开始写。我觉得 20 世纪 90 年代最重要的事件是 1995、1996 年的台海危机。我读了很多当时相关领导的回忆录，主要是美方的，也有一些中方的，我发现尤其对美国来说，台海危机是当时中美关系的一个重要转折点。它的爆发提醒了中美双方：军事冲突的风险是切实存在的。

当时的国防部长威廉·佩里其实一直对中国很感兴趣，他曾带头做出努力，希望重建当时已经几乎中断的中美军事交流。

我想我或许也会从台海危机的前一两年写起，从国务卿沃伦·克里斯托弗提出旨在全方位重启两国对话的“全面接触”（comprehensive engagement）政策开始。所以，可能不会完全从 1992 年开始写起，而会从之后几年开始。

采访组：现在距离您写上一本书已经又过去了近 25 年。您现在会用哪一个词来概括中美关系？

何汉理：我认为中美关系已经不再“脆弱”了，但仍然是一组充满挑战和波动的双边关系。我还没有完全想好，但是我在考虑用这个词：错综复杂（fraught），意思就是说：这对关系是复杂多变的，喜忧参半的，甚至是剑拔弩张的。

现实主义理论家可能会说：处在国力对比转变过程中的两个大国，两者都雄心勃勃，关系当然不会是合作的，当然是竞争的，甚至有冲突风险。但这正是我想要再写一本书的原因。如果中美冲突是明摆着不可避免的，那我们怎么解释过去几十年来两国政府历经几代领导人所做出的努力？为什么他们都明知不可为而为之，都想要避免冲突呢？我觉得这说明，我们都把避免冲突列为非常重要的任务，也做出了很多真诚的努力，但结果却仍然时好时坏。不能说我们完全失败了，但是我们的双边关系确实处在一个紧张的历史节点。

采访组：确实有很多专家提出中美关系正处于一个危险的关键路口。在您看来，准确地说，我们正处于一个什么样的位置？

何汉理：兰普顿说我们已经过了一个“临界点”（tipping point），他的判断是中美关系已经从“希望”（hope）转变为“恐惧”（fear）。我个人认为是从“希望”到“失望”（disappointment），甚至是“愤怨”（resentment），双方都有这样的倾向。但比起“临界点”，我还是更倾向于用“转折点”（turning point）这个说法。“临界点”似乎意味着就此翻篇，但“转折点”则暗示着还能打弯绕回。

不管用什么词，我认为，过去几年中美关系确实在发生大转变，现在双方的负面消极情绪都不少，人们不再提“战略伙伴关系”了，而是谈论贸易战的可能性，甚至台湾海峡或南海军事冲突的可能性。我认为我们应该正视我们面临的现状，对此有一个清醒的认识。

但同时，我们也应该尊重并珍惜过去30多年来双方做出的努力。现在的中美关系和20世纪90年代中期相比还是好很多的，虽然并没有像我们希望的那样好。

采访组：现在也有很多人说中美进入了在“对抗”和“合作”中进行抉择的时刻。您同意这一说法吗？

何汉理：我认为不能忽略更重要的第三种可能，这也是一个在英文中以c开头的词：竞争。我认为“竞争”将在很大程度上成为中美关系未来的主旋律，其实现在已经是了。如果我们继续加大竞争，未来可能会偶发外交或政治冲突，现在的贸易投资问题就是一个例证。但是仍然会有合作的领域和空间，比如朝核问题。总的来说，中美关系的未来是合作中有竞争，竞争中有合作。

但是我想特别补充一点，竞争不一定是一件坏事。在许多领域竞争是能带来积极成果的。比如，体育竞技有利于发掘人们巨大的潜能；市场经济则完全是基于竞争的体制，良性竞争能催生高效生产力，随之推动人们的生活水平；在政治领域，不同政党在政治理念、机制和政策细节上的竞争也有积极作用。

如果我们能有效规范竞争，遵循合理的规则，那政治竞争就是有益的。如果中美两国分别展示各自政治体制在何种环境下运行更好，这也能成为一个有良性竞争的领域。让人担心的是，竞争规则被无视或践踏，或者更严重的是，竞争扩散到只会导致两败俱伤的领域，比如军备竞赛、安全竞争。在这些领域，竞争轻则耗费巨款，重则导致两国陷入误解和误判的恶性循环。

谨防恶性竞争：中美应致力于积极管控

采访组：在最新的美国《国家安全战略报告》中，中国已经被界定为美国的“对手”（rival），我们应该怎么解读“对手”的含义？

何汉理：我并不认为我们已经是“对手”了。我认为“对手”和“竞争方”之间有区别。两者确实很难完全剥离。我对“竞争对手”的理解源自美国高校体育比赛。我本科是在普林斯顿念的，我们每周都和不同的大学有橄榄球比赛。有很多和我们竞争的队伍，但只有一个是“对手”。对我们来说，“对手”就是耶鲁。所以无论是什么类型的体育赛事，只要有耶鲁的比赛都是大比赛。顺便说一句，耶鲁根本不把我们放在眼里，他们可没把我们当“对手”看待。他们的“对手”是哈佛。把我们当成“对手”的是达特茅斯，但是我们看不上达特茅斯，我们只在乎耶鲁。所以，“对手”像爱情一样，可能是“单相思”，可能是不对等的。

我的意思是，通常我们会遇到很多“竞争方”，但“对手”只有一个。一旦被定位为“对手”，就容易引发全方位的竞争。这是很危险的。普通的竞争，可以是和不同人、在不同领域进行竞争。但一旦被列为“对手”，就容易陷入盲目的、不分青红皂白的针锋相对。我不认为中美关系已经到了这样的地步，但是我担心有这样的趋势。

《美国国家安全战略报告》内容很长，我认为对中国主要的定位还是“战略竞争者”（strategic competitor）。对两国来说，我们最主要的挑战还是要有效积极地管理竞争，对双方都是如此。我们曾经在网络安全议题上取得过一些成果，两国政府达成一致，不支持企业（不管是国营的还是私营的）用黑客攻击等非法手段窃取商业机密。这个问题的严重性得到了缓解。所以我们应该找到可以合作的领域，确保相关法律法规与时俱进并得到贯彻落实。

采访组：中美之间的竞争似乎已经不再局限于经济或科技之争，也有意识形态和政治制度之争？

何汉理：我认为这确实是竞争中很重要的一个方面。中美两国有着截然不同的政治价值观和社会价值观，两国的政治制度和体系也不一样。各自都对自己的政治制度深信不疑，都认为自己的政治制度至少适用于本国——或许美国认为我们的政治制度也适用于全世界。双方都在展示各自政治体系的优越性。但是我们双方都应该认识到我们各自都面临国内改革的问题。我认为中国慢慢地在朝着正确的方向迈进。

以我们的经济关系为例，我很同意史蒂芬·罗奇（Stephen S. Roach）提出的“失衡的相互依赖”（unbalanced codependency）之论：中国投资太多、消费太少，出口太多，进口太少；美国储蓄太少，政府开销太大，征税太少，进口大于出口……

现在美国上下都在讨论贸易赤字问题，尤其是特朗普政府。但是需要指出的是，这些贸易赤字是我们更深层次的经济结构不平衡的表现。如果我们两国不解决各自更深层次的问题，贸易赤字问题就会一直存在。当然，与此同时，我们也应该一步一步找出我们能够进行更多合作的领域。

采访组：能否具体举例说说有哪些领域是我们可以加大合作的？

何汉理：我想最明显的一个例子是朝鲜问题。朝核问题已经出现了一些积极的转机，希望两国能推动各方妥善解决半岛核问题。

另外，在气候变化方面，我希望中美能对事态严重性达成一致。我认为中方对此有正确的认识，但美方意见还不统一。一旦我们能共同致力于应对气候变化问题，我们就能从合作中互相获益——当然，这里面也存在竞争，比如绿色科技的研发和商业化应用等。

还有，如果再爆发像SARS或禽流感之类的全球性传染疾病，我们也能在共同防御和应对方面加强合作。

当然，还是应该指出，合作和竞争是共存的。某些领域合作面更大，某些领域竞争会更多，某些领域或许会出现对抗——希望是有限的。

采访组：*您曾经表示中美之间战争并非不可避免，但两国都应防范“第三方因素”导致冲突升级。能否具体说说都有哪些最主要的“第三方因素”？*

何汉理：事实上，历史一再告诉我们：小国和大国的联盟有时是稳定因素，因为他们不希望陷入大国冲突的泥沼；但有时也可能成为冲突爆发的诱因。第一次世界大战就是很好的例子。

就中美关系而言，我觉得最主要的两个问题恐怕就是台湾和南海争端。我们应该加以重视。实际上，这些周边的小国家并不希望看到一个亲密无间的中美关系，也不希望看到硝烟四起的中美关系。

东南亚有句谚语：大象打架的时候，草地一定是一片狼藉。后来他们在后面又加了一句话：大象亲热的时候，草地也一定是一片乱象。这恰恰正是这些周边小国对中美关系的愿望。如果中美关系变得太好，他们会担心什么都是两个大国说了算；如果中美爆发冲突，他们也担心要选边站，尤其是美国的盟友，会担心被卷入其中。所以对这些小国来说，我把他们希望看到的局面概括为“金发女孩的愿望”（Goldilocks solution）。这是一个在美国家喻户晓的儿童故事，讲的是一个金发女孩，她希望她的燕麦粥既不是太热也不是太冷，要恰到好处。

Douglas Paal
包道格

采访对象：包道格，1947 年出生。现任卡内基国际和平研究院研究副院长。他曾于 1986 年到 1993 年间相继在里根和布什总统的国家安全委员会任职，先后担任亚太事务主任、资深主任兼总统特别助理。2002 年到 2006 年，他作为美国非官方代表出任美国在台协会台北办事处处长。在其职业生涯早期，包道格还曾在美国国务院政策规划人员部门任职，担任过中央情报局高级分析专家，并先后任职于美国驻新加坡大使馆和美国驻北京大使馆。

采 访 组：叶　君　魏帮荣　周永平　李伟峰

采访日期：2017 年 12 月 14 日

采访地点：上海虹桥迎宾馆

包道格：
美国必须在新的国际格局中给中国一席之地

包道格对中国的认知最早可以追溯到他的孩提时代。在宾夕法尼亚一个小城长大的他，小时候经常去家旁边的传教士培训学校游泳。学校漂亮的中式建筑外观引起了他的好奇和兴趣；也正是在那里，接受亚洲语言文化教育的传教士们一遍一遍地对他说：“你一定要去中国，去中国！”

作为在越战时期成长起来的一代美国青年，包道格也因为这场旷日持久的战争对中国这个“敌人”产生了浓厚的兴趣。他说：“中国就像一个巨大的谜题，让人着魔。一旦陷入其中，就难以自拔。”大学期间便开始专攻中文和亚洲文化的他，不顾家人的反对，毅然走上了中国研究之路，其职业生涯也长期以中国为中心，一度成为华府高层对华决策幕后的一员要将。包道格参与并见证了中美外交风雨的诸多历程，对两国关系的未来，他也有颇多期许。

中美建交伊始，一个美国外交官在北京的见闻

采访组：1980年您曾在美国驻华大使馆短暂工作过一段时间。对当时北京这座城市印象如何？

包道格：我非常清楚地记得我是1980年6月15日第一次来到北京。对我而言，那段岁月充满了美好的回忆。我喜欢拍照，相机镜头下的北京城非常漂亮，这里的人民也很上照！他们怀着一个开放的心态，对外界充满了好奇。我记得北京的胡同里经常能看见卖爆米花、磨剪刀的小贩，很有意思！

我在哈佛的老师费正清20世纪30年代曾在北京生活，他在回忆录里描写了老北京的生活乐趣，1980年我在这里也体会到了这座城市的魅力。

采访组：那时中美建交刚一年多。两国关系的正常化对人民生活有什么影响吗？

包道格：中美建交对普通百姓的影响一开始还不那么明显。要说对当时中国社会影响最大的，我觉得是恢复高考，这让经历过“文革”的一代人获得机会重回课堂。社会上突然涌现了一大批有才识的年轻人，有的去了英国、有的去了美国，当然也有很多在中国的大学里重新学习深造。我和很多这样的青年有过交流，他们对未来充满了希望。

采访组：作为一个美国青年外交官，您对中国官员的印象如何？

包道格：那段时间我接触比较多的是冀朝铸，他曾就读于哈佛大学，英语说得非常棒——或许比他的中文还好！他后来几次担任中国驻外大使，还曾担任联合国副秘书长。

我们当时刚刚从一个联络处转变为一个大使馆，卡特政府非常坚定地鼓励美国代表团访华，所以我们一年365天几乎天天都有接待任务。冀朝铸作为中国官方代表，经常要设宴款待美国来的客人。北京烤鸭虽然好吃，连吃50顿也要腻了，可冀朝铸几乎每天晚上都要吃！

冀朝铸，还有另一位官员韩叙（他后来也担任过中国驻美大使），他们能力都非常强，人也很好。当时中国官员中有过国外留学、生活经历的人还相当少，所以他们这些人肩上的担子很重。

采访组：您在大学期间就学过中文，了解过中国的历史文化。首次来华的亲身经历有没有加深您对中国研究的兴趣？

包道格：当然，这段经历很有启发性，愈发加深了我对中国的热情。当年，我去爬过泰山、峨眉山，还去过四川成都等多地的名胜古迹。这些地方不仅有着深厚的中国文化底蕴，在中国近现代史上也曾书写篇章，让我对中国几个世纪以来的文化脉络和历史沿革有了直观的体会。让我印象特别深的是有一次骑着自行车去居庸关。那里的一处塔洞壁中有一块古体文字碑，其中包含两种已经失传的文字。我在读研究生时学到过，但还是头一次亲眼看到。这是这两种文字留在世上仅有的痕迹，石碑镌刻下的还有中国的古老文明。我之所以很早就选择研究中国，一大原因就是被中国博大精深的文化所吸引。

追忆白宫岁月，与两国领导人的亲密接触

采访组：您曾在美国国家安全委员会工作长达7年，直接参与美国亚太政策的制定，和里根、老布什总统过从甚密。您是如何向他们提供对华政策建议的？如何评价两位总统在中美关系发展史上的作用？

包道格：我是里根总统第二任期后期才进入国安会的。我认为里根总统在推动中美关系方面最大的成就，一个是1982年中美签署《八一七公报》；另一个是他1984年的访华之旅。我当时只是参与了一些基础文案工作，并没有直接陪同总统，发挥的作用不大。

要知道，里根总统在竞选时也打过“反华”牌，他曾表示当选后要和北京断交、恢复与台关系。从结果来看，我觉得，与其说是里根改变了中美关系，不如说是中美关系改变了里根。他当选后，国务卿黑格等人纷纷建言，试图改变总统对中国的看法。里根后来也改变了立场，1984年赢得连任后马上访华，取得了很好的效果。可见，里根也逐步认识到他的仕途命运和中国的命运是紧密捆绑在一起的。

采访组：那么老布什总统呢？

包道格：布什总统上任后的第一年，两国关系急转直下。我们花了大量的时间和精力应对这一问题。早在中美建交之前，布什总统就曾于20世纪70年代担任美国驻北京联络处主任，他对中国和中国人民都饱含深情，他希望尽可能地维护中美关系。但是随着苏联解体，美国国内对中美关系的定位产生了巨大争议，两党中都有反华声音，尤其是民主党中很多人企图瓦解两国关系。最后的结果是，政府各层对华合作项目资金锐减。我们几乎每天都在和国会抗争。虽然布什总统维护中美关系的决心非常坚定，但那一两年还是非常艰难，鲜有成效。直到1992年邓小平南方谈话之后，我们终于迎来了重建两国关系的契机。

包道格曾在里根政府国家安全委员会任职

小布什总统任期内，包道格曾出任美国在台协会台北办事处处长

采访组：您提到了邓小平，对他印象如何？

包道格：我有幸和多位总统和世界领导人有过直接接触，老实说，大部分领导人也不是那么有趣的。邓小平不一样。我第一次见到他是1979年他作为副总理访美，那是中美建交后的一大盛事。华盛顿的冬天很冷，天空中飘着雪，我记得我当时陪同卡特总统、邓小平副总理等人一起在白宫花园里参加典礼。在欢迎仪式快结束前，两位领导人与在场的记者和观众都进行了交流。但他们中和观众目光接触最多、直接交流最丰富、最焕发光彩的不是东道主美国总统，而是邓小平！在此后和他的会谈中，我发现邓小平是一个非常干练、高效的领导人。他虽然年纪大了，听力也不好，但是非常善于掌控全局，非常有主见，目标明确，总能使会谈富有成效。他个人魅力很强，虽然个子不高，但给人印象深刻，让人敬佩。

见证台海风云，“新三角”需要“新思维”

采访组：您从2002年开始出任美国在台协会台北办事处处长，到2006年卸任，这期间虽然台海风云不断，但总体上来说，台湾问题的稳定促使中美关系相对稳定。您觉得您在其中发挥了多少作用？

包道格：我在台湾的任期从一开始就不顺利。当时，共和党和民主党两党内都有不少人抵制对华关系，希望由“亲台”人士担任这一职务。我到台北的第一个周末，陈水扁就在民进党集会上提出了所谓的“一边一国”论。我们对此毫无准备。从某种程度上来说，陈水扁促使我们改变了工作作风。我上任后，制定了一套舆情系统，定期向华盛顿汇报台湾动态和民意变化。美国和台湾断交后，台湾在美国的受关注度大幅下降，很多人都不知道台湾发生了什么事。我觉得必须要改变这种状况，所以我发动在台协会员工们检索、翻译、汇编相关新闻资讯，让华盛顿掌握台湾社会的真实现状。几年下来，美国政府得以对台湾形势有了更客观的认识，在制定对台政策，尤其是向陈水扁施压方面，也更有据可寻。

采访组：2003年温家宝总理访美时，小布什总统发出反对台湾民进党政府推动“公投”举动的最强硬声明，称美国“反对任何来自中国政府或者台湾当局意图改变目前现状的单方面决定”。这是您给出的建议吗？

包道格：我没有直接参与撰写总统的声明，但是我可以说，如果不是我及时定期向华盛顿汇报台湾社会的真实情况，总统就不会发出这样的声明。也正是从我们上报的信息中，华盛顿方面才了解到台湾岛内台湾人民中就有不少人反对“公投”、反对陈水扁，这不是大陆单方面的态度。我觉得建立一套系统的汇报制度，向我的政府提供公开信息和内部情报，对决策制定者是很有帮助的，我对此也感到很骄傲。

采访组：或许也正因此，您曾经受到台湾某些媒体的强烈抨击，这有没有使您动摇在相关问题上的立场？

包道格：从来没有。被人攻击或谩骂当然不是什么愉快的经历，但那些恶意中伤我的人并没有客观的事实根据，他们这样只是自找难堪。而我有足够的数据、信息来支撑我的观点，我也得到了总统强有力的支持来捍卫美国的立场，所以我从来没有觉得自己做错了什么。

有一次我和常驻华盛顿的在台协会主席意见不合，在总统面前争论了起来。最后，总统对我说：“我不喜欢含糊其词。你去告诉陈水扁：我不仅不支持‘台湾独立’，我完全反对‘台湾独立’。”所以回到台湾后我就约了和陈水扁见面，把总统的话告诉他，他听了之后怒不可遏，说：“台湾不是你们的州，也不是他们的省。台湾不会被边缘化，也不会变得微不足道……”这是他当时的观点。后来他因为贪污洗钱被起诉判刑时，他却说“说到底台湾不过就是美国的第51个州”，他所做的一切只不过是听命于美国。所以你看，他的观点和立场一直在变，取决于怎么样说对他最有利。

采访组：台湾问题一直是中美关系中最敏感的问题之一。您觉得台湾会如何影响中美关系的未来？

包道格：我觉得关键问题是我们如何避免使之成为彻底颠覆两国关系的敏感因素。过去30多年来，我们总体上还算成功，没有因此产生大的正面冲突，但是我们也经历过几次危机，有时是台湾导致的，有时是美国导致的，有时是大陆导致的。

我们正在经历全球局势的重要转变。冷战后，以美国为主导的单极世界格局已经发生变化。现在俄罗斯仍然希望施加影响，但国力基础已经减弱；

欧洲变得更趋于内向化发展；中东仍然处于巨大动荡中；中国在慢慢崛起，印度也有可能紧随其后，新的国际格局架构存在诸多变数。过去的一套战略思维已经不适用于今天的世界，我们必须改变。我们必须给中国一席之地，必须让俄罗斯规矩起来，必须让欧洲更有担当，也许也能找到改善中东乱局之策。这一切不是美国仅凭一己之力就能做到的。美国在经济和军事上占绝对主导地位的日子已经一去不复返了，但也不是一蹶不振，我们仍然能在国际事务中扮演重要的角色。

我们面临着一个新的三角关系，因此政治家们和外交家们都需要好好思考，如何避免台湾问题在新形势下成为中美冲突的诱因。

中美未来合作，亟须寻找新的黏合剂

采访组：*尼克松总统曾说：让中美走到一起的是防范苏联威胁的共同需要，而能让两国关系维持下去的是经济合作。但现在我们面对着贸易不平衡等问题，经贸竞争尤其激烈。您怎么看这个问题？*

包道格：尼克松总统的话在一定的历史时期是对的，但已经不适用于当下的两国关系。我在政府任职时，每年的一大工作重心就是保护中美贸易关系。根据美国的法律，我们有“贸易最惠国”一说，每年要通过立法更新。1989 年之后，国会对中国态度非常强硬。每次我们都要展开激烈的争论，告诉他们：如果不给予中国“贸易最惠国”待遇，不仅会损害美国本土企业的利益，也不利于让中国加大力度参与国际经济事务。这一问题几乎每年都是一场恶战，直到 2000 年国会通过了给予中国“永久性贸易最惠国待遇”的法案，此后中国也顺利加入了世界贸易组织。

确实如尼克松总统所言，经贸关系一度是维持我们关系的黏合剂。但是现在，经贸关系已经开始成为我们的重大分歧点。中国对外资企业的管控呈现收紧态势，可能有一半的外企还好，但还有很多（尤其是科技类）企业在华发展受到了空前的压力。过去，如果中美关系发生了危机，商界人士还有可能跑去游说，要求国会保护两国关系，但现在不太可能了。我们正在失去维持两国关系的黏合剂，或者说基石。

采访组：*那现在有什么领域可以成为新的黏合剂吗？*

包道格：恐怕还没有，我们需要寻找新的合作点。奥巴马总统提出中美合作与竞争共存，他曾试图在环境保护、第三世界危机治理、难民和人道主义救援等领域寻找中美之间新的合作点，但并不成功。我们可能尚未找到新的黏合剂，但我们必须学会允许中国在经济、军事等各方面强大起来——因为这势不可当。美国在继续维护亚太地区利益的同时，不能让中国的崛起成为两国的冲突点。这不仅是在亚太地区的竞争，完全可能在未来几十年成为全球性的竞争。

采访组：中美建交 40 周年之际，正值特朗普总统执政第三年和习近平主席第二任期的第二年。您觉得对两国领导人来说，是否存在历史或战略机遇，为中美关系的未来勾画新蓝图？

包道格：我认为有。正常情况下，我认为美国总统、国务卿或者国家安全顾问会在 40 周年之际推出一些加强双方未来合作的大纲领，但在特朗普政府内似乎没有这样的人。所以这个重担就落在了中国肩上。习主席在十九大上的讲话充满自信、雄心勃勃，我希望中国会将这份自信和雄心运用到处理国际事务上，推出为外部世界所接受的方案，因为在我看来，这不会出自华盛顿方面。

采访组：2013 年您在接受媒体采访时曾说：今后 10 年是中美两个大国和平共处或走向冲突的试验期。现在时间已经过半，您现在如何评价两国关系的未来？

包道格：我认为过去几年形势并不好。奥巴马总统提出了“亚太再平衡”战略，我把它叫作“NATO”——并不是因为这和北大西洋公约组织有什么类似之处，而是因为政府“只说不做”（No Action Talk Only），不仅没有促成什么实质性的变化，反倒让中方认为美国在刻意遏制中国。实际上我们只是一味地抱怨，但在处理南海、朝鲜半岛、东海问题等方面没有成效。我们需要新的思维。我们要找到方法让两国领导人一起讨论如何让中国在崛起的同时不损害美国的利益，在新形势下我们怎样处理与盟友和邻国的关系。我认为我们需要大战略大思维。

采访组：您会给两位领导人提什么建议？

包道格：我觉得我们应该开诚布公地加强交流，比如在朝核问题上，近五六年来中美头一次做到了如此坦率的意见交换。美方总是误以为中国能解决朝鲜半岛的一切问题——这导致了一些错误的政策方向，制造了不必要的紧张局势；中国总误以为美国试图在半岛问题上给中国制造麻烦，来制衡中国的发展和影响力。双方高层需要进行更好的沟通，要敢于正视我们的意见分歧，找到更好的应对之策。

采访组：您认为中美会陷入"修昔底德陷阱"吗？

包道格：我并不认同这一观点，我觉得这一概念已经不再适用于当今世界。拥有核武器的国家不会轻易陷入战争。当今世界的问题不少，但最大的问题不是中东的反恐战争或种族斗争——虽然很不幸的是，这些在未来几十年会把我们长期牵扯进去；最大的问题也不是朝核问题——我认为我们能用传统的遏制和威慑途径，或找到新的办法来解决；最大的挑战是如何避免让中国的崛起及其对周边国家产生的影响损害美国的利益，如何避免诱发中美军事冲突。如果我们能做到这点，我们就能迎来巨大的成功。

Kenneth Jarrett

季瑞达

采访对象： 季瑞达，1953 年出生。2013–2018 年担任上海美国商会会长。他曾在美国政府工作长达 26 年之久，其间曾担任美国驻上海总领事、美国驻香港副总领事、国家安全委员会亚洲事务办公室主任等职。过去 40 多年来，季瑞达一直穿梭于中美之间，虽然身份在变：他曾做过学生、老师、外交官、企业高管，但对中国的一腔热情却始终如一。他也一直致力于增进中美互相了解、改善两国关系。

采 访 组： 叶　君　魏帮荣　周永平

采访日期： 2018 年 6 月 26 日

采访地点： 上海美国商会

季瑞达：
美国企业仍然看好中国市场的长远机会

1979 年 9 月 30 日，季瑞达第一次来到了上海。他将在当时的上海外国语学院担任英语老师。这次机会难得，之所以能成行得益于中国和美国在 9 个月前建立了正式的外交关系。季瑞达是第一批受中国外国专家局官方聘请的美国教师。

年轻的季瑞达抱着开放的心态，恰巧来到了蓄势待发、即将迎来巨变的上海。他迫切地希望了解中国社会、融入当地生活。他当时被安排住在上海市中心的锦江饭店，虽然学校每天有免费班车送外籍老师到虹口校区，但季瑞达还是选择了骑自行车去上班，单程就要 45 分钟他也乐此不疲。

和所有人一样穿着当时流行的中山装，季瑞达喜欢每天和学生们一样排队去食堂打饭——虽然他本可以去伙食更好、专为外专开设的餐厅就餐。很快，季瑞达就习惯了中式用餐时间：中午 11 点他的胃就开始饿得咕咕叫了；到 11:30 他已经迫不及待冲进了食堂，带着自己的饭碗、调羹，还有饭票，和其他人一样排队。“我就是为了每天能多熟悉一点我的学生，多了解一点中国。”他说。

这成了季瑞达持之以恒、坚持遵循的态度。随着他对中国越发着迷，来华经历也彻底改变了他的人生：他在这里遇到了他的妻子；在这里迎来了第一个孩子；到目前为止，他在中国生活的时间几乎和在美国生活的时间一样长。

现在身为上海美国商会会长，季瑞达致力于帮助美国企业在复杂多样却极具战略意义的中国市场铸就成功——但更重要的是，帮助中美建立更好的经济关系。虽然对持续不断的贸易纷争所能带来的短期效应颇感担忧，但季瑞达相信大部分美国企业仍然对中国市场有信心，也期盼着未来继续在这里创造佳绩。

结缘中国：机缘巧合与欲罢不能

采访组：您是在什么情况下得知了中美建交的消息？

季瑞达：我当时在耶鲁大学读研究生。我记得我是在我的教授家里听到了这个消息。我的老师史景迁（Jonathan Spence）是非常著名的中国史学专家。电视上播出卡特总统宣布中美建交消息的时候，我们正在一起吃晚饭。我们一群历史专业的学生和教授在一起，听到这个消息都非常兴奋。我们对中美建交有预期，从尼克松总统1972年访华开始，两国政府就开始为建交做准备。本来人们以为我们很快会实现建交，但实际上并没有发生得那么快，但最终我们还是做到了。

采访组：当您听到这个消息的时候，有没有意识到这将改变您的一生？

季瑞达：还没有，但当时我已经决定中国将成为我的事业重心。我考虑过几种就业可能，但每一个都和中国有关。我已经报名参加了国务院的招聘考试，还报考了法学院，计划学习一个和中国相关的课程。两边的结果几乎同时出来了，最终我决定从事外交工作——虽然我只是通过初步筛选，还要继续参加应聘考核，最终结果还不确定。国务院的申请过程非常烦琐冗长。早在我来上海教书之前，我已经通过了几轮考试，但还需要通过体检和政审才能进入候选名单；此外，能否真正入职还取决于是否有职位空缺出来。当我1982年正式加入国务院后，我非常希望专注于中国。最后我很幸运地得以如愿。

采访组：您最开始在大学里学的是德国历史，怎么会改成中国方向了呢？

季瑞达：一开始只是出于好奇。我选修了一门亚洲历史研修课，其中一位老师是毕乃德（Knight Biggerstaff）。他是一个汉学家，20世纪二三十年代曾在中国居住，后来给马歇尔将军当过顾问，见证了中国近代史上的诸多重要瞬间。他让我开了眼界，开始对中国历史着迷。

后来我还上了一些很有意思的课，其中有一门是高家龙（Sherman Cochran）执教，主要介绍传统中国社会的集体主义与个人主义，尤其是清朝和近现代时期。中西方对集体主义和个人主义的观念有较大的文化差异，要不是上了那门课，我对此并没有那么深的认识。高家龙是我的一个重要导师，对我的职业道路影响很大。正是他后来推荐我去耶鲁跟着史景迁读研究生——他的博士导师就是史景迁。

所以，我对中国感兴趣有点机缘巧合的成分，一开始是出于好奇，并没有想太多。但是我一旦走上了这条路，就感到欲罢不能，难以改方向了。或许就像中国人常说的，这是“缘分”。

外交生涯：发挥积极作用

采访组：您在美国外交系统工作了26年，见证了中美双边关系史上的诸多历史性时刻。有没有哪些您参与的事件让您感到特别骄傲的？

季瑞达：大部分时候我的作用是微小的，因为我只是一个大团队中的一员，不能夸大我的作用。美国对华政策的形成取决于很多因素，通常也不是某一个人能决定的。不过，或许我可以举一个例子，我觉得我的参与起到了一定的积极作用。1998年克林顿总统访华，我为此被安排从大使馆的常规工作中抽调了三个多月出来，专门负责为总统之行做准备。

多年前，早在1984年里根总统访华时，我曾作为先遣团队成员之一，在钓鱼台待了一个多月做准备。此后，我又陆续参与了一些总统出访海外的准备工作。所以在筹备总统访问方面我有一定经验。克林顿总统决定访华之后，我被选派为美国驻华大使馆与白宫团队对接的主要工作人员，帮助制定总统具体行程和主要目标计划。

克林顿总统率先抵达西安，随后到访了北京、上海和桂林。每个城市都有一个特别的主题：西安让总统有机会了解中国的历史和文化；北京是重要的政治会谈场地；上海代表着中国的商业繁荣；桂林则展示了中国美丽的自然风光。我和白宫团队多次在中国各地走访调研，最终确定了这四个城市。白宫团队非常仰仗我对中国的了解，也非常尊重我的意见，所以我认为我在设计行程和主题方面发挥了一些重要作用。

采访组：现在回过头来看，您觉得克林顿总统访华之行有什么重要作用和意义？

季瑞达：克林顿访华 10 天，是他在总统任期内最长的国事访问。四个城市，四个不同的主题，让他对中国的整体情况有了很好的认识。像这样的总统国事访问，我们不仅希望加强两国领导人之间的私人关系——克林顿总统和江泽民主席显然通过这次访问加强了互相了解和个人友谊，我们也希望美国总统能对中国的国情有更好的了解，那么以后他在面临涉华问题重大决定时，就能做出更好的决断。我认为这次访问内容的丰富性对克林顿加强对中国历史、国情和中国人民的了解和认识是有很大帮助的。

美国总统来访也是一次传达美国人民友谊的绝佳机会，可以让中国人知道美国人是如何看待中国的。反过来，中国也可以借此机会展现中国人是如何看待美国的。在北京时，我几次和开道的总统摩托车队同行，到处都是表达友好欢迎的人群。克林顿总统在北京大学演讲时，也受到了广大学生的热情欢迎。直到今天，克林顿在中国的知名度和受欢迎度都很高，我想这和那次广为报道且非常成功的高调访华之旅不无关系。

采访组：2010 年上海世博会期间，您怎么会成为美国国家馆董事长？

季瑞达：2005-2008 年我曾担任美国驻沪总领事。在我任期的最后一年，美方是否参与上海世博会并建立国家馆的问题被提上了日程。华盛顿对此有很大的意见分歧。美国法律有规定联邦政府不能用国家财政支持像世博会建馆这样的活动。这项规定好多年前就有了，其实和中国本身没关系，但很不幸地给美国参与上海世博会造成了干扰。

上海非常重视举办世博会的一系列工作。中方希望实现最大程度的全球参与，也将此列为政府的一项重要任务。但美方迟迟未做决定。我担任驻沪总领事期间，至少尽可能地维持了美方参与的可能性。有几次布什政府似乎都已经决定了不参加并准备正式告知中方。我认为这将会是一个大错，所以我就不厌其烦地“缠着”国务院负责相关事务的团队，希望他们改变想法。通过我的努力，至少在布什政府末期延缓了美方做出正式否定答复的决定。

2009 年 1 月奥巴马政府上任后，重新做了评估，最终决定参与并与私企合作筹集资金建立国家馆。我不能说这都要归功于我，但至少我没有让美方参会的计划过早夭折。

季瑞达（右二）在 2010 上海世博会美国国家馆破土动工仪式上

季瑞达（右一）和小布什总统及白宫同僚在一起商议事宜

直面游行：危机中获得启示

采访组：1997-2000 年您在美国驻华大使馆担任政治处副主任。其间有没有参与一些危机事件的处理?

季瑞达：1999 年发生了中国在贝尔格莱德的大使馆被误炸事件，我参与了很多善后事宜。炸馆事件发生在一个周六，当天我接到紧急电话叫我回大使馆开会。我们的大使已经被中国外交部召见，我们也接到通知将有游行队伍（主要是大学生组成的游行示威群体）来到大使馆，游行示威者要求面见大使馆工作人员。我被指定为与游行队伍见面的美方官员。

这个任务可不轻松，示威人群普遍很气愤，数量也很多。我先在大使馆大堂里等着学生游行队伍到来，然后走到大门口，接收他们的请愿书。随着一支支游行队伍陆续到来，现场的气氛变得越来越紧张。第一支队伍还相对平静、有礼貌，但后面来了四五支队伍后，你能感觉到人群的愤怒在增加，气势也在不断上升。每次都有两人陪我同行：一位是中方的高级安保人员，另一位是我们海军安保队长，所以我不是一个人。但在一众愤怒的人群面前，即使有两人陪同保护也是有点可怕的。第七支队伍到来时，人群开始朝大使馆扔石头，所以我没有再出来。那天我们一度被困在大使馆里，有些人甚至连续几天都困在使馆里出不来。

采访组：最后两国政府是怎样度过了这次危机呢?

季瑞达：很遗憾那次误炸导致了中方人员丧命。但最后，两国政府都希望解决问题，因为度过危机对两国都利益攸关，我们还有更重要的事情需要处理——这为我们达成一致创造了条件。后来，双方就赔偿事宜进行了紧密而广泛的磋商，我是大使馆派去配合国务院谈判团队的工作人员之一，参与制定了对受害者家人的赔偿细则草案。国际上有一些相关先例，这为我们进行讨论提供了基础。

采访组：直到今天，很多中国人都很难相信这是一起意外事故。这真的是一次误炸吗?

季瑞达：我相信也非常确定这是一次意外。如果你看看这给中美关系带来的损失有多大，就能理解美方没有理由故意为之。很多中国人可能以为美国情报收集系统如此发达，不可能犯这样低级的错误。但作为一个在政府系统工作了20多年的人，我认为这样的事情是有可能的，很不幸也确实发生了。

采访组：*您觉得我们可以从这类危机事件中获得什么启示？*

季瑞达：我认为危机发生时，我们应该尽力保证沟通渠道畅通，否则只会使事态恶化。很不幸的是，历史上中美出现危机时，这样的情况时有发生。其实，越是紧张的时候，越是要加强联络沟通，客观地了解情况。现在习主席和特朗普总统通话的频率要比过去高很多，这显然是一个很好的变化。

另外，在危机爆发时，对双方而言认清事实都很重要。当然这并不容易。领导人有时候会过度依赖单一的消息来源，这是很危险的。当然，两边都有各自的政府职能部门，向上传达他们掌握的情况，但未必每个消息来源都是客观准确的。每个国家的领导人根据掌握的信息，自然有自己的判断和看法，但是如果能听听对方的说法，或许有助于甄别一些偏见和臆断。努力获得尽可能详尽、准确的背景信息后，再来做决定，总是更好的。

美企声音：仍然看好中国市场

采访组：*是什么引发了中美之间持续的贸易争端？贸易战硝烟四起的背景下，我们更应该关注什么具体问题？*

季瑞达：现在似乎主要有两派观点。特朗普总统特别关注贸易赤字，他的焦点很早开始就一直放在提高就业、振兴美国制造业等问题上。美国政府里的另外一批人则更关注中国的科技发展能力，认为这是对美国领导力的威胁。从我们商会的角度来看，我们认为仅仅关注贸易赤字问题是短视之举，美国政府应该把真正的重点放在系统结构性问题上，让中国变得更加趋于市场化导向。作为一个商会，我们主要关心两个问题：如何应对中国产业结构调整政策中不公平的因素？我们如何才能改善美国企业的市场准入问题？

以“中国制造2025”为例，中国政府列出了一些具体目标，比如要发展民航商用飞机制造业。这无可厚非。但中国的政策导向是有利于市场竞

季瑞达和颜正安夫妇合影

季瑞达与中美商界人士交谈

争的，还是不利于市场竞争的？中国会不会只注重扶持本土企业而使外资企业陷入劣势？这是美国企业担忧的问题。

中国加入世界贸易组织已经17年了。中国经济体量已经有了大幅提升，中国经济也实现了巨大的成功。现在中国是世界上最大的制造国，是许多国家最大的贸易伙伴。是时候采取更大的举措加强市场开放了，要让外国企业和中国企业一起公平竞争。我们的会员企业还是认为中国的本地政策主要还是更偏袒中国本土企业。

采访组：您怎样评价特朗普政府应对贸易摩擦的一系列政策？

季瑞达：特朗普政府的方式方法都比较强硬和激进，主要是在挥舞“大棒”，没有利用“萝卜”。我估计会有一定程度的增加关税政策落地。但作为一个商会，我们并不喜欢关税，也不认为这能解决问题。我们还是认为应该把重点放在市场准入和产业结构调整等深层次的问题上。

采访组：作为上海美国商会会长，您曾几次带队拜访华盛顿的美国政府部门，传达会员单位的心声、提出政策建议。据您了解，在华美国企业的主要诉求有哪些？他们的声音华盛顿听到了吗？

季瑞达：我们的声音华盛顿肯定听到了，但是否听得进去就另当别论了。总的来说，还是有很多美国在华企业在这里取得了巨大的成功。事实上，绝大部分的美国企业在中国实现了收益盈利，业务规模也实现了拓展，他们仍然认为这里有商业机会，认为中国在未来很长时间内仍然是一个非常重要的市场，期待来中国投资。这更加说明两国政府解决贸易争端的紧迫性和重要性，因为对双方而言，只有实现经济互补、友好合作，我们才能取得更大的成功。

然而，如果北京方面指望仅凭我们去华盛顿游说就能改变特朗普政府，使其出台我们倾向的政策，恐怕不现实。因为现在即使在商界人士里面，也有不同的声音。不像当年讨论是否给予中国“最惠国待遇”问题时，商界上下一致都百分之百支持。现在情况复杂多了，在华美资企业因所处的行业不同，面临的处境不同，观点看法就可能完全不同。

现在华盛顿有些官员或许认为外资企业助长了中国科技产业的发展，从而损害了美国的国家安全利益。越来越多的美国人，尤其是华府人士，对中国在科技，尤其是未来新兴科技领域的发展能力和空间感到担忧，这也在一定程度上导致了两国目前的紧张关系。华盛顿政策决策者的这些担忧削弱了美国企业界的影响力。

我们经常能读到中国在人工智能、大数据、无人驾驶、新能源车等领域的报道，这些都是“中国制造2025”重点强调的发展领域。中国似乎认为还没有哪个国家在这些领域占据主导地位，希望争得第一；但美国则认为自己是世界上的头号科技大国，不会愿意这么快将龙头位置拱手相让。所以我们看到美国对中国对美投资的审查越来越严密，甚至对美国企业投资中国也加强了监管。

采访组：*上海美国商会每年都会发布《中国商业报告》。你们有什么最新的发现？商业领域的新趋势对中美经济的未来有什么影响？*

季瑞达：我们最新的《2018年中国商业报告》显示：美国企业总体上在中国发展得不错。去年的强劲趋势仍在持续，比如：企业收益增加了；经营利润也提高了。对中国市场的信心和去年基本持平，都在80%左右。但与此同时，美资企业仍然面临着一些老问题，比如在运营方面，吸引人才、与本土企业竞争等。另外，美资企业对管理体制的透明度、知识产权保护等问题仍然非常关心。

从短期来看——这不是基于这份报告，而是根据我长期和会员单位打交道的经历——未来几年美国企业普遍比较担心，特别是关税、贸易战之类的问题加剧了紧张态势。但从长远来看，我仍然相信这里有巨大的机会。很多美国商人为中国投注了大半辈子的精力，希望了解中国、在这里取得成功。在很多方面他们实现了成功。他们对中国市场的投入是长期的。

中美未来：新时期、新调整

采访组：中美贸易纷争的背后，是美国重新审视对华战略政策。中国日益被标榜为一个“战略竞争者”。您认为中国是美国的威胁吗？

季瑞达：和过去相比，中国确实已经愈发成为美国的竞争方，我想没人会对此感到震惊。但如果给中国贴上“威胁”的标签，我觉得应该更谨慎一些。

对中国和美国而言，双方都需要一个适应期。美国从“二战”结束到现在长期扮演着一个世界主导者的角色。现在这有了很大的变化：美国过去几十年享有的权力大不如前了；相比之下，中国却在快速崛起。如何应对这种变化，两个国家都需要谨慎处之，都需要阐明各自的目标。要美国接受我们正在进入对华关系新时期的现实，需要一个调适期。我们实际上已经处在这个新阶段里了。

过去，两国的发展重点大有不同，很多中国活跃的领域美国并不起劲，很多美国活跃的领域中国并不起劲，所以我们利益重叠或冲突很少。但现在，随着两国政府都注重相同领域的科技发展，这是一个新现象，可能给两国关系带来挑战。

采访组：您认为中美会陷入战争吗，还是能找到合作领域共存？

季瑞达：我个人还是比较乐观的，我不认为两国必然走向冲突，但我们将面临更多摩擦。

经贸关系一直被认为是两国关系的压舱石，我认为确实是这样。即使是历史上关系紧张的时刻，两国领导人还是认识到了维护友好的商贸关系的重要性，稳健的经贸关系总能把我们从陷入僵局的边缘拉回来。

很遗憾的是，现在我们的经贸关系所能发挥的作用已经大不如前。一大原因是，我们现在更多的是竞争而不是合作。这并不奇怪。指望中国一直甘心当一个低端产业制造国是不合理的。如果我们回顾过去 40 年，展望未来40年，我们需要向两国人民同时展示合作的重要性和价值。这对两国政府和两国企业界来说，都是一个挑战。但是可以肯定的是，两国保持合作、推动关系向前发展符合每个人的利益。我们要提醒大家这种可能性还是存在的。

比如，有一系列全球议题政治色彩不那么浓，可以成为我们加强合作的领域。我们为什么不能在推动全球卫生健康、应对气候变化、打击国际犯罪等方面合作呢？两国政府可以在这些领域加强合作交流，而不用过度担心政治问题。

在地缘战略领域，我们也有合作的空间。朝鲜核问题就是一个最好的例子。另外，中国在维和行动方面表现也很积极，如果处理得当，这可以向世界展示中国做出了积极贡献。从长期来看，这可以帮助减少一些怀疑和忧虑。

采访组：您的妻子是中国人，大女儿在中国出生，在中国生活了那么多年。您对中美关系的未来有什么样的期许？

季瑞达：我当然希望中美关系能变得更好、更亲密。我相信这对整个世界都有好处——当然对我们家庭内部的和谐有好处！我曾经做了20多年的外交官，也在这里当过老师、企业高管、商会会长，我在大中国区生活的时间几乎比我在美国待的时间还长，我为维护和改善中美关系投入了很多时间和精力，因为我相信这是一项重要的事业，中美合作可以取得成功。

我也相信中国人和美国人能友好相处——至少我和我妻子相处很融洽，我们可以算是一个生动的例子。我认为中国人和美国人之间有一种自然的亲近感。很多美国企业在这里聘用了数以万计的中国员工，关系也很融洽，这很难得，也让人很欣慰。所以我还是乐观的，我希望我们能尽所能维持一个强大稳健的双边关系。

Robert S. Ross

陆伯彬

采访对象：陆伯彬，1954 年出生。现为波士顿学院政治学教授、哈佛大学费正清中国研究中心研究员。作为美国最知名的中国问题专家之一，他在多个美国政府部门担任顾问，还是美国外交关系委员会和美中关系全国委员会成员。他主要研究中国外交和防务政策、东亚安全、中美关系等，著有《中美关系正常化：一段国际史》《中国的崛起：权力、安全和国际政治的未来》等书。

采 访 组：薛雍乐　叶　君　周永平　潘　创

采访日期：2018 年 9 月 22 日

采访地点：复旦大学美国研究中心

陆伯彬：

实用主义外交能让中美再次走上合作之路

用陆伯彬自己的话来说，走上研究中国之路纯属机缘巧合、幸运使然。1981 年他还是哥伦比亚大学的一名研究生时，第一次来到中国大陆旅游，很快就被静谧的故宫和蓄势待发的沿海城市深深吸引。此后，他又无数次回来，致力于研究中国的转变和发展，也希望为中美两国增进理解贡献力量。

陆伯彬说一口流利的中文，是美国最受敬仰的中国问题专家之一。但他很谦虚，他说要感谢中国同僚们的帮助，正是在和他们的交流沟通中，他对中国复杂多样的社会和文化有了更深刻的认识。

作为一个现实主义学者，陆伯彬认为中美之所以能在 20 世纪 70 年代实现关系正常化要归功于两国同时采取了实用主义外交策略。在他看来，实用主义精神依然适用于当前大国博弈愈演愈烈的世界。他相信，随着中美各自的影响力愈发重叠交错，如果双方都能学会互相妥协、践行实用外交，那么两国关系就能顺利发展下去。

实用外交让中美实现建交

采访组：1979 年中美建交时，您在哪里？对此有怎样的记忆？

陆伯彬：美国和中国于 1978 年 12 月 15 日（美国东部时间）宣布关系正常化，即将建立外交关系。那个时候，我是哥伦比亚大学国际政治研究生，应该正在准备期末考试呢。那当然是很激动人心的一段时期，我们都在看电视，我对邓小平 1979 年 1 月的访美之行印象深刻，清晰地记得他去得克

陆伯彬办公室里一直珍藏着邓小平 1979 年访美时观看牛仔竞技表演的照片

萨斯州观看牛仔竞技表演，戴上了牛仔帽。至今，我办公室的墙上还挂着一幅邓小平戴着牛仔帽的照片，因为我认为那体现了中美关系正常化是多么重要，中国非常想和美国建立友谊，美国也非常愿意回应并与中国合作。

采访组：您对中美建交过程进行了广泛的研究。您认为中美成功修好的关键是什么？

陆伯彬：在一个层面上，是因为中美在反对苏联扩张上有着共同利益。出于应对苏联外交政策的迫切需要，美国和中国不得不想办法搁置两国间的矛盾冲突。比如，美国意识到，中国对北越的支持没有中美合作抵抗苏联那么重要。中国也意识到应该集中精力应对苏联威胁。1969 年发生了中苏边境战争，还有可能演变成更大规模的战争。所以中美在国家安全上的共同立场迫使两国想办法在双边问题上妥协。

而在外交层面上，我们两国的领导人都很现实，没有允许意识形态、民族主义或内政压力阻挡我们解决更重要的问题。尼克松虽然历来是一名坚定的反共主义者，但他在安全问题上可以是个现实主义者。当时，在中国方面，美国被认为是帝国主义国家，而苏联是修正主义国家，但在国际安全事务上，毛主席也可以被称为一个现实主义者，他可以在某些方面妥协，从而确保中国的安全。所以是现实主义精神让我们找到了共同的道路，合作抵抗苏联。

采访组：中美在建交谈判中遇到了一些非常棘手的障碍，比如台湾问题。两国是如何克服这些障碍的？

陆伯彬：美国对中国做出了承诺，保证会使中美关系正常化，也将与台湾当局断交，以便和中国建交。对此，基辛格在与周恩来的秘密谈判中表达得很清楚。此后，我们也一步步向那个目标迈进。

中国方面出现过一些不满，但苏联的威胁在某种程度上一直在推进中美关系。卡特政府一开始其实并不急于实现中美建交，但面对苏联的核武政策及其对第三世界的政策，他和布热津斯基还是决定必须要对中国做出妥协。最终，美国在台湾问题上妥协了，同意与台湾断交、废除与台湾的《共同防御条约》、从台湾撤军。这些举措为中美建交扫清了障碍。

采访组：回顾历史，您认为我们可以从中美关系正常化的历程中学到什么？

陆伯彬：20世纪80、90年代的时候，中美两国出于自身的利益，都认识到妥协和谈判的必要性，这对国际事务和双边关系稳定都非常重要。当时在美国和中国还没有突出的民族主义问题，两国的国内政治都支持进行一定的妥协。如果我们能在谈判时不被国内政治因素绑架，那我们就能找到方法将民族主义和意识形态的影响降到最小。

我认为，现在中国必须在经济问题上妥协，美国必须在安全问题上妥协。面对中美实力变化的新现实，两国都需要采取实用主义的策略——正像毛主席、周恩来、尼克松和基辛格当年那样，审时度势并做出相应妥协。换言之，随着大国权力转移的演变，大国领导人们需要再次运用实用主义精神，衡量安全和经济利益。

中国崛起与东亚安全

采访组：如今已经没有了苏联的威胁，中美的实力对比也改变了许多。这给中美关系带来了怎样的改变？

陆伯彬：中美关系如今变得更加艰难了。中国是一个崛起中的大国，美国则是一个守成大国。中国想在东亚推进安全利益，和美国海军达到某种均势，这都可以理解，因为美国的军事基地和盟国包围了中国。这带来了一个新挑战。

但这完全不是一场新冷战，因为中美在广泛领域有着紧密的纽带，无论是文化、教育还是贸易。冷战期间，苏联切断了与美国在很多方面的联系，既不想要美国的投资和贸易，也不愿与美国进行文化交流。

在两个大国间，安全问题通常是最重要的。而现在我们正处于一个艰难时期。美国眼看着中国发展壮大，正在思考如何应对，比如，如何应对中国海军的崛起？是不是要加以阻止？在中国方面，问题在于中国准备持有多少耐心，是否想尽快改变地区秩序以推进中国的安全诉求。由于中国可能急于求成，而美国又可能不愿接受改变，两国的冲突有可能升级。

此外，我们也有经济冲突。中国的国内经济体系是在邓小平和江泽民时期发展起来的。中国的银行体系和投资法律形成时，中国还不那么强大。当时中国确实是一个发展中国家，有着大量贫困人口，内陆地区也比较落后。如今，中国的制造业和进出口贸易发展迅猛，中国的对外直接投资同比增长超过了其他任何国家，国内生产总值（GDP）仅次于美国。所以美国和欧洲、亚洲等地的一些国家都说，中国应当改革调整作为发展中国家制定的规则。中国则表示，希望获得和其他经济大国平等的竞争环境。

美欧国家将会要求中国改变，并寻求各种途径进行施压。中国会加以抵制。这些都可以理解。但是只要这些分歧继续存在，经济冲突也可能会升级。贸易战不符合任何人的利益。我觉得现在美国的外交政策和对华政策面临一个非常艰难的时期，因为我相信贸易战对两国都不利，会产生反作用。美国、欧洲或日本能在多大程度上说服中国进行妥协和改变，现在也不明朗。这个过程会很艰难，有可能导致冲突升级。

采访组：特朗普政府推行“印太战略”，是否也是向中国施压的筹码？您对此怎么看？

陆伯彬：在许多方面，特朗普政府都不得不对一个更自信的中国做出回应。最明显的是在经济领域，特朗普总统已经开始发起一场贸易战。而在地区安全层面，他在外交表述上安静得多，没有前几任总统那么直言不讳，也没那么积极。总的来说，特朗普主要还是仰赖政府中的相关专家处理安全领域的外交问题。美国仍然担心中国的崛起给东亚安全问题带来的影响。特朗普及其顾问团队都明白，这是一个新的中国——军事上有着雄厚实力，经济上更为自信，也是一个更难让美国对付的中国。

如今中美关系的一个特点是：中国可以说“不”了。在世纪之交，中国有很多此类书籍。现在中国真的可以说“不”了，而且也比其他任何国家更能对美国说“不”。美国当然也可以对中国说“不”。当两个大国互相说“不”时，关系就不那么简单了，冲突变得更多，局势也更紧张。两国都相信自己可以在做最少妥协的情况下捍卫自身的国家利益，所以问题就更难解决了。

特朗普今天面对的就是一个可以说“不”的中国。他觉得那令人烦恼，因为他的贸易战并不起效；我们的国防部也感到烦恼，因为中国的海军和海警仍在南海和东海保持活跃。对美国来说，期望中国像以前一样因为美国压力做出妥协，是一个错误，因为现在形势不同了。

采访组：您曾在2012年撰文批评奥巴马的“转向亚洲”战略，认为这一政策从根本上误读了中国的决策层。您认为“印太战略”是否是“转向亚洲”战略的延续，还是有所不同？

陆伯彬：我认为2012年的时候，奥巴马政府对中国外交政策的逻辑并没有充分的认识。那时候中国的外交政策并不是基于中国的崛起或增长的实力，而是国内社会因素使然。那时世界还处于全球金融危机的余波之中，中国领导层更担心中国国内的就业率、通货膨胀、互联网和社交媒体日益增强的影响等问题，制定外交政策时需要考虑舆论压力和民族主义浪潮。但今天，中国的领导层在实现中华民族的伟大复兴和加强中国安全方面显得更加主动、大胆。

在某些方面，“印太战略”是一个新战略，表示美国必须和南海、东海、黄海之外的其他国家发展关系。从某种程度上说，美国认为崛起的中国正在扩大对美国传统盟友的影响力。随着中国影响力不断扩大，美国需要寻找新的盟友，与那些不会轻易被中国压力左右的国家进行战略合作。这就包括印度和澳大利亚——我们和印度已经达成了新的海军合作协议，美国在西澳大利亚的军事存在正在增加；另外，我们也加强了美日同盟。美国认为，这三个国家是美国更为稳定的战略伙伴。

采访组：您认为中美之间会不会打响新的军备竞赛？这会给东亚

安全和稳定带来什么影响?

陆伯彬：冷战告诉我们，两个核大国之间都不会真的使用核武器。如果爆发军备竞赛的话，在东亚地区只可能是海军之间的常规武器竞赛和实力抗衡。实际上已经有迹象表明这种竞赛有发展势头。也许未来我们需要考虑采取措施进行军备控制，那也会是一个艰难的过程，但现在说这些还为时过早。

军备竞赛当然会加剧地区紧张局势。东亚地区的很多国家将被迫选择站边。比如，菲律宾、泰国、马来西亚等都可能不得不选择一个阵营。这对他们并不利。对整个地区而言，最好是有一定的灵活度、模糊性和可操控性，这样各个小国才能和两个大国都保持良好关系。总而言之，军备竞赛一定会损害地区安全。这也会让中国和美国消耗大量财力。我相信两国都更愿意把钱花在其他地方。

采访组：您曾经发表言论认为中国不是威胁，因为中国军力完全不足以对美国构成威胁。您是不是认为中国有理由发展军事实力，而某些美国人对此反应过度了?

陆伯彬：毛主席曾说原子弹是纸老虎，但毛主席认为需要发展核武器，因为这样可以保障中国的安全。1978 年 12 月十一届三中全会召开以后，中国就开始发展现代化，而中国现代化的主要目标之一就是要让中国变得更安全。

包括邓小平在内的中国领导人明白，当年的中国军事力量落后于世界水平，这使得中国缺少安全保障，但中国有耐心。这就是和平崛起的智慧所在，中国人明白当务之急首先是要发展经济和科技，而不是花钱买一些被人家淘汰的不那么有用的武器。所以过去 30 多年来，中国一直致力于发展经济。中国的 GDP、外资投资、科学技术都实现了快速增长。

直到 2012、2013 年左右，中国才开始在建设海军、空军等领域加大资金投入。我认为这完全合情合理，毕竟美国在中国周围一直享有海上独霸的地位。一个在科技和经济上实力更强的国家，自然想要发展军事力量，这是无法避免的。崛起的大国都是这样的。当然，在这个过程中，中国也不可避免地会想要削弱美国在其周边的海上军事影响，就算这里面涉及很多美国盟友。有些人认为中国这样有挑衅之嫌。我倒认为这完全不出意料。

任何一届中国政府都会这样做的。

就像中国自然要保障本国安全一样，美国也自然要保障其自身安全利益。我不认为中国这样是好斗生事，我认为美国的反应也不奇怪。确实存在中美利益冲突。这很正常，关键是我们如何应对。

妥协的智慧能让中美加强合作

采访组：您对中国台湾、南海、朝鲜等地区安全问题都曾做过研究，您认为中美之间最可能发生冲突的领域有哪些？

陆伯彬：如果我们看看东亚的利益冲突点，那就包括朝鲜半岛、台湾问题和南海领土争端。但这些问题本身都不是潜在的战争源头。与其说问题是这些具体而急迫的冲突，不如说是如何应对中国的崛起。

我们都知道权力转移并非易事。一个崛起的大国想改善安全状况、改变秩序，而守成大国则想维持现有的秩序、保持其安全状况，所以紧张关系就与日俱增。纵观历史，这是最难管控的一个过程。小冲突可以升级为大问题，历史上这样的例子不少，因为真正利益攸关的是地区均势和大国安全。我认为，那是会导致战争的更大风险。

但是，权力转移本身不会导致战争，只会加剧紧张局势。这可能会造成大的危机，但不会自然引向战争。战争不是由单一事件而决定的。我们希望领导人们都能谨慎权衡、张弛有度，采取实用主义策略，这样就不会被民族主义和舆论民意所绑架，管控好各自的军事机构和力量。这样的话，就算一个小问题引发危机，军方也能够懂得妥协的智慧，不让冲突升级。

采访组：保持多方面的交流联系一直是中美关系的稳定因素，但现在无论在贸易还是教育领域，似乎都面临许多挑战。您认为这些稳定因素现在正在面临威胁吗？

陆伯彬：特朗普总统似乎在许多方面对中国有敌意，包括民间关系、学术交流以及经济领域。我们需要明白，这些有的与特朗普总统个人风格有关，有的则反映了美国与日俱增的对中国崛起的安全担忧。所以美国会施加更大的压力来限制中国获取美国高新科技。但中美经济还有许多方面可以互动并合作，我想，一旦我们度过了贸易战，我们双边关系中的合作面就可以变得更大。

我想人文纽带还会继续下去，两国人民间的来往还会继续，学术交流也会继续下去。未来两国在往来人员类型上可能加大限制，这对双方来说都不是好事，但我们的交流和联系是不会断的。

采访组：您认为中美两国在哪些方面还可以继续推进合作？

陆伯彬：有许多方面，比如共同应对国际毒品泛滥、人口贩卖等问题，共同推动环境保护、核不扩散、第三世界治理等等。中美可以在这些事务上妥协并合作。幸运的是，中美关系并不是在所有层面都是零和游戏。冷战时美国和苏联的关系是零和的，和苏联在任何问题上合作都非常困难。但如今我们可以把问题分割开来，有些领域可以合作，有些领域无法合作。

采访组：您认为中美关系在接下来40年的基调会是什么样的？

陆伯彬：预测未来很难，40年是很长的一段时间。我认为未来对中美两国来说，两大最关键的问题是，如何处理好各自的经济发展和政治体制问题。

对中国来说，我们知道中国的债务正在增加，可能会导致经济增长放缓和失业率提高。如果继续试图加大债务刺激经济发展，那可能会导致对经济的缓慢侵蚀，这将伤害中国的崛起。同样关键的是中国的政治制度将如何适应经济的变化和民意的变化，能不能在政策制定上保持弹性。

美国也面临同样的两个问题。美国如今债务很高，基础设施和军费预算却很有限，还有降低税率的压力。这当然给美国经济带来了很多难题。美国需要想办法增加政府的财政收入，控制赤字，允许在关键领域支出更多。我们是否能做到还不一定。我们的国会似乎很僵化，两极分化严重，如果共和党和民主党无法合作，我们就无法妥善处理好我们面临的问题。

中美两国都面临严峻的问题。关键就在于谁能更好地管理好自己的国内经济和政治问题。从过去40年来看，早在中美关系正常化之初，中美实现破冰、签署《上海公报》时，就给我们提供了很宝贵的经验：如果我们在处理两国关系时，能够尽量不被公众舆论和民族主义所绑架，专注于各自的安全和国家利益，运用实用主义外交，那么不管国内环境多么糟糕，我们都能够处理好大国权力转移的问题，避免不必要的矛盾冲突。

采访组：很多人说特朗普也是一个实用主义者。您认为他的实用主义风格对中美未来是机遇还是挑战？

陆伯彬：有些人觉得特朗普是实用主义者，说他处理国际政治问题的风格是交易型的，讲求双边谈判。但我认为他做决定太随性，没有好好咨询他的顾问团队。他非常不可预测。从这个意义上说，他并不是实用主义者，而是经常感情用事，利用美国的民族主义情绪。我认为特朗普的外交政策癖好加剧了中美冲突的升级，这完全是没有必要的，也是适得其反的。如果要让中美关系变得更稳定，恐怕需要等到美国领导人换届。

采访组：您对中美关系最大的希望是什么，最大的担忧又是什么？

陆伯彬：我最大的希望和最大的担忧是互相关联的。我最大的担忧是，两国会出现民族主义、缺乏耐心、不够灵活、沽名钓誉，这样会使冲突加剧，危机可能失控。如果大国不认清现实，允许民族主义、国内政治和价值包袱驱动外交政策，那就会变得非常危险。

我最大的希望是，我们在处理中美权力转移时，可以将冲突和军备竞赛降到最小。我希望中国领导层能耐心允许和平的政治改革。当然中国在这方面素来非常成功，中国在保障自身安全的同时，保护了东亚的安全环境。我希望美国能适应中国崛起的现实，接纳中国，同时维护美国的利益。这对两国都很难，但那就是我的希望。

David Dollar
杜大伟

采访对象：杜大伟，1954 年出生。现为布鲁金斯学会约翰·桑顿中国中心和全球经济发展项目的资深研究员。他是中国经济以及中美经贸关系研究领域的领军人物。他曾在世界银行工作了 20 年，并于 2004 年至 2009 年间任世界银行中国和蒙古局局长。2009 年至 2013 年，他曾任美国财政部驻华经济与金融特使，在任期间他推动了中美之间有关经济与金融政策的对话，包括一年一度的中美战略与经济对话。

采 访 组：龙　菲　魏帮荣　周永平

采访日期：2018 年 3 月 27 日

采访地点：对外经贸大学科研楼

杜大伟：
中美经济合作基本面稳固，潜力仍然巨大

杜大伟是个地道的中国通。他高中毕业之际恰逢尼克松访华。随着中美关系的破冰，美国各界对中国的兴趣陡增，这也促使他在大学时期便开始系统地学习中国的语言、文化和历史。早在 1986 年，杜大伟就与中国有了第一次亲密接触。他在中国社会科学院教书，随后还花了六个星期游历中国，不仅去了上海这样的大城市，还到访了建设中的深圳，更深入川、滇偏远农村，对初沐改革春风的中国有了全景式的体验。

除了研究中国的经济与发展，杜大伟职业生涯的很长时间都处在政策和实践的前沿。在他的推动下，世界银行成功地转型为中国在可持续发展领域的重要伙伴。他在全球经济最困难的时期推动了中美经济合作的深化。他认为，越理解中国，越理解经济的逻辑，越理解全球问题，就越明白中美合作是唯一正道这一道理。

初识改革中的中国

采访组：1986 年您首次来到中国，在中国社科院研究生院教了六个月书。当时有什么让您印象深刻的观察和经历？

杜大伟：对我而言，1986 年那段中国之旅中最难忘的就是花了六个星期游历中国。我坐着当地的大巴游历了四川和云南的农村地区。那些地方的人真的很穷，而且与世隔绝，他们不了解美国，也不了解世界上的其他地方。但他们很友好，给了我很多帮助。我那时也去了一些大城市，包括深圳——深圳那时候还不是一个大城市。我还参观了上海周边的工厂，那

20 世纪 80 年代，杜大伟和中国社科院师生一起游览北京

时最让我感到惊讶的是那些工厂与全球经济隔绝的程度。他们使用的技术非常陈旧。我还记得 1988 年我再次来到中国的时候，参观了一家做核电站电子控制设备的工厂。我们发现这家工厂使用的技术非常落后。但你看 30 年之后的今天，中国成了全球最主要的核电站设备制造商之一。

15 年之后，我再次去了广东和上海，变化真是太不可思议了。中国开始发展对外贸易和开放外商投资，这起到了很大的作用。中国开始迅速发展，让无数人脱离贫困。

采访组：今昔对比，还有什么让您感到印象深刻的变化吗?

杜大伟：20 世纪 80 年代中期的时候，“文革”的影响还没有完全消失，很多大学、知识分子以及智库不敢开诚布公地表达观点，但随着时间慢慢过去，中国学者的讨论变得越来越开放，也有越来越多的中国学者出国访问。随着经济的开放，人们的思想也解放了。我觉得这是很重大的转变。

世界银行与中国：改革与发展的合作伙伴

采访组：从2004年到2009年，您在北京担任世界银行中蒙局局长。中国和世行的关系一直都很好。但在20世纪90年代末，世行在中国的影响力似乎下降了。您做了哪些努力来革新世行在中国的影响力？

杜大伟：20世纪90年代，世行在中国扮演了很重要的角色。世行帮助中国开展了很多基础改革，例如帮助中国分析加入世界贸易组织（WTO）的影响，让中国能更好地完成贸易自由化的过程。世行还帮助中国开展了许多基本的市场改革，并提供了大量基础设施建设的资金，例如为建设高速公路和铁路提供资金，以及帮助中国建成了第一座超临界燃煤发电站。

不过到了2000年左右，世行的作用确实减弱了。2004年我成为世行中蒙局局长时，中国和世行的关系没有之前那么亲密了。因为那时中国已经加入了WTO，并完成了很多基础设施改革和建设。中国对这种作用的需求变小了。但我觉得中国还有很多重要的需求，最明显的就是解决环境恶化问题。伴随着中国经济成功而来的是空气污染和水污染，以及中国某些地区的乱砍滥伐。因此，当时我试图将世行的工作重点放在环境问题上，用脚踏实地的方式解决环境问题。

采访组：能举几个具体的例子吗？

杜大伟：一方面，我们转而投资城市水供应和环境卫生项目。我们和重庆、珠三角的所有主要城市以及上海展开合作，制定处理污水的计划，把湖泊和河流清理干净。如今我再次游历中国时感到很自豪。现在去看看阳朔的漓江、杭州的西湖或者珠江，这些河流湖泊都比二三十年前干净得多。这是世行与当地政府合作的结果。如今中国的水质越来越好，证明我们的工作是成功的。

另一方面，中国某些地区乱砍滥伐的现象严重，其中对生态环境造成最大破坏的是黄土高原上的乱砍滥伐。由于乱砍滥伐，那儿的尘土一路被吹到北京。世行和当地政府为减少乱砍滥伐而努力展开合作。这并非易事。当地很多农村靠养绵羊和山羊为生，放牧这些动物会破坏大部分植被，使土地荒漠化。我们推行了一个帮助人们从养羊改成养猪的项目，帮助他们转变生活方式。由于部分地区人口密度太大，我们还实施了一个帮助人们迁出黄土高原的项目。

总而言之，20 年后我再回到这些地区时，看到很多树木，环境变好了，许多社区重新搬回来了。2004 年到 2013 年，我在北京住了九年，九年中没有看到很大的沙尘暴。如今已经是 2018 年 3 月，我也没有看到沙尘暴。这说明我们的工作很成功。当然，最大的功劳应该记在当地居民和当地政府身上，但世行在制定计划和实施项目中也扮演了重要角色。

中美经贸关系：和则两利，斗则两伤

采访组：2009 年，您被任命为美国财政部驻华经济与金融特使，在任期间您推动了中美之间有关经济与金融政策的对话，包括一年一度的中美战略与经济对话。这些会议推出了哪些重要举措？

杜大伟：两国之间的高层经济对话从布什总统任期就开始了，当时的财政部长是亨利·保尔森（Henry Paulson）。到了奥巴马担任总统、盖特纳（Timothy Geithne）担任财政部长时，中美经济对话继续开展。盖特纳上任时，我加入财政部，担任财政部驻北京特使。当时正值全球金融危机，局势十分紧张。仅仅几个月内，中国的出口量下降了 1/3，约 2000 万人失去了工作；而在美国，这是自大萧条以来最严重的经济危机。

盖特纳任内第一轮正式的中美经济对话中，两国的贸易问题以及中国进一步开放市场的问题是不变的话题。但我认为，第一场对话中最重要的是围绕全球金融危机以及协调两国宏观经济政策展开的讨论。我记得美国这边的代表还有本·伯南克（Ben Bernanke）、拉里·萨默斯（Larry Summers）、克里斯蒂娜·罗默（Christina Romer）等人。中国这边的代表有王岐山、周小川、易纲，楼继伟好像也在。总之来自中美两国的顶尖经济学家开诚布公地讨论了将来的举措。后来，美国实施了金融救助计划，帮助银行脱离困境，还实施了规模庞大的财政刺激计划。中国也实施了庞大的财政和货币刺激计划。

采访组：我们两国轮流在华盛顿和北京共举行了八轮对话，在很

2017 年 4 月，杜大伟在保尔森研究所谈论中国在世界经济中的角色

2018 年 10 月，杜大伟（左一）参加“‘一带一路’经济学”高级别研讨会

多问题上展开合作，您觉得这些对话对两国的好处是什么？

杜大伟：最大的好处来自于宏观经济政策协调层面，而不是那种拘泥于中国应该开放哪些行业的细节讨论，这一点很重要。我本人参加了八场会议中的五场。回顾我们的工作成果，我们避免了又一场经济大萧条。2009年到2013年，全球经济复苏显著。中国经济的复苏速度尤为惊人。

我们还在对话中商讨了贸易问题。在那之前，中国的贸易顺差很大，随后贸易顺差减少了很多。在早期的会议中，美国鼓励中国采取减少其贸易顺差的措施。中国照做了。其实挺讽刺的，经济危机之前，也就是2006年，中国的贸易顺差是GDP的10%以上，如今该数字已经下降到1.4%左右。任何正常的经济学家都不会认为这是个问题。特朗普政府却老是小题大做。坦白地说，其实贸易不平衡问题已经改善了很多，依旧把重点放在这上面是错误的。中国的市场准入的确还存在问题。我觉得如果中国能够更加开放，对中国、对中美关系都大有帮助。

采访组：特朗普上任以来，发表了许多对中国强硬的言论，称“中国人抢走了美国人的工作”。2018年3月他签署了对华“301”调查行动备忘录。您觉得贸易战会给两国带来什么后果？

杜大伟：贸易战对中美两国而言都不是一件好事。美国如今的失业率几乎为零，所以你很难说贸易抢走了美国人的工作。现实是，贸易在使某些行业工人失业的同时会在另外一些行业创造新的工作。例如美国从中国进口大量服装，但美国向中国出口飞机。因此可以说中美贸易使得美国的纺织业工人数量减少了，但同时为美国创造了很多航空业的工作机会。而由出口创造的工作机会往往工资更高，生产力更强。贸易的确让美国某些地区陷入挣扎，我觉得政府应该帮助当地的社区进行调整，帮助人们进行技能再培训，找到新的工作。欧洲一些国家在这方面做得很好，美国做得很差，这实际上是一个政治问题。美国某些地区的人觉得自己的利益受到了损害，但他们没有调整和适应。其实美国作为一个整体，是从中美贸易关系中获利的。

采访组：贸易战的结局是两败俱伤，但特朗普政府对中国的态度却越来越强硬。您觉得背后的动机是什么？美国内部对发动贸易战的需求来自哪里？

杜大伟：我觉得主要有两个原因。第一，美国某些地区的利益的确受到了损害，特别是“铁锈地带”。这些地区的工作岗位不足，人们的技能不符合市场需求。另一个原因是，特朗普政府中的一些官员不懂得国际贸易的运作原理。他们觉得进口产品减少了美国的工作岗位，损害了美国人的利益，但是他们没有看到出口会抵消流失的工作岗位。最终结果是工作岗位净增。

如今很多研究已经表明了这点。比如，15 年前布什政府对进口钢铁加征关税的最终结果是导致美国丢失两万个工作岗位。因为关税虽然在钢铁行业创造了一些工作，但却伤害了需要使用钢铁的汽车、建筑、啤酒罐制造等行业。很多研究已经表明，保护主义措施不会增加就业，只会减少就业。

采访组：中美战略与经济对话成果丰硕，但如今的中美全面经济对话没有达到人们的预期。您认为中美双方该如何改善这一对话？

杜大伟：我的建议是中国进一步开放经济，中国某些行业很开放，但有些行业却很封闭，比如金融、电信和物流等服务行业。如果开放这些行业，中国也将从中获益。其实中国能够取得今天的成就正是因为开放了制造业，吸引了外资，成为一个主要的出口国和主要的进口国，中国从贸易中获利巨大。我还有一个友善的建议，我建议中国政府先单方面制定市场进一步开放计划，从对中国有利的角度设计方案并付诸实践。现在中美就此问题进行谈判的背景条件似乎并不好，因为谈判会把一切都政治化，使中国开放的举措看上去像是对美国做出的让步。因此我建议中国尽管去实施单边的开放政策，这样一来，可以间接地改善中美关系。

采访组：如今美国政府承诺采取行动更新包括铁路在内的基础设施。中国的高铁技术很棒，但很难进入美国市场，您觉得在这一点上我们该如何更好合作？

杜大伟：美国很多人谈论修复基础设施，但是真正的行动却很少。美国每年花在基建上的资金不到GDP的1%。如果美国真的打算投入更多资金建设基础设施，那中国公司可能会起到一些作用。其实已经有一些案例了，比如中国公司正在升级芝加哥的地铁系统。但我觉得中国公司的作用不会太大。有一些行业会比较敏感，比如配电，我认为中国不会允许美国购买其配电系统，反之美国也一样。高铁听起来不错。但在美国，即便是一些高铁运营在经济上可行的地区，购买土地并架设新的轨道将会非常昂贵，涉及如何购买土地，土地价格如何等。这些都是政治敏感问题，非常复杂。中国不可能独立完成这一任务。

采访组：回顾中美40年的经济关系，经历了许多曲折起伏。您觉得历史给了我们什么值得吸取的教训？

杜大伟：如果你只关注新闻媒体的话，确实总能看到两国关系变好或者变差的报道。其实如果关注数据的话，你会发现实际状况更加稳定，会感到中美关系越来越稳固。美国从中国进口大量产品，进口总额在过去30年稳定上升。美国的对华出口也是如此。美国对华出口虽然没有进口多，但规模也不小，并且近几年来以两位数的速度增长。我将这些称之为基本面。作为世界上最大的两个经济体，基本面驱使中美开展更多贸易和投资。近几年来中美关系的基本面有了很大的发展：技术进步、贸易关系的加深等等。政治只是次要因素。我们不该夸大其重要性。

此外，回顾历史，中美在中国改革开放之前几乎没有任何经济往来，促使中美经济关系发展的是中国的改革。我认为加速改革符合中国的利益。这也是保持两国经济关系继续加深的基本面之一。

全球治理中的中美关系：加深相互理解、寻找公约数

采访组：中国为参与国际金融治理做出很多努力，比如推动人民币国际化、建立亚洲基础设施投资银行等。美国学者和政策制定者如何看待这些举措？是否将其视作一种挑战？

杜大伟：美国经济学家和政治学家的观点不同。包括我在内的大多数经济学家不认为中国的举动是对现有国际经济秩序的挑战。我认为中国是全球经济中的重要公民。中国是WTO的重要成员，一些国家对中国提起

诉讼，但都在WTO中和谐地解决了问题。中国在国际货币基金组织（IMF）中也起到了重要作用。人民币也纳入了特别提款权货币篮子。我可以轻松地论证中国是当今国际经济体系中最重要的两个国家之一。

当然，中国希望看到一些改变。我认同中国的观点，即开发银行应该将经济增长和基础设施作为业务的重心。但现有的开发银行，比如世界银行和亚洲开发银行，工作重心有所偏移。当前的国际经济体系中有很多开发银行，因此中国设立亚投行并不构成一种挑战。目前已有60多个国家加入了该银行，包括很多欧洲国家和澳大利亚。这表明全球大多数国家将其视作一种积极举措。

不过，美国的确有一些政治学家认为中国目前虽然参与国际经济体系，但其最终目标是创建一套平行体系。我对此持怀疑态度，因为创造一套平行体系非常困难。比如，IMF较好地完成了管理全球金融稳定的任务，中国很难创造一个与其竞争的机构。而且中国将在几年内成为全球最大的债权国。所以中国何必颠覆当前的全球金融体系呢？我觉得中国在以一种健康的方式加深与IMF的关系以及提升其在该机构中的作用，不会另立门户。

采访组：“一带一路”倡议似乎在美国引发了很多担忧。您认为中美在该倡议上合作的潜力大吗？

杜大伟：我认为潜力是有的。中国的“一带一路”倡议得到了很多发展中国家的支持，他们将其视作获得基建资金的机会。但另外一些发展中国家感到紧张，比如印度和越南，他们担心“一带一路”倡议的地缘战略影响。数据的不透明也加强了不信任和猜疑。比如，中国国家开发银行和中国进出口银行没有公布详细的贷款项目信息。我们从贷款接收国公布的数据来看，很多项目实际上采用的是商业利率。很多人担心发展中国家的债务可持续性问题。这对中国而言是一个问题，因为中国不想亏损。还有人担心，如果这些国家还不上钱，中国可能将此用作双边关系谈判的筹码。这些都是真实存在的问题。中国受到的批评也是基于这些问题。中国应该增加透明度来回应这些问题。在这些贷款接收国，中国应该和IMF合作确保债务可持续性。

采访组：您曾经说过，中美两国虽然存在分歧，但是必须在全球

杜大伟和家人一起游览长城

治理中展开合作，有哪些具体的合作领域呢？

杜大伟：如今还有很多尚未解决的全球问题。很难想象如果中美不合作，这些问题将如何得到解决。其中之一就是气候变化。奥巴马在任时期，中美两国开展了很好的合作，达成了《巴黎协定》。可惜的是，特朗普政府决定退出《巴黎协定》。但大多数美国人认为气候变化是真实存在的问题。美国地方层面采取了很多行动。因此中美合作的潜力还是有的，只是过程比以前复杂了一些，因为如今中国政府要和地方政府及民众合作，而不是与联邦政府合作。

另外一个全球问题是核不扩散。没有中美合作，伊朗核协议不可能达成。在朝鲜问题上，近来两国合作得不错，两国共同加强了对朝鲜的制裁。因此，在思考全球问题时，你找不出一种在没有中美合作的情况下解决问题的方式。中美在全球问题上的合作比中美经济问题更加重要。

中美民间交流：不确定时代两国关系的推进器

采访组：除了两国的经贸往来，还有哪些因素是发展两国关系的积极推动力？

杜大伟：回顾过去40年的历程，让我印象最深刻的是中美之间的民间交流。如今在美国留学的中国学生有近40万之多。我觉得这很棒。在中国留学的美国学生虽然没有那么多，但也日益增长。我们提供的留学项目也越来越多。我认为这种知识交流很重要。目前，虽然中美之间存在贸易摩擦，但是媒体总喜欢夸大。

我发现有意思的是，当我与不同学术领域的人交谈的时候，比如与心脏科学家或健康科学家聊一聊，就会发现中美之间的合作非常紧密，这些人根本没有注意这些所谓的政治摩擦。中美在各个不同科学领域的合作都在增加，比如两国科学家共同开展最新的流感疫苗研制和抗癌研究等。大家对这种合作热情很高。这种民间交流让我对未来充满希望。不只是个体之间的交流，大学和智库之间的交流也很频繁。比如，我所在的布鲁金斯学会和清华大学开展了不少合作项目。这些合作是两国关系的基石。

采访组：中美在科研领域的合作是否还有更大的空间？

杜大伟：中美在基础研究领域的合作具有全球维度的意义。美国很多基础研究在大学开展，并得到政府资助。中国在科研上投入了很多，但在基础研究上投入得还不够。我认为中国政府应该在基础研究中投入更多资金。如果资助大学开展基础研究，研究成果将很快进入公共领域，成为卫生发展和新技术的基础。未来很多问题将在基础研究中得到解决。例如要解决全球变暖问题，就要开发一些重要的新技术，比如碳捕捉和封存技术，那么我们就能在不改变生活方式的情况下减少温室气体排放。基础研究的深度是最重要的。中美两国在基础研究上的合作非常紧密，只是媒体更喜欢报道争议，而很少报道这些不会引发争议的合作。

Dennis Wilder

韦德宁

采访对象：韦德宁，1954 年出生。现为乔治城大学美中全球议题对话项目执行主任兼乔治城外交学院亚洲研究项目教授。他于 1980 年加入美国中央情报局，后于 2004-2005 年任美国国家安全委员会中国事务主任，2005-2009 年任国安会总统特别助理和东亚事务高级主任，2009-2015 年任《总统每日简报》高级编辑，2015-2016 年任中情局东亚及太平洋事务助理副局长。

采 访 组：薛雍乐　魏帮荣　周永平

采访日期：2018 年 4 月 25 日

采访地点：乔治城大学

韦德宁：

坦诚友好的个人友谊有助于培育中美战略互信

韦德宁的办公室里摆满了在美国政府任职数十年以来的纪念品：他和访美外国领导人的合影、白宫总统办公室装修时拆下的旧地板，还有总统专机“空军一号”机长签名的乘机证书等等。他带儿子去总统办公室和小布什见面的全过程也被拍下来，装裱好排列在桌椅边的墙壁上。

同样引人注目的是随处可见的中国元素。一张 19 世纪伦敦制的中日地图展现了一个已经消逝的时代，一只飞虎队飞机模型纪念了中美曾经的密切合作，而正对着门口的北京奥运会海报则标志着当年协调小布什访华观看奥运会的难忘经历。

在美国中央情报局和白宫长期供职的经历让他亲历了中美关系数十年的跌宕起伏，小布什政府与中国政府各层级官员的密切接触尤其令他津津乐道。在他看来，建立在个人关系上的互相理解和信任是促进中美良性竞争的关键，而两国年轻人在全球化时代越走越近，也给中美关系的未来带来了希望。

在父辈和前辈的影响下认识中国

采访组：您父亲曾在马来西亚和新加坡传教，您在儿时就接触到了当地的海外华人社区。这如何影响了您对中国的兴趣？您的个人兴趣是怎么转变为职业兴趣的？

韦德宁：那时我父亲所在的教会里有许多来自福建的基督徒，他们在马来西亚和新加坡事业有成。我会和父亲一起去他们家拜访，尤其喜欢去那里过春节，因为我会收到许多红包。我学到不少中国文化，觉得非常有趣。上大学时，我先在密歇根大学学习中文，1975–1976 年时再通过“耶鲁在中国”项目到香港中文大学学习。我在香港时读到了威廉·惠特森（William Whitson）写的《中国最高指挥部》(*The Chinese High Command*)，是关于中国人民解放军是怎样建立、如何赢得战争的。我因此爱上了研究中国军队。来到乔治城大学后，我在耶稣会神父塞比斯（Joseph Sebes）的指导下更新了这项研究。时任中央情报局局长的威廉·科尔比（William Colby）看到我的研究，说可以给我一份工作。于是我就成为中情局的一名中国军队分析员。

采访组：您对 1979 年的中美建交有怎样的印象？

韦德宁：1979 年邓小平来访华盛顿时，我正在乔治城大学读书，受邀作为学生代表去白宫参加欢迎邓小平活动，看到他和卡特总统走在白宫草坪上，检阅美国仪仗队。他看上去很矮小，但我们都知道，他是中国历史上举足轻重的人物，正在重塑中国。我之前研究过他，所以他的形象和我想象的差不多。他显然是个非常具有领袖魅力的人物，历经波折，也清楚自己要怎么做。那是令人兴奋的一天，我记得非常清楚。

采访组：哪些人影响了您对中国的研究和理解？

韦德宁：许多中美关系中的重要人物都影响了我对中国的研究，特别是当时在约翰·霍普金斯大学国际关系学院任教的鲍大可。在乔治城大学，我也上过亨利·基辛格的课，他谈起和毛泽东、周恩来及邓小平的会谈，让我印象深刻。在过去这些年中我逐渐和基辛格熟悉起来，和他成了朋友。

我从基辛格那里学到的最重要的一课是，个人政治在外交关系中至关重要，领导人之间的化学反应举足轻重。即使两国领导人没有共同的历史、语言甚至价值观，如果他们能看到有利于双方人民的共同利益，那他们的行动将改变世界。我在工作中曾旁听过许多总统与外国领导人的会谈，一次又一次地目睹了这样的过程，领导人之间化学反应的好坏，会带来完全不同的结果。

小布什总统很擅长这点。2006 年胡锦涛主席对美国进行国事访问的当天早上，我走进总统办公室，在总统踏上白宫草坪前最后给他做一次汇报。他对我说，“丹尼斯，今天我想做点不同的事。”我说：“总统先生，一切都安排好了，我们不能做不同的事。”他说：“不不不，通常我会和对方领导人的妻子坐在同一桌，而对方领导人会和我妻子坐在同一桌，但我想在午餐时和胡锦涛好好谈一谈，所以我想坐在他身边。”所以我们不得不全部重新调整，说服中方同意。这后来成为关于朝鲜问题的一次非常重要的对话。会谈后，胡锦涛派特使赴朝，与朝鲜领导人会面，其中就谈到了与小布什午餐会上讨论的一些内容。

小布什和他父亲都明白建立私人关系很重要，我认为中国领导人也欣赏布什父子的这个特点。不少中国人来华盛顿和小布什会谈时，也会北上去缅因州的肯纳邦克波特看看他父亲。一次访问就能面见两位美国总统，这也有利于中美关系的发展。

世纪之交历经风雨：“不打不成交”

采访组：您曾亲历过中美关系史上的许多大事件，能否谈谈您在处理“炸馆事件”中的经历？

韦德宁：那是中美关系中极其艰难的时刻。我记得那是一个星期五晚上，我刚下班回家，想开一瓶红酒放松一下，却接到了中情局行动中心的电话。电话里说：“你听了肯定不会相信的，我们不小心轰炸了中国的大使馆。”我马上赶回办公室，试图弄清楚怎么会发生如此可怕的错误。我熬夜读了可以找到的所有资料，以便向局长汇报发生了什么。尽管我知道有些中国人认为美国是故意为之，但我读了所有资料，并且相信这并非故意，而是一个极其可怕的悲剧性错误。

当然，我们需要面对中国人民的怒火。我的办公室里就有这样一张照片，当时的美国驻华大使尚慕杰（James Sasser）在北京的大使馆里，愤怒的人们向大使馆投掷石块和颜料。我们两国最终达成协议，美国赔偿了遇难者家属，但当时形势确实非常紧张。

采访组：您认为中国和美国是怎样走出类似的危机的？

韦德宁：我一直相信，如果我们能妥善处理小型危机，那就可以建立某种战略信任，所以小危机不一定都是坏事。

2001 年的南海撞机事件是小布什政府遭遇的第一场危机。最终我们达成了协议，美国的飞行员回了家，中国归还了我们的侦察机。通过这起事件，我认为布什总统实际上学到了如何与中国打交道，他与中国建立了更多信任，明白了可以和中国互相谅解，中国也会信守承诺。

在中国有句老话，“不打不成交。”我认为有时的确如此。在中美关系中，我已经目睹此类事件多次发生。有时不得不对对方发火，而友谊却会随之产生。

我一直认为，美国人民和中国人民其实非常相似，都非常勤劳，重视教育，并且都很有幽默感。因此我认为我们两国人民之间存在着化学反应。这在其他一些文化中是非常困难的。比如美国文化和俄罗斯文化就截然不同，俄罗斯人和美国人有时很难交朋友，但我注意到中国人和美国人很容易成为朋友。

采访组：小布什总统上任前将中国称为“战略竞争对手”，人们对中美关系一度感到悲观。那样的紧张关系是如何得到缓解的？

韦德宁：我先讲一个故事。我第一次见到小布什总统时，他还是得克萨斯州州长，刚刚被共和党提名为总统候选人。候选人可以听取情报简报，所以我就被派往他在得州韦科市的农场别墅。当我们在那里见第一面时，我在他的墙上发现了两张“文化大革命”时期的海报！我跟他说：“布什州长，这不符合您的形象。您给人的印象是不喜欢中国。”他说：“他们都不知道自己在说些什么。我父亲在担任驻华联络处主任时，我就去过中国。我在北京度过了一个夏天，并从此被中国吸引。”

后来我在为他工作时发现，他实际上对中国人民和中国文化有着非常浓厚的兴趣。尽管共和党对中国立场强硬，他自己的看法却是中美需要变得更加紧密。

在与中国打交道时，布什总统总是非常直率。2001 年在上海举办的亚太经合组织峰会上会见江主席时，他直接说道：“我会提出让您不高兴的议题。我是基督徒，所以我每次见面都会向您提及宗教问题。我知道您不一定同意我的观点，这没关系，但我们需要建立一种可以互相坦诚表明自己观点的关系。”我觉得布什总统的这种风格非常有效，因为中国人都知道他不会讲所谓的“客气话”，而是会有话直说，他也希望中国人能对他有话直说。

采访组：布什总统在2008年到北京观看奥运会，成为中美关系中难忘的回忆。当时他是怎么决定来中国的，有没有遇到阻力？

韦德宁：是的，当时在布什政府中有一些和总统关系非常密切的人劝告他不要去北京奥运会，但他最后还是去了。这是个有趣的故事：

2005年布什总统要访问北京，这之前国家安全顾问斯蒂芬·哈德利（Stephen Hadley）问我能否为总统的北京之行安排些不一样的、更有趣的事。我和属下讨论后，意识到总统喜欢骑山地车，就给雷德（Sandy Randt）大使打电话，问他能不能安排总统和中国奥运自行车队一起骑车。但当时自行车道还没建好。我就问，能不能请中方帮个忙，在总统来访前建好自行车道。中国政府花了很多精力和时间来准备，让布什总统得以和中国队一起骑车，那是一次非常精彩的体验。自那以后，他就说他想去奥运会。

2007年，总统在澳大利亚悉尼APEC峰会上和胡锦涛进行了私人会谈。总统告诉他，国会将要给达赖喇嘛颁发金质勋章，总统都必须到场参加这样的仪式。"我知道您不同意，但让我告诉您另一件事。"他说，"我会来北京奥运会，因为我想为美国运动员加油，也想支持我们的关系。"

在那之后，每次某个顾问劝阻他不要去出席北京奥运会，他都会说："我已经在APEC峰会上向胡主席保证过要去，所以我会去。"他从来没有动摇。

他去奥运会也有政治考虑，希望和中国领导人建立联系。他很想见当时的副主席习近平。习近平当时是北京奥运会、残奥会筹备工作领导小组组长。布什总统与他见面并感谢他为举办这场奥运会所做的工作。那是美国总统第一次与习近平会面，我们这些与会者都很激动。我记得他们一直在谈奥运会，谈起哪个国家会得到更多金牌，还聊了美国篮球队。

采访组：现在美国把中国视为战略竞争者，与小布什上任前对中国的定位有何区别？

韦德宁：这确实不一样，因为现在中国处于不同的位置，美国也处于不同的位置。自2008年金融危机以来，中国对自己的发展模式越来越自信，而美国则失去了一些自信。我认为美国人过于担心，应该更加自信点，因为坦白说我认为中国不会取代美国。我认为美国的创新能力，比如我在这所校园、在我儿子和他的朋友们身上看到的那种蓬勃的动力，让我对美国的未来充满信心。美国需要放下金融危机造成的一些影响。

韦德宁在办公室接受采访

收入分配不均是美国亟待解决的一个现实问题。美国中产阶级的生活多年没有改善，而美国上层阶级的生活却大大提高了。我们需要想办法确保贸易和全球化能让美国蓝领工人和中产阶级受益。如果我们做到这点，和中国的关系就会改善。

中美政府各层级加强私交有助沟通

采访组：近来，许多美国专家就对华“接触政策”进行了辩论，您对此怎么看？

韦德宁：我不理解这场辩论。有些参加辩论的人说，接触政策是想把中国变成美国，通过和中国进行经济接触，试图把中国变成和美国一模一样的多党制民主国家。我从没有这么想过，也从不相信这点。

我相信的是，如果中国强大、稳定，能够养活自己的人民，给自己的人民更高质量的生活，那会比贫困的中国更好。中国政府也确实使超过 1 亿人民脱离了贫困，这是个重大的变化。我认为那些批评者忘记了这一点。

我的目标从来不是把中国变得更像我们。我在周围有很多中国人的环境中长大，所以我知道中国人永远会是中国人，他们不会变成美国人。我们对中国的接触不是试图使其变得和我们一模一样，而是让中国参与国际秩序，中国也确实这么做了。

当前让我觉得非常讽刺的是，中国正在支持世界贸易组织（WTO），而特朗普政府则在无视世贸组织。我同意他们所说的互惠贸易需要公平，但我们不能阻止全球化，这就像试图阻止海潮浪涌，不可能做到。如果我们需要改变世贸组织的规则，那就去改变，但不能假装我们都可以变成本土主义者和保护主义者。

采访组：您认为中美的战略竞争或者战略对立变成一种现实了吗？

韦德宁：确实存在为争夺影响力的战略竞争。但竞争有不同种类。拿体育举个例子，足球赛中每个人都根据规则来踢球，裁判可以出示红牌把犯规者罚下，这是友好的、良性的竞争；与之相对的是拳击，它的目标是把对方击败，让对方倒地失去意识。我们需要确保美国和中国的竞争更像足球赛而不是拳击赛。

两个大国间的竞争可以是很正面的，让你变得更好更强壮。所以我认为，不应该说中美间的竞争就是坏事，而应确保竞争是良性的。

采访组：您认为两个国家可以怎么做来保证这是一场健康的竞争？

韦德宁：我在乔治城大学做的项目之一是关于战略信任和战略怀疑。我认为中美之间的战略怀疑太高了，需要降低。我们需要在这方面努力，答案依然是坦诚对话，领导人之间的化学反应，两国高层官员之间的个人友谊也是答案的一部分。

战略对话是一个很好的渠道。当佐利克开启战略对话时，他和他的中国伙伴一起待了几天。当内格罗蓬特（John Negroponte）参与对话时，他拜访了戴秉国在贵州的故乡。这很重要。因为如果了解对方，那就更容易处理问题和危机。

比如 2008 年发生金融危机时，保尔森给谁打了电话？王岐山。他们曾经一起创建了战略经济对话，建立了友谊。所以当保尔森和他讨论美国金融危机时，王岐山很愿意与他沟通，因为他们互相理解，有一定程度的战略信任。

我在白宫任职时，现在的中国外交部副部长郑泽光正在驻美大使馆担任公使，他和我处于同一级别，所以我们一起共事的时间很多。我们有时也争吵，但我们建立了非常好的个人关系，如今我仍把他视为朋友。

采访组：*在当前美国对中国有许多怀疑的时候，您认为还有可能建立这种战略信任吗？*

韦德宁：如果双方能互相进行坦诚的讨论，那就可以降低怀疑，达成一致。这需要能够私下讨论，而不是全部公开。用扩音器进行的外交永远不会成功。

中美关系是当前世界上最重要的关系。双方都需要明白，我们得小心谨慎，互相尊重，坦诚地面对困扰。这就像婚姻一样。在婚姻中，如果你不和配偶交谈、商量你们之间的问题，那你们只会感到对对方越来越愤怒。所以心理治疗师会建议双方交谈，倾听对方的话，而不是单纯指责对方做错了什么。

我认为我们当前遭遇的问题有一部分就是我们指责对方做的事情，但却没有好好倾听对方。

采访组：*在过去10年，中美军方的接触越来越多。您认为两军关系最大的障碍是什么，两国在过去是如何越过这个障碍的？*

韦德宁：军队是保密性很强的机构，要建立一支有效的军队，就需要有一些事情是对方不知道的。这不像经济，在经济问题上，你们可以对彼此在一切事情上都非常开放。但在军事上，双方都不想给对方看到所有的东西，透明度的问题导致建立两军关系很难。

坦白来说，我认为中国军队有很长一段时间对自己的设备感到有点窘迫。当美国人说“我们想看看你们的设备”时，中方会感觉自己没有很多可以展示的东西，尤其是他们来美国看到了美军的情况后。现在这已经发生了改变。中国有了航空母舰、现代舰船和现代战斗机，中国军队对自己更加骄傲了，因此也更愿意进行互访。这是个很大的积极变化。

中国还在世界各地维和行动中起到了更大的作用，索马里海岸外的反海盗行动也很有帮助，因为我们两国海军需要协同工作面对相似的挑战。

中美年轻人越走越近可带来希望

采访组：过去我们常把经济纽带和学生交流视为稳定中美关系的基础，您认为这个基础是否受到了挑战？除此之外，中美还有哪些合作的领域？

韦德宁：不，我不这么认为。中国市场正在扩大。中国的中产阶级正在增长，对美国产品和服务的需求也在增长，所以美国对中国的贸易会继续增长。比如美国的漫威电影、特斯拉电动车等，在中国非常受欢迎。所以当一切看起来很黑暗时，我们必须记住，中美在某些方面正越来越接近，美国还有许多可以提供给中国的东西。现在“美国第一”的言辞非常强势，有些可能是特朗普总统为了迎合在美国的基本盘和国内政治，我要提醒中国人不要对他的一些话太过认真。

我认为中国学到的一件事情是，“能力越大，责任越大。”随着中国越来越富裕，在全球的影响力越来越大，它就像美国一样有责任试着解决世界上的一些问题。中美两个大国可以合作协助解决许多问题，比如维和、减少贫困、应对气候变化等。

我在乔治城大学的工作之一是资助中国学者和乔治城大学的学者共同合作。我们医学院的学者在和清华大学、中山大学及中国的其他大学合作应对流行病问题、发展中国家的气候变化问题等。我们作为世界上最大的两个经济体，有责任尝试解决许多全球议题。

采访组：您认为过去40年来的中美关系对我们最大的启迪是什么？

韦德宁：最重要的一课是，我们会经历艰难的时期，这个双边关系处理起来并不是最容易的。我在白宫工作时经常说的一句话是，在中美关系上没有自动驾驶系统，你不能像开飞机那样打开自动驾驶，飞机就会航行，中美关系需要持续的照顾和关注。

我们很容易对对方产生疑惧，担心对方所做的事情正在伤害自己。我们需要注意不要为此而担心。坦诚的人际交往、领导人间的互相理解、共同相处非常重要。我们之间存在语言障碍，这意味着我们需要花更多时间来沟通，但总体来说我心怀希望。

韦德宁和来自中美两国的学生们在一起

韦德宁带领乔治城大学学生在中国参观访问

采访组：您当前对中美关系最大的担忧是什么？最大的希望又是什么？

韦德宁：我最大的担忧是台湾问题。我认为特朗普政府正在考虑如何改变对台政策。他们应该非常谨慎和透明行事，这样才不会让北京感到惊讶。1995 年李登辉访问康奈尔大学，让北京吃了一惊，导致了一场台海危机。现在，《与台湾交往法》为未来可能出现的挑战发出了警告信号。

我最大的希望是两国的新一代。我指导了一个活动，挑选 5 名中国学生和 5 名美国学生一起讨论极具挑战性的话题。我从中发现，他们天生就是全球主义者。他们生活在互联网时代，生活在这个全球化的世界，通过手机，可以到达世界上任何想去的地方。

我们这一代不像他们这么全球化。我们的学生明白，他们是美国人，但他们也是地球公民。他们到处旅行，见多识广。来这里的中国学生也是一样。我认为"千禧一代"面向世界，比老一辈更能理解为什么我们需要想办法成为朋友，为什么我们需要进行良性的竞争。这正是我对我在乔治城的这些青年学生们的未来所寄予的希望。

Robert Daly

戴　博

采访对象： 戴博，1962 年出生。现为美国伍德罗·威尔逊国际学者中心基辛格中美关系研究所主任。他曾经在北京担任美国驻华外交官；曾为包括卡特总统和江泽民主席在内的多位中美领导担任翻译；他曾在多所知名学府担任主管；还曾是中国电视荧屏上的帅气演员。作为中美关系领域公认的专家，他曾参加美国国会听证会，就相关议题提供见解。戴博投身中美关系事业已经 30 年有余，他的职业道路和个人经历也成了中美关系 40 年发展的鲜活映照。

采 访 组： 辛恩波　吴　挺　魏帮荣　周永平

采访日期： 2018 年 4 月 27 日

采访地点： 基辛格中美关系研究所

戴　博：

中美需将新兴科技转化为未来合作的积极推力

只要瞅一眼戴博的办公室，就不难发现他对中国兴趣浓厚。中国传统国画、书法作品，亚洲地图，当然还有家人的照片，无一不透露着办公室主人浓浓的中国情结。戴博的妻子是中国人。作为三个孩子的父亲，他非常自豪能专职研究中美关系——这对世界上最重要的双边关系。

大学期间戴博学的专业是动漫绘画和美国文学，恐怕连他自己也没想到他日后会成为知名的中国问题专家。虽然他的职业道路和科班出身的学者一点儿也不一样，但丰富的人生阅历和有点传奇的工作经历却让他对中美关系的理解更加全面和深刻。

在戴博看来，中美关系已经变得愈发成熟，两国分歧也不再能笼统地归咎于缺乏相互了解，而是因为我们存在核心利益冲突。他相信，新兴科技的发展比传统的地缘政治对世界的未来发展影响更大。他也相信，如果中美两国能着眼全球，注重多边合作，管控分歧，为人类的共同利益而一起努力，那么我们就能防止两国关系陷入恶性循环。

最幸运的事：和中美关系共同成长

采访组：20 世纪 80 年代末到 90 年代初您曾在美国驻华大使馆工作，担任主管文化交流的外交官。那是您职业生涯的开始。您是怎么获得来华工作机会的？

戴　博：我来自纽约州北部的雪城。我从小在那儿长大，大学也是在那里读的。直到上大学，我都和父母住在一起。临近毕业的时候，我打了很多零工。我做过足球队教练、楼管等各种工作，但我从来没有出过国。我很希望有机会出去闯闯，看看外面的世界。所以我参加了美国外交系统考试，成功地成为一名外交官，被派往中国。

1987 年是我第一次到中国，我在北京工作并生活了三年，还在台湾待了一年。那段经历真的太棒了。那是我这一辈子遇到的最幸运的事之一。我经历了很多个人生“第一次”：第一次出国，第一次学外语……

当时中国仍然是很贫穷的国家，但是我所到之处都受到了热烈欢迎和很好的礼待。像那时候的其他大部分人一样，我完全没想到中国会发展成今天这样一个繁荣大国，会成为能与美国比肩的竞争方。虽然中美关系现在比以往任何时候都更具争议，但中美关系的好坏影响重大。我感觉从 1987 年开始我就在和中美关系一同成长。

采访组：很多中国人还把您认作大卫——当年的热剧《北京人在纽约》里的男二号。参演电视剧是怎样的经历，对您的人生有什么改变？

戴　博：我 1991 年离开外交部门到康奈尔大学教授中文。只教了差不多三个学期。1992 年感恩节前夜，我接到姜文的电话，约我见面。

我在大使馆工作时就结识了他，成了好朋友。原来他们想让我试镜。当时我还没成家，比较自由，就答应了一起拍戏并离开康奈尔大学。我当时并不知道这部电视剧会那么火。

在那之后，我还接到了一些其他片约。我在南京演过一个戏，但那片子并不成功。1995 年我和上海人艺合作，我们连演了 60 场《陪读夫人》。

对我来说，做演员的经历给我最大的收获是有机会在中国的机构工作。我的领导们都是中国人，他们的工作方式非常中国化。这是很多美国人没有的机会。

采访组：这为您认识中国提供了一个怎样独特的视角？

戴　博：我在中国机构工作，主要是和各类摄制组一起。我也在中国参与过中美合作项目，在合资机构任职。例如我曾和上海电视台一起联合制作中文版《芝麻街》——这就是一部合作产品。

我在文艺、政府、媒体、教育、智库等各个领域亲身参与了中美一线合作，我真的一直非常幸运；能够为两国友好而贡献力量也让我备感荣幸。我对中美两国人民在一起工作的各种模式有切身体会，有时候我们同心协力，有时候也会针锋相对。这对我加强对中国的认识非常有帮助。

从事中美关系事业30多年的经历让我知道中国今天的成就来之不易。我看到的是一个伟大的国家。中国所取得的翻天覆地的变化是人类历史上绝无仅有的。这真的是让人佩服的成就！

教育人文交流：中美关系的稳定剂和建设性推力

采访组：您在南京生活了六年，担任南京大学－约翰·霍普金斯大学中美文化研究中心美方主任。作为中美教育交流的重要参与者，您认为这些年来中美在教育领域的合作呈现出什么主要特点？

戴　博：至今为止，教育交流一直是中美关系中的一个相当积极的推力。对中美双方而言，高等教育交流的引擎主要是中国的现代化进程。我认为中美教育交流主要有两大特点。

首先，我认为最重要的部分是中国留学生。很多中国学生来美国攻读硕士、博士学位，现在还有很多本科生甚至高中生赴美求学。目前有几十万中国学生在美国。历史上的累计数量可能已经超过数百万。大多数学生来美国一方面当然是为了自己的职业发展，但他们回到中国后也会运用所学知识帮助中国发展。

其次，美国的很多教育机构，比如约翰·霍普金斯大学、杜克大学、纽约大学，还包括哈佛大学、耶鲁大学和欧柏林学院等，这些美国高校和中国的大学之间有数以千计的合作协议。虽然目的不尽相同，但从中国的角度来看，这样做的目的是要提高中国高校和高等教育的水平和竞争力。虽然结果有好有坏，但总体上是非常积极的。

采访组：现在很多美国人对孔子学院这样的中国教育机构持怀疑态度，甚至对中国赴美留学生都加强了戒备。您认为这是什么原因导致的？

戴　博：现在中美教育关系或许真的到了转折点。我们现在变得越来越怀疑对方，这种怀疑延展到了教育领域。这是很糟糕的。不论是中国赴美留学生也好，还是美国赴华留学生也好，都是双边关系的稳定剂。如果他们的动机都成了怀疑的对象，那我们就将失去这个推动总体关系发展的建设性推力。

现在的中美关系中竞争性更强、争端更多。双方缺乏互信，都认为对方应该负主要责任。所以，其他任何领域的活动都难逃政治和意识形态方面互疑的影响。这或许会持续很长一段时间，中美关系的各个方面都将或多或少受此影响。教育也很难脱离政治语境。

采访组：在这种情况下，友好交往能给两国关系带来什么好处呢？

戴　博：我认为中美关系中积极的一个因素是，总的来说，中国人和美国人互有好感，彼此都有比较积极正面的感觉，很多人对对方国家的文化感到着迷。即使在竞争成为主导的当下，也不能说中国人都是反美的，或者说美国人都是反华的。

真正了解对方的价值在于可以避免妖魔化对方。比如，如果你对中国有一些了解，就不会盲目相信那些以偏概全的反华宣传。当我听到有人以一种无知、肤浅、狂妄的方式谈论中国的时候，我不仅不相信，而且可以反驳——我每次都是这么做的。

同样，如果一个中国人对美国有所了解，也不会妖魔化美国。我的很多中国朋友对美国有比较综合的认识，他们或许并不认同美国的某些做法，甚至在某些方面会抨击美国，但他们不会妖魔化美国。这就很好。这样我们就能进行合作，共同解决高校、企业等各类机构之间的问题和挑战。在这方面我们需要做更多努力。

采访组：人文交流可以帮助我们减少互疑或误判吗？

戴　博：我认为从每个个体角度而言，了解另一个国家是非常有益的。就我自己来说，我从事中美关系工作 30 多年了，这丰富并改善了我生活的每个方面。我的感激之情无以言表。

但是人文交流的作用也是有限的。有些领域我们分歧很大，比如南海问题。我们看问题的角度不同，我们的分歧基于核心利益的冲突。对中国来说，这是一个主权不可侵犯的问题；对美国而言，这是国际法的问题，关乎我们的盟友体系。再多的人文交流恐怕都无法让我们冲破安全议题上各自的立场。

我们当然还是应该继续推动人文交流和各种各样的接触，但是我们不能指望这能从本质上改变我们对彼此的战略判断。

中美比以往任何时候都更需要“接触”

采访组：在美国对华政策调整大讨论中，有美国人认为美国应该放弃“接触政策”而改为“遏制政策”。您怎么看？

戴　博：的确，越来越多的美国人认为“接触政策”失败了，但我强烈反对这种观点。很多美国报纸和文章说，接触的目的是让中国变得更像我们，这种观点是错误的。接触的目的从来不是让中国变得更像美国，我们不应该企图让中国变得更像美国。

我个人的观点是，我们应该希望中国人更像他们自己。接触要比试图孤立中国好得多。孤立中国是不可能的，如果试图孤立中国，最终结果就是孤立自己。和中国接触，意味着我们必须以各种方式共同努力建立共同利益、解决问题、避免冲突。现在依然如此，这比以往任何时候都更重要。

采访组：“接触政策”给中美两国带来了什么好处？

戴博在其办公室接受采访

戴　博：诚然，中国从中获得的好处要远远大于美国。但是中国的起点低。中国取得了巨大的成功，人民生活得到了大幅改善。从人类共同繁荣的角度来说，我们不能说接触是错误的。

但在我看来，美国从与中国接触中同样获得了巨大利益。首先是人才流入。在过去40年中，中国人在各个领域对美国社会的贡献都是巨大的。研究、医学、文化、学术，无论哪个行业，人才的涌入为美国的建设添砖加瓦，作用积极。中国学生最后留在美国还是回中国不重要，结果都是双赢的。

这些人员往来成了两国之间的桥梁，通过互相学习、分享知识，我们得以在各个领域进行合作，共同解决难题。不可否认，美国从中获益匪浅。可以说，没有一所美国大学、企业或政府实验室（除了保密项目）没有大量的中国人才。这并不局限于研发领域，我们也有获得美国最高文学奖的华裔作家，还有设计师、电影制作者、演员等等。可以说，各个领域人才辈出都有华裔的份儿。

采访组：是不是可以说您并不支持"遏制政策"？

戴　博：遏制是错误的，遏制是一个冷战术语。事实上，美国从来没有试图遏制中国。如果我们回顾一下过去40年的历史，美国是在帮助中国崛起。美国是中国崛起的一个关键因素。

从很多方面来讲，我认为美国人可以为我们为中国崛起而做出的贡献感到骄傲。一方面，中国所取得的一切99%当然是中国人民自己努力的结果；而另一方面，中国的现代化几乎没有哪一个方面可以说与美国完全无关。

现在的问题是，双方都说得好像中美关系已经停止发展。事实并非如此，中美关系并没有结束。我们还在继续变化和适应，我们不知道两国关系未来会走向何方，所以我们仍然必须保持接触。

采访组：随着中美关系变得越来越具竞争性，也有人担心我们正在失去合作的基础。有没有什么新的领域我们可以一起参与并加强接触与合作？

戴　博：我认为有一个我们还没有探索过的领域，虽然这不能解决所有问题，但值得尝试合作，那就是安全，特别是食品安全，但也包括消费品安全和药品安全。

这是一个全世界所有人都关心的领域，也没有太浓的政治色彩。我们能进行公平合作。为了自己，也为了我们的后代，我们都希望食品药品和各类产品安全。美国和中国可以一起向全世界呼吁，共同建立安全的全球食品供应链。

当然，我们需要做出切实的投入，不管两国关系怎么发展变化，不管遇到什么样的困难。我们要采取具体措施，每个国家都要付出资金投入，要组建管委会秘书处，要制定可衡量的指标。当然，我们也需要应对转基因食品之类的问题。

中美两国有相关的技术和资金，我们又是世界上最大的市场，可以一起努力合作，为世界贡献一份大礼。这符合双方各自的利益。我们需要这样的合作。

新兴科技推动中美新未来

采访组：*中美建交之前也经历过敌对时期。是什么避免了我们在历史上走向战争？现在很多人在讨论新兴大国和守成大国之间可能爆发的战争。您觉得这是不可避免的吗？*

戴　博：20 世纪 70 年代，尼克松、基辛格的访华之行标志着中美关系开始走向正常化。当时的目标是共同对抗苏联，那是我们关系的积极基础。冷战结束后，双方有一个模糊的想法，即经济增长和全球化是中美的共同利益。虽然双方没有明确的表述，但这仍然是一个积极基础。

但是现在我们只剩下不走向战争这样一个消极目标。这是不够的。我们需要找到积极的、具有启发性的共同目标，指引我们向前。虽然目前还很难跨越分歧、一步到位。

我认为双方都曾犯错，也将继续出现错误。现在我们正处在这样一个阶段，我们只能希望不出现大到足以导致我们陷入冲突的意外或误判。因为我们需要时间来调整和弄清楚，一个崛起的中国对世界意味着什么。

我认为中国目前比美国拥有更清晰的战略愿景，但也有盲点。美国甚至没有战略愿景，我们作为守成大国，主要目标还停留在守住已有的地位，而不是向前看。我们双方最需要的是调整的时间，让我们保持克制，减少对彼此的损害。

采访组：目前关于中国崛起和大国竞争的讨论很多，有人认为中国的崛起对美国构成威胁。您同意这种说法吗？

戴　博：首先，这取决于"威胁"的定义。中国不可能入侵美国，这点我们可以确定。确实也有些问题可能升级恶化使得我们卷入战争，但是总的来说可能性也不大。比如，南海问题、东海问题，虽然事态有时会恶化，但我们已经进入了一个局面可控的"新常态"。

再比如，朝鲜半岛问题，可以想象出现中美陷入冲突的可能，但是已经出现了一些积极迹象。又或者，印度和巴基斯坦争端，也可能使得中美陷入冲突，但是可能性也不大。

台湾问题一直困扰着中美关系，近来也越发变得矛盾重重。但是过去40年我们处理得很好。如果我们理智并保持克制，那么未来我们还能处理好。所以总的来说，主要的危险并不是战争或侵略。

采访组：那么主要的危险是什么呢？

戴　博：从美国的角度来看，主要危险在于国际自由准则和实践方面的冲突。从某种意义上来说，这确实是意识形态的竞争。

我并不认为中国在国际上的所有作为都是不符合自由主义观念的。中国正在提供越来越多的全球公共产品，对此我们应该持开放的态度，欢迎中国做出这方面的努力，承认中国在这方面的贡献。但与此同时，我们确实有不同的历史文化和价值体系，这可能导致真正的冲突。

我认为美国正在经历严重的政治和文化危机，这使得美国难以恰当地处理国际问题。我们也不知道美国将来是否仍然愿意成为国际领导者，这是个大问题。在我看来，中国的体制制度也非常脆弱，也在经历大变革。两个国家面临的国内问题都很多。国内问题突出的时候，就很容易夸大国际威胁。

采访组：那么您认为推动中美下一个40年发展的会是什么呢？

戴　博：两个国家都面临巨大的挑战。中国的挑战是：中国能真正成为融入世界的大国吗？对美国来说，我们能适应中国的崛起吗？我们一直以来都希望成为地球上的头号大国，那我们能放弃美国特殊性吗？其实，中美两个国家都挺自大和自以为是的。处在利益链两端的我们，能否互相协调、彼此适应呢？这是很难的。

我们怎样才能搁置社会的多样性和政治体制的差异，实现文化互融，参与更多的合作项目？什么能让中国人和美国人紧密联系在一起呢？

我认为，比起地缘政治，我们如何应对科技发展，在未来 40 年将成为塑造世界发展的最重要的决定因素。尤其是在人工智能、超级计算机、大数据、监控、通讯技术、人类基因组图谱等新兴科技领域。这里面一方面有商业价值，另一方面也牵涉安全议题。比起单纯的中美双边关系，新兴科技的发展将在未来 40 年对世界形势和人类社会带来更重大的影响。

所以我们能做的一件事就是增加在这些领域的对话合作，共同挖掘科技所能带来的积极影响，也共同处理随之而来的问题。

采访组：您对中美两国未来最大的希望是什么？

戴　博：虽然双方都在改变和调整，但我们需要避免在未来 10 年或 20 年发生直接冲突。坦率地说，这是一场时间的游戏。我们需要运气，而我们可能并没有这种运气。

现在，我们双方的军事机构和政治机构对彼此都有很深的怀疑。这意味着我们需要纳入第三方因素，或许多边主义会拯救我们，而不是中国或美国单方的智慧。事实上，我们必须在一个非常复杂和不确定的多边世界中运作。比如，我们都希望与印度、日本、欧洲等保持良好的关系，我希望我们都能做到与这些国家和地区保持良好关系。

如果中美两国与其他世界各国都有良好的关系，我们的利益就会被捆绑在一个复杂的网络中，这将使我们减少意气用事的风险，并让我们获得更多的时间继续适应和改变。这就是我的希望。

Paul Haenle

韩　磊

采访对象：韩磊，1966 年出生。现为清华 – 卡内基全球政策中心莫里斯 · 格林伯格荣誉主任。他曾在 2007–2009 年供职于布什与奥巴马政府，在美国国家安全委员会担任中国事务主任，并作为白宫代表参与朝核问题六方会谈。在 2004–2007 年担任美国国家安全顾问行政助理。他曾在美国陆军接受过中国外交事务训练，两次被派驻美国驻中国大使馆，并作为一位美军陆军连长被派驻韩国两年。他还曾在五角大楼担任参谋长联席会议主席班底的中国事务顾问。他是美中关系全国委员会董事会成员，还是其美中青年领袖项目 2002 年首批学者之一。

采 访 组：薛雍乐　龙　菲　魏帮荣　周永平

采访日期：2018 年 6 月 8 日

采访地点：北京于是 By Cartelei 咖啡馆

韩　磊：
中美加强国际议题合作惠己及人

清华－卡内基全球政策中心主任韩磊已经是个不折不扣的“中国通”了。他不仅在担任美国陆军派驻海外职务和在政府内处理中国事务的过程中积累了丰富的处理中美关系的经验，作为清华－卡内基全球政策中心主任，他还在政策和学术圈都做了大量与中国相关的工作。如今，韩磊与家人住在北京已将近 9 年，8 岁的儿子托马斯和 1 岁的女儿玛贝尔都在北京出生，托马斯能说流利的中英双语。

作为在美国陆军受训的中国事务官员，韩磊曾两次派驻美国驻北京大使馆。早在驻首尔期间，韩磊就曾到中国旅行，并从此对中国产生了浓厚的兴趣。那次旅行后不久，他就开始学习中文，足迹踏遍中国每一个省，回去后在哈佛大学攻读了硕士学位。在五角大楼和白宫处理中国事务多年后，2009 年 10 月韩磊作为中校从美国陆军退役，并赴北京担任清华－卡内基全球政策中心主任。他是国际社会中倡导建设中美双边关系重要性的主要发声者之一。韩磊曾在小布什和奥巴马政府中处理过对华政策，他认为中美两国需要寻求新方法来扩大合作和管控分歧，希望双方都能汲取过去 40 年两国关系的宝贵经验，确保未来 40 年中美关系向积极方向发展。

受经济发展前景吸引选择中国研究

采访组：1979 年中美关系正常化时，您在哪里？对此有什么印象？

韩　磊：我在纽约州布法罗市长大。中美建交时，我正在读 8 年级，所以我记得在学校学了这些，但当时和中国还没有私人关系。那时我只是个青少年，但我知道那是一件对时代和未来都极为重要的大事。在美国与中国大陆几乎没有任何交往的 20 多年后，尼克松总统在 1972 年访华，接下去的 7 年中，我们和中国的关系得以实现正常化。那非常重要，让我们两国的关系走上了与以往不同的轨道。

采访组：1994 年第一次访问中国的经历激发了您对中国的兴趣。能否谈谈那次访问的体会？

韩　磊：当时我住在韩国首尔。那是在 1994 年夏天，我在美国军队担任上尉，在首尔当连长。我的母亲、姐姐和一个朋友一起过来看我，我们就去了中国。我们去了北京、上海和西安。我们了解了那些城市的悠久历史和文化，接触了许多中国人，尤其在与导游的交谈中增进了对中国的了解。我记得我们花了很多时间骑自行车，当时中国的自行车远比汽车要多。

那次旅行中有两件事对我产生了冲击。首先，在人文交流层面，我感觉中国人喜欢美国人，美国人也喜欢中国人，我们可以融洽相处。中国人喜欢笑，颇有幽默感。在很多方面，我们之间的共同点其实比差异更多，这给我留下了深刻的印象。

其次，我感觉到 1994 年的中国是一个向前发展、正在崛起的地方，当然那时已经开始了经济改革进程。我们去了上海，那时的浦东发展还处于开始阶段，还有农田，有农民居住。而当我 1998 年来到中国工作时，仅仅 4 年的时间，浦东的发展令人惊叹。我对在这么短的时间里取得这样的成就印象深刻。

采访组：您的个人兴趣是怎样转变为职业兴趣的？

韩　磊：当时我正准备离开军队，回研究生院去学国际关系。但我了解到美国军队有一个名叫“外国地区官员”的项目，专门研究世界的不同地区。其中很多项目关注的都是拉丁美洲、欧洲等地区，而由于中国很大，中国项目关注的就是这一个国家。所以我就申请了中国项目并被录取。我花了一年的时间在加利福尼亚州蒙特雷的国防语言学院学习中文，再花一年时间在中国国内训练，一边继续学中文，一边在全国各地旅游。

我们被鼓励搭乘不同的交通工具去往各种地方，我坐过火车硬座和软座，也坐过飞机、轮渡、公共汽车，还骑过自行车。在那一年，我有机会访问了中国的每一个省。我的许多中国朋友说，仅需走出距离北京中心 50 英里（约 80 公里）就可以看到一个不一样的中国。在那段时间，我得以看到了当时中国的不同地区、不同文化和不同生活条件。那真是难忘的经历。

“外国地区官员”项目的第三部分则是读研究生。我得到了去哈佛大学攻读东亚地区研究的机会，加深了在中国及亚洲相关事务上的学术训练。此后，我就回到中国，在美国大使馆武官办公室担任助理陆军武官。

采访组：有哪些人影响了您对中国的研究?

韩　磊：我很荣幸有机会能与最顶尖的中国研究专家共事，向他们学习。在哈佛大学，我的论文导师是江忆恩教授（Alastair Iain Johnston）。我在美国大使馆的第一个任期是为时任武官的艾江山将军工作。

后来在国家安全委员会，我担任时任国家安全顾问康多莉扎·赖斯和她的副手斯蒂芬·哈德利的行政助手。在奥巴马总统第二任期，哈德利接替赖斯成为国家安全顾问，我也有幸留了下来在他手下工作。从他们两人身上，我学到了如何在国际社会中推进美国利益，也包括如何处理中美关系等对美国最重要的双边关系。

在我的中国工作生涯中，最幸运的事之一就是得以和这些人共事，他们了解中国和中美关系，也了解中国在国际社会的重要性。

韩磊与赖斯交谈

韩磊（右一）与美国军方代表一起游览长城

中美联合军事行动有利于降低互疑

采访组：2003–2004 年，您在五角大楼负责中国事务，当时有没有参与中美之间的军事交流？

韩　磊：我和中国人民解放军及中国国防部门有长时间的接触。这项工作很重要。在 2003–2004 年，中国的崛起在世界上已显而易见，中国的经济已经多年以两位数增长，但同时中国军队也在经历重要的现代化进程。所以我们努力在两军之间建立信任，这仍是我们在当前环境下努力做的重要工作。

然而，我们两国中有许多人都对对方的意图怀有深深的怀疑。我们在美国经常听到有人说，随着中国愈发强大、在世界上的影响愈发重要，它最终会想取代美国，采取损害美国利益的行动。而在中国，我也经常被人问到，美国是否正试着阻碍中国崛起，遏制或者包围中国，防止它变得更加强大。面对这样的互相怀疑，我们双方都需要做出努力，形成深思熟虑的战略降低彼此间的怀疑，更清晰地理解双方的意图，找到建立互信的方法。我从五角大楼学到了这些，在之后从事各方面的中国工作时也都铭记于心，包括现在在清华–卡内基全球政策中心的工作。

采访组：您在五角大楼工作时，是如何尝试克服这种疑虑的？

韩　磊：我认为试着减少这种疑虑的方式之一是增加互动，可以通过会议和研讨会，通过“二轨”和“1.5 轨”对话，这些都是非正式渠道。而在正式渠道方面，虽然官方代表团的访问很有必要，但这种场合通常非常生硬，参与者往往会严格遵照自己的官方讲稿。所以在这样的场合通常不能加强互信，但可以更清晰地理解对方的政策和意图。

随着时间的推移，我认为我们两军需要做得更多的是试着合作完成一些共同的目标。我曾在美国陆军服役超过 20 年，从我的经历来看，如果能和其他国家的军队朝着共同目标合作，那合作达成那些目标的经历本身就能加强信任。因此，我总是呼吁中美两国在人道主义演习、救灾行动等方面共同行动，努力达成某种让我们双方都感到自豪的成果。这些经历能帮助建立合作机制，时间长了后就能增进理解和互信。

我认为在各层级都这样做很重要。比如说，如果从下级军官开始建立关系，那随着这些军官逐步晋升，当他们在自己国家的体系中达到更高位置的时候，他们之间的这种关系就将非常重要。他们可以利用这些关系更好地理解对方、解决问题。我们两国需要在这方面做更多努力。

我认为很不幸的是我们两国在很多方面的互相猜疑正在恶化，我们必须回应这些问题，军事就是其中的一个领域。军队的工作之一是做好最坏状况的估算，如果总是在研究其他国家的军队会对自己造成多少伤害、自己又要采取什么行动来抵御，那么双方的国防部门之间就会有许多猜疑。我认为努力去克服这些猜忌和互疑很重要。

中美两国需要适应新的现实

采访组：您在布什和奥巴马政府期间都在国家安全委员会任职。从您的经历来看，如何比较这两届政府的中国政策？

韩　磊：在国家安全委员会工作让我得以懂得我们双边关系的广阔性。在五角大楼时，我关注的是军事和安全问题，这是极其重要的一部分，但我们的关系比这更加广阔。国家安全委员会在白宫中负责协调政府各部门和各机构的政策。在国家安全委员会时，不仅要理解五角大楼的观点，也要理解国务院、财政部、商务部在中国问题上的看法。这些部门由于负责的事项不同，观点可能有微小差异，在很多情况下也有可能完全不同。在国安会工作 5 年的经历使我了解到中美关系的广阔性和复杂性。作为政策制定者，不能仅通过其中一个方面来看待中美关系。

我在国安会任职期间，前副国务卿鲍勃·佐立克（Bob Zoellick）在美中关系全国委员会发表演讲，敦促中国成为一个“负责任的利益攸关方”。他的意思是，随着中国的崛起和实力增强，中国应该提供更多国际公共产品，试着和美国等其他国家共同努力解决国际问题。那正是布什政府对中国的策略。比如六方会谈就是一个重要的平台，使得美国不只和韩国、日本等盟国合作，也和中国合作。尤其在布什政府后期，我们其实在朝鲜问题上取得了一些进步。布什总统认为，在这样一个对中美都具有战略性的问题上和中国合作非常重要，如果我们能共同合作取得进步，那将对整个中美关系都大有益处。至今我还相信这一点。

我在布什政府的最后两年担任中国事务主任，我本以为自己在布什政府卸任时就要离开白宫，但奥巴马团队来找我说，奥巴马总统和他的顾问们对布什总统实施的中国政策印象深刻，他们想请我在奥巴马上任的第一年再留几个月，帮助他们在布什政府的基础上建立与中国接触的框架。所以在很多方面，我认为布什和奥巴马政府对华政策的大框架都非常类似，那就是共同应对分歧，同时试着建立更多合作。

比如在伊朗核问题上，中国扮演了重要的角色，使奥巴马政府最终达成了协议。我想，很多人都会说，如果中国没有作为关键方积极参与谈判，那我们永远都不可能达成那份协定。当然，在奥巴马政府时期，中美还在气候变化问题上达成了重要的一致，最终签署了国际协议。

采访组：相较于布什和奥巴马，特朗普的对华政策有何变化？对中美未来有何影响？

韩　磊：我认为布什和奥巴马对华政策的大框架非常相似，而特朗普政府则采取了不同的方式。在某些方面，这种区别背后的原因并不是因为特朗普总统的个人特色。特朗普的特色在于他处理问题的方式不同。他对贸易赤字的关注、他的不合常规和难以预料，以及他回应那些问题的风格，都是独一无二的。但中美需要回应经贸关系的不平衡，需要有更公平的竞争环境，这得到了美国两党的支持，美国在欧洲的盟友以及在亚洲的其他盟友与伙伴也有一些同样的担忧。

同时，美国需要做出调整来应对一个不一样的中国。为了允许中国在国际货币基金组织得到更多投票权，我们曾在国会耗了太长时间。而在中国提出建立亚洲基础设施投资银行时，奥巴马政府直接拒绝参加，而不是说“那是个好主意，我们乐于见到中国开始为国际和地区提供公共产品，但我们希望亚投行能确保维持高标准和透明度等”。回顾当时，我想很多人都认为奥巴马政府采取的手段并不正确。美国需要做很多事情来适应现实，即中国如今在国际舞台上有更大的作用。

我认为中国也应该适应现实，它已不再是 2001 年加入世贸组织时的那个发展中国家了。中国加入世界贸易组织时，得到了各种优惠待遇并承诺将更加开放。17 年后，中国经济还在利用那些优惠待遇。中国现在已是世界第二大经济体了，应该更大程度地开放市场，解决知识产权问题，以及行业政策相关的问题。这些是中美关系中的结构性问题，我们需要进行坦

韩磊（右）与美国驻华大使布兰斯塔德一起座谈交流

诚讨论并尝试有效解决。因为如果不这么做的话，那长期下去就将极大地危害中美关系未来的健康和福祉。

合办智库促进中外互相理解

采访组：您来中国建立清华－卡内基全球政策中心的经历非常独特。当时您为什么会决定来中国？

韩　磊：2009 年夏天，我正准备离开国家安全委员会，卡内基基金会找到了我，说卡内基基金会准备和清华大学建立伙伴关系，创办联合智库。由于我在军队服役时经常派驻海外，那时我非常想再次到国外工作。这对我来说非常具有吸引力，也与我以前在军队和政府所参与的政策工作经历非常契合。因此从某种程度上，我感觉作为卡内基派驻北京的代表并创建清华－卡内基全球政策中心的这个岗位是为我量身定制的。

在过去 8 年多的时间里，我们建立了一个平台，让中国专家、学者、政府官员和美国及其他外国专家接触。随着中国在世界上愈发强大和有影响力，开始在国际事务上扮演不同的角色，我们可以在这里以国际合作的方式进行对话，让国际社会更好地理解中国的视角和态度，也让中国更好地理解国际社会的观点和关切。

卡内基基金会在华盛顿、布鲁塞尔、贝鲁特、新德里和莫斯科都有中心，所以清华－卡内基中心的学者可以和处于战略位置的外国首都的学者接触。

如今，随着中国在国际事务上愈发积极，中国学者被寄予更多希望，要向中国读者和政府阐释世界各国的观点和关切，为中国的应对方式提出建议。所以我认为，我们在清华大学的中国伙伴看到了和卡内基基金会合作的好处，也看到了在中国进行接触和交流的优势。

除了在外交政策方面从事学术研究外，我们也关注下一代领袖。我们为中国学生和国际学生开设了卡内基－清华青年大使项目，国际学生中许多都是美国人。在这个项目中，中国学生和国际学生同样地通过国际合作的方式来到一起，试图找到中国和外界在哪些方面存在互不信任，其根源是什么，当今的年轻人如何能想办法建立更积极的建设性关系。我们的愿景是，在我们项目的青年大使踏上社会后，无论是在各自国家的政府供职，还是经商或从事学术，他们建立的这些人际关系将继续伴随着他们。当他们最终达到更高级别的职位时，处理挑战时将更有准备。我们常说，也许有一天，美国的国务卿和中国的外交部部长正是通过我们的青年大使项目认识的两个学生，当他们面临困难的挑战和解决重大问题时，将更有准备。

采访组：很多美国的中国问题专家都在华盛顿观察中国，在中国的经历有没有给您不同的视角？

韩　磊：我大多数时候都是以北京为平台，和中外专家接触。和华盛顿的同事们相比，这给了我一个非常不同的视角。我在华盛顿的许多同事会来中国，想得到这样的视角以助于工作，而我很幸运能够处在第一线，在一个几乎每天都和中国接触的位置上，这对促进我自己的研究和促进我对中方观点的理解都大有帮助。最终，我们可以利用这样的理解，向美国政府或中国政府提出建议。我们希望这些政府部门能够利用我们的资源，并从我们学者提供政策咨询的研究中受益。

采访组：在教育中美下一代决策者的时候，您认为他们看待中美关系的视角有没有和以往不同之处？

韩　磊：如今，人们能更方便地出国去亲眼看看正在发生的事情。比如有更多中国学生到美国去，也有更多美国学生来中国学中文。在我读大学时，如果出国旅行，还没有“脸书”或微信这样的社交媒体来保持联系，只好互相写信来保持联系，我因此失去了许多联系人。而如今，人们有了更多机会去保持接触、理解彼此。

我们在清华－卡内基中心开设青年大使项目，就是因为未来在下一代领袖手中，而他们手中的未来并不遥远。我一直提醒清华－卡内基的学生说，我于 2001 年研究生毕业，到 2004 年已经到白宫西翼一楼工作，成为国家安全顾问及其副手的行政助理。三年后，我就成了布什总统的中国事务主任，事情发展得很快。因此，我认为趁早就让年轻人接触并培养他们解决挑战的能力非常重要。

采访组：回顾过去 40 年来的中美关系，您认为给我们最大的启迪是什么？

韩　磊：回顾过去 40 年，显然我们有合作也有竞争，面对过挑战，甚至还遭遇过危机。我们在 1996 年有台湾导弹危机，当时形势就非常紧张。1999 年春天，中国驻南斯拉夫联盟大使馆被北约导弹误炸时，我正住在北京。而在布什政府早期还发生了 2001 年的南海撞机事件。这些事件本来都有可能使中美关系脱轨。当我回顾历史中的这些事件时，让我印象深刻的是，来自中美两国的领导人当时决定不让这些事件使中美关系脱轨，因为这符合两国的利益。我们找到了解决这些危机的途径，甚至逐渐改善了关系。所以，尽管我们在 40 年的官方关系中经历过低谷，但双边关系总体来说处在上升轨道。我认为我们应该努力工作，确保未来 40 年还会如此。

当前我们正面临一些从未有过的挑战。在经贸问题上，有一些非常严肃的问题需要中国领导层来解决。还有一个问题是，美国的许多利益集团在过去的危机时刻曾呼吁维持积极、建设性的关系，但现在却感觉受到了排挤，比如美国的企业界。我们必须小心谨慎，因为如果我们两国都没有利益集团呼吁积极的建设性关系，那随着时间的推移，中美关系就会每况愈下。我个人认为，我们的关系太重要了，不能发生这样的情况。

Daniel H. Rosen

荣大聂

采访对象：荣大聂，1967 年出生。他是美国咨询公司荣鼎集团的创始合伙人兼中国团队负责人，在研究中国经济、企业和中美经济与商业关系方面拥有 20 多年的丰富经验。2001 年以来，他一直担任哥伦比亚大学兼职教授；2000 年至 2001 年，曾担任白宫国家经济委员会和国家安全委员会国际经济政策高级顾问，参与中美关于中国加入世贸组织的最后阶段谈判。他同时是美国外交关系协会成员，以及美中关系全国委员会委员。

采 访 组：吴　挺　周永平

采访日期：2018 年 9 月 19 日

采访地点：荣鼎咨询纽约办公室

荣大聂：
建立信任是中美应对棘手问题的解药

在近一个小时的专访时间里，过去 20 多年里一直和中美经济数据打交道的荣鼎咨询创始合伙人荣大聂，没有对中美过去几十年里创造的巨额贸易数字过多赘言。这位对中美经济政策深耕多年的经济学家着重强调了中美知识分子在关键时刻的责任担当，要在困局中寻找两国就共同去向何方达成共同理解的路径。

荣大聂曾于世纪之交以白宫国际经济政策高级顾问的身份参与中国加入世贸组织最后阶段谈判，对彼时谈判之艰辛及两国国内阻力之巨依旧记忆犹新，他进而由衷感叹当时两国政府为了达到共同目标，迎难而上所展现出的领导力。

荣大聂认为，过去几十年处理中美关系最重要的启迪在于两国如何建立起信任，“有了信任，一切都是可能的，甚至可以为最复杂、情绪化、历史性的问题找到解决方式。”在他看来，当前中美之间面临的经贸摩擦没有胜利者，双方都是输家。这个问题的解决，同样有赖于两国建立互信。

入世谈判双方都展现出领导力

采访组：*您最初为什么会选择学习汉语？在 20 世纪 80 年代还很少有人对中国感兴趣，您是受谁启发吗？*

荣大聂：我认为是中国本身激发了我的兴趣。80 年代，在邓小平的领导下，中国刚刚启动了改革开放进程。放眼全世界，当时没有其他任何一个国家像中国那样进行如此大胆的政策改革和调整。我对国际经济学很感兴趣，认为当时中国正在发生的变革本质上是经济层面的，所以很自然地被吸引了，想对此开展研究。

采访组：1979 年中美两国正式建立外交关系，这给您的职业发展带来什么影响？

荣大聂：1979 年中美两国建交，不久后我就开始学习更高级别的课程。所以当我在大学和研究生院进行研究的时候，理所当然地认为，既然中美之间已经建立了正式的外交关系，我们接下来要做的就是往前看，使这对关系更成熟、更厚实、更强劲，促进中国完成自 20 世纪 70 年代末启动的经济政策改革进程。

采访组：您第一次访问中国是什么时候？当时对中国印象如何？

荣大聂：我第一次访问中国大概是在 1994 年。我的第一印象是中国各地之间存在着巨大的差异。那时的深圳与上海、北京相比有非常大的差异，中国其他不同地区的情况也截然不同。在那个年代，有些地区的发展和变化非常迅速，而有些地区却几乎没有变化。如今在全中国各地几乎都可以看到变化，但在 90 年代中期，各地的发展情况仍然差别很大。

1994 年发生了很多事情。1989 年发生的政治风波引发了全球和中国国内对中国能否继续推行经济自由化的质疑。我认为最引人注目的是 1992 年至 1994 年邓小平及中国共产党做出的回到经济自由化进程上的决定，这使得外国公司在中国投资更容易。所以在 90 年代中期，中国开始获得大量外国直接投资，改变了市场运作的方式。我认为，那些年里最重要的一点是中国对外国参与中国经济敞开了怀抱。

采访组：您曾说，1998 年克林顿总统访华是两国关系的一个转折点。为什么？

荣大聂：那是一次重要的访问。克林顿总统在访问期间接触到了许多中国的年轻人，向他们讲述美国的情况。90 年代末美国发生了很多事情。克林顿总统在国内面临许多问题，他如此重视中国加入世贸组织的问题，给予高度优先关注，需要胆识和魄力。后来，克林顿总统任期内的一大成就就是中美达成了中国入世的双边协议，使得中国进一步加入以市场为导

荣大聂（右二）与陆克文等人一起参加研讨

荣大聂在纽约接受采访

向的国际经济体系。对此，美国付出了巨大的努力。

在中国方面，那些年非常非常艰难。江泽民主席与朱镕基总理一起做出了极其艰难的决定，关闭了一些国有企业。虽然数以千万计的国有企业职工下岗，但他们还是认为有必要进行公司制改革，也就是我们美国人所说的私有化改革。但那时亚洲金融危机正处于最严重的时期，因此中国的经济决策面临很大压力。当时中国决定继续推进改革，减少政府对经济的干预，加强发挥市场的作用。所以，从 20 世纪 90 年代末到 21 世纪初中国成功地加入世界贸易组织，中美双方都展现了领导力。

采访组：您能谈谈您在 2000、2001 年中国入世谈判过程中所发挥的作用吗？

荣大聂：实际上，我有机会扮演了两个角色：90 年代，在我研究生毕业后，我首先是作为一名分析师，在一家名为国际经济研究所的美国智库工作，也就是现在的彼得森国际经济研究所。大约在 1998、1999 年，我写了几篇文章，分析了中国加入世贸组织对美国将意味着什么，我们对此应该有什么期待。

在美国，智库扮演着资政角色。政府官员在事关国家利益的问题上的确会认真倾听外部的观点。对我来说幸运的是，克林顿总统注意到了我写的东西，在他总统任期的最后一年，通过其下属向我伸出橄榄枝，邀请我加入他的执政团队，帮助完成中美关于中国入世的双边谈判。

因此，当我在政府任职时，我在白宫负责我们的“永久性正常贸易关系（PNTR）作战室”，这是为确保每个立法者都理解中国入世的利弊、风险以及涉及面而设立的机构，帮助他们获得最好的信息。这些立法者需要投票改变美国法律，以便为中国入世扫清障碍。所以一旦成为内部人士，我的角色就是确保议员们能够对该议题获得最好的信息，与他们展开议题辩论并回答议员们的提问。

采访组：您还记得中美就中国加入世贸组织的双边谈判当时有多困难吗？

荣大聂：我可以肯定地说，当时没有人能确定是否能够成功地完成这个谈判。美国企业的工会有强大的利益集团，对政府能做和不能做什么有巨大的政治影响。而中国加入世贸组织的主要反对者之一是美国的工会组织，他们关心中美贸易模式将如何展开。他们的一些担忧如今被证实是有道理的。所以，当时根本不能保证双边谈判会成功，但我认为当时我们已经尽可能做了最好的论证。我们指出了中国当时正在进行的改革和变化有多大，要使中国的改革保持向经济自由化方向发展，与其试图遏制或抵制中国融入世界经济体系，不如与其进行接触，看看通过接触政策可以实现什么，这对我们更有利。这在最后应该是美国接受中国入世并与中国合作的主要理由。

采访组：近年来，美国国内就"对华接触政策"进行了一场广泛讨论。回顾当年的经历，您认为这一政策是个错误吗？

荣大聂：我不认为美国采取接触战略是错误的，事实上，我不认为我们当年还可以采取什么别的对华战略。不过，接触战略从来不是自发形成的。这一战略基于这一假设，即出于其自身的原因，中国想要进行经济自由化改革，并解决政治体系如何管理经济的问题。因此，中国改革开放的想法与美国的积极态度和接触政策一拍即合。今天所出现的问题也源自我们开始怀疑中国是否仍会继续履行此前几任领导人推动的改革开放的承诺。

绝大多数投资并不涉及国家安全

采访组：您所在的荣鼎咨询集团一直关注外国直接投资，几年前中国对美直接投资达到高峰，但近年来急剧下降，尤其是今年。您预计中国对美直接投资结构会发生根本性的变化吗？

荣大聂：是的，毫无疑问，存在变化的可能性。首先要记住，尽管2016、2017年，中国对美直接投资的数字看起来非常高，但鉴于中美是世界上两个最大的经济体，这些数额就没有那么大了。中国对美国的投资和美国对华投资从来没有像美国和英国之间的投资那么大，而英国可比中国小得多。因此，中美两国之间还有增加互相直接投资的巨大潜力。

其次，中国对美国投资放缓的主要原因之一是中国对流出的直接投资实施了资本管制。当然，这还不算完，因为现在有了一个新问题，不仅美国，而且中国和欧洲，以及全世界，都对投资中的国家安全问题，尤其是高科技产业感到关切。所以现在我们有新的事情要担心。我认为即使在当前的政治环境发生变化之后，这些担忧也不会消失。

但我们需要记住，绝大多数可以进行的投资，并不涉及国家安全问题。我们没有理由不允许阿里巴巴在美国开展业务，或是沃尔玛到中国投资。即使在一些传统上没有问题的领域出现了新的国家安全考量，这些问题也是基本可控的。在未来几十年里，保障国家安全和促进双边投资并不矛盾，在持续经济接触的同时强化国家安全是可能的。当然，如果中国和美国之间没有一个基本良好的信任关系，这些事情就都不会发生。

采访组：您如何看待中国和美国目前贸易争端的前景？

荣大聂：美国方面已经实施了一些数额巨大的关税，已经开始对价值500亿美元的中国商品征收惩罚性关税。中国方面也对美国产品征收了类似的报复性关税。我们担心看到更多的价值2000亿美元的商品被加征10%的关税后，还可能会在2019年年初实施更高的税率。我可以毫无疑问地说，如果这些关税都完全落实，对两国的消费者和依赖中间产品的企业，都将是非常严重的打击。

这场争端中不会有胜利者，所有各方都是输家。对两国来说，通货膨胀的压力都会增加。虽然这些关税可能被相对较快地发动和中止，但产生的后果却是长期的。人们会记住，这些风险可能出现在我们的双边关系中，我们无法指望规则、世贸组织和我们已经签署的协议来充分保护我们免受这种贸易关系的破裂之苦。最终，如果华盛顿和北京之间没有稳固的关系和信任，那么所有其他的事情都将面临风险。这就是我们目前看到的。我认为我们会明白这一点，即使没有特朗普总统。但是，特朗普总统让这一点变得更明确、无可辩驳，即过去几十年里我们试图建立起来的贸易规则体系是多么脆弱。

采访组：与20世纪90年代末相比，您认为现在的形势更具风险吗？为什么双方比那时候更难坐下来对话？

荣大聂：在20世纪90年代末，中国经济约占世界经济比重的1%~3%。当时中国并没有在世界经济体系中占据足够重要的地位，无法对全球经济局势产生很大的影响。如今，中国是世界经济中非常重要的一部分，占世界 GDP 的比例已达两位数字，每年在世界经济中边际增长的比例甚至更大，为世界经济增长添加了新动力。因此，如果因为中美关系问题或者因为中国自身的内部问题——这实际上比美国给中国带来麻烦造成的风险更为严峻——导致中国对全球产品的需求出现意想不到的、急剧的下降，或是出现中国出口的激增，都会对世界经济产生极其具有破坏性的影响。所以，未来中国是否选择走改革之路，对世界而言非常关键。与 20 世纪 90 年代相比，中国对世界和美国的影响要大得多。

建立互信对于发展两国关系至关重要

采访组：在您的研究中，您曾与许多在华美国商人对话。过去许多年中，他们致力于稳定双边关系，而现在他们的角色似乎发生了变化。您认为他们还能充当“稳定器”的角色吗？

荣大聂：我认为他们的角色没有发生变化。他们过去发挥了非常稳定的作用，因为中国进行了改革开放，为外资的参与提供了很多机会，不仅仅是 1 年，而是基于 3 年、5 年、10 年甚至 20 年的合作预期，使主要的跨国公司获准到中国进行投资。这也是为什么这些与中国有业务往来的公司及商业领袖们对中国内部发生的一切如此热切和支持。他们和像我这样的经济学家一样，致力于倡导对华接触政策以及战略耐心。因为我们知道那是正确的政策，唯一需要确保的是我们能够等待中国国内这些改革开放政策的利好和积极影响显现出来且持续下去。

与我 1994 年首次访问中国时一样，如今这些商界领袖们同样肩负着责任。在市场经济中，这种责任指的是对他们公司的股东所负的责任。公司领导层有责任基于公司的利益做出各种判断，包括处理与政府的关系及在美国国内进行游说等。对于他们来说，如果倡导和参与构建与中国稳定、更佳的关系对公司有利，他们就会这么做。近几年，部分商界人士认为像往常一样在中国做生意事实上已经不符合公司股东的利益了，他们需要明确地向美国政府以及中国政府表明立场，并且需要得到政策回应，更多的是来自中国政府的回应，以解决这些问题。

我认为总体来说，大部分美国公司长久以来一直支持中美关系，如今

荣大聂在亚洲协会的活动上发言

仍然抱有很大的希望，仍在默默努力让中美关系重回稳定轨道。但也必须要正视，如今的情况和 10 年、20 年或是 30 年前已大不相同。

采访组：您对未来中美双边关系最大的担忧和希望分别是什么？

荣大聂：我个人毕生的使命是为着全世界大部分人的最大福祉和经济进步而不断努力。我们面临着诸如全球气候变化、全球性流行疾病及其他诸多单凭一国之力无法解决的挑战。这些挑战必须由国际社会共同应对。为了解决这些问题，我们需要一个尽可能强大、自信、具有合作性的中国。我认为，在经济目标、经济准则规范以及如何运行和管理经济等想法上达成一套共识，是我们实现那个目标的最好途径。

所以，此刻我依然秉持着同 1992 年我刚完成研究生学业、开始职业生涯时一样的信念和使命。最终目标是使大家可能汇聚到一条轨道上。在短期内我比较悲观，但我仍然保持理性的信心，从长期来看，两国终将在如何实现最大的物质繁荣以及在此基础上的幸福生活上重回共同的一套理念。

采访组：从双边关系 40 年的发展历程来看，您认为有什么经验或教训是最值得未来汲取和借鉴的？

荣大聂：我认为最重要的经验是，有了信任，一切都是可能的，你甚至可以为最复杂、情绪化、历史性的问题找到解决方式。比如，很多年来，我们一直都能够以和平方式处理台湾问题。所以，虽然目前我们存在这样一个巨大的经贸问题，但如果我们互相信任，也有可能带来巨大的双赢益处。这种信任是建立在我们对未来走向何处有一个共识的基础上。当然这并非是说，我们必须在今天变得完全一样。

但作为思索着当前和未来的知识分子，我们必须就我们此刻在做什么、为何而做以及将共同去向何方等问题达成共识。如果我们能做到这点，就能够建立互信，有了信任，我们就能解决几乎所有的问题，包括碳排放和气候变化等当下的技术性问题。如果今天我们认为这些合作举步维艰，那么今后的几年，中国和美国将会面临水资源短缺、洪灾泛滥、荒漠化、沙尘暴等诸多环境问题。这都需要我们双方携手解决技术性问题，比如我们双方必须共享技术。我们能做到的最快的、也是唯一能够保护这个星球的方式就是在对待知识产权等问题上建立互信。

我们今天努力奋斗想要解决的问题之所以必须得到解决，是为了帮助我们找到未来正确的方向。所以，这可能是我下一阶段的职业生涯中希望看到完成的最重要的内容，我希望继续跟随中美关系向前发展并参与其中。

Peter Hays Gries
葛小伟

采访对象：葛小伟现为英国曼彻斯特大学中国研究院院长、中国政治学教授，此前，曾在美国俄克拉荷马大学担任美中问题研究所主任。他主要研究民族主义、国际关系政治心理学、中国政治与外交政策等，著有《中国的新民族主义：骄傲、政治和外交》等书。由他参与发起的“中美青年外交官对话”已连续举办十年，为推动中美官方及民间交流提供了良好的平台。

采 访 组：辛恩波　薛雍乐　李奕昕　刘家炜

采访日期：2017 年 11 月 29 日

采访地点：上海市社联大楼

葛小伟：
“人性化”的中美关系有助于两国跨越分歧

“北京是我的一个老家。”回忆起在中国的时光，葛小伟教授常常会沉浸在孩子般的快乐中。

1978 年，在中美建交前夕，葛小伟跟随身为外交官的父母来到中国，从一个孩子的视角见证了中美关系史上最重要的时刻之一。如今，那个兴奋的小学生已经成长为中美问题专家，致力于促进两国相互理解。他先后倡议发起了“中美安全对话”“中美青年外交官对话”“纽曼华语文学奖”等活动，为促进中美官方和民间交流与合作做出了独特的贡献。

在中国生活、求学的经历给了葛小伟不同的视角，也使他更能从中国人的角度和立场理解中国。“无论是中国人还是美国人，我们都一样，都是‘人’。我觉得在国际关系领域，我们很容易忘记这至关重要的一点。”在充满现实主义论调的国际关系研究圈中，葛小伟带有人性温度的观点让他显得有些特别。

在葛小伟看来，某些国际关系理论过于狭隘地强调差异与分歧，却忽略了人性的共通之处。他认为中美应该发展更加“人性化”的关系，培养同理心、增强相互理解，这将有助于在国家层面加深互信，战胜挑战，实现和睦合作的美好未来。

一个美国儿童眼中的中美建交

采访组：您曾经在一所中国小学上学，能否谈谈这段经历？

葛小伟：我到中国的时候是1978年，1980年离开中国，当时我只有十来岁。那时我的父亲在使馆工作，实际上当时还没有美国驻华大使馆，只有一个联络处，1979年就变成大使馆了。

我当时在北京的芳草地小学上学。来中国之前我一句中文都不会说。我记得，那时下课打铃的时候，学生会说"打铃了"，于是大家跑出教室，去足球场踢球。过一会，大家又会大声喊"打铃了"，又都跑进教室。第二天，当我再听到有人说"打铃了"，我便知道是什么意思了。我就是这样开始学习中文的。

当年的体育课有一个扔手榴弹的项目，是那种练习用的手榴弹，我扔得最远。因为在美国经常扔棒球和垒球，所以我知道怎么扔。我曾代表芳草地小学参加北京市的一场运动会，我的比赛成绩在全市名列前茅，排在我前面的几个学生年纪都比我大，所以我感到很骄傲。在芳草地的经历给我留下了很深的印象，是一段很好的回忆。

采访组：中美建立外交关系的时候，您正好在北京，对这件事有什么特别的记忆？

葛小伟：当时我还小，所以没有什么国际关系的概念。我去参加了美国驻华大使馆外举行的一场正式的升国旗仪式。升旗仪式后要放鞭炮，很多国际媒体都在现场报道。大人们可能记住的是伍德科克这位首任美国驻华大使的讲话，或者中国外交部长的讲话，而我注意到的只是鞭炮，十多岁的小孩子就是这样的。

采访组：在中国生活学习的这些经历对您研究中国的学术兴趣有影响吗？

葛小伟：除了在芳草地小学上了两年学，1988年我还在北京大学留学了一个学期，结束后又在北京为美国《新闻周刊》工作了两个月。1988年这 8 个月，我交了很多好朋友，包括北大排球队还有哲学系的一些研究生。在和中国人交朋友的过程中，我意识到很重要的一点：中国人和美国人都是“人”。这一点，在国际关系领域，往往很容易被忽视。

因为在北京待过，交了很多中国的朋友，我自然而然地对中国有一种很亲切的感觉。比方说，我认为北京是我的一个老家，我觉得我一部分是北京人，还保持了一点北京口音。

申请大学的时候我决定继续学中文。我选择了语言类专业非常出色的明德大学（Middlebury College）做亚洲研究，包括中国历史、哲学、宗教等。后来我在密歇根大学读硕士，期间上了奥克森伯格的中国政治课，这对我影响很大。我很快对美国的中国研究，尤其是中国政治的一些学术观点有了一定的认识。让我印象很深的一点是，很多学者是用西方的理论来分析中国的政治，因此导致了一些误解。我对此感到有一点“愤怒”，所以我就想，或许我也应该读博士，做更好的中国政治研究。

相较于和我同时代的研究中国的学者，由于我从小在中国待过，我在中国的经历更丰富一些。从 1978 年到现在，我一直有机会来中国，所以我亲眼看到了中国的变化，这使我能够从一个历史的角度来了解中国的现况，我的同事们不一定有这样的经验，他们的角度会稍微不一样。

中美交往需要多轨并行

采访组：*您倡议和发起了“中美青年外交官对话”，发起这个对话的初衷是什么？相比资深外交官，青年外交官对话有什么独特作用？*

葛小伟：我先后在密歇根大学以及加州大学伯克利分校求学，读书期间，经常会见到来自中国的外交官，他们会跟美方的外交官谈判。我注意到，两方坐下来谈话的时候，总是中方坐在这边，美方坐在另一边。这些谈判的过程常常有点像是在互相“教训”、批评对方。我认为这些交流有“逆向作用”，所以我便开始思考如何改变这种模式。我稍微学了一些政治心理学，借鉴社会心理学，来了解怎样帮助不同群体更好地了解对方的想法，减少彼此的偏见和误解。我就想，是不是可以在中美关系中做一些类似的“对话”，帮助中美之间多进行一些真正的沟通，真正理解对方的立场。青年外

“中美青年外交官对话”每年在美国和中国轮流举办

交官是未来的领袖，现在提供多一点非正式的场合让他们交朋友，了解彼此的立场，会对他们将来的工作很有帮助。

过去交流的机会主要是在领导层面，而普通外交官之间交流的机会，尤其是在华盛顿和北京之外的非正式场合的交流机会，几乎没有。这个“对话”由我和吴心伯教授共同主持，一直坚持至今。

采访组：您还曾发起过“中美安全对话”。在组织这些活动的过程中您对中美关系有没有获得一些新的视角？

葛小伟：通过这两个“对话”，我越来越了解到，外交官所面临的工作挑战真的很大。比方说，他们在做外交工作的时候，美国国务院的背后还有很多美国国内的政治因素，有很多限制。我希望我们能够想办法帮助外交官来开展他们的工作。

在进行“中美青年外交官对话”时所面临的一个最基本的挑战是试图真正从对方的角度来分析问题。无论是美方还是中方的外交官，他们都知道对方在重大事情上的正式的官方政策，但是他们真正了解政策背后的动机吗？这就不一定了。因为他们没有足够多的机会真正深入交流，真正倾听对方，了解对方的感情。我认为，要真正促进中美相互理解和尊重，就需要有从对方的角度看问题的意愿。没有必要完全同意对方的意见，但是如果你愿意了解对方，就可以减少误解。

采访组：在您看来，“1.5 轨”对话和“二轨”对话对推动中美关系有什么作用？

葛小伟：一轨对话，也就是领导层面的交流，因为场合太正式、语言太正式，有时候太过非黑即白，可能会有一定的逆向作用；而“1.5 轨”对话或者“二轨”对话则不同。以“中美青年外交官对话”为例，虽然我没有做过量化统计，但 10 年的经历证明组织这样的活动能带来积极的影响。我和与会人员交流时，他们经常表示参会者之间私下或个别的小范围交流非常有帮助，他们通过参加活动建立起了个人友谊。这说明我们的外交官们认为加深对彼此的了解，尤其在中美存在分歧和挑战的领域尝试理解对方的立场和角度，对我们解决问题最有帮助。

采访组：过去10年来中美之间合作和摩擦都在增加。在您组织的这些外交官对话活动中，与会者关心的议题有哪些变化？是否也反映了中美关系变化的某些特点？

葛小伟：随着中国的发展和崛起，外交官们讨论的话题范围也变得越来越广泛。过去，两国外交官主要讨论的是双边或地区性问题，但现在，几乎所有的全球重大安全问题都需要中美通力合作才能解决。所以，全球变暖、国际卫生等问题越来越多地出现在我们的议程册上。我记得有一次特别惊讶地发现有些外交官在讨论非常具体的细菌耐药性问题——可见我们的外交官们对所有的全球问题都要了解。

但应该指出的是，10年来有些情况一直没变。比如涉及日本的问题，中美两方仿佛在讨论两个完全不同的国家。这就是意识形态的作用，让我们对同一个国家有如此截然不同的观点和态度。

人性的共通之处能帮助中美战胜分歧

采访组：您是一位政治心理学家，您认为意识形态差异对中美关系有什么样的影响？

葛小伟：我的研究强调意识形态、民族身份，以及这些心理因素如何影响国际关系。在美国，影响美国人对国际事务态度的最重要的意识形态就是自由主义，其核心就是特别重视个人自由。在普通美国人的认知里，中国是共产主义国家，他们认为共产主义是挑战个人自由的。一般的美国人恐怕对中国政府总会有一点担心，有一点恐惧，他们觉得中国崛起或许会威胁美国人的自由，所以或许会有过分的恐惧。这就是意识形态的力量。

采访组：诚然，中美之间存在很多“误解”和“误认”。这些问题能否用“文明冲突”这样的理论来解释？

葛小伟：我觉得这样的“误解”会让两方的人民过分恐惧，有过于强烈的威胁感。这些威胁感会产生不良后果，影响我们彼此的政策，导致“安全困境”。举例来说，中国人看美国常常会有一种黑白分明的看法，例如“美国是霸道的”。美国人也经常会有这种黑白分明的看法，比如“我们是自由

葛小伟在上海市美国问题研究所举办的学术活动上发言

的，他们没有自由”。如果事实真的那么简单、黑白分明的话，那么人们应当恐惧。但现实不是非黑即白的。

对于“文明冲突”的说法，我不以为然。因为各个文明之间也不是泾渭分明的。的确，中国文化与美国文化不是全然一样，我们的教育和父母教给我们的价值观有微妙的不同，会影响我们的思想感情。但是，无论是中国人还是美国人，我们都是“人”，我们最终都有作为“人”的共同挑战和诉求。

中美两国互相妖魔化对方的现象确实存在，虽然不是主流，但凡是希望中美和平友好的人都不应该掉以轻心，我们必须不断提醒自己：对方和我们一样，人性是共通的，我们要一起努力找到更多的共同点，增进互相理解，而不是让差异被放大从而误导我们。

塞缪尔·亨廷顿的“文明冲突”理论过分强调了文化、文明之间的不同，忘记了我们的共同之处。这是“文明冲突”理论的负面作用，如果总认为对方跟自己不一样，那很容易与对方起冲突。

采访组：您曾提到，如果对中国崛起后中美发生冲突的假设性讨论过于密集，会使得中美双方陷入某种恶性循环。这是为什么？研究中美关系的学者们应该发挥什么样的作用？

葛小伟：在国际关系的领域内，我们要小心，比如“现实主义”这样的理论可能会成为一个“自我实现的预言”，这很可怕。所以，我希望教国际关系理论的老师，在做研究的时候，在教书的时候，要自觉地想一想这些理论有什么后果。

主流的国际关系理论还是现实主义。无论在华盛顿还是北京，最有影响的理论也是现实主义。但现实主义过于狭隘地强调国家利益，而没有考虑到心理因素、个人因素。有些人觉得人就是一种经济动物，但是人也有别的需要，比如我们都希望别人尊重我们。得到对方的尊重是人类交往中的基本动机之一。这种诉求同样适用于两国关系，两方都希望得到对方国家和其他国家的尊重，都很容易把某些行为解读为羞辱或挑衅。

作为学者，我们应该帮助各自的同胞理解对方的立场，因为这样可以减少误解。我在美国教中美关系的时候，发现很多美国学生根本不理解中国。我的工作就是帮助他们从中国人的立场了解中国的外交。有一些问题很难解决，比如台湾问题，美国人有不一样的看法。但是如果他们能从中国人的角度来理解一些问题，比方说了解鸦片战争的历史，理解“百年国耻”这种历史观，那么或许会理解为什么中国人对台湾问题有那么强烈的感情。

我也希望中国的同事能用这样的态度帮助中国的学生更深刻理解美方的立场。美国对台湾问题的政策真的是因为“霸道”，因为想阻碍中国的崛起，想羞辱中国吗？还是跟他们的自由主义的意识形态有关？总而言之，我们要同情对方，不要总是责怪对方。

采访组：您认为影响未来中美关系稳定的最大干扰因素是什么？

葛小伟：中美关系已经不仅仅局限于双边问题，而是包括了几乎所有的国际问题，比如国际反恐、环境保护等。两国之间的相互依赖也变得越来越复杂。

实际上，我最担心的可能是日本、台海或者朝鲜半岛的某个事件，持续发酵、恶化升级，把美国也拉进去。比如，2001 年南海撞机事件，结果很严重，所幸我们最后还是解决了。假设明天再出现一个类似的撞机事件，但是发生在中日之间，在东海而不是南海，北京和东京能够控制国内舆论吗？能理智地管控这个危机吗？如果没有管控好，美国会被拉进去吗？

所以，虽然这些是偶然事件，谁都不会故意这么做，但是还是会有这样微小的可能性。我们应该建立互信，没有互相信任的话，就很难管控危机事件。

采访组：中美关系 40 年中的后四分之一时间里，您每年都有机会和两国的外交官直接接触和交流。新生代外交官之间的交往呈现出什么样的特点？他们对中美关系的下一个 40 年会带来什么样的影响？

葛小伟：在日益全球化的当今世界，外交官们和普通大众一样，彼此之间直接（通过出访、参会等）、间接（通过电视、电影、社交媒体等）接触的机会都变得更多了。但是更加密切的交往所能带来的结果和影响却不一定是积极正面的。如果我们带着同理心，学会互相尊重，我们就更加有可能消除偏见，在面对 21 世纪的中美关系时，找到应对挑战、继续前行的方向。

后　记

经过历时一年的努力，在中美两地 7 个城市进行了 40 场深度专访后，我们终于完成了《四十人看四十年——中美外交风云对话》一书，为中美建交 40 周年献上一份贺礼。

40 年来，中美关系经历了风雨，能够始终保持向前发展，实属不易。在当前复杂的国际形势变化下，中美关系的未来仍然存在挑战。因此，回顾两国关系走向正常化的历史过程，突出两国建设互利共赢的合作伙伴关系的重要共识，显得尤为重要。通过专访 40 位中美两国政界、学界杰出的专家学者代表（双方各 20 人），我们试图回顾中美关系的历史演变，展望两国关系发展的未来走势，同时通过这些亲历中美外交风云的专家的视角，还原鲜为人知的历史内幕，分享推动两国合作交流的真知灼见。

古人云：四十不惑。然而，在中美迎来建交 40 周年之际，中国和美国却又一次站在了历史的十字路口。太平洋两岸围绕两国关系的定位和走向产生了诸多不同的论调，“贸易战”“战略竞争对手”“接触还是遏制”“修昔底德陷阱”等议题频繁见诸报端，两国都出现了对现状的担忧和对未来的困惑。

2018 年 7 月 6 日，中美相继开始对价值 340 亿美元的货品互相加征关税，史上最大规模的“贸易战”正式打响——在这一天我们采访了美国驻华大使泰里·布兰斯塔德。9 月 18 日，特朗普政府宣布将对约 2000 亿美元的中国产品加征关税，“贸易战”进一步升级——巧合的是，在这一天我们采访了中国驻美大使崔天凯。同样巧合的是，尽管面对各种舆论喧嚣，两位大使不约而同地都表达了对两国关系稳定发展的坚定信心和美好愿景。这也是我们采访的所有专家学者一致的判断和共同的心声。

40 多年前，中美两国克服重重困难开启了关系正常化进程。建交 40 年来，中美关系能够在曲折中保持前进，是由双方共同的利益所驱动的，是由两国扎实的民意基础所保障的，也是由对国际社会的共同责任所约束的。

40位政界精英和学界翘楚为我们梳理了中美关系发展的经验与教训，也为我们拨开迷雾，厘清了两国关系的未来方向：必须互相适应、加强沟通、增进互信、扩大合作、管控分歧、寻求共赢。

本书由复旦大学美国研究中心和上海市美国问题研究所主编，澎湃新闻合作组稿。全书由复旦大学国际问题研究院院长、美国研究中心主任、上海市美国问题研究所所长吴心伯审定，上海市美国问题研究所外联室副主任叶君、研究室副主任龙菲负责统稿。采编团队主要由上海市美国问题研究所研究人员和澎湃新闻记者构成，包括叶君、龙菲、陈佳骏、赵舒婷、张骐、李奕昕、余樱、王天禅，吴挺、薛雍乐、辛恩波、杨一帆、孙语双等。大部分图片由采访对象友情提供。

在项目策划的过程中，上海国际问题研究院学术委员会主任杨洁勉、上海美国商会会长季瑞达不仅热心举荐采访对象、帮助联络沟通，还提供了许多有益的指导意见，为此我们致以由衷的敬意和感谢！

同时，我们也要感谢美国卡特中心中国项目主任刘亚伟、上海联合国研究会副会长郭峰铖、上海社科院国际问题研究所所长外事助理李立凡等人在项目推进过程中给予的帮助。

另外，采编工作也得到了中国外交部美大司、中国驻美国大使馆、美国驻中国大使馆、上海市人民对外友好协会、美国卡特中心等机构的大力支持，我们在此一并表示衷心的感谢！

编写组

2018年11月